Série História das Nações

História Concisa
do Japão

Série História das Nações

A Edipro traz para o Brasil uma seleção de títulos da Série *História Concisa*, originalmente produzida pela Editora Cambridge, na Inglaterra, e publicada entre os renomados títulos acadêmicos e profissionais que compõem o seu vasto catálogo.

"Esta série de 'breves histórias' ilustradas, cada qual dedicada a um país selecionado, foi pensada para servir de livro-texto para estudantes universitários e do ensino médio, bem como uma introdução histórica para leitores em geral, viajantes e membros da comunidade executiva."

Cada exemplar da série – aqui intitulada *História das Nações* – constitui-se num compêndio da evolução histórica de um povo. De leitura fácil e rápida, mas que, apesar de não conter mais que o essencial, apresenta uma imagem global do percurso histórico a que se propõe a aclarar.

Os Editores

O livro é a porta que se abre para a realização do homem.

Jair Lot Vieira

BRETT L. WALKER

Série História das Nações

História Concisa do Japão

tradução de Daniel Moreira Miranda
Formado em Letras pela USP
e em Direito pela Universidade Mackenzie.

© Brett L. Walker 2015
Syndicate of the Press of the University of Cambridge, England
A Concise History of Japan

First published by Cambridge University Press 2015

This publication is in copyright. Subject to statutory exception and to the provisions of relevant collective licensing agreements, no reproduction of any part may take place without the written permission of Cambridge University Press.

Copyright da tradução e desta edição © 2017 by Edipro Edições Profissionais Ltda.

Todos os direitos reservados. Nenhuma parte deste livro poderá ser reproduzida ou transmitida de qualquer forma ou por quaisquer meios, eletrônicos ou mecânicos, incluindo fotocópia, gravação ou qualquer sistema de armazenamento e recuperação de informações, sem permissão por escrito do editor.

Grafia conforme o novo Acordo Ortográfico da Língua Portuguesa.

1ª edição, 1ª reimpressão 2021.

Editores: Jair Lot Vieira e Maíra Lot Vieira Micales
Coordenação editorial: Fernanda Godoy Tarcinalli
Editoração: Alexandre Rudyard Benevides
Revisão: Arnaldo R. Arruda
Diagramação e arte: Ana Laura Padovan
Imagem de capa: Pagode Chureito, também conhecido como Monumento Fujiyoshida Cenotaph. Fujiyoshida, Japão, 30 de outubro de 2014 (lkunl / iStockphoto)

Dados Internacionais de Catalogação na Publicação (CIP)
(Câmara Brasileira do Livro, SP, Brasil)

Walker, Brett L.
    História concisa do Japão / Brett L. Walker ; tradução Daniel Moreira Miranda. – São Paulo : Edipro, 2017. – (Série História das Nações)

    Título original: A Concise History of Japan.
    Bibliografia
    ISBN 978-85-7283-999-0

    1. Japão – História. I. Miranda, Daniel Moreira. II. Título. III. Série.

17-03244   CDD-952

Índice para catálogo sistemático:
1. Japão : História : 952

São Paulo: (11) 3107-7050 • Bauru: (14) 3234-4121
www.edipro.com.br • edipro@edipro.com.br
@editoraedipro   @editoraedipro

Para

La Trelle

うたた寝に
恋しき人を
見てしより
夢てふものは
たのみそめてき
小野小町『古今集』より

Sumário

Lista de imagens e mapas 11
Nota do tradutor 15
Prefácio 17
Cronologia 21

Introdução • Escrevendo a história do Japão 33
A relevância da história do Japão 33
O Japão na história do mundo 37
Escrevendo a história do Japão 39

Capítulo 1 • O nascimento do Estado de Yamato, 14500 a.C.-710 d.C. 43
Primeiros colonos e coletores 43
Advento da agricultura 48
A vida *yayoi* em documentos 50
Tumbas e o Estado de Yamato 53
Conclusão 58

Capítulo 2 • O período das cortes, 710-1185 59
Os emishi e seus rivais de Yamato 60
Nara e a corte teocrática 62
Relações exteriores e a ordem *ritsuryô* 64
A corte de Heian 66
Vida na corte 67
Estética da corte de Heian 69
Conclusão 74

Capítulo 3 • A ascensão do governo samurai, 1185-1336   77
Terra, meio ambiente e guerra   78
Comando imperial e inquietação nas províncias   81
A Guerra Genpei (1156-1185)   85
O *bakufu* de Kamakura   88
Ameaças de invasão   91
A Revolução Kenmu   94
Conclusão   97

Capítulo 4 • O Japão medieval e o período dos Estados combatentes, 1336-1573   99
O *bakufu* dos Ashikaga   100
Sectários budistas   103
Guerra e medicina   105
A zona rural   107
Relações externas dos Ashikaga   110
Cultura Muromachi   112
Conclusão   114

Capítulo 5 • O encontro do Japão com a Europa, 1543-1640   115
Ecologias do Império   115
A história dos cristãos   120
O Japão e o comércio mundial de prata   123
Intelectuais do encontro com os europeus   127
Conclusão   130

Capítulo 6 • A unificação do Reino, 1560-1603   133
Japonius Tyrannus   133
Ministro generoso   140
A unificação de três países   145
Ieyasu   149
Conclusão   153

Capítulo 7 • O Japão no início do período moderno, 1600-1800   155
Governo de Tokugawa   155

Mudanças no interior 162
A conquista de Ezo 166
A legibilidade e o Reino 169
Conclusão 172

Capítulo 8 • A ascensão do nacionalismo imperial, 1770-1854 173
Rachaduras na legitimidade dos Tokugawa 173
Ameaças externas 175
A ciência cosmopolita e o declínio do confucionismo 179
Homens e mulheres de finalidades nobres 184
Conclusão 187

Capítulo 9 • O iluminismo Meiji, 1868-1912 189
O Estado Meiji 189
Restauração Meiji na história 192
A política do período Meiji 195
As mulheres e a política do período Meiji 197
Economia política 200
Crime e castigo 203
Conclusão 206

Capítulo 10 • Os descontentes do período Meiji, 1868-1920 209
Mudanças no interior 209
Extinções modernas 215
Mineração do novo regime energético 221
Metais modernos 224
Conclusão 229

Capítulo 11 • O nascimento do Estado imperial japonês, 1800-1910 231
Colonização setentrional 232
A questão coreana 235
O Japão no alvorecer imperial 239

Disciplina pública 243
Conclusão 246

Capítulo 12 • Império e democracia imperial, 1905-1931 247
Construção do Império japonês 248
Império pelágico 253
A nova classe média 257
Democracia imperial 261
Conclusão 267

Capítulo 13 • A Guerra do Pacífico, 1931-1945 269
Incidente da Manchúria 271
Guerra da Grande Ásia Oriental 274
Impactos ambientais da guerra 280
Hiroshima e Nagasaki 286
Conclusão 287

Capítulo 14 • A história do Japão pós-guerra, 1945-Presente 289
A ocupação e o percurso reverso 290
Política do pós-guerra 296
O Segundo Milagre Econômico e seus descontentes 300
Novas exportações culturais 305
Conclusão 309

Capítulo 15 • Catástrofes naturais e a orla da história 311
Naturezas mutáveis 312
A natureza artificial dos eventos extremos 314
Desastre triplo 320

Epílogo 331
Leituras adicionais 335
Índice remissivo 349
Glossário 363

Lista de imagens e mapas

Imagens

1. Estatueta do período Jomon, prefeitura de Miyagi. Fonte: © Museu Nacional de Tóquio. — 47
2. Espelho de bronze do período *Kofun*, província de Gunma. Fonte: © Museu Nacional de Tóquio. — 54
3. Representação de Murasaki Shikibu, período Edo (1600-1868). Fonte:© Museu Nacional de Tóquio. — 70
4. Seleção do Wakashû, período Heian (794-1185), Tesouro Nacional. Fonte: © Museu Nacional de Tóquio. — 71
5. Retrato de um homem que sofre de doença da gengiva e dentes soltos do *Yamai no soshi* (rolo das doenças e deformidades, final do período Heian). Fonte: © Museu Nacional de Quioto. — 82
6. Representação de um samurai a cavalo lutando contra os mongóis em Takizaki Suenaga, *Môkoshurai ekotoba* (rolos da invasão Mongol, 1293). Fonte: © Museu das coleções imperiais, Sannomaru Shozokan. — 94
7. Ginkakuji (1490), um templo zen, ilustrativo da austera estética Muromachi do final do período medieval. Quioto, Japão. Fonte: Fotografia do autor. — 113
8. Desenho de um microscópio projetado por europeus no *Kômô zatsuwa* (Miscelânea sobre os holandeses, 1787). Fonte: © Curadores do Museu Britânico. — 131
9. Uma representação do mundo microscópico, disponibilizado por lentes de vidro projetadas por europeus no *Kômô zatsuwa* (Miscelânea sobre os holandeses, 1787). Fonte: © Curadores do Museu Britânico. — 131

10. Oda Nobunaga por Kano Motohide, intitulado *Oda Nobunaga zu* (Retrato de Oda Nobunaga). Em Chôkôji, província de Aichi, Japão. Fonte: © Pictures from History / CPA Media co. Ltd. 134

11. Toyotomi Hideyoshi (1536-1598), regente imperial, 1585-1591; chanceler do reino, 1587-1598. Fonte: © Pictures from History / CPA Media Co. Ltd. 144

12. Imagem da carestia de Tenmei. Fonte: Domínio público. 165

13. Sugita Genpaku no título e frontispício do *Rangaku kotohajime*, 1869 (Princípios do conhecimento holandês, 1815). Fonte: © Biblioteca Nacional da Dieta, Japão. 180

14. Detalhe anatômico do *Kaitai shinsho* (Novo Atlas Anatômico, 1774) de Sugita Genpaku. Fonte: © Biblioteca Nacional da Dieta, Japão. 182

15. Imperador Mutsuhito (1852-1912) do Japão, c. 1880-1901. Fonte: © Stillfried, Barão Raimund von (1839-1911) / Arquivos Larousse, Paris, França / Giraudon / Bridgeman images. 207

16. Um amuleto votivo de madeira retratando lobos do santuário Mitsumine. Fonte: Coleção do autor. 219

17. Retrato de Shôzô Tanaka. Fonte: © Biblioteca Nacional da Dieta, Japão. 227

18. O bacteriologista Kitasato Shibasaburô. © Museu Memorial Shibasaburô, Universidade de Kitasato. 243

19. Carregamento de carvão da mina Fushun em 1940. Fonte: Domínio público. 249

20. Retrato de Hara Takashi. Fonte: © Biblioteca Nacional da Dieta, Japão. 263

21. O *Yamato*, orgulho da Marinha japonesa. O encouraçado mais pesado de sua época, ele foi encomendado em dezembro de 1941 e afundou perto de Okinawa em abril de 1945. Fonte: Domínio público. 280

22. Vítima de queimaduras do bombardeio atômico de Hiroshima. Fonte: Domínio público. 287

23. Godzilla suprime as Forças de Autodefesa do Japão em Tóquio. Fonte: © Tôhô Company Ltd. 306

24. O olho do tufão Ida. Fonte: Domínio público. 317

25. Menina retorna ao local de sua casa, após o tsunami de 11 de março de 2011. Fonte: © Reuters / Toru Hanai. 323

Mapas

1. Japão.   34
2. Invasão da Coreia por Toyotomi Hideyoshi, 1592-1598.   148
3. O império japonês, 1874-1945.   270
4. Mapa sísmico da U.S. Geological Survey, 1900-2012.   322
5. O efeito da elevação do nível do mar no Japão até o final do século.   332

Nota do tradutor

Para grafar as palavras japonesas no alfabeto latino, o autor utilizou o sistema *rômanji* de Hepburn. O sistema utiliza o sinal "¯" para as vogais longas do idioma japonês, mas, para facilitar a escrita, o autor substituiu-o pelo "^". Com exceção dos nomes próprios e das palavras que já pertencem ao português, os termos estarão em itálico. Por exemplo: templo de *Hokoji*.

No Japão, os nomes próprios são grafados na ordem sobrenome/nome. O autor seguiu esta ordem, a qual foi mantida na tradução. Por exemplo: Tokugawa Yoshimune é o xogum Yoshimune da família Tokugawa.

A língua japonesa não utiliza o plural, dessa forma, os vocábulos não dicionarizados serão mantidos no singular. Os vocábulos já dicionarizados em português serão escritos na forma do dicionário, sem itálico. Por exemplo: animê, mangá, saquê, xogum etc. Assim, o plural de "o *bakufu*" é "os *bakufu*", diferentemente das palavras dicionarizadas (o xogum/os xoguns).

Prefácio

No final de 2013, enquanto eu estava escrevendo os capítulos finais deste livro, o supertufão Haiyan atingiu as Filipinas com toda sua fúria. Com ventos ininterruptos de 315 km/hora e picos de 380 km/hora, muitos observadores disseram que, dentre as tempestades já registradas, esta foi a mais poderosa. Enquanto as pessoas nas Filipinas defendiam sua vida, eu estava escrevendo um capítulo sobre a "bolha econômica" e a "década perdida" do Japão, cobrindo os anos de estagnação entre 1990 e 2010. Mas a "tempestade monstro" do Pacífico alterou meus planos. Eu já tinha visto o suficiente. Decidi cobrir os trágicos acontecimentos de 11 de março de 2011 assim que o Japão foi atingido pelo "desastre triplo": um terremoto catastrófico, um tsunami e, por fim, o perigoso acidente nuclear ocorrido na usina Fukushima Daiichi. Ver o supertufão Haiyan devastar as Filipinas me fez perceber que os sintomas das mudanças climáticas – e não o forte crescimento econômico e a juventude descontente, ou até mesmo as disputas internacionais pelas Ilhas Senkaku (Diaoyu) – representam o desafio mais sério do leste asiático. No final, eu me desfiz do último capítulo e elaborei um novo, que incluía a história das mudanças climáticas, da elevação do nível do mar, das supertempestades do Pacífico e dos desastres naturais no contexto da época que tem sido chamada por muitos geólogos de Antropoceno. Isso representaria um importante abandono do modo convencional de contar a história do Japão – ou seja, seria necessário abraçar totalmente a ideia de que as ilhas físicas chamadas "Japão" são geológica e historicamente instáveis.

A respeito do Antropoceno, a Sociedade Geológica de Londres declarou que "há material para defendê-lo como uma época formal, pois, desde o início da Revolução Industrial, a terra tem sofrido alterações que foram suficientes para deixar uma assinatura estratigráfica global diferente das marcas deixadas pelo Holoceno [época geológica iniciada há cerca de

10 mil anos com o fim da última glaciação] ou pelas fases interglaciais anteriores do Pleistoceno, englobando novas mudanças bióticas, sedimentares e geoquímicas". A Terra, de fato, sofreu "novas" alterações, cujas ocorrências coincidem com o advento da Revolução Industrial. A diferença importante entre as alterações que conduzem o Antropoceno e o anterior Holoceno, no entanto, é que as principais causas dessas alterações não são mais o vento, a erosão, o vulcanismo ou outras forças naturais. Pelo contrário, as alterações estão sendo causadas pelos seres humanos. Na época do Holoceno, as forças naturais que entalharam a superfície da Terra eram moralmente inertes; as alterações simplesmente aconteciam sem ser valoradas, mas, por trás das forças do Antropoceno, há intenção e planejamento. A Revolução Industrial e a reunião de todos os seus valores têm servido como o mecanismo por trás das alterações bioestratigráficas e litoestratigráficas que vêm sendo forjadas em nosso planeta. Se, no Holoceno, o clima, a elevação dos níveis do mar e a localização geográfica determinavam a distribuição da vegetação, por exemplo, segundo observou o famoso cientista prussiano Alexander von Humboldt (1769-1859), então nossas necessidades agrícolas determinaram-na no Antropoceno.

Dessa forma, antes de escrever uma história nacional convencional, concluindo com os desafios econômicos, políticos e da política externa enfrentados pelo Japão, decidi concluir este livro relatando a ameaça global das mudanças climáticas. Passei a acreditar que, por termos o gigantesco espectro das mudanças climáticas surgindo em nosso horizonte planetário coletivo, então seria equivalente a estar em um estado de negação caso eu resolvesse escrever sobre a história nacional de uma grande potência industrial, que contribuiu significativamente para as emissões dos gases do efeito estufa sem dar atenção constante às consequências ambientais de curto e longo prazo dessa decisão industrial tomada pelo país. Pense desta forma: o Japão industrializou-se no final do século XIX; isso significa que ele tem recebido os frutos de uma sociedade industrial por cerca de um século e meio. Se olharmos para um século e meio no futuro, isto é, a mesma duração de tempo, estima-se que a Terra ficará mais quente até 10 graus ou mais, tornando grande parte dela inabitável pelos padrões contemporâneos. De repente, no Antropoceno, o tempo geológico acelerou-se. O Japão tem um significativo desenvolvimento costeiro, com milhões de pessoas e trilhões em investimentos espalhados ao longo de suas zonas baixas. Em um século e meio, o Japão será um lugar muito diferente do que é hoje, com a maior parte dessas áreas baixas submersas ou rotineiramente inundadas por tempestades e tsunamis. Por causa de suas raízes no contexto do conceito histórico de *longue durée* (longa duração) de Fernand Braudel (1902-1985), uma das lições da história ambiental é que o estágio físico em que se desenrola o nosso passado é instável e dinâmico, assim como as sociedades humanas que este passado apoia e sustenta. Mas a mudança climática ameaça amplificar muito esse processo de transformação.

Dito isso, este não é um livro de história ambiental em si. Em vez disso, este livro é o modo como eu acredito que a história deve ser estudada no século XXI, neste momento em que os mantos de gelo e as geleiras derretem, os níveis do mar se elevam e as intensidades das tempestades aumentam. É uma história escrita no Antropoceno. Ofereço sérias considerações sobre as mudanças políticas, sociais e culturais do Japão porque elas representam os valores que orientam a interação entre o Japão e o mundo, incluindo a rápida industrialização do final do século XIX. Este livro combina muitas abordagens históricas diferentes – social, de gênero, cultural, ambiental, política e biográfica –, na tentativa de contar uma história mais completa que permita uma melhor compreensão do desenvolvimento do Japão. Apesar do Japão e de um punhado de outras nações industrializadas serem culpados pela maior parte das emissões dos gases do efeito estufa e alterações climáticas antropogênicas, o fardo das mudanças da Terra será compartilhado globalmente e por todas as espécies, mesmo por aquelas cuja tradição diz não possuírem história. Pense nisso da seguinte forma: o alce do grande ecossistema de Yellowstone, que eu chamo de casa, não desempenhou praticamente nenhum papel nas mudanças do clima da Terra, mas, conforme seu ecossistema fica mais quente e torna-se inabitável – o declínio do número de alces em torno de Yellowstone sugere esse ponto de vista – eles compartilham as terríveis consequências conosco. A decisão de destacar as mudanças climáticas e ambientais em minha História do Japão decorre do dever moral de, em primeiro lugar, assumirmos a responsabilidade pelas mudanças que causamos ao meio ambiente do planeta – talvez não pela extinção regional do alce, mas quem sabe pelas inundações implacáveis na Indonésia – e, em segundo lugar, de compreendermos os desafios que tais alterações representam para nossos filhos. Por isso, é importante que nossas narrativas históricas (pelo menos no metanível das histórias nacionais e globais) incluam as mudanças que causamos à Terra.

Para tanto, eu construí este livro com base no vasto conhecimento acadêmico de muitos dos meus colegas da área de história japonesa e ambiental. Uma das maiores emoções de escrever este livro foi poder reanalisar e rever grande parte desses estudos, que estavam, em certa medida, somente juntando poeira nas minhas estantes. Agradecer a todos esses grandes estudiosos consumiria muitas páginas de um livro de história não tão concisa quanto os editores da série de Histórias Concisas da Cambridge provavelmente imaginaram, mas muitos encontrarão um ensaio de suas contribuições e ideias nas páginas seguintes. Como sempre, agradeço o apoio generoso do Departamento de História, Filosofia e Estudos Religiosos da Universidade Estadual de Montana, Bozeman; Nicol Rae, reitor da Faculdade de Letras e Ciências da Universidade Estadual de Montana, Bozeman; e Renee A. Reijo-Pera, vice-presidente de Pesquisa e Desenvolvimento Econômico da Universidade Estadual de Montana, Bozeman. O compromisso deles com a criação de novos conhecimentos possibilita projetos como este. Três pessoas leram o manuscrito deste livro com bastante atenção: meu estudante de graduação, Reed Knappe; meu colega do Departamento de Inglês, Kirk Branch; e minha parceira, LaTrelle Scherffius. Eu sou grato por suas muitas correções e sugestões, que deixaram, sem dúvida, este livro mais forte. No entanto, apesar de seus esforços combinados, ainda há, sem dúvidas, erros; pelos quais responsabilizo somente a mim.

Brett L. Walker
Bozeman, Montana

CRONOLOGIA

Capítulo 1: O nascimento do Estado de Yamato, 14500 a.C.-710 d.C.	
2,6 milhões--11.700 anos a.P.*	Época: Pleistoceno.
11.700-100 anos a.P.	Época: Holoceno.
14500-300 a.C.	Período arqueológico Jomon**.
12.700 anos a.P.	Advento da cerâmica nas ilhas japonesas.
9.500 anos a.P.	Cães nas ilhas japonesas.
3000-2400 a.C.	Advento da agricultura nas ilhas japonesas.
300 a.C.-300 d.C.	Período arqueológico *yayoi*.
57 d.C.	Dinastia Han Oriental envia emissários para o Reino de Wa.
107 d.C.	Dinastia Han Oriental envia emissários para o Reino de Wa.
238 d.C.	Emissários de Wa visitam o imperador de Wei, Cao Rui.
247 d.C.	Emissários de Wa visitam as comanderias coreanas.
297 d.C.	Wei zhi descreve o Reino de Wa.
300-700 d.C.	Período arqueológico das Tumbas *(Kofun)*.
250-710 d.C.	Confederação de Yamato.
604 d.C.	"Constituição de 17 Artigos".
645 d.C.	Reformas Taika.
669 d.C.	O Reino de Wa torna-se "Nihon".
689 d.C.	Códigos Kiyomihara.
702-718 d.C.	Códigos Taihô-Yôrô.

*   a.P.: antes do Presente. (N.T.)
**   Jōmon-jidai, Período Jomon. (N.T.)

Capítulo 2: O período das cortes, 710-1185	
552	O budismo é introduzido no Japão a partir da Coreia.
562	Forças de Yamato e Baekje expulsas de Mimana.
663	Marinha da dinastia Tang derrota as forças de Yamato no Rio Geum.
710-794	Período Nara.
710	Capital imperial muda-se para Nara (Heijô-kyô).
712	Livro: *Kojiki*.
720	Livro: *Nihon shoki*.
737	Surto de varíola em Quioto.
773-811	Guerra dos 38 Anos entre Yamato e Emishi.
794-1185	Período Heian.
794	Capital imperial muda-se para Quioto (Heian-kyô).
800	O general Sakanoue no Tamuramaro é enviado para combater os emishi.
802	O general Aterui dos emishi é decapitado.
805	Budismo Tendai é introduzido no Japão.
806	Budismo Shingon é introduzido no Japão.
905	Compilação do *Kokinshû* – antologia de poesia *waka* imperial.

Capítulo 3: A ascensão do governo samurai, 1185-1336	
702	Ministério da Guerra é criado no sistema *ritsuryô*.
792	O recrutamento militar imperial é abolido.
939-940	Rebelião de Taira no Masakado.
941	O pirata Fujiwara no Sumitomo é morto.
993-995	Epidemia de varíola.
998	Surto de sarampo.
1016	Surto de doença intestinal.
1020	Epidemia de varíola.
1025-1026	Surto de sarampo e de doença intestinal.
1027	Surto de doença intestinal.
1028-1031	Rebelião de Taira no Tadatsune.
1036	Epidemia de varíola.
1051-63	Primeira Guerra dos Nove Anos.
1081	Monges Enryakuji atacam Quioto.
1083-1087	Segunda Guerra dos Três Anos.

1108-1110	Erupções dos Montes Asama e Fuji.
1113	Discussão entre Kôfukuji e Enryakuji sobre o templo de Kiyomizu.
1134-1135	Surto de gripe.
1156-1160	Rebelião Hôgen-Heiji em Quioto.
1180-1185	Guerra Genpei.
1181	Carestia em torno de Quioto.
1184	Grande sismo e tsunami.
1192	Minamoto no Yoritomo torna-se xogum.
1192-1333	O *bakufu* de Kamakura.
1221	A Guerra Jôkyû transfere o *bakufu* de Kamakura para a família Hôjô.
1223	Piratas saqueiam a costa perto de Kumajo.
1227	Piratas são decapitados na frente do enviado coreano.
1232	Elaboração dos Códigos Jôei.
1274	Primeira invasão mongol.
1281	Segunda invasão mongol.
1333-1336	Restauração Kenmu do imperador Go-Daigo.
1336-1392	Período das cortes do Norte e do Sul.

Capítulo 4: O Japão medieval e o período dos Estados combatentes, 1336-1573

1336-1573	O *bakufu* da família Ashikaga.
1337-1573	Cultura Muromachi.
1338	Ashikaga Takauji torna-se xogum.
1368	Ashikaga Yoshimitsu torna-se xogum.
1401	O *bakufu* dos Ashikaga inicia relações tributárias com a China da dinastia Ming.
1467-1477	Guerra Ônin.
1467-1573	Período dos Estados Combatentes.
1532	Ikkôshû lança a Revolta do Reino sob o Céu.

Capítulo 5: O encontro do Japão com a Europa, 1543-1640

1542	Os portugueses desembarcam em Tanegashima.
1570	Padre Francisco Cabral chefia a Companhia de Jesus.
1579	Padre Alessandro Valignano chefia a Companhia de Jesus.
1580	Os portugueses recebem autoridade administrativa sobre Nagasaki.

1587	Primeiro édito de expulsão de Toyotomi Hideyoshi.
1596	Incidente de *San Felipe*.
1597	"Os 26 Santos" de Nagasaki são executados.
1607	*Santa Buenaventura* vai do Japão até o México.
1623	Cinquenta cristãos são queimados na fogueira em Edo.
1637-1638	Rebelião de Shimabara.

Capítulo 6: A unificação do reino, 1560-1603	
1551	Morre Oda Nobuhide.
1555	Assassinato de Oda Nobutom.
1557	Assassinato de Oda Nobuyuki.
1560	Batalha de Okehazama.
1571	Oda Nobunaga derrota os monges Tendai do Monte Hiei.
1573	Ashikaga Yoshiaki é exilado.
1574	Oda Nobunaga derrota os monges Ikkôshû da seita Honganji.
1575	Takeda Katsuyori é derrotado no Castelo de Nagashino.
1579	Construção do Castelo de Azuchi.
1582	Oda Nobunaga repele os emissários da corte.
1582	Akechi Mitsuhide assassina Oda Nobunaga.
1582	Toyotomi Hideyoshi conclui o cerco do Castelo de Takamatsu.
1582	Aliados de Toyotomi Hideyoshi e Oda derrotam Akechi Mitsuhide.
1582	Conferência de Kiyosu é convocada.
1583-1597	Construção do Castelo de Osaka.
1583	Batalha de Shizugatake.
1585	Toyotomi Hideyoshi derrota Chôsokabe Motochika.
1585	O imperador dá a Toyotomi Hideyoshi o título de *kanpaku*.
1585	O imperador dá a Toyotomi Hideyoshi o sobrenome Toyotomi.
1587	Toyotomi Hideyoshi derrota Shimazu Yoshihisa.
1587	Enviados coreanos rejeitam os convites dos japoneses.
1588	Conclusão do Palácio de Jurakudai.
1588	Toyotomi Hideyoshi ordena a "Caça às Espadas".
1590	Enviados coreanos visitam o Japão.
1591	Toyotomi Hideyoshi congela as divisões de classes por meio de éditos.
1592	Toyotomi Hideyoshi torna-se *taikô*.

1592	Toyotomi Hideyoshi realiza um censo.
1592	Primeira invasão da Coreia por Toyotomi Hideyoshi.
1593	Nascimento de Toyotomi Hideyori.
1595	Execução de Toyotomi Hidetsugu.
1595	Toyotomi Hideyoshi promulga as Inscrições Murais do Castelo de Osaka.
1597	Segunda invasão da Coreia por Toyotomi Hideyoshi.
1598	Morte de Toyotomi Hideyoshi.
1600	Batalha de Sekigahara.
1603-1636	Edo é construída.
1603	Tokugawa Ieyasu funda o *bakufu* de Edo.
1615	Promulgadas as Leis das Casas Militares.
1617	Construção do mausoléu Nikkô.
1635	Estabelecimento do *sankin kôtai*.

Capítulo 7: O Japão no início do período moderno, 1600-1800

1603	Tokugawa Ieyasu se torna xogum.
1616	Morte de Tokugawa Ieyasu.
1642-1643	Carestia de Kan'ei.
1644	Primeira ordem *kuniezu* do *bakufu* de Edo.
1669	Guerra de Shakushain.
1683	Regulamentos sobre o consumo de Tokugawa Tsunayoshi.
1689	Matsuo Bashô viaja para o Nordeste.
1696-1702	Segunda ordem *kuniezu* do *bakufu* de Edo.
1701	Vingança de Akô.
1732	Carestia de Kyôhô.
1749	Carestia do Javali em Hachinohe.
1782-1788	Carestia de Tenmei.
1808-1810	Mamiya Rinzô mapeia a Ilha Sacalina e o estuário do Rio Amur.
1821	Inô Tadataka completa o mapa científico do Japão.
1833-1837	Carestia de Tenpô.
1835-1838	Terceira ordem *kuniezu* do *bakufu* de Edo.

Capítulo 8: A ascensão do nacionalismo imperial, 1770-1854

1652	Sakura Sôgorô faz petição direta ao xogum.
1751	Yamawaki Tôyô realiza dissecação em Quioto.

1771	Sugita Genpaku supervisiona a dissecação de Kozukapara.
1837	Rebelião de Ôshio Heihachirô.
1853-1854	Comodoro Matthew C. Perry chega em "navios negros".
1858-1860	Purga de Ansei.
1858	Tratado Harris é assinado.
1860	II Naosuke é assassinado por fanáticos imperiais no incidente de Sakuradamon.
1860	O *bakufu* de Edo inicia a política *kôbugattai*.
1861	Hendrick Heusken é assassinado por fanáticos imperiais.
1862	Charles Richardson é assassinado por samurais de Satsuma.
1863	Xogum Tokugawa Iemochi é feito refém em Quioto.
1866	Insurreições do "esmagar e quebrar" em Shindatsu.
1868	Revoltas "Renovação do Mundo" em Aizu.
1868	Matsuo Taseko viaja para Quioto com outros partidários imperiais.
1868	O *bakufu* de Edo entra em colapso após a Guerra Boshin.

Capítulo 9: O iluminismo Meiji, 1868-1912

1858	Fundação da Universidade Keiô.
1868-1912	Período Meiji.
1868	Juramento da carta imperial.
1869	Domínios renunciados pelo *daimyô*.
1871-1873	Missão Iwakura.
1871	Lei de Registro das Famílias é estabelecida.
1871	Abolição do sistema de estatuto civil do início do período moderno.
1871	Libertação de párias.
1872	Início da ferrovia entre Tóquio e Yokohama.
1872	Construção do Bairro de Tijolos em Ginza.
1872	Incidente de *María Luz*.
1872	Libertação das prostitutas.
1872	Proibição de cabelo curto para mulheres.
1873-1874	Fundação da Sociedade Meiji Seis.
1873	Conscrição universal.
1875	Estabelecimento da Faculdade de Direito Comercial.
1875	Construção da prisão de Kajibashi.
1877	Estabelecimento da Universidade de Tóquio.

1881	Realização das políticas deflacionárias de Matsukata Masayoshi.
1882	Estabelecimento do Banco do Japão.
1883	Conclusão do Pavilhão Rokumeikan.
1889	Promulgação da Constituição Meiji.
1890	Promulgação do Decreto Imperial sobre Educação.
1890	Lei sobre associações e reuniões.
1900	Lei sobre a Polícia de Segurança.

Capítulo 10: Os descontentes do período Meiji, 1868-1920

1868	Separação das divindades budistas e xintoístas.
1868	Meiji passa a utilizar a energia de combustíveis fósseis.
1872	Mina de carvão Miike é nacionalizada.
1873	Reforma do imposto sobre terras.
1873	Rebelião do Imposto de Sangue de Mimasaka.
1873	Motins de Fukuoka.
1874	São produzidas 208 mil toneladas de carvão.
1876	Protestos da prefeitura de Mie.
1877	Rebelião de Satsuma.
1877	Furukawa Ichibei compra a mina de cobre de Ashio.
1881-1885	Políticas deflacionárias causam enormes falências rurais.
1881	Fundação do Jiyûtô (Partido Liberal).
1884	Revolta de Chichibu.
1884	Ashio – maior produtor de cobre do Japão.
1889	Extinção do lobo de Hokkaido.
1890-1891	Rio Watarase inunda e espalha as toxinas de Ashio.
1890	Mitsui assume a mina de carvão Miike.
1890	Produção de 3 milhões de toneladas de carvão.
1890	Tanaka Shôzô é eleito para a Dieta (Poder Legislativo bicameral).
1896	Rio Watarase inunda e espalha as toxinas de Ashio.
1897	Descoberta do veio de carvão de Hôjô.
1899	Explosão de gás mata 210 na mina de carvão de Hôkoku.
1902	Tanaka Shôzô muda-se para a vila de Yanaka.
1905	Extinção do lobo japonês.
1907	Explosão de gás mata 365 na mina de carvão de Hôkoku.
1909	Explosão mata 256 em mina de carvão de Ônomura.

1914	Explosão da mina de carvão de Hôjô mata 687.
1917	Explosão mata 365 em mina de carvão de Ônomura.

Capítulo 11: O nascimento do Estado imperial japonês, 1800-1910	
1770-1771	Russos e ainus mortos no incidente de Iturup.
1778	Os russos tentam negociar com os japoneses em Ezo Oriental.
1802	O *bakufu* de Edo estabelece a magistratura de Hakodate em Ezo.
1857	O *bakufu* de Edo patrocina as vacinas contra varíola entre os ainus.
1869-1882	Kaitakushi supervisiona a colonização de Hokkaido.
1872	Fábrica de seda modelo inaugurada em Tomioka.
1872	Criação da Agência Central de Saneamento.
1875	Navio japonês dispara no incidente de Un'yô.
1875	Coreia é "aberta" por diplomatas japoneses.
1876	Assinatura do "Tratado de Amizade Nipo-Coreano".
1876	Fundação da Cervejaria Sapporo.
1878	Os ainus são classificados como "antigos aborígines".
1885	Convenção de Tientsin assinada com a China da dinastia Qing.
1885	Kitasato Shibasaburô é aceito para trabalhar no laboratório alemão de Robert Koch.
1890	Kitasato Shibasaburô envolve-se com a cura da tuberculose de Koch.
1895	Guerra Sino-Japonesa.
1895	Japão sofre "Intervenção Tripla".
1898	Criação do Sistema de Higiene Escolar.
1899	Aprovação da Lei sobre os Antigos Aborígines de Hokkaido.
1902	O Japão assina um acordo internacional com a Inglaterra.
1903	O governo estuda a tuberculose na indústria têxtil.
1905	Guerra Russo-Japonesa.
1905	Tratado de Portsmouth.
1910-1911	Incidente da Grande Traição.
1913	800 mil trabalhadores envolvidos com a indústria de seda.

Capítulo 12: Império e democracia imperial, 1905-1931	
1875	Tratado de São Petersburgo.
1896	Fundação do Shinpotô.
1898	Fundação do Kenseitô [Partido Constitucionalista].

1899	EUA afirmam a "política de portas abertas".
1900	Fundação do Rikken Seiyûkai, Partido dos Amigos do Governo Constitucional.
1906	Fundação da Companhia Ferroviária do Sul da Manchúria.
1906	Decisão do Conselho Escolar de São Francisco.
1908	Pela primeira vez, o Japão usa barcos de pesca com redes de arrastão.
1913	Lei californiana sobre terras de estrangeiros é aprovada.
1915	As 21 exigências impostas à China.
1919	Tratado de Versalhes.
1920	133.930 japoneses residem na China.
1920	Hara Kei usa força militar para acabar com a greve dos metalúrgicos.
1921	O primeiro-ministro Hara Kei é assassinado.
1921	Greve dos trabalhadores da Companhia de Musselina de Tóquio.
1922	Suprema Corte dos EUA afirma que japoneses não podem se tornar cidadãos dos EUA.
1922	Convocada Conferência Naval de Washington.
1922	Fundação da Associação Nacional dos Niveladores (*Levellers*).
1924	Lei de Imigração dos Estados Unidos proíbe a imigração japonesa.
1925	Lei de Preservação da Segurança Pública.
1927	Fundação do Rikken Minseitô, Partido Democrático Constitucional.
1927	Greve dos trabalhadores da Companhia Noda de Molho de Soja.
1930	Fundação da Sociedade Ainu.
1930	Fundação da Sociedade das Cerejeiras.
1931	O primeiro-ministro Hamaguchi Osachi é assassinado.
1932	Fundação do Manchukuo.
1932	O ex-diretor do Banco do Japão, Inoue Junnosuke, é assassinado.
1932	O diretor-geral da Mitsui, Dan Takuma, é assassinado.
1932	O primeiro-ministro Inukai Tsuyoshi é assassinado.
1941	Japão proclama o Dia do Mar.

Capítulo 13: A Guerra do Pacífico, 1931-1945

1897	Animais "troféus de guerra" são exibidos no zoológico de Tóquio.
1906	Fundada a Guarnição do Exército de Kwantung.
1928	O trem de Zhang Zoulin é bombardeado.

1931	Incidente da Manchúria.
1931	O exército de Kwantung entra em Jilin, Qiqihar, sudoeste da Manchúria.
1932	O exército de Kwantung entra em Harbin.
1932	Liga das Nações publica o "Relatório Lytton".
1932	O Japão retira-se da Liga das Nações.
1936	Incidente de 26 de fevereiro em Tóquio.
1936	O ministro das Finanças Takahashi Korekiyo é assassinado.
1936	O ex-primeiro-ministro Saitô Makoto é assassinado.
1937	Publicação de *Kokutai no hongi*.
1937	Incidente da Ponte Marco Polo.
1937	O exército imperial toma Pequim.
1937	O exército imperial toma Xangai.
1937	O exército imperial perpetra o Massacre de Nanquim.
1939	Sanções dos EUA contra o Japão.
1940	Formação da "Esfera de Coprosperidade da Grande Ásia Oriental".
1940	Pacto Tripartite assinado com a Itália e a Alemanha.
1941	Os EUA congelam os bens japoneses.
1941	É declarada a "Guerra da Grande Ásia Oriental".
1941	Assinatura da Aliança entre Tailândia e Japão.
1941	Pacto de Neutralidade Nipo-Soviético.
1941	General Douglas MacArthur é comandante do Extremo Oriente.
1941	Assinatura da Carta do Atlântico.
1941	O general Tôjô Hideki é nomeado primeiro-ministro.
1941	Pearl Harbor.
1941	O exército imperial toma Hong Kong.
1942	O exército imperial toma Manila, Singapura, Batávia, Rangum.
1942	Batalha do Mar de Coral.
1942	Batalha de Midway.
1943	Animais abatidos no zoológico de Tóquio.
1944	Batalha do Golfo de Leyte.
1944	Início do projeto para utilizar o óleo de pinho como combustível alternativo.
1945	EUA lançam uma campanha incendiária: "Operação Meetinghouse".
1945	Batalha de Iwo Jima.

1945	Batalha de Okinawa.
1945	Bombas atômicas são lançadas sobre Hiroshima e Nagasaki.
1945	"Rendição incondicional" do Japão.

Capítulo 14: A história do Japão pós-guerra, 1945-Presente

1895	Japão toma as Ilhas Diaoyu/Senkaku.
1937	Fundação da Toyota Motor Company.
1945-1952	Ocupação americana do Japão.
1945	Assinatura do Instrumento de Rendição.
1945	Lei sindical é aprovada.
1946	Fundação da Sony Corporation.
1946	Aprovação da Lei de Ajuste das Relações Trabalhistas.
1946	Imperador Hirohito renuncia à condição de divindade.
1946	Tribunal Militar Internacional para o Extremo Oriente.
1947	Promulgação da Constituição pós-guerra.
1947	Ocupação dos EUA cancelam a greve geral.
1947	Aprovação da Lei sobre Padrões Laborais.
1949	Joseph Dodge chega ao Japão.
1950	Criação da Reserva Nacional de Polícia.
1951	Assinado o Tratado de Paz de São Francisco.
1952	Assinatura do "Tratado de Cooperação Mútua e Segurança".
1954	Projeto de Reforma da Polícia.
1954	Incidente de *Daigo Fukuryû Maru* (Dragão Afortunado nº 5).
1955	Fundação do Jimintô.
1967	Lei Básica para o Controle da Poluição é aprovada.
1969	Ação impetrada contra o Aeroporto de Itami, em Osaka.
1971	Sentença do Tribunal sobre a "Doença de Minamata" em Niigata.
1971	Estabelecimento da Agência do Meio Ambiente.
1972	Os EUA entregam o controle das Ilhas Diaoyu/Senkaku ao Japão.
1972	Sentença do Tribunal sobre a "Asma de Yokkaichi".
1972	Sentença do Tribunal sobre a poluição de cádmio em Toyama.
1973	Sentença do Tribunal sobre a "Doença de Minamata".
1978	Catorze criminosos de guerra Classe A enterrados no Santuário de Yasukuni.

1985	Privatização da indústria de tabaco.
1987	Criação do Grupo JR.
1991	Explosão da bolha econômica.
2001	Ministério do meio ambiente é substituído pela Agência do Meio Ambiente.

Capítulo 15: Catástrofes naturais e a orla da história	
1854	Terremoto de Ansei.
1891	Terremoto de Nôbi.
1896	Terremoto de Meiji Sanriku.
1900-1993	O nível global do mar aumenta 1,7 mm por ano.
1923	Grande terremoto de Kantô.
1958	Tufão Ida.
1959	Tufão Vera.
1993	O nível global do mar aumenta 3 mm por ano.
1995	Terremoto de Hanshin-Awaji.
2005	Japão produz 1.390 megatoneladas de gases do efeito estufa.
2011	Desastre triplo no Japão em 11 de março.

Introdução:
Escrevendo a história do Japão

A relevância da história do Japão
Até hoje, a ascendência moderna do Japão desafia muitas suposições sobre a história do mundo, particularmente as teorias sobre a ascensão do Ocidente e sobre a razão de o mundo moderno possuir a atual configuração. Durante o século XIX, não foi a dinastia Qing (1644-1911), da China, nem o império Marata, da Índia (1674-1818) que confrontaram o poder dos EUA e da Europa. Na verdade, foi o Japão, um país de 377,915 km², do tamanho do estado de Montana, nos EUA (MAPA 1, p. 34). Esse pequeno país insular, além de manter as grandes potências do século XIX afastadas, imitou-as e competiu com elas em suas próprias ambições globais, mesmo que fossem desprezíveis – e normalmente eram. Em seguida, na segunda metade do século XX, após a Guerra do Pacífico, o Japão reconstruiu-se e tornou-se um modelo de industrialização fora dos EUA e da Europa, com empresas de grande sucesso, tais como a Honda e a Toyota, que, atualmente, são nomes familiares. Os carros da Toyota são dirigidos tanto nos EUA por donas de casa da classe média quanto no Afeganistão por jihadistas. Mas hoje o Japão encontra-se no olho de uma diferente tempestade global. Nos primeiros anos do século XXI, o Japão está enredado em preocupações sobre economias industriais e mudanças climáticas, pois, sendo um país insular com extenso desenvolvimento costeiro, ele tem muito a perder com a elevação do nível do mar e com o aumento do número de tempestades violentas no Pacífico. O Japão continua no centro do mundo moderno e de seus desafios mais sérios.

Para nos aclimatizarmos ao ritmo da história do Japão, vejamos a vida de duas personagens proeminentes. Fukuzawa Yukichi (1835-1901) – um samurai orgulhoso, nascido em Osaka e criado no Sul, na Ilha Kyushu – é exemplo de muitas das experiências iniciais do Japão na idade moderna. Em toda sua vida, ele assistiu – não como um observador passivo, mas como um dos seus principais arquitetos – seu país ser transformado de

MAPA 1. Japão.

uma miscelânea de domínios em uma nação com vasto alcance militar e aspirações econômicas globais. Quando ele era um jovem samurai patrulhando as ruas poeirentas do domínio de Nakatsu, Fukuzawa sonhava alto; ele desejava arrebentar as correntes das retrógradas práticas confucionistas e viajar o mundo para descobrir as motivações e o funcionamento do mundo ocidental.

Aos 12 ou 13 anos, Fukuzawa roubou um talismã sagrado de papel de sua casa, o qual supostamente protegia sua família de calamidades como roubos e incêndios. Ele então fez o que para muitos seria absolutamente impensável: "Eu deliberadamente pisei nele quando ninguém estava olhando. Mas não vi nenhuma vingança celestial". Não sabendo se aquilo já tinha sido suficiente para irritar as divindades locais do xintoísmo, ele então pegou o talismã e pisoteou-o em meio à sujeira do banheiro. Ainda assim, não notou qualquer retribuição das divindades xintoístas. Sempre pronto para desafiar as crenças do Japão, o recalcitrante Fukuzawa tentou as divindades ainda mais. Ele substituiu as pedras sagradas de um santuário de Inari do jardim de seu tio por diversas pedras de sua escolha. Assim que chegou a época do festival de Inari, as pessoas foram para o santuário realizar suas adorações, colocar faixas, tocar tambores e cantar. Fukuzawa riu silenciosamente: "Lá estão eles adorando minhas pedras, esses tolos". Durante a maior parte de sua vida, Fukuzawa desprezou as tradições do Japão, que tinham como base a conservadora filosofia chinesa, em vez do individualismo progressivo do Ocidente. Essa rejeição da tradição, exemplificada pela zombaria das tradições de Inari, bem como sua aceitação da modernidade, exemplificada pela afirmação racional de que as divindades Inari não estavam prestando muita atenção, é emblemática da experiência japonesa do século XIX.

Dessa forma, Fukuzawa passou a ignorar um pressuposto sagrado após o outro e, em sua vida, testemunhou a ascensão japonesa. Um país que antes era governado por homens que brandiam suas espadas e usavam calças hakama, parecidas com saias, e penteados chonmage tradicionais com partes da cabeça raspada passou a ser a única nação asiática a desafiar com sucesso o imperialismo europeu e americano. Quando Fukuzawa partiu de Nakatsu, ele "cuspiu no chão e afastou-se rapidamente". Em alguns aspectos, isso foi precisamente o que Japão tentou fazer em meados do século XIX após a Restauração Meiji (1868): Yukichi e toda a sua geração cuspiram em séculos de pressupostos políticos e culturais e, com um raro sentimento de renascimento nacional, traçaram um novo curso em direção à supremacia global e, finalmente, à destruição nacional e futura renovação do pós-guerra. Atualmente, o Japão enfrenta um novo conjunto de desafios nacionais que até mesmo o inteligente Fukuzawa nunca poderia ter previsto. Alguns deles, como as mudanças climáticas e a elevação do nível do mar, ofuscam as ameaças dos "navios negros" do século XIX. Mas, ao estudarmos o passado do Japão, talvez possamos entender como esta nação insular, tão talentosa na arte do renascimento, poderá enfrentar essas novas ameaças globais. Talvez o Japão consiga encontrar um modelo de renascimento para todos nós.

A vida de Ishimoto Shidzue (1897-2001) começa onde a de Fukuzawa termina, no início do século XX. Ishimoto teve experiências semelhantes, mas precisou lutar com o novo tipo de nacionalismo japonês e com a "ideologia fascista do sistema imperial". Ela viveu em um período diferente de renascimento. Criada em uma família conservadora e sem um bom preparo para cuspir em todas as tradições, Ishimoto estava atormentada pelos legados do governo dos samurais e também com as atitudes confucionistas em relação às mulheres. Como qualquer jovem rica, sua mãe lhe ensinava subservientemente: "Primeiro o homem, depois a mulher". Embora tenha sido criada de forma puramente japonesa, ela lembra que "pouco a pouco, as influências ocidentais penetram em nossa vida". Mas, naquele momento, também nascia uma reação conservadora no Japão. Em sua época de escola, Ishimoto astutamente percebeu que enquanto os professores ensinavam os meninos a serem "grandes personalidades", eles treinavam as meninas para se tornarem "esposas obedientes, boas mães e leais guardiãs do sistema familiar". No início do século XX, os corpos das mulheres transformaram-se em campos de batalha, nos quais ativistas políticos, intelectuais e decisores políticos do governo travavam renhidas batalhas acerca dos legados das reformas Meiji. Em uma história reveladora, ela lembrou-se de uma visita feita à sua escola pelo imperador Meiji. "Por sermos homogêneos em nossas tradições raciais", ela relatou, "nós somos uma única grande família neste império insular com os governantes imperiais no topo." Ela perguntou-se: "Como uma garota como eu, nascida na era Meiji, momento em que a restauração do imperador era a principal excitação política, e criada sob o seu feitiço, não me sentiria tocada pela força espiritual que o imperador simbolizava?". Quando, em 1912, o general Nogi Maresuke (1849-1912), herói da Guerra Russo-Japonesa (1905), obedientemente suicidou-se junto com sua esposa após a morte do imperador Meiji, Ishimoto mostrou uma reverência silenciosa pelo fato. "Sentei-me em meu quarto silencioso, onde eu tinha colocado a foto do general na mesa e queimado um incenso", lembrou-se, "orando para seu espírito nobre sem utilizar palavras." Como muitos outros, Ishimoto, às vezes, rebelava-se contra o espírito do nacionalismo Meiji, mas ela também fazia adorações em seu altar.

A adoração ao imperador serviu como uma âncora para o surgimento do Japão como uma nação no início do século XX, mas as formas de envolvimento global com a modernidade também tiveram o mesmo efeito. Quando Ishimoto visitou os EUA em 1920, ela conheceu a feminista

Margaret Sanger (1879-1966) e tornou-se um ativista, particularmente dos direitos reprodutivos das mulheres. Mas a Guerra do Pacífico (1937-1945) descarrilou temporariamente sua campanha pelos direitos da mulher. Ishimoto refletiu na década de 1930, na véspera da catastrófica guerra: "Uma reação nacionalista contra o liberalismo já varreu recentemente tudo o que estava a sua frente no império insular. O fascismo com seu forte sabor militarista não é defensor do feminismo, que possui um forte sentimento humanístico". Foi durante a vida de Ishimoto que o Japão, determinado a criar uma "nova ordem" na Ásia, lançou seus navios de guerra e aviões para empreender uma guerra "sagrada" contra os EUA e seus aliados. O que estava em jogo no conflito do Pacífico, afirmavam muitos pensadores japoneses, era a "salvação do mundo".

Ishimoto era ainda muito jovem quando Fukuzawa morreu, mas ela o admirava. Ela viu o império japonês desintegrar-se e suas cidades serem incendiadas; no entanto, ela também viu o Japão abraçar a derrota e ressurgir das cinzas para se tornar uma superpotência econômica. Das calças *hakama* e penteados *chonmage* ao encouraçado *Yamato* e às caminhonetes Tundra da Toyota, a ascensão do Japão vem marcando a história do mundo. Fukuzawa e Ishimoto, cada um à sua própria maneira, foram os arquitetos daquele mundo.

O Japão na história do mundo

Ao colocarmos o Japão no contexto da história do mundo, esta história desloca um mito persistente, a saber, que o Japão tem uma relação especial, não intrusiva, mais subjetiva e, muitas vezes, benigna com a natureza; um relacionamento que vê o mundo natural como algo vivo e ligado às divindades do xintoísmo, entrelaçado com as continuidades budistas da vida e delimitado pelos rituais do confucionismo. O mito afirma que os japoneses não veem a natureza como um recurso sem vida e objetificado que serve apenas para a exploração industrial. E que, em vez disso, os japoneses adaptaram-se à natureza, criando um holismo entre as esferas cultural e natural. O ambiente natural veio à luz para os japoneses, limitando o desenvolvimento industrial sem alma e dando forma a uma cultura nacional rarefeita.

Esse estereótipo demorou séculos para ser construído. Ainda no início, o sociólogo Max Weber (1864-1920) argumentou que, ao contrário da filosofia Europeia, que procurava ajustar o mundo para atender às necessidades humanas, o confucionismo, a filosofia central do leste asiático, procurava "adaptar-se ao mundo, a suas convenções e ordens". Em outras palavras, a Europa ocidental havia ajustado o mundo natural para adequá-lo às pessoas, enquanto as sociedades confucionistas ajustaram-se passivamente para adequar-se ao mundo natural. O Japão do início do período moderno, sendo uma sociedade confucionista, também é, muitas vezes, visto como uma sociedade que se adapta ao ambiente natural, uma sociedade em harmonia com a natureza que não obriga o ambiente a dobrar-se às suas necessidades econômicas. Como resultado, Weber afirmou que "o pensamento sistemático e naturalista (...) não conseguiu amadurecer" nas sociedades confucionistas. Para Weber, essa predisposição para curvar-se à natureza retardou o desenvolvimento e permitiu que as sociedades confucionistas fossem vitimadas pelos predadores ocidentais.

Como será demonstrado por este livro, a relação do Japão com o ambiente natural, de modo semelhante à da Europa após o Iluminismo, foi muitas vezes intrusiva, de sondagem, de exploração e controladora. Satô Nobuhiro (1769-1850), um pensador eclético do início do período moderno, acreditava que a natureza era guiada por forças criativas, animadas pelas divindades xintoístas. Mas ao descrever o papel da economia no contexto do desenvolvimento do Estado, ele parecia mais o economista escocês Adam Smith (1723-1790) do que um filósofo xintoísta nato. Ao descrever o papel do governo, por exemplo, Satô disse, no *Keizai yôryaku* (Resumo de Economia, 1822): "O desenvolvimento de produtos é a primeira tarefa do governante". Os seres humanos organizam-se em Estados, Satô sugeriu, para melhor explorar os recursos e controlar a energia.

De maneira importante, o ambiente que Satô procurou desenvolver era um projeto em grande parte humano – a contribuição do Japão para as primeiras assinaturas do Antropoceno – que se caracterizava pela abrangência da mudança induzida pelo homem na terra. No início da sua história, os japoneses começaram a descobrir e envolver-se com o ambiente natural por meio de projetos de engenharia em suas ilhas. Com efeito, o Japão pode ser visto como um arquipélago construído, uma cadeia de ilhas imaginadas como um espaço controlável, explorável, coerente e quase tecnológico. Esse processo começou já no início da história japonesa. O advento da agricultura trouxe uma "mudança fundamental no relacionamento entre os seres humanos e o mundo natural", argumenta um historiador. Os seres humanos começaram a "afetar outros organismos" e a "refazer o ambiente inanimado" para melhor controlar o acesso aos alimentos e à energia. Agricultura significa remover as espécies indesejáveis, criar paisagens artificiais e aumentar a produtividade das espécies desejáveis por meio de um melhor acesso à água e à luz solar. Os seres humanos reconstruíram os organismos de seu entorno, modificando geneticamente os grãos e exterminando as espécies ameaçadoras, tais como os lobos do Japão. Ao criar essa paisagem agrícola, os seres humanos "talvez tenham experimentado um sentimento crescente de separação entre os mundos 'natural' e 'humano'", ou uma sensação de "alienação" em relação às condições naturais.

Em última análise, essa alienação objetifica a natureza e facilita a sua exploração de forma indiferente. Os historiadores identificaram essa hipótese objetificadora da "morte da natureza" com a cultura europeia pós-iluminista, mas, como veremos, a cultura japonesa empreendeu um processo similar de alienação. No Japão, a natureza foi sendo lentamente morta ao longo do tempo histórico, mas então filósofos e teólogos costuraram-na e a injetaram com a vida antropomórfica das divindades xintoístas e budistas. A natureza tornou-se uma marionete do desejo humano por recursos e energia, mesmo que os observadores tenham, já há muito tempo, confundido esse fantoche natural e maltrapilho com uma natureza viva e independente.

Escrevendo a história do Japão

"A consciência histórica da sociedade moderna tem sido largamente estruturada pelo Estado-nação", escreveu um historiador. Embora "nação" seja uma entidade questionável, ela manipula a história e garante a existência da "falsa unidade de motivos nacionais e únicos que evoluem através do tempo". É essa nação "evoluindo através do tempo" que aceita como "japoneses" os caçadores pré-históricos do período Jomon (14500-300 a.C.) e os agricultores do período *yayoi* (300 a.C.-300 d.C.), pois o aparente desenvolvimento evolutivo também pode ser lido na ordem inversa. As narrativas da história nacional, como este livro, quase sempre impõem uma cadeia evolutiva vinda do passado. Falando sobre esse tema, um historiador afirma que "a nação é um sujeito histórico coletivo que está pronto para realizar seu destino em um futuro moderno". Em outras palavras, nós estamos condicionados a ler histórias nacionais como se fossem eventos antecipatórios do surgimento do Estado moderno, como se seu surgimento fosse inevitável. "Em história evolutiva, o movimento histórico é visto como algo que somente é produzido por causas antecedentes, não por transações complexas entre o passado e o presente." Esta é uma importante nota de advertência em relação às narrativas de histórias nacionais como esta. Em vez de ver a história como um movimento claro e linear de uma causa para a outra que, de forma progressiva e inexorável, culminará no surgimento da nação moderna, o presente livro sensibiliza-se mais com os debates políticos e culturais contemporâneos e com as nuances que impõem questões ao passado. A história, claro, está muitas vezes mais preocupada com os atuais debates políticos e culturais que com o passado. Assim, um tema importante da presente narrativa é a mudança ambiental, porque esse é o desafio de nosso tempo.

Esta história concisa não rejeita liminarmente a realidade dos poderes de viajante do tempo da nação moderna ou sua capacidade de esculpir as identidades das pessoas que reivindica serem seus primeiros membros. Os caçadores do período Jomon não se viam como "japoneses", nem as pessoas do período *yayoi*. Os cortesões do período Heian viam as posições na corte como algo muito mais importante do que o "Japão"; depois de Heian, o mesmo vale para os samurais, que se movimentavam de acordo com os ritmos de um sistema social hierárquico de classes. A esse respeito, a nação moderna é uma "comunidade imaginária" recente, inventada por museus, currículos escolares, feriados e outros eventos nacionais. Diz um antropólogo que a nação "é imaginária porque até mesmo os membros da menor nação nunca conhecerão a maioria de seus membros, nunca os encontrarão ou sequer ouvirão falar deles e, ainda assim, na mente de cada um deles existe a imagem viva de sua união comunitária". Nas nações modernas, cidadãos e súditos são ensinados que eles compartilham afinidades com pessoas que eles nunca viram. Como veremos, o japonês imagina suas comunidades com base nos discursos de um ambiente natural compartilhado, ordenadamente delineado por mares circundantes, bem como através da história, linguagem e práticas culturais comuns. Dentre eles, muitos aparecem nas páginas da presente história porque são importantes para a construção do Japão.

No entanto, esta história concisa não vê necessariamente as nações como algo inteiramente "imaginário". As nações não são meros frutos do imaginário cultural. Tendo em vista que um dos temas do livro é o relacionamento das pessoas com o ambiente natural, a presente história concisa revela a impressão material das populações do Japão ao longo de sua história. Ele traça uma presença moldada por gerações de corpos que apodrecem no solo, homens e mulheres que retiraram peixes dos mesmos rios e águas costeiras, paisagens projetadas que refletem valores comuns de subsistência e ideias transitórias amontoadas umas sobre as outras por séculos e que moldaram uma forma distinta de ser. Com base neste ponto de vista, os primeiros habitantes do período Jomon, embora não soubessem, podem realmente ser aceitos como os primeiros "japoneses".

A nação, com toda sua hegemonia de viajante do tempo, é construída, de uma forma fundamentalmente material, pelas pessoas que vieram antes dela. Nesse sentido, "tradição" não significa necessariamente o bode expiatório inventado pela modernidade, como alguns historiadores apontam. Afirma-se que a modernidade exige a "invenção da tradição" a fim de demarcar-se historicamente. Mas os primeiros habitantes do Japão, as pessoas que poderíamos chamar de "tradicionais" por conveniência, tiveram práticas materiais rastreáveis que ficaram impressas no Japão em formas materiais e que informam a vida moderna. Foram essas práticas que deram forma ao desenvolvimento evolutivo da nação japonesa moderna e não vice-versa. Chamar um caçador do período Jomon de "japonês" e culpá-lo pelos futuros horrores do Massacre de Nanquim no Japão (1937) seria como pôr em seus ombros um peso inimaginável para ele. Mas os caçadores do período Jomon morreram e apodreceram em solo japonês. Sua progênie e as pessoas do período *yayoi* adotaram ideias, fizeram escolhas e entalharam essas escolhas em si mesmos, em suas organizações sociais, em seus sistemas políticos e na paisagem. Esses entalhes materiais deram forma a seus descendentes e, então, aos descendentes de seus descendentes e assim por diante. Em algum ponto, essas pessoas, orientadas por incontáveis gerações de motivos materiais e culturais, decidiram saquear a cidade de Nanquim em eventos que chamaram de a "Guerra da Grande Ásia Oriental".

A nação pode, em parte, ser imaginária, mas ela não vem do nada. Ela também não é um fenômeno totalmente natural. O mesmo vale para a história do Japão. Por essa razão, mesmo em face de novos impasses globais, tal como as mudanças climáticas, a nação moderna continua a ser uma importante categoria de análise histórica.

capítulo 1

O NASCIMENTO DO ESTADO DE YAMATO, 14500 A.C.-710 D.C.

O ambiente do Japão mostrou-se muito mais do que um simples escultor da civilização japonesa, onde vento e chuva meticulosamente cinzelaram, ao longo dos séculos, os contornos intrincados da vida japonesa. Pelo contrário, o ambiente foi um produto da civilização japonesa. Os primeiros habitantes das ilhas japonesas, da fase arqueológica *yayoi* (300 a.C.-300 d.C.) em diante, esculpiram, cortaram, queimaram e cavaram suas necessidades de subsistência e sensibilidades culturais em planícies aluviais, florestas, cume de montanhas e baías do arquipélago, transformando o Japão, como uma árvore bonsai colossal, em uma manifestação material de seus desejos e necessidades. Esta é a mais profunda disjunção entre a fase arqueológica Jomon (14500-300 a.C.) e a fase *yayoi*: a introdução da cultura do leste asiático e seu efeito transformador no arquipélago. Este capítulo explora o surgimento do mais antigo Estado japonês e como o desenvolvimento do Estado estava intimamente ligado à transformação do ambiente.

PRIMEIROS COLONOS E COLETORES

O Pleistoceno (cerca de 2,6 milhões a 11.700 anos a.P.) testemunhou a primeira onda de hominídeos, animais não humanos e migrações incidentais de plantas em toda a Eurásia e no arquipélago japonês. No entanto, o Japão ainda não era um arquipélago naquele momento. Pelo contrário, ele estava ligado ao continente em ambas as seções do Norte e do Sul por planícies costeiras que formavam um crescente terrestre com o Mar do Japão, servindo como o que deve ter sido um impressionante mar interno. Ainda há controvérsias sobre se os hominídeos modernos vieram da África e deslocaram os hominídeos anteriores ou se aqueles que chegaram anteriormente evoluíram para os hominídeos modernos, mas em 100000 a.P. muitos coletores do Paleolítico percorriam a Eurásia, e alguns deles chegaram até este crescente terrestre em busca de animais e outras oportunidades de forrageamento. A descoberta de um osso pélvico esquerdo em 1931 sugeriu pela primeira vez a existência de um povoado paleolítico no crescente terrestre, mas ataques aéreos destruíram o osso durante a Guerra do Pacífico (1937-1945) e o descobridor do osso foi vingado apenas mais tarde com a descoberta de outros restos do Paleolítico por todo o Japão.

Esses caçadores do Paleolítico e, mais tarde, do Mesolítico caçavam e matavam animais grandes, incluindo o elefante *Palaeoloxodon* e os cervos gigantes. Eles e suas presas assistiram, geração após geração, a transformação das características geográficas do Japão, conforme a flutuação do clima e dos níveis do mar permitiram que o continente pudesse reivindicar o crescente e, então, perdê-lo cerca de 12.000 anos a.P., quando os oceanos foram derramados nas planícies costeiras e criaram a cadeia de ilhas. Em relação aos primeiros coletores, os linguistas rastreiam três grupos linguísticos distintos entre esses humanos com base em suas rotas migratórias: as línguas uralo-altaicas (japonês, coreano, idiomas do nordeste asiático e línguas turcomanas), o chinês (idiomas do Tibete e de Myanmar) e as línguas austro-asiáticas (vietnamita, cambojano e várias línguas menores da China). Nos estágios finais do Pleistoceno, os primeiros coletores do Japão sobrecaçaram a maioria dos mamíferos gigantes do arquipélago, que agora estavam geograficamente confinados com os hominídeos esfomeados na chamada "Extinção do Pleistoceno".

Os hominídeos coletores, independentemente das línguas que falavam, não eram as únicas tribos caçadoras que vagueavam pelo crescente. Os lobos também chegaram lá. Crânios de lobos siberianos foram encontrados em todo o Japão. No final do Pleistoceno, esses lobos grandes caçavam e forrageavam nas florestas de coníferas do norte de Honshu, onde caçavam animais grandes, como o bisão da estepe. Esses bisões eram grandes, com chifres que chegavam a crescer um metro em torno de seus crânios ósseos; mas o lobo siberiano também era grande. Ele vagava oportunamente entre os rebanhos à procura de retardatários feridos. Podemos supor que os hominídeos não eram os únicos caçadores a instigar a extinção do Pleistoceno, ou pelo menos a apanhar os pedaços dela. Assim que o arquipélago se separou do continente, cerca de 12.000 anos a.P., as florestas de coníferas sucumbiram ao crescimento das florestas decíduas, devorando as preciosas pradarias dos grandes bisões e de seus caçadores famintos. Essa mudança climática e as mudanças que a acompanharam na composição da floresta também contribuíram para a extinção do Pleistoceno. Agora isolado e com sua caça grande extinta, o lobo siberiano diminui, transformando-se no lobo japonês menor que viria a ser extinto no início do século XX. Esse período também testemunhou o surgimento de espécies comuns do Japão, tais como o cervo japonês, o javali e vários outros animais menores. Nessa conjuntura, a geografia tumultuada do Japão, a sua transformação de um crescente terrestre a um arquipélago, foi condutora da história (no caso dos hominídeos coletores modernos, seus padrões de assentamento, moradias e circuitos de caça; para o lobo, a própria forma e o tamanho de seu crânio), mas os posteriores colonizadores humanos, particularmente após o período *yayoi*, conseguiram transformar melhor a ilha para atender a suas necessidades de subsistência e culturais.

Cerca de 12.700 anos a.P., enquanto o crescente terrestre transformava-se em um arquipélago, os coletores descobriram, ou foram introduzidos a (o veredicto ainda depende dos estudos dos arqueólogos), um avanço tecnológico monumental: a cerâmica. Os mais antigos fragmentos foram encontrados na caverna de Fukui, no noroeste de Kyushu, uma área que servia como um canal para as trocas com o continente. Infelizmente, nada tão antigo foi desenterrado na China, ou em nenhum outro lugar. Os arqueólogos referem-se a essas pessoas como Jomon (padrões de corda) porque a cerâmica era frequentemente adornada com marcações em padrões de corda ao redor da borda e em outros lugares das jarras. Esses avanços tecnológicos permitiram que esses coletores se tornassem sedentários, pois agora eles podiam preparar legumes e mariscos que anteriormente não eram comestíveis, bem como ferver a água do mar para produzir sal para o consumo e para o comércio. As plantas de cultivo tornaram-se uma característica da vida no período Jomon tardio, mas a agricultura simples provou ser mais limitada do que em outros grupos neolíticos. O primeiro homem do período Jomon, o "Adão" japonês, foi descoberto em 1949 enterrado em uma posição flexionada no sambaqui de Hirasaki; ele tinha 1,63 m de altura, cerca de 3 cm mais alto do que a média, e as mulheres eram consideravelmente mais baixas. Dentes do siso não utilizados e outras evidências sugerem uma expectativa de vida curta: até cerca de 24 anos para as mulheres e talvez uma década a mais para os homens. Ao longo dos séculos, o estilo das cerâmicas Jomon foi mudando, mas elas mantiveram-se ornamentadas, com padrões e impressões em espiral, alças elaboradas, outras formas de decoração e formas delicadas com fundos impraticavelmente estreitos. As partes inferiores relativamente pontudas seriam ótimas para a vida nômade, pois manteriam os frascos na posição vertical em terra solta ou areia, mas eram pouco práticas para a vida em uma casa de piso endurecido. No entanto, a sofisticação crescente da cerâmica sugere fins ritualísticos e uso doméstico regular, oferecendo um possível vislumbre inicial da vida religiosa dos primeiros colonos do arquipélago.

Os caçadores da cultura Jomon desenvolveram arcos que arremessavam projéteis mortais em velocidades muito mais altas do que as lanças que usavam antes. Cães-lobos, que provavelmente migraram para o crescente terrestre com os primeiros coletores do Paleolítico, caçavam com os Jomons em busca de animais menores. Restos de esqueletos de cães do sambaqui de Natsushima, na prefeitura de Kanagawa, contam com 9.500 anos a.P. Os arqueólogos descobriram sistemas elaborados de armadilhas em poços, sem dúvida usados para prender e empalar javalis e outras caças. O povo Jomon também vivia de frutas e nozes, bulbos e tubérculos amiláceos, frutos do mar, tais como moluscos e mariscos, peixes, como o pargo, e outras fontes de alimentos. No sambaqui de Numazu também foram encontradas pontas de arpões feitas de ossos e anzóis, sugerindo que esses povos se tornaram pescadores razoavelmente hábeis. Mas tudo isso não era bom o suficiente: restos de esqueletos demonstram que os Jomon viviam em um estado quase constante de desnutrição, no auge da instabilidade reprodutiva. O resultado de uma dieta altamente calórica de nozes era o apodrecimento doloroso dos dentes da maioria das pessoas. Assentamentos maiores do período Jomon, mostram casas construídas em um padrão circular, com um espaço comunitário central para os enterros, armazenamento de alimentos e funções cerimoniais. As melhores casas, com postes internos que sustentavam os telhados inclinados, permitiam aos Jomons acumular mais posses, incluindo os *dogû*, ou estatuetas de barro (IMAGEM 1). Normalmente, as estatuetas representavam mulheres robustas, sugerindo que sua finalidade ritual visava à reprodução e à segurança dos partos. Itens fálicos apontam para rituais de fertilidade. Os enfeites com cabeças de cobra oferecem uma tentadora evidência de cerimônias relacionadas a esse réptil, talvez conduzidas pelos xamãs das aldeias. Os restos de um esqueleto adulto sem dentes indicam formas de extração ritualizada de dentes, provavelmente como um rito de passagem para a maioridade. Alguns dos maiores potes de cerâmica, chamados de "potes de placenta", contêm restos placentários e até mesmo os restos de bebês, demonstrando uma forma elaborada de enterro e de cerimoniais.

Mesmo que os Jomons tenham ficado mais sofisticados, essas almas sempre sobreviveram à margem, e sua sociedade mostrou estar mal preparada para as mudanças ambientais e o desaparecimento de suas caças. Por volta de 4.500 anos a.P., a queda da temperatura global provocou uma cascata herbácea que levou ao declínio das populações de mamíferos e

CAPÍTULO 1 – O NASCIMENTO DO ESTADO DE YAMATO, 14500 A.C.-710 D.C. | 47

IMAGEM 1. Estatueta do período Jomon, prefeitura de Miyagi.

das nozes, deixando as pessoas desse período vulneráveis à escassez de alimentos e à carestia. Mesmo com o olfato afiado e confiável dos cães de caça, encontrar cervos e javalis era uma tarefa difícil. Dessa forma, os coletores Jomons passaram a matar animais menores, e muitos assentamentos do interior foram transferidos para as zonas costeiras em busca de melhores coletas e da pesca. Alguns afirmam que, há 4.500 anos a.P., os

260 mil habitantes do Japão podem ter diminuído para 160 mil ao longo do milênio seguinte. As pessoas da cultura Jomon atingiram os limites da conformidade com a natureza mutável de seu lar.

Advento da agricultura

Estritamente falando, desde o período Jomon médio (3000-2400 a.C.) há provas de uma agricultura neolítica incipiente nos registros arqueológicos. Os Jomons cultivaram inhame e taro, que provavelmente vieram do sul da China; eles também manipularam o crescimento de bulbos de lírio, castanha-da-índia e outras plantas essenciais para sua sobrevivência. O amido do taro e dos bulbos de lírios produziam, quando cozidos a vapor em bandejas de vime, um pão simples, cujos restos preservados foram encontrados na província de Nagano por arqueólogos. Os arqueólogos encontraram vestígios de impressões de arroz nas cerâmicas do período Jomon tardio (1000-250 a.C.). Então, as pessoas do Jomon plantaram grãos simples, mas eles não modificaram o ambiente para a agricultura, a não ser, por exemplo, por meio de desmatamentos localizados. A engenharia do ambiente para a agricultura ocorreu na cultura da fase *yayoi* (300 a.C.-300 d.C.). Os primeiros sítios do período *yayoi* foram escavados em 1884, no *campus* da Universidade de Tóquio; outras descobertas feitas mais tarde, em 1943, na província de Shizuoka, esclareceram o caráter distintivo da fase *yayoi*.

No início, a agricultura *yayoi* provavelmente estava confinada ao trigo e à cevada, que eram cultivados no Sul, na Ilha de Kyushu. Acredita-se que esses dois grãos se originam do continente e foram trazidos por *yayois* migrantes, que, julgando-se por restos de crânios, parecem ter representado uma nova onda de migração para o arquipélago, vivendo ao lado ou deslocando lentamente os colonos da cultura Jomon do Neolítico. Eles parecem ser descendentes de indivíduos do norte da Ásia, enquanto acredita-se que a maioria dos colonos do período Jomon seja do sudeste da Ásia. Os migrantes da fase *yayoi* eram mais altos e tinham rostos mais alongados, mas perderam um pouco de sua estatura ao longo da fase *yayoi*, provavelmente como resultado de deficiências persistentes. Uma vez no arquipélago, no entanto, eles reproduziram a uma taxa maior. De fato, as taxas de reprodução dos *yayois* eram tão altas que, 300 anos após sua chegada no arquipélago, estima-se que passaram a constituir cerca de 80% da população. Eles simplesmente provaram ser mais saudáveis e mais fecundos do que os coletores anteriores.

Esses novos colonizadores também trouxeram o conhecimento e as habilidades técnicas da agricultura do arroz tipo *paddy*. O período *yayoi* corresponde a duas dinastias Han da China (206 a.C.-220 d.C.), as quais, em seus registros, fazem referência ao arquipélago como Reino de Wa. Com novos imigrantes *yayois*, as técnicas de cultivo do arroz espalharam-se por todo o Reino de Wa, englobando aproximadamente o Japão ocidental e central. A engenharia do arroz tipo *paddy* dos primeiros *yayois* era relativamente sofisticada: sistemas elaborados de canais de irrigação, barragens, paredes de *paddy* e portões de entrada e saída garantiam a irrigação adequada do arroz. Os arqueólogos estimam que, com a agricultura do arroz, a população *yayoi* pode ter alcançado entre 600 mil e 1 milhão de pessoas nos primeiros séculos da era comum. Interessante para nós é que alguns historiadores afirmam que, entre 221 a.C. e 907 d.C., a gênese da esfera cultural do leste asiático ocorreu assim que o humanismo confucionista, a teologia budista e a escrita *kanji* da China propagaram-se tanto pelo continente quanto além dele. Podemos também incluir a agricultura do arroz como uma característica definidora da civilização do leste asiático. Embora o confucionismo ainda não tivesse conseguido reestruturar a visão japonesa de família, sociedade e governo, o advento da agricultura do arroz já colocava o Japão no âmbito da força gravitacional do leste da Ásia.

A influência da cultura *yayoi* entrou no arquipélago como resultado da conquista do reino coreano de Gojoseon (233-108 a.C.) pela dinastia Han. Em 108 a.C., o imperador Wu da dinastia Han construiu quatro postos avançados na península coreana para governar a região e seu povo. O arquipélago beneficiou-se desta recém-inaugurada via de ligação com a China. Espelhos de bronze da China, artefatos coreanos e fragmentos de armas de bronze e ferro indicam um comércio relativamente forte com o continente. O cultivo do arroz japonês pode ser rastreado até o delta do Yangtzé, na China. O arroz provavelmente provou ser atraente para os cultivadores *yayoi*, pois ele podia ser armazenado e torrado para ser comido quando necessário. Os cultivadores *yayois* projetaram armazéns elevados para enfrentar as ameaças do mofo, das traças e dos ratos que costumavam frequentar os suprimentos armazenados de arroz. No início da fase *yayoi*, o arroz era uma das muitas plantas cultivadas no noroeste da Ilha de Kyushu, em sítios como Itazuke, na província de Fukuoka; nos períodos médio e tardio da cultura *yayoi*, o arroz já era um dos cultivos dominantes. Em Itazuke, estacas de madeira identificavam os limites dos campos de arroz. Esse sítio contém inúmeras escavações utilizadas para armazenamento e enterros. Cães e alguns pequenos cavalos vagavam entre esses assentamentos, enquanto ossos de cervos e javalis fornecem o testemunho da existência de carne na dieta *yayoi*. O fosso que rodeia o sítio de Itazuke também servia para a irrigação dos arrozais, ou talvez tenha servido como um fosso defensivo. Em Itazuke também foram encontrados jarros fúnebres contendo, em sua maioria, crianças. No período *yayoi* médio, os jarros eram colocados horizontalmente durante o enterro; no *yayoi* tardio, eles eram colocados verticalmente, com a abertura voltada para baixo. Obviamente, alguns desses frascos eram bem grandes, sugerindo elevados graus de especialização. Perto das sepulturas de jarros, os arqueólogos encontraram uma abundância de artefatos chineses e coreanos, a ponto de as pessoas começarem a especular sobre o noroeste de Kyushu poder ter sido o centro do lendário Estado de Yamato, o primeiro reino do Japão. Voltaremos logo mais a essa questão.

Toro, outro sítio *yayoi* desenvolvido, é uma vila junto ao Rio Abe. Ele continha cerca de 50 arrozais complexos até que as inundações do rio os apagassem de forma inesperada. Esse sítio altamente projetado continha comportas, canais de irrigação, poços e instalações de armazenamento de um tipo que se parecia com o que mais tarde viriam a ser santuários xintoístas. Os arqueólogos especulam que a vida em Toro era relativamente comunal, e uma das casas escavadas continha uma variedade de ferramentas de madeira, o que sugere algum tipo de propriedade cooperativa. Mas a concorrência relativa aos sítios mais atraentes incitou guerras; restos de esqueletos – uma mulher de Nejiko, na província de Nagasaki, tem uma ponta de flecha de bronze alojada no crânio – atestam as lutas violentas. Alguns restos mortais *yayoi* de Yoshinogari, um povoado *yayoi* fortificado no norte de Kyushu, sugerem que as pessoas tenham sido, possivelmente, decapitadas (embora essa evidência tenha sido contestada). O bronze tornou-se uma importação central e, mais tarde, um metal produzido domesticamente, forjado em armas e em antiguidades valiosas, tais como sinos. Moldes para bronze em arenito provam a produção local de armas e até mesmo de sinos, no século I a.C. A produção local de bronze apresenta interessantes problemas logísticos, e o menor deles não é saber qual a fonte do cobre. Os arqueólogos acreditam que os artesãos do período *yayoi* reciclavam o bronze continental e importavam lingotes de chumbo, pois há pouca evidência sobre a existência de minas de cobre locais e superficiais no arquipélago até o século VII.

A VIDA *YAYOI* EM DOCUMENTOS

As observações dos emissários chineses oferecem uma janela para a vida, rituais e governo do período *yayoi* tardio. Apesar dos grandes tumultos dentro da dinastia chinesa que levaram à perda e eventual recaptura dos postos avançados da Coreia, os quais eram os portões do fluxo de bronze, cultígenos e técnicas da produção do arroz tipo *paddy* para o arquipélago, em 57 d.C., a dinastia Han Oriental enviou emissários para o Reino de Wa e fez o mesmo em 107 d.C. A mais reveladora dessas descrições chinesas é o *Wei zhi* (Registros de Wei, 297 d.C.). No século III d.C., a dinastia Han Oriental havia acabado, e o império Cao Wei (220-265) governou grande parte da China a partir de sua capital em Luoyang. Não foram somente as missões de Wei que visitaram o Reino de Wa, mas, em 238, os dignitários de Wa, especificamente o grão-mestre Natome e seus assistentes, retribuíram o favor. Eles prestaram homenagem ao imperador Wei, Cao Rui, e receberam um selo de ouro em troca, que dizia, "Himiko, rainha de Wa, é amiga de Wei", uma pista óbvia sobre a forma como os funcionários chineses acreditavam que o Reino de Wa entrava em sua ordem tributária. "Nós verdadeiramente reconhecemos esta lealdade e piedade filial", explica o *Wei zhi*. Os generais de Wei instaram o grão-mestre Natome a "fazer o melhor para trazer a paz e o conforto para as pessoas e se esforçar pela piedade filial". Obviamente, os habitantes do arquipélago perceberam que estava mais difícil resistir à força gravitacional do leste asiático.

O principal caminho para a viagem diplomática de Wa era a partir de outro posto avançado da dinastia Han, Daifang, também na península coreana; por ali os enviados de Wei também começaram sua viagem ao Reino de Wa. Em 297, os representantes de cerca de 30 chefaturas de Wa viajaram do arquipélago até a capital do império, Cao Wei. Os emissários de Wei dizem ter visitado várias chefaturas durante sua viagem, incluindo a da rainha de Wa, chamada de "chefatura Yamaichi" no texto. Muitos acreditam que isso seja um erro de escrita dos clérigos de Wei, no entanto, e que o nome se aproximava mais de "Yamatai". O nome da rainha era Himiko, e ela nos oferece o primeiro vislumbre sobre a realeza japonesa.

É importante ter em mente uma lente cultural definida pela ordem tributária, através da qual os enviados chineses viam o pequeno Reino de Wa, mas, independentemente disso, as descrições são altamente valiosas. Elas confirmam, por exemplo, a evidência arqueológica das guerras do período *yayoi*, tanto no que se refere ao "caos com que eles lutavam entre si" como a um palácio "mais parecido com uma paliçada e que, normalmente, estava fortemente protegido por guardas armados". Em 247, Himiko, a rainha de Wa, enviou emissários para os postos avançados da Coreia para relatar um conflito com "Himikoko, o governante masculino de Kona". A rainha de Wa ocupava-se com "O Caminho dos Demônios, mantendo todos sob seu feitiço". Há também um trecho sobre os governantes de dois gêneros: "Um irmão mais novo a ajudava a governar seu domínio". Com efeito, o governo por dois gêneros tornou-se comum entre os primeiros "grandes reis" do Japão, chamados *ôkimi*.

Ficamos intrigados pela admiração palpável do enviado de Wei pelo Reino de Wa. "Seus costumes não são indecentes", escreve o enviado. O enviado explica: "Aristocratas e plebeus possuem tatuagens no rosto e no corpo". Os mergulhadores de Wa, o enviado continua, "decoram o corpo com padrões que evitam que eles sejam incomodados por grandes peixes e aves aquáticas". Ao longo do tempo, a tatuagem tornou-se mais "decorativa", com distinções entre chefaturas, sendo "algumas aristocratas" e outras plebeias de acordo com sua hierarquia. A não existência de uma distinção "entre pais e filhos ou entre homens e mulheres por gênero" desafiava as normas confucionistas, que salientavam a piedade filial e a hierarquia. Mesmo os cumprimentos talvez tenham levantado algumas sobrancelhas dos enviados de Wei, pois os "aristocratas batem palmas em vez de se ajoelhar ou se curvar". No entanto, mesmo sem essas normas confucionistas presentes nas relações sociais, "as mulheres não são moralmente levianas ou ciumentas". O Reino de Wa é retratado como um lugar próspero, com celeiros cheios e movimentados mercados sob a supervisão do Estado. Mas existiam distinções de classes – também sabemos isso pelas práticas funerárias do período *yayoi* – bem como formas de vassalagem.

Finalmente, o *Wei zhi* retrata uma vida espiritual rica, expressa por práticas de adivinhação e enterros elaborados, sendo que o mais proeminente deles foi o enterro do Himiko. As adivinhações pressagiavam o futuro: "É o costume, por ocasião de um evento ou viagem, ou para tudo que fazem, predizer por meio do cozimento de ossos a fim de determinar a fortuna futura, boa ou má. As palavras são as mesmas das adivinhações efetuadas por meio de conchas de tartaruga. As rachaduras produzidas pelo fogo são examinadas em busca de sinais". A referência coloca as formas divinatórias de Wa no contexto do leste asiático, pois essa variedade de prática divinatória era praticada na China desde a dinastia Shang (1600-1046 a.C.). É bem possível que essa prática tenha migrado junto com os muitos itens de bronze e técnicas agrícolas transmitidas entre a península coreana e o noroeste de Kyushu. A prática mostrou ser fundamental para determinar os resultados de guerras, viagens e agricultura; a capacidade de realizar adivinhações provavelmente fazia parte da realeza do Himiko e, consequentemente, de sua legitimidade política.

O *Wei zhi* também investiga as práticas funerárias dos *yayois*:

Na morte, eles usam um caixão sem qualquer caixa externa para selá-lo. Colocam terra até formar um montículo. Na morte, eles realizam mais de dez dias de exéquias, período durante o qual eles não comem carne. Enquanto o pranteador principal lamenta, outros cantam, dançam e bebem saquê. Após o enterro, a família se reúne para entrar na água a fim de purificar-se, de forma semelhante às abluções.

As evidências arqueológicas registram enterros em jarros nas comunidades do período *yayoi*, mas o texto de *Wei zhi* fala sobre "caixões", que eram provavelmente de madeira. Fascinante é a referência sobre "água para purificação" imediatamente após o luto, porque a prática assemelha-se ao futuro ritual xintoísta. Com casas elevadas para o armazenamento e agora os banhos de purificação, alguns dos elementos iniciais do que seria mais tarde conhecido como xintoísmo evoluiu no contexto da vida ritual do período *yayoi*.

Quando Himiko morreu, "foi construído um grande monte com mais de 100 passos de diâmetro. Mais de 100 atendentes masculinos e femininos foram imolados. Em seguida, um governante masculino foi instalado, mas os protestos que se seguiram no domínio, derramamento de sangue e a matança exterminaram mais de mil pessoas... Para substituir Himiko, um parente de 13 anos chamado Iyo tornou-se governante do domínio". A força política do Reino de Wa chegou a um ponto em que, após a morte de Himiko, a vida da rainha de Wa passou a ser comemorada com uma tumba elaborada que relatava seus triunfos na terra, bem como sua vida no além. A construção da tumba da rainha de Wa inaugura a próxima fase arqueológica importante do arquipélago: o período *Kofun*, ou período das tumbas (250-700).

TUMBAS E O ESTADO DE YAMATO

Himiko surgiu no período *yayoi* tardio, que estava repleto de animosidades, como uma rainha unificadora, acabando com anos de luta e iniciando relações tributárias formais com a China. Os estudiosos postulam muitas teorias sobre o advento da fase das tumbas e sobre a ascendência da Confederação de Yamato (250-710), que foi consolidada em algum momento em torno da morte de Himiko. Uma teoria convincente refere-se mais uma vez às mudanças climáticas e ao meio ambiente. Os historiadores sabem, com base nos registros chineses, que as mudanças convulsivas do clima no final da fase *yayoi* e início da fase das tumbas, especificamente em torno de

194 d.C., causaram fome, canibalismo e, possivelmente, desilusão generalizada em relação às divindades protetoras. Himiko talvez estivesse na vanguarda de tal insurreição religiosa em relação às divindades nativas, jogando fora as armas e esmagando os sinos associados às divindades mais antigas em favor de novas divindades associadas aos espelhos (IMAGEM 2). Pelo menos esta é a forma como algumas evidências arqueológicas podem ser interpretadas. Himiko e as novas divindades com quem ela conversava por meio da teurgia – sua prática de magia e do "Caminho dos Demônios" – tornaram-se um ponto focal. As pessoas passaram a construir tumbas e adorar espelhos e, podemos especular, esperavam pela promessa de dias melhores. Na prefeitura de Hyôgo, por exemplo, os arqueólogos descobriram um sino que foi quebrado em 117 pedaços. Alguém quebrou o sino de forma tão cuidadosa que os arqueólogos suspeitam fortemente que foi algo feito de propósito, como uma rejeição às velhas e impotentes divindades associadas a eles. Himiko, podemos especular novamente, praticava sua magia como um meio de se comunicar com as novas divindades, cujo chefe passou a ser a deusa do sol Amaterasu Ômikami, a divindade tutelar da casa imperial.

IMAGEM 2. Espelho de bronze do período *Kofun*, província de Gunma.

Himiko também representou o surgimento de uma nova classe militar, forjada pela guerra do período *yayoi* tardio. Essa elite militar prosperou na sociedade de Yamato de maiores excedentes agrícolas, que se traduziu em tumbas deslumbrantes em forma de fechadura. Os ferreiros forjaram melhores armamentos de ferro, muitos dos quais seguiam seus proprietários para suas sepulturas. Os assentamentos da fase das tumbas são mais elaborados do que os do período *yayoi*, muitas vezes com grandes estruturas de madeira e fossos ou barricadas de pedras. Os agrupamentos de casas e habitações escavadas (ou subterrâneas) sugerem que famílias numerosas coabitavam no mesmo lugar. Nessas famílias, as mulheres desempenharam um papel particularmente importante na política e na produção: quase metade dos túmulos escavados contém os restos mortais de mulheres, isto é, o testemunho de seu acesso aos recursos, incluindo armas de ferro e influência política, talvez advindos das formas de magia do espelho. As tumbas também continham joias de ouro, incluindo brincos e fivelas de cintos.

Himiko simbolizou ainda o nascimento de um novo tipo de rei, que se tornaria a peça central do Estado de Yamato e, como veremos, dos primeiros imperadores do Japão. O Estado de Yamato é mais bem descrito como uma espécie de Confederação, em que os reis exercem controle sobre as chefaturas vassalas e onde a homogeneidade cerimonial e a doação simbólica de presentes cimentavam as relações entre o centro e as periferias. Os acadêmicos ainda debatem sobre a localização exata do centro de Yamato, mas ele ficava provavelmente em Honshu ocidental ou, menos provável, no norte de Kyushu, talvez tendo o assentamento militarizado de Yoshinogari como sua capital. As tumbas em forma de fechadura, origem do nome dessa fase, oferecem evidências conflitantes a respeito do centro do poder político de Yamato; menos conflitante é a evidência que elas fornecem sobre a forma pela qual os reis de Yamato manipulavam os rituais fúnebres para afirmar seu controle sobre o reino e, pode-se presumir, sobre a vida após a morte. Um historiador chamou isso de "hierarquia das tumbas em forma de buraco de fechadura", sendo que as maiores e mais elaboradas tumbas foram construídas no centro de Yamato e as menores e menos elaboradas, na periferia. O ponto crítico, no entanto, é que o estilo de tumbas em forma de buraco de fechadura foi utilizado de maneira razoavelmente uniforme em todo o arquipélago, sugerindo algum grau de homogeneidade fúnebre imposto pelo centro político. Essas primeiras tumbas, tal como a de Makimuku Ishizuka no distrito administrativo de Nara, oferecem um testemunho da estratificação social do arquipélago, da intensificação do comércio e do surgimento dos reis. Com efeito, essas tumbas dramatizaram a autoridade local e o poder da Confederação de Yamato e, além disso, sugerem fortemente que a prefeitura de Nara, mais do que o norte de Kyushu, surgiu como o núcleo político de Yamato.

Uma sucessão de reis de Yamatai reforçou o poder do Centro, e as tumbas não foram o único meio pelo qual isso foi realizado. Yûryaku, que governou no século V, escreveu em uma carta ao imperador chinês que ele era o rei de Wa e, além disso, vangloriava-se de suas proezas marciais em casa e na península coreana. "Desde antigamente, nossos antepassados vestem suas armaduras e capacetes e atravessam as colinas e as águas sem perder tempo com descanso", ele escreveu. "No Leste, eles conquistaram 55 países de homens peludos, e no Oeste, fizeram com que 65 países de vários tipos bárbaros dobrassem seus joelhos. Após atravessarem o Mar do Norte, eles subjugaram 95 países." Os reis de Yamato e seus antepassados tornaram-se líderes militares. Inscrições em espadas desenterradas de túmulos no centro do Japão, tais como a espada Inariyama, revelam a natureza da relação de vassalagem de Yûryaku com as chefaturas locais. "Quando a corte do grande rei Wakatakeru estava em Shiki", lê-se nesta inscrição específica, "eu o ajudei a governar o reino e resolvi fazer esta espada, forjada 100 vezes para registrar a história de meus serviços."

Junto com a cultura marcial e a vassalagem, o governo de dois gêneros do Reino de Wa destaca os modos de comportamento real em Yamato. Não só a rainha Himiko governou com seu irmão, mas os grandes reis futuros, tais como Kitsuhiko e Kitsuhime, Suiko e o príncipe Shôtoku, Jitô e Tenmu, todos governaram em corregência. Presumivelmente, esses cogovernantes colocaram o Reino de Wa em conformidade geomântica com os elementos competitivos yin-yang do cosmos de inspiração chinesa, os quais penetravam lentamente na mentalidade política de Wa conforme aumentava o contato com o sudeste asiático. Parece que as mulheres, Himiko, por exemplo, cumpriam os deveres sagrados do Reino de Wa. No entanto, os crescentes laços com a Ásia oriental traduziram-se em uma redefinição mais masculina da realeza.

Uma prova convincente sobre o rumo do Reino de Wa em direção à dominação masculina foi a implantação do budismo por Suiko, no início do século VII, como uma ferramenta para combater o patriarcado. Suiko estudou budismo em textos como "O rugido do leão da rainha Srimala", que ensinava sobre uma rainha indiana piedosa e brilhante e explicava que o *bodisatva* podia habitar o corpo de uma mulher. Ela também supervisionou a construção do Buda Hôjôki (608), uma representação de 5 m de Shakyamuni (o príncipe indiano que se transformou em Buda). O texto teria sido atraente para uma mulher cujo governo confederado – a "Corte sagrada" presidida por ela – havia caído sob a influência dos valores confucionistas, os quais rearticularam as noções de poder político e sagrado para que o governo se tornasse mais patriarcal. Suiko também erigiu a primeira capital do Reino de Wa em Oharida (603), com uma praça comercial elaborada, estradas para o interior e instalações portuárias.

Ao mesmo tempo que Suiko explorava as noções budistas de realeza feminina, o príncipe Shôtoku, com quem ela cogovernava o Reino de Wa, importou as ideias confucionistas de governo para fortalecer a manutenção do poder de Yamato. Suiko lutava contra essa tendência. Mas o príncipe Shôtoku elaborou a "Constituição de 17 Artigos" (604), que enfatizava a burocracia e os princípios confucionistas. Além disso, a Constituição também convergia a autoridade de Yamato e a autoridade moral inerente à natureza. "O soberano é semelhante ao céu", explicou a Constituição do príncipe Shôtoku "e seus súditos são semelhantes à terra". A Constituição também enfatizava o "decoro" e o "bem público" como compatíveis com o cargo burocrático. Esse documento, combinado com as posteriores Reformas Taika (645) e com os Códigos Taihô-Yôrô (702 e 718), consolidaram a formação do Estado baseado no *ritsuryô* no Japão, isto é, ligado a uma burocracia legal definida pelos códigos penais e administrativos. Os séculos VII e VIII testemunharam o advento desse governo de burocracia administrativa no Reino de Wa.

Tenmu, que governou em meados do século VII, foi comparado a uma divindade – ou com o "próprio Deus", conforme descrito pelo poema da coleção *Man'yôshû* (Coleção de 10 mil folhas, século VIII). Outro poema diz que "ele governou como um deus no palácio de Kiyomihara, em Asuka" – ressaltando a divindade lentamente emergente dos governantes de Yamato, um legado que persistiria até o século XX. Os reis de Yamato, de meros controladores do sagrado, passaram a ser o próprio sagrado. Em Kiyomihara, Tenmu erigiu o centro cerimonial mais grandioso já construído até aquele momento, contendo um jardim de ministérios, uma sala do trono, uma sala de recepção e um pavilhão interno. Em 689, Tenmu promulgou os Códigos de Kiyomihara, descrevendo a supervisão das ordens monásticas, o poder judiciário, as relações de vassalagem e as promoções dos oficiais. Jitô, que governou no final do século VII, foi o primeiro rei a ser chamado de "soberano celestial", ou *tennô*, o título dado ao imperador japonês. Jitô transferiu o centro cerimonial para uma nova capital a oeste de Kiyomihara, em Fujiwara, uma cidade que seguia os modelos das grandes capitais chinesas, construída em conformidade com os princípios filosóficos do *Zhouli* clássico (Os ritos de Zhou). O palácio ficava no centro de Fujiwara e chegava-se a ele pela enorme Avenida Pássaro Vermelho. Na nova capital, as cerimônias – por exemplo, as celebrações do Ano-Novo, os ritos anuais para degustação de novas frutas e outros rituais – eram realizadas em grande estilo teatral. Então, em 669, o Reino de Wa passou a ser conhecido como *Nihon*, o nome atual do Japão.

Conclusão

No início do século VIII, o Japão e seus soberanos celestiais emergiam da manipulação da terra por uma sociedade agrícola estabelecida. Mas eles também se desenvolveram a partir de mudanças climáticas retorcidas, da escassez de alimentos, das guerras e do caos entre as chefaturas e, até mesmo, das revoltas religiosas. Da mesma forma, eles evoluíram do contato contínuo com o leste asiático e da legitimidade titular, formada por meio do contato com a corte chinesa. Eles, então, adornaram-se com mitos, enfeites para a cabeça cheios de joias e outras regalias e cercaram-se com guardas armados e fortificações. Seus seguidores os enterravam com seus tesouros em tumbas gigantescas em forma de fechadura, uma exibição extravagante de riqueza. Por fim, passaram a ser denominados com o título de soberanos celestiais, e seu reino ganhou o nome *Nihon* ("aquele que se origina do Sol"). Os primeiros códigos discutidos neste capítulo, tal como o Taika que lida com o "sistema equitativo de terras", estabeleceram a posse e o controle estatal da transferência de propriedades, que levou à formação da primeira burocracia estatal. No próximo capítulo, revisitaremos esses códigos brevemente, bem como cobriremos o planejamento das primeiras Cortes mais elaboradas e as culturas cortesãs compatíveis com elas, pois são essenciais para a fundação dos regimes de Nara (710-794) e de Heian (794-1185).

capítulo 2

O PERÍODO DAS CORTES, 710-1185

Com o surgimento do Estado de Yamato e o advento de sua linha imperial, o Japão entrou nos períodos Nara (710-94) e Heian (794-1185). A história do incipiente regime imperial tem muito em comum com outras monarquias nascentes ao redor do mundo: guerra de fronteiras e conquista, implementação de burocracias judiciais e administrativas, planejamento da capital, monopolização do excedente pela elite e florescimento de uma cultura cortesã rarefeita. No Japão, o período das cortes serviu como domínio do fictício príncipe Genji, uma criação literária do escritor Murasaki Shikibu (*c.* 978-1014). Um mestre ficcional de seu engenhoso período, o príncipe Genji escreve poesia requintadamente erudita, romanceia a beleza trágica de Yûgao (Rosto da noite), sentimentaliza com seus conhecidos sobre o canto dos rouxinóis e o trinado dos insetos e, também, movimenta-se com habilidade graciosa pelos meandros sociais da corte do período Heian. Seu humor é constantemente sensível e melancólico, sempre tocado pela tristeza deste mundo fugaz: uma estética budista inspirada pela transitoriedade das coisas. A estética natural do período Heian, particularmente conforme preservada na poesia, deu forma às duradouras atitudes japonesas em relação ao mundo natural.

O desenvolvimento do período das cortes no Japão teve início com a conquista da tribo emishi – caçadores-coletores do nordeste do arquipélago, pessoas em grande parte não afetadas pelas alterações de inspiração chinesa que haviam varrido o Japão a partir do século IV – pela corte de Nara. Eles podem ser mais bem descritos como remanescentes do período Jomon: pessoas que estavam do lado de fora dos códigos *ritsuryô* (penais e administrativos) e que, no século VII, cada vez mais, passavam a definir a vida nas principais províncias do Japão. A corte de Nara construiu uma elaborada teocracia budista e burocracia administrativa de estilo chinês para gerenciar os assuntos do Estado. Os soberanos celestiais, seguindo sua trajetória anterior no estilo de Yamato, transformaram-se em sacerdotes-chefes e "deuses vivos" imperiais, que compartilhavam, pelo menos nas páginas do *Kojiki* (Registro das questões antigas, 712), sua ancestralidade divina com a deusa. O *Kojiki* examina as descontinuidades genealógicas dos imperadores do Japão, que era sua principal finalidade ao narrar o mito da criação da Terra. Outras fontes do século VIII, tais como o *Nihon shoki* (Crônicas do Japão, 720), assemelham-se às histórias dinásticas da China, elaborando um registro dos eventos a partir dos imperadores de Yamato em diante. As genealogias dinásticas são importantes porque elas, ao lado dos códigos *ritsuryô*, cimentaram e legitimaram o poder político. No final do século VIII, a cultura Heian tornou-se uma mistura dos elementos da teocracia budista e do governo com base no *ritsuryô*.

Os emishi e seus rivais de Yamato

O advento do Estado de Yamato não foi uniforme, pois nem todos os primeiros coletores do período Jomon renderam-se à força gravitacional das sensibilidades do leste asiático ou aos mais bem alimentados colonos *yayoi* que levaram tais ideias para o arquipélago. Duas civilizações distintas surgiram durante esses anos de formação, inaugurando uma época de conquistas cortesãs que ocorreram ao longo do século VII e que, de modo impressionante, formaram a identidade japonesa. Embora muito seja dito sobre o mito da homogeneidade japonesa, o país foi, como veremos, forjado no fogo da diferença cultural e da conquista imperial.

No arquipélago, histórias concorrentes complicam a ascensão do governo japonês, porque uma esfera cultural setentrional existia fora da base imperial de Yamato; e ela travou uma resistência armada às mudanças que varreram a região de Kinai. A esfera do Norte não abraçou imediatamente o budismo, o confucionismo, a história dinástica, a burocracia *ritsuryô* e um Estado, em termos gerais, de estilo chinês. No Nordeste, os povos chamados pelos arqueólogos de Epi-Jomon (300-700 d.C.) resistiram à força centrípeta do governo de estilo chinês e mantiveram, até o século XI, seu estilo de vida de coletores e caçadores. A China não moldou esse meio cultural, conforme havia feito com os migrantes *yayoi* e reis de Yamato. Na verdade, outros povos do Norte o fizeram, tais como as culturas satsumon e okhotsk de Hokkaido, bem como os povos mais distantes da Ilha Sacalina e mesmo aqueles do estuário do Rio Amur. Foram esses povos distantes – e não a celebrada dinastia Tang (618-907) da China – que instalaram o ritmo da vida na esfera setentrional.

Nos documentos e nas histórias das cortes, os funcionários Nara e Heian rotularam esses povos que sobraram do Epi-Jomon de "emishi" – um nome pejorativo que significa algo como "sapos bárbaros" –, e, no século VIII, mobilizaram campanhas para conquistá-los. É importante salientar que outros clãs também resistiram à ascendência de Yamato – como os Tsuchigumo, Kuzu e Hayato –, mas Yamato não rotulou nenhum deles com o título pejorativo de "bárbaros"; eles, até certo ponto, participavam da ordem do leste asiático, mas simplesmente rejeitavam a supremacia de Yamato. O caso deles era mais político que civilizacional. Havia algo completamente diferente sobre os emishi: eles repudiavam algo maior e mais estrutural. Quando em 659 a corte de Yamato enviou emissários ao imperador Gaozong* (628-683), a comitiva foi acompanhada por um casal emishi como curiosidade. Interessado neles, o imperador chinês quis saber sobre suas origens. Os emissários explicaram que eram da "terra dos emishi", no Nordeste, que eles estabeleciam aldeias e que eram coletores e caçadores. Em outro texto, descobrimos que eles falavam um idioma "bárbaro", sugerindo que os emishi eram remanescentes distintos do período Epi-Jomon que havia evitado, por meio do afastamento, da evasão ou da força, as ondas culturais do leste asiático, desde o advento da agricultura dos *yayoi*, que tomou o Norte a partir de Kyushu, até a região de Kinai.

O preço por ter repudiado os códigos *ritsuryô*, no entanto, foi a conquista. O vigor da subjugação dos emishi pelos nara atesta a noção de que a aceitação parcial da ordem do leste asiático estava fora de questão. No período Nara, o posto militar mais ao norte era o Forte Taga (perto de Sendai), construído por volta de 724 e arrasado em 780 por guerreiros dos povos emishi. Sua missão era subjugar e, então, organizar as aldeias dos emishi de acordo com a nova lógica do *ritsuryô*. Seu comandante era o *chinju shôgun*, ou "pacificador geral", o mais antigo predecessor dos futuros xoguns samurais, que governariam nos períodos medieval e moderno. Entre 701 e 798, isto é, por toda a duração do período Nara, 14 generais serviram nesse cargo. Os oficiais do período Nara e primeiros oficiais do período Heian construíram outros fortes, como Akita e Okachi (ambos na província de Akita); a resistência emishi foi tenaz nessas áreas, no entanto, e as campanhas militares costumavam ser cruéis e sem resultado final. Os líderes kinais somente redobraram seus esforços contra os emishi durante a "Guerra dos 38 Anos" (773-811), após a ascensão do imperador Kammu (737-806) nos anos finais do século VIII e com a transferência da capital de Nara para Quioto. Em

---

* Terceiro imperador chinês da dinastia Tang. (N.T.)

preparação, os generais acumularam estoques de alimentos e armas em Taga. Em 789, no entanto, os guerreiros emishi venceram as recém-fortificadas forças dos kinais no norte do Rio Koromo. Ainda não intimidada, a corte enviou, no ano 800, após a transição Heian, um novo general: Sakanoue no Tamuramaro (758-811), um guerreiro da corte, ligado ao imperador, que se mostrou militarmente triunfante; após derrotar os guerreiros emishi e decapitar Ateuri (o general emishi) em 802, ele construiu novas fortalezas, e as guerras contra os emishi chegaram ao fim em 805.

Embora a cultura emishi tenha acabado no alvorecer do século IX, a esfera setentrional manteve a mistura de seu sabor fronteiriço: o nordeste do Japão marchava ao som de diferentes tambores culturais. Mesmo no século XI, as proeminentes famílias do Nordeste, como a família Hiraizumi Fujiwara, ainda guardavam muitas idiossincrasias dos emishi, como o ritual de mumificação dos mortos (desconhecida entre os japoneses, mas praticada entre os grupos da Ilha Sacalina) em seu luxuoso pavilhão de Konjikidô. No período medieval, a região tornou-se famosa por suas fazendas de cavalos, as quais também indicam suas antigas conexões com o norte japonês. Outros legados históricos do conflito com os emishi incluem o advento da cultura ainu no século XII e o surgimento dos samurais. Essas forças de paz lutaram nas Guerras Emishi, estabeleceram-se nas regiões do interior e acabaram usurpando o poder da corte Heian, governando o país durante séculos por meio de vários *bakufu*.

Nara e a corte teocrática

Em vez de ver a guerra contra os emishi como algo novo – uma corte de Nara revigorada declarando guerras de fronteira contra um povo inimigo –, os historiadores precisam vê-la como a conclusão sangrenta de um assunto inacabado, isto é, a formação do Estado. Com efeito, o conflito em torno da migração e dispersão *yayoi*, bem como a documentação chinesa que relata o caos ocorrido após a ascensão de Yamato, somente chegou ao fim com as decapitações, ordenadas pela corte de Heian, dos generais emishi. No Japão, a implementação de uma ordem leste asiática precisou de séculos de crânios rachados, porque tais regimes exigem conformidade total para funcionarem bem.

Em 710, com o aquecimento das guerras contra os emishi, a capital de Yamato foi transferida para Nara (ou Heijô-kyô), onde houve a evolução de uma corte mais elaborada. Conforme salientado, as Guerras Emishi foram uma extensão do reforço do poder da corte de Nara, um efeito de ondulação causado pelas ondas da lógica burocrática que varreram o arquipélago.

Nara tomou Chang'an, a capital chinesa da dinastia Tang, como modelo e passou a ser a dramatização espacial da ordem geomântica, do poder e da autoridade teocrática do *ritsuryô*. Assim como na burocracia da corte, em que a proximidade com o imperador significava a detenção de poder político, a proximidade geográfica com o palácio imperial era também sinal de poder. No centro da ordem teocrática de Nara estava o Tôdaiji (grande templo oriental), construído na periferia de Nara entre 728 e 752. Assim como os túmulos em forma de fechadura tinham, de certa forma, homogeneizado os rituais fúnebres nos governos anteriores a Yamato, o templo de Tôdaiji serviu como o ponto central de uma rede de templos budistas erigidos nas províncias. Embora a gigantesca estátua do Buda Vairocana alojada no templo tenha acabado com as reservas de bronze do reino, ela passou a simbolizar a União teocrática entre a corte de Nara e o budismo. O imperador Shômu (701-56), que iniciou a construção do Tôdaiji, via nesse enorme templo a promessa de que "todo o país se uniria na comunhão do budismo e desfrutaria das vantagens em comum que esse empreendimento oferecia para que pudessem atingir o estado de Buda".

Voltando um pouco na história, o desenvolvimento de uma teocracia budista estava longe de ser uma conclusão precipitada. Apesar de a imperatriz Suiko (554-628) ter patrocinado a religião indiana, o budismo teve um início lento após sua primeira importação em 552. Conforme diz o *Nihon shoki*, quando os enviados do rei coreano, Paekche, apresentaram uma estátua de Shakyamuni, o Buda histórico, além de sutras e outros artefatos, eles explicaram:

> Dentre todas as doutrinas, esta é a melhor. Mas é difícil de explicá-la e difícil de compreendê-la... Esta doutrina pode criar mérito e retribuição religiosa além das medidas e limites e, dessa forma, conduzir à apreciação completa da mais alta sabedoria. Imagine um homem que possui todos os tesouros que deseja para que ele possa satisfazer todos os seus desejos à medida que os utiliza.

Com tantos rendimentos assim, não devemos nos surpreender ao saber que o budismo, com suas promessas de tesouros, sabedorias e poder, tenha sido integrado à vida de Yamato. Com o surto da peste após sua importação, no entanto, a introdução da nova fé precisava de cuidados evidentes. Logo após a introdução do budismo, "houve uma peste que predominou no país, por meio da qual as pessoas morriam prematuramente. Com o tempo, ela tornou-se cada vez pior e não havia remédio". Seguindo o conselho das famílias Nakatomi e Mononobe, o imperador ordenou que a estátua fosse jogada nas "correntes do Canal de Naniha" e que o templo fosse queimado.

Os conselheiros imperiais imaginavam que a estátua havia ofendido a deusa do Sol nativa, a ancestral mítica dos imperadores de Yamato. Depois de a estátua de bronze do Buda ter sido descartada, no entanto, "uma súbita conflagração consumiu o Grande Salão [do palácio]". A corte viu-se em uma posição infeliz, entre dois deuses ciumentos. As famílias Nakatomi e Mononobe continuaram a opor-se à adoração do Buda, apesar das cinzas que ainda queimavam no Grande Salão do palácio. Somente a família Soga resolveu adorar o Buda, em especial sob o patrocínio de Soga no Umako (551-626). Sua sobrinha era a tenaz Suiko. A partir desse ponto, sob o patrocínio da família Soga, o budismo viu-se em uma posição segura dentro da política da corte e, por fim, nas tradições religiosas do Japão. Voltaremos às complexidades do budismo no final deste livro, pois a variedade de seitas concorrentes exige tratamento diferenciado.

Relações exteriores e a ordem *ritsuryô*

A importação dos códigos *ritsuryô* (e também da agricultura e do budismo no período *yayoi*) estava relacionada com assuntos continentais. Quando a guerra civil eclodiu na península coreana entre os três reinos de Silla, Baekje (a partir do qual o budismo tinha entrado no Japão) e Goguryeo, o Estado de Yamato interveio e estabeleceu um posto avançado em Mimana, no extremo sul da península coreana. Quando, em 562, as forças de Silla derrotaram Baekje, aliados de Yamato, os japoneses saíram de Mimana. Em 661, Yamato enviou novamente forças para ajudar Baekje, mas na batalha do Rio Baekje, em 663, os navios de guerra da dinastia Tang derrotaram as forças de Yamato. Nesta época, muitos coreanos de Baekje saíram da península com seus aliados do estado de Yamato, o que levou a uma verdadeira revolução na vida de Yamato. Muitos coreanos tornaram-se a nova elite do Japão, e as mãos hábeis dos artesãos coreanos realizaram muitas das maiores conquistas tecnológicas, incluindo feitos arquitetônicos, como a elaboração do templo de Tôdaiji. Tal como aconteceu com a história do Epi-Jomon, a diversidade cultural do Japão, e não sua homogeneidade mitologizada, guiou seu desenvolvimento histórico.

Imediatamente após a derrota de Yamato nas mãos da Marinha Tang, a dinastia chinesa enviou várias embaixadas para visitar a corte de Yamato. Guo Wuzong foi ao Japão em pelo menos três ocasiões (664, 665 e 671). Temendo que essas visitas oficiais gerassem represálias por causa do envolvimento militar de Yamato na península coreana, a corte de Yamato construiu fortificações e um sistema de sinais de fogo para proteger seu Estado.

O produto mais importante das visitas dos embaixadores da dinastia Tang, no entanto, foi o reforço da ordem *ritsuryô*: a corte entendeu que somente um Estado forte e centralizado poderia conter a ameaça representada pela robusta dinastia Tang da China.

Um dos aspectos críticos da ordem *ritsuryô* era a posição do imperador. No período Nara, o imperador não apenas governava, mas também servia como Supremo Sacerdote e, como já vimos, como o "próprio deus" na imaginação da corte. A burocracia de Nara, descrita nos Códigos Taihô--Yôrô, revela o impulso administrativo do sistema *ritsuryô*: no topo da estrutura burocrática estavam o Departamento da Religião – principalmente preocupado com o ritual xintoísta – e o Grande Conselho de Estado. Em teoria, a administração de Nara parecia-se com anéis concêntricos de comando e coleta de tributos; as "vilas" e "distritos" eram supervisionados por "sedes provinciais". Ligada à sede provincial estava a autoridade teocrática que emanava do templo de Tôdaiji. Ela coordenava a prática budista e calibrava os rituais locais com os ritmos da corte de Nara. No entanto, o reforço da ordem *ritsuryô* não foi a única consequência da interação mais estreita com o continente.

A varíola ilustra as consequências epidemiológicas do entrelaçamento entre o Japão, a Coreia e a ecologia de doenças da Eurásia. Logo após essas visitas das embaixadas, surgiu a primeira epidemia de varíola no Japão. Dazaifu, uma cidade portuária de Kyushu ocidental, foi a primeira, que saibamos, a sofrer com o vírus trazido pelos pescadores coreanos. Uma fonte dinástica fala sobre o ano de 737: "Na primavera deste ano, uma doença epidêmica, caracterizada por inchaços, assolou o país de forma descontrolada. Originou-se em Kyushu". Nem os cortesãos de Quioto foram poupados da doença. Mais tarde, no período Heian (794-1185), uma mulher, conhecida pelos historiadores apenas como a "mãe de Michitsuna" (c. 935-95), escreveu na última passagem de seu diário *Kagerô nikki* (Diário da libélula*, c. 974): "No oitavo mês, houve uma epidemia de varíola. Ela chegou nesta parte da cidade no final do mês, e meu filho está gravemente infectado... A epidemia continua a piorar... Eu estava triste e ao mesmo tempo grata por meu filho já estar bem". Ter sobrevivido à varíola significa que Michitsuna desenvolveu imunidade e que ele sobreviveria, muito provavelmente, aos surtos periódicos da doença. Acredita-se que sua mãe tenha morrido na epidemia, pois essas são as últimas palavras de seu diário.

---

* O título dado a sua primeira tradução para o inglês, por Edward Seidensticker, *The Gossamer Years*. (N.T.)

A integração do arquipélago japonês – com exceção da Ilha de Hokkaido, ao norte – ao agrupamento de doenças da Eurásia foi uma consequência fundamental do envolvimento do Japão com a corte da dinastia Tang. Foi especialmente importante porque, quando o Japão encontrou os missionários ibéricos pela primeira vez no século XVI, as doenças transportadas por estes europeus, como a varíola, já eram endêmicas no Japão e, assim, ao contrário das consequências aos ameríndios, não dizimaram os japoneses. Isto permitiu que os japoneses resistissem às ondas iniciais do imperialismo europeu e entrassem num período de relativo isolamento desde o século XVII até meados do século XIX.

A corte de Heian

O imperador Kammu, que concluiu as guerras contra os emishi, ordenou, em 784, que a corte fosse transferida para Quioto (Heian-kyô, naquele momento). A decisão de transferir a capital estava relacionada ao ritual de purificação xintoísta e à morte, à exaustão dos suprimentos de madeira (as capitais, com seus palácios elaborados, precisavam de enormes quantidades de madeira) e ao infame incidente de Dôkyô (década de 760). Na capital Nara, as instituições budistas eram agora muito influentes. Quando o monge Dôkyô (700-772) tentou expandir sua influência na corte, apoiado pela sua relação com a imperatriz – ela lhe concedeu o título de "rei da lei budista", o qual era reservado para os imperadores abdicados –, os oficiais da corte o expulsaram, em 770. A corte, evidentemente, aprendeu sua lição, no entanto, e os funcionários da nova capital de Quioto relegaram a maioria dos templos budistas para a periferia da cidade, deixando-os longe do fácil acesso que antes tinham aos salões do poder.

A construção de capitais já estava havia muito tempo entrelaçada com a formação de Estados. Vimos que o imperador Tenmu, a fim de aumentar a grandeza de seu reinado, começou a construir o palácio de Kiyomihara em Asuka, mas sua morte adiou a conclusão do edifício. Mais tarde, a imperatriz Jitô deu nova vida ao projeto de Asuka, supervisionando a construção da capital, em Fujiwara. Ela possuía muitas das características espaciais das futuras capitais de Nara e Quioto: uma avenida proeminente que corria para o Norte através de grandes portões, era ladeada por palácios e prédios de escritórios e terminava no palácio do imperador. O complexo de Fujiwara precisava da madeira vinda da distante província de Ômi, sugerindo que os madeireiros e carpinteiros haviam esgotado as fontes próximas em projetos anteriores de construção de palácios. Com a sucessão da imperatriz Genmei (661-721), os funcionários mudaram a capital para Nara, seguindo os exemplos, de acordo com Genmei, dos reis chineses de Zhou. Em 710, Genmei transferiu-se para a nova capital, Nara, que era então chamada Heijô-kyô, inaugurando, assim, o período Nara. Com a morte do imperador Shômu, em 756, a política da corte de Nara foi sendo lentamente corroída. Com a ascensão do imperador Kammu, o desejo de mudar mais uma vez a capital tornou-se dominante. Após um falso começo em Nagaoka, Kammu ocupou Quioto em 794. Embora fosse mais extensa do que as capitais anteriores, a configuração espacial de Quioto replicava a ordem geomântica da cosmologia chinesa. Sua grande avenida principal, a Suzaku Ôji, seguia em direção ao Norte a partir do portão de Rajô até os palácios no extremo norte da capital. O palácio principal, o Daidairi, continha os edifícios administrativos para os assuntos do governo imperial expandido.

Vida na corte

Quioto se tornou o lar de uma rica cultura cortesã. Seitas budistas – por exemplo, o budismo Tendai (805), o Shingon (806) e o Amidismo – floresceram, e os cortesãos, perenemente aflitos pela impermanência da vida, escreviam poesias que celebravam a fragilidade da vida. Os cortesãos divertiam-se enquanto trocavam poemas, escreviam cartas, julgavam aromas, ouviam música e vestiam-se de acordo com as estações do ano e suas sensibilidades emocionais, as quais eram cuidadosamente treinadas. Fujiwara no Michinaga (966-1028), cuja família detinha a poderosa posição consultiva de "regente" (*kanpaku*) durante o auge do período Heian, simbolizava a mais alta cultura daquele momento e movimentava-se graciosamente entre os círculos da elite. Havia algo de considerável importância em sua carreira: ele era um mestre da política matrimonial e, além de ter criado quatro imperatrizes, também foi tio de dois imperadores e avô de outros três. Os homens derrotados na política de Heian, tal como o talentoso Sugawara no Michizane (845-903), eram exilados em postos avançados. Por exemplo, em Dazaifu, capital das províncias ocidentais. Nesse momento, o imperador irradiava sua energia divina, que era ansiosamente recolhida pelas pessoas da corte. Durante uma procissão imperial, Sei Shônagon (966-1017), uma das observadoras mais agudas de seu tempo, escreveu que, "quando o imperador passa em sua liteira, ele é tão impressionante como um deus e esqueço-me que meu trabalho no palácio me traz constantemente à sua presença". Viver na capital de Quioto era estar em meio a deuses e príncipes brilhantes.

A corte de Heian destacava-se notavelmente do resto do país, o qual, em sua maioria, trabalhava na terra. Quando Sei Shônagon visitou o templo de Hase, próximo a Quioto, ela ficou cercada por um "bando de gente comum", cujas roupas não eram apropriadas para a ocasião. Uma vez, quando estava em peregrinação, um "amontoado" de plebeus novamente estragou sua experiência. Ela escreveu: "Pareciam um grupo de mariposas conforme se amontoavam com suas roupas horríveis, quase não havendo nem um centímetro entre mim e eles. Eu realmente tive vontade de empurrá-los para o lado". Não só na zona rural, mas também nos ambientes urbanos de Quioto, os pobres caminhavam ao lado dos cortesãos, muitas vezes mendigando nos templos. No *Kagerô nikki*, a mãe de Michitsuna lembra que "os mendigos do templo, cada um com sua tigela de barro, eram muito angustiantes. Eu recuei involuntariamente ao chegar tão perto dessas massas sujas". Quioto era uma cidade densa, repleta de cortesãos, mendigos, mercadores de madeira e vorazes gangues de cães selvagens que se alimentam de cadáveres em decomposição ao longo do Rio Kamo.

Os cortesãos – por exemplo, Sei Shônagon – viviam e morriam de acordo com os ritmos de uma cosmologia importada séculos antes da China. Os japoneses mediam o tempo de acordo com o zodíaco chinês, que diagramava os pontos cardeais, as horas do dia e da noite e articulava os "12 ramos". Esses 12 ramos mostravam a hora: a hora do javali, por exemplo, correspondia a um horário entre dez da manhã e meio-dia. A direção javali-ovelha representava o Nordeste. De acordo com a cosmologia chinesa, o Universo, com base no equilíbrio dos elementos *yin* e *yang*, era composto de cinco substâncias, a saber: madeira, fogo, terra, metal e água. Uma ciência inteiramente nova surgiu a partir desses blocos materiais de substâncias. Os meses japoneses estavam relacionados às ocasiões sociais, em vez de ciclos solares: o quinto mês do calendário lunar, por exemplo, era o "mês em que brota o arroz", e o sexto era o "mês aguado", referindo-se, claro, à estação das chuvas de monções do Japão. O tempo da corte também era organizado por inúmeros festivais, os quais eram extremamente esperados pelos membros da corte de Heian, porque eles geralmente envolviam o imperador.

Outros elementos da ciência chinesa permeavam a vida privada das pessoas. O zodíaco chinês dizia sobre o melhor momento para se ter um filho e explicava como o ano do nascimento (digamos, o ano do dragão) influenciaria o caráter da criança. Após o parto havia um período de contaminação causado pelo sangue e placenta envolvidos no nascimento. No *Kagerô nikki*, quando a mãe de Michitsuna dá à luz, o pai explica: "Eu sei que você não irá querer me ver até o fim do período de contaminação". Certamente, tais noções de pureza e impureza do xintoísmo têm origem nos rituais *yayoi* do "banho de purificação" após o luto, conforme documentados pela missão chinesa no CAPÍTULO 1. Normalmente, a maioria das crianças da corte de Heian eram criadas por suas amas de leite. Na sociedade japonesa, que se tornava cada vez mais patriarcal, as crianças do sexo masculino eram altamente valorizadas; já a incapacidade de uma mulher gerar um herdeiro do sexo masculino, pelo menos de acordo com os Códigos Taihô-Yôrô do século VIII, poderia servir como motivo para o divórcio. As famílias poderosas geralmente contraíam casamentos arranjados a fim de construir alianças. Como já vimos, Fujiwara no Michinaga passou a ter máxima influência na corte Heian por meio de sua habilidade cuidadosa de arranjar matrimônios favoráveis.

No entanto, da mesma forma que a cosmologia chinesa determinava os ritmos da vida, ela também determinava os ritmos da doença e da morte. Muitas vezes, os cortesãos de Heian interpretavam a doença como uma possessão espiritual. A mãe de Michitsuna explicou que "por algum tempo eu fui incomodada por uma tosse dolorosa, dizem que era algum tipo de possessão, contra a qual havia encantamentos eficazes". Era uma possessão, mas provavelmente de um vírus, não um fantasma. Os cortesãos de Heian também utilizavam medicamentos elaborados, desde remédios farmacêuticos até a moxabustão (queima de artemísias secas na pele do paciente). A teoria das cinco fases evolutivas, que se originou da ciência chinesa, determinava o tipo de medicamento que o médico deveria utilizar. As aflições associadas a um órgão interno relacionado ao fogo, por exemplo, podiam ser tratadas por remédios associados à água, isto é, um elemento concorrente. Assim, ela baseava-se principalmente na restauração de equilíbrios do corpo. Os cortesãos também viam a morte como um período de contaminação e tomavam as medidas adequadas durante o luto.

Estética da corte de Heian

Apesar de toda essa ciência chinesa, os cortesãos observavam o mundo natural ao seu redor através de uma lente estética cuidadosamente elaborada. Eles saboreavam poesias sobre o chilrear dos insetos, sobre a voz dos cervos e a mudança das folhas, pois sincronizavam os chamados dos insetos e cervos, bem como o decaimento do outono e o rejuvenescimento da primavera a suas próprias emoções inconstantes e melancólicas. Na natureza, eles descobriram mudanças inquietantes: relações criadas e destruídas, bem como vidas criadas e terminadas. Quando Murasaki Shikibu escreveu "como ficar indiferente a essas aves que estão na água? Eu também flutuo em um mundo triste e incerto", ela estava conectando suas emoções, sua inquietante transitoriedade existencial à inegável transitoriedade do mundo ao seu redor que estava em constante mudança (IMAGEM 3).

IMAGEM 3. Representação de Murasaki Shikibu, período Edo (1600-1868).

O final do século IX e o século X testemunharam de forma significativa a ascensão do silabário *kana*, isto é, uma língua escrita baseada nos caracteres *kanji* importados da China. A maioria dos homens escrevia poesia, prosa e tratados políticos inteiramente em escrita chinesa, mas as mulheres, em particular, começaram a forjar tradições literárias e poéticas em sua própria língua com base na escrita *kana*. Em grande parte, os caracteres *kana* ganharam popularidade a partir da poesia *waka* de 31 sílabas, que se tornou o principal meio de diálogo entre homens e mulheres da sociedade de Heian. A poesia *waka* também se tornou central para os grandes eventos sociais que exigiam o domínio público da poesia. No período Heian, a poesia *waka* foi coletada em antologias imperiais, a primeira das quais foi o *Kokinshû* (coleção de poemas japoneses antigos e modernos, c. 905). A poesia *waka* tornou-se tão popular que passou a ser fortemente inserida pelos escritores em histórias autobiográficas, narrativas de viagens e outras formas de escrita (IMAGEM 4).

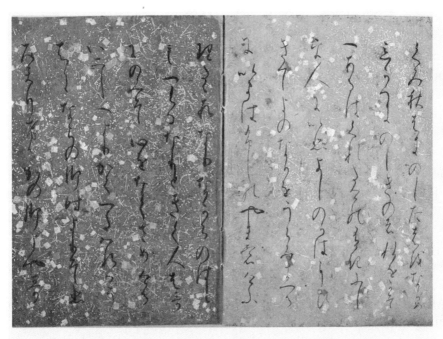

IMAGEM 4. Seleção do Wakashû, período Heian (794-1185), Tesouro Nacional.

O surgimento do idioma japonês também levou ao surgimento de poetisas e escritoras. Como já vimos, Murasaki Shikibu, Sei Shônagon, a mãe de Michitsuna e Izumi Shikibu (976-?) tornaram-se estrelas literárias ao longo dos séculos. Para a maioria dos homens, escrever em chinês continuava a gerar prestígio, mas o surgimento da escrita *kana* abriu um novo espaço literário para as mulheres, que simbolizava a cultura da corte de Heian. Fossem escritos por homens ou mulheres, no entanto, os temas dominantes da poesia do período Heian eram o amor, a separação, a saudade e as imagens naturais, muitas vezes cuidadosamente intercalados para evocar as sensibilidades melancólicas. No *Kokinshû*, um talentoso poeta *waka*, Ono no Komachi (*c*. 825-900), escreveu: "A cor das flores / se foi – em vão / eu envelheço neste mundo, / perdido em pensamentos / como a prolongada chuva que cai". Tais poetas evocam imagens naturais para comunicar seus sentimentos. O mesmo é evocado neste fragmento do *Tosa nikki* (Diário de Tosa, *c*. 935): "Mais alto do que o rugido das / ondas de cristas brancas / que se elevam em seu caminho / ressoarão meus lamentos / quando você partir".

Para os poetas desse período, as cerejeiras tornaram-se um tópico popular porque o ciclo de vida das flores capturava a impermanência radiante da estética do período Heian. Um poema anônimo do *Kokinshû* diz: "Não são elas como / este mundo fugaz? / Flores de cerejeira: / Assim que florescem / já caem". A linda e curta vida da flor da cerejeira está fortemente associada ao mundo transitório. Um poema do *Ise monogatari* (Contos de Ise, c. 947) ilustra o poder da imagem da flor de cerejeira: "Por caírem tão rapidamente / as flores da cerejeira / são tão admiradas. /Há algo que dure muito / neste mundo fugaz?". Para Kamutsuke no Mineo, as flores das cerejeiras foram invocadas para refletir as tristes emoções após a morte de um chanceler de Heian, cujos restos cremados foram sepultados no Monte Fukakusa: "Caso as cerejeiras, de fato, / tenham sentimentos, aquelas que vivem / nos campos de Fukakusa, / este ano pelo menos, / poderiam vestir-se com folhas negras". Por causa da beleza de curta duração de cerejeiras e de sua abrangência na poesia japonesa, não é surpreendente que um piloto camicase de 21 anos, antes de sua missão suicida em 1945, tenha evocado a flor de cerejeira em seu último *haicai*: "Ah! Se pudéssemos cair como as flores de cerejeira na primavera – tão puras e radiantes!". Essa flor minúscula, radiante e de curta duração tem, através dos séculos, sido de grande importância no mundo frequentemente melancólico da estética japonesa.

Não apenas as cerejeiras, mas os gritos sazonais e sons dos animais também capturaram a qualidade mutável da natureza e, consequentemente, da vida humana. Por exemplo, o rouxinol (*cettia major*) era um tema popular da poesia *waka* do período Heian. Um poema anônimo do *Kokinshû* diz: "Em todo prado onde / canta o rouxinol / eu vou e vejo / o vento soprar / desvanecendo as flores". Tudo era transitório no mundo Heian, um ponto de vista influenciado pela doutrina budista da impermanência e pelas "quatro nobres verdades" do sofrimento. De fato, outro poema anônimo do *Kokinshû* capta a impermanência material da vida de forma elegante: "Se eu arrancasse as gotas de orvalho / e delas fizesse um colar de joias, / elas desapareciam: / melhor vê-las como são, / nas curvas dos trevos". Conforme ilustrado pela seleção do mestre Ki no Tsurayuki (872-945), as folhas de outono também capturam o tema recorrente da transformação natural: "Elas devem cair / sem que ninguém as veja: / folhas vermelhas do outono / no fundo das montanhas / como um enfeite usado à noite".

Embora o brilhante mundo de Genji possa seduzir-nos a imaginar outra coisa, os cortesãos não eram as únicas pessoas que observavam o ambiente natural à procura de significados. Os primeiros agricultores também descobriram o meio ambiente, mas eles o viam pelo prisma do trabalho: os ciclos de crescimento, o solo rico em suas mãos, os canais de irrigação que escavavam, os insetos, a ferrugem, o clima com o qual lidavam e as culturas que colhiam e debulhavam. Quando estavam descobrindo a natureza, o golfo entre os cortesãos de Heian e os agricultores das proximidades mostrava-se gigantesco. Em uma ocasião, quando Sei Shônagon e suas colegas da corte se aventuraram em um passeio em Quioto para escrever poemas sobre o cuco, um passatempo de primavera apreciado, elas encontraram camponesas cantando e debulhando o arroz com uma "máquina de um tipo que eu nunca tinha visto antes". As camponesas estavam interagindo com o ambiente, como agricultoras. No entanto, segundo Sei Shônagon, a canção das camponesas era tão estranha para as cortesãs que elas "explodiram em gargalhadas", e "nós nos esquecemos completamente de escrever nossos poemas ao *hototogisu*. É um encontro revelador: as mulheres da corte de Heian procuravam celebrar a natureza inspiradas em poemas *waka* e viagens narrativas, enquanto as mulheres da fazenda procuraram fazê-lo por meio da música e do trabalho de debulha. Nenhuma delas, no entanto, entendia a outra. Isso dificulta o trabalho do historiador, que não consegue, nesse encontro, isolar uma atitude "japonesa" específica em relação ao mundo natural.

Uma seleção de uma coleção um pouco mais tardia evidencia o abismo que separava as atitudes sobre a natureza entre agricultores e cortesãos. Ao encontrar um garoto melancólico, um padre pergunta ao jovem se o que o aflige é o poder simbólico das flores de cerejeira caindo. O rapaz responde: "Não é isso que me aflige". Ele continua: "A razão pela qual estou triste é que estou pensando como as flores de cevada de meu pai serão retiradas e como os grãos não ficarão assentados". As flores de cevada, ou os pequenos receptores de pólen que levam ao ovário da planta, são invisíveis a olho nu. Esse jovem tinha profundo conhecimento da natureza adquirido apenas com o auxílio do trabalho agrícola. Ele não estava perturbado por causa do valor simbólico da queda das flores de cerejeira, como estavam os poetas do *Kokinshû*, mas por causa dos danos apresentados pelo clima às lavouras de cevada de seu pai.

No último milênio, a estética natural de Heian, em grande parte originada da poesia *waka*, moldou as percepções populares sobre a visão do Japão em relação à natureza. Na verdade, os japoneses lidavam com a natureza de várias maneiras, mas a forma menos poeirenta, a mais distante do ambiente físico, a mais estilizada, a mais etnocêntrica e menos generalizada, isto é, a forma dos cortesãos de Heian com sua poesia *waka*, passou a ser aquela que está, hoje em dia, mais fortemente associada aos japoneses.

Recentemente, em 2011, o escritor internacionalmente aclamado, Murakami Haruki (1949-), em seu discurso de aceitação do prêmio Catalunha após o "desastre triplo" de 11 de março, ponderou sobre a relação entre a impermanência, as flores de cerejeira, as folhas de outono e a "consciência étnica" dos japoneses. Ele explicou:

> As flores de cerejeira, os vaga-lumes e as folhas vermelhas perdem sua beleza dentro de um tempo muito curto. Nós viajamos para locais distantes para ver esse momento glorioso. E, de alguma forma, ficamos aliviados ao confirmar que elas não são apenas belas, mas que já começaram a cair, a perder suas pequenas luzes e sua beleza vívida. Encontramos paz de espírito no fato de que o pico da beleza passou e desapareceu.

Para Murakami, as associações japonesas a uma natureza viva e mortal estão preservadas nas obras dos poetas de Heian, cujo conjunto literário e outras formas artísticas foram ressuscitados inúmeras vezes em favor do contínuo sincronismo do Japão com a natureza, mesmo após uma calamidade nuclear que se abateu sobre esse país sismicamente vulnerável.

A estética natural da corte Heian não permaneceu estática na história japonesa: ela não foi perfeitamente preservada em âmbar, como um mosquito e seu DNA. Escritores, pensadores e políticos continuaram a invocá-la através dos tempos, ressuscitando-a para fazer o trabalho político e cultural de articular o relacionamento do Japão com seu meio natural circundante.

Conclusão

Os períodos Nara e Heian foram épocas formativas da história japonesa. No final do século XII, o Japão havia conquistado e controlava administrativamente, mesmo que de maneira tênue, grande parte das ilhas do Sul. Os emishi, embora ainda estivessem conectados ao nordeste da Ásia, prestaram tributo à corte japonesa, um processo que lentamente integrou-os aos ritmos leste-asiáticos da vida japonesa. A corte confirmou sua lógica *ritsuryô* em todo o reino, envolvendo o país dentro de círculos concêntricos de burocracias territoriais e administrativas. Mas a forma administrativa teve importância muito maior que a função administrativa durante o período Heian e, assim, os cortesãos faziam estardalhaços em relação aos versos *waka* e às escolhas de vestuário mais do que davam atenção aos assuntos de Estado. As formas estéticas desse período cortesão concederam legados muito mais duradouros do que suas realizações administrativas. No final do século XII, a centralização imperial sucumbiu às forças centrífugas do feudalismo, e o Japão entrou em um período de governos locais.

Independentemente disso, a noção de estética de Heian em relação a uma sincronicidade japonesa com o mundo natural, mostrada nos versos da poesia *waka*, ganhou um peso enorme na explicação da conexão entre os japoneses, a terra e suas sensibilidades culturais. Quando os ultranacionalistas resolveram articular a "essência nacional" do Japão nas páginas do *Kokutai no hongi* (Princípios do organismo nacional, 1937), eles evocaram as sensibilidades do período Heian mais do que qualquer outro tema. O documento oferece poesia sobre flores de cerejeiras como prova da relação especial entre o Japão e a natureza, insistindo que os japoneses "amam a natureza" e que demonstraram sua "requintada harmonia com a natureza desde os tempos antigos" por meio da poesia, das práticas cotidianas e das cerimônias. Com efeito, segundo o *Kokutai no hongi*, "há muitos poemas que cantam esse espírito harmonioso em relação à natureza; esse profundo amor à natureza constitui o tema principal de nossa poesia". Em suma, quando os nacionalistas japoneses quiseram definir a "essência nacional" do país, eles a buscaram na estética natural do período Heian.

capítulo 3

A ASCENSÃO DO GOVERNO SAMURAI, 1185-1336

A transição das cortes para o governo samurai reconfigurou permanentemente a paisagem política e cultural do Japão. As ideias de honra dos samurais deram origem a uma sociedade que equilibrava as ideias de competição com as de colaboração, com ressonâncias sociológicas observáveis até hoje. Os primeiros samurais, assim como os que lutaram contra os invasores mongóis do século XIII, buscavam honra e recompensas por seus atos de heroísmo. Já aqueles de períodos posteriores, domesticados por anos de vassalagem, tinham que regular sua busca por honra às necessidades públicas concretas. Tal como aconteceu na época das invasões mongóis, lutaram bravamente para melhorar sua reputação pessoal, estabelecendo, assim, uma cultura de empreendedorismo. Mas, contrariando essa tendência, a vassalagem incentivou a conformidade organizacional que evoluiu para a famosa predisposição japonesa para o corporativismo. Durante os séculos de seu domínio, o samurai submeteu a busca da honra às suas obrigações coletivas, fazendo com que ele se tornasse figura heroica permanente para muitos no mundo.

Os samurais documentaram seus sucessos em batalha por meio de relatos de testemunhas, assim como os empresários do período Meiji buscavam por sucessos financeiros visíveis. O samurai Takeazaki Suenaga, antes de iniciar sua luta contra os "piratas" mongóis, exclamou, segundo relatos: "O caminho do arco e flecha é fazer o que é digno de recompensa". Os samurais encontraram formas de construir suas reputações individuais dentro de um sistema comprimido de vassalagem, do mesmo modo como fazem os japoneses contemporâneos que conseguem se expressar criativamente em meio à sufocante cultura corporativa do Japão. Em alguns aspectos, esse é um dos legados mais duradouros do governo samurai para a sociedade japonesa.

Terra, meio ambiente e guerra

É útil dividirmos o desenvolvimento do governo samurai em três fases. Durante o início do período Heian, aproximadamente 750-850, a corte era o centro do reino e detinha a burocracia estatal *ritsuryô* e as terras do Estado. Nesse momento, os militares eram controlados pelo imperador e desenvolveram-se ao lado de outras instituições burocráticas imperiais. De aproximadamente 850 até 1050, a família Fujiwara e, depois, uma sucessão de imperadores governaram a capital. Os militares, embora já não recrutados e cada vez mais representados por famílias provinciais de samurais, continuavam a operar mais ou menos dentro da estrutura imperial. Depois de 1050, no entanto, os samurais das províncias tornaram-se cada vez mais poderosos e, por fim, tomaram o poder administrativo e fiscal da corte. Mas a corte e seus imperadores nunca desapareceram por completo; e eles vieram a desempenhar um papel importante na legitimação dos governantes samurais, concedendo autoridade ao titular; os samurais, no entanto, passaram a controlar grande parte das terras e de suas receitas durante a época conhecida como "período do desmatamento generalizado". A transferência do governo para os samurais tem um paralelo com a privatização do controle das terras, dos produtores e da cobrança de impostos, que testemunhou a passagem das terras das garras da corte para as mãos dos templos, santuários, aristocratas e, por fim, guerreiros provinciais. Em essência, as terras públicas controladas pela corte transformaram-se em propriedades feudais. Isso representou a decadência das antigas reformas Taika do império (645), que haviam declarado a maioria das terras públicas, com o advento do sistema "equitativo de terras".

As "propriedades", chamadas de *shôen*, serviram como uma forma de transferência das terras Taika para mãos privadas. Durante o século VIII, *shôen* designava principalmente os campos selvagens ou áreas e bosques não cultivados que a corte cedia aos aristocratas ou templos budistas. Por ser propriedade pública, em princípio, a corte afirmava ter direito de monitorar o *shôen* e limitar as receitas geradas por ele. No século X, no entanto, essas terras selvagens tornaram-se menos comuns, e os aristocratas e templos ampliaram seu alcance também para as terras cultivadas. Conforme faziam isso, passaram a desfrutar de imunidade tributária e a beneficiar-se da ausência de supervisão pública da corte. Para tanto, utilizavam os cada vez mais elaborados *shiki* – documentos da corte que descreviam os limites e as culturas do *shôen*, bem como os direitos das pessoas envolvidas no seu cultivo. Com o tempo, o controle da corte sobre o *shôen* tornou-se tão insignificante, tão atolado em elaborados *shiki*, em essência, tão insubstancial, que, para todos os efeitos, essas terras anteriormente públicas tornaram-se explorações feudais privadas. Conforme as manobras aristocráticas negavam o acesso dos coletores de impostos às terras, a corte passou a perder essas valiosas receitas dos cofres governamentais. No século XII, cerca de metade das terras aráveis do Japão estava agrupada nesses *shôen*.

Simultaneamente a essas tendências de posse e usufruto de terras ocorreram importantes mudanças demográficas. Especificamente entre os séculos VIII e XII, a população do Japão, em sua maior parte, manteve-se estável em aproximadamente 6 milhões de pessoas, como consequência da baixa expectativa de vida e da elevada mortalidade infantil que pairavam em torno de 50%. Os historiadores apontam a existência de uma expansão populacional, mesmo que mínima, no leste de Honshu, lar dos emergentes clãs samurais, em oposição ao oeste do Japão, lar dos cortesãos e do clero budista. Dado que estes séculos testemunharam a ascensão do governo samurai, tais tendências populacionais certamente pressagiavam a dinâmica mudança de poder que estava por vir.

A disputa pelo controle dos *shôen* da corte e da coleta de impostos sobre a produção de arroz não era o único meio pelo qual os samurais geravam receitas para abastecer sua ascensão política. A mineração de ferro levou à Rebelião de Masakado (939-940) em meados do século X, ilustrando a diversificação da economia provincial. As aspirações de Taira no Masakado (†940) representavam a iminência do perigo ao poder japonês, uma indicação prévia de que alguns samurais não estavam contentes com seu papel de meros valentões provinciais. Mais cedo, no século IX, a maior parte da mineração de ferro ocorria no oeste do Japão, mas, no século X, com o advento de novas tecnologias que produziam ferro a partir da areia ferrosa, o Leste passou a ter mais áreas de mineração. Por exemplo, os arqueólogos descobriram um sítio complexo de mineração de ferro perto da base do Monte Masakado, com várias fundições e vestígios significativos de resíduos de ferro. As novas tecnologias permitiram que a mineração ocorresse em lugares anteriormente improdutivos, oferecendo uma base financeira para o inquieto Masakado. Com efeito, para as aptidões guerreiras de Masakado, a mineração e a criação de cavalos eram tão importantes quanto o plantio do arroz.

As doenças epidêmicas também criaram agitação na zona rural. Há uma forte correlação entre as rebeliões dos samurais, as quais se intensificaram nos séculos X e XI, e a convulsão social causada por doenças infecciosas e carestias. Em alguns aspectos, as doenças enfraqueceram a autoridade da corte e pavimentaram o caminho para a ascensão dos samurais. A Rebelião (1028-1031) de Taira no Tadatsune (975-1031) oferece um exemplo disso. Um maduro sonegador fiscal, "rato sem lei" e causador de problemas, Tadatsune encenou uma rebelião, em 1028, em sua base doméstica de Kazusa e Shimôsa. Não por acaso, um aglomerado de epidemias e carestias eclodiram aproximadamente ao mesmo tempo que a Rebelião de Tadatsune. Virulentas epidemias de varíola ocorreram em 993-995, 1020 e 1036. O sarampo atingiu o Japão em 998 e novamente em 1025. Doenças intestinais – causadas por vários micróbios que podem evoluir simbioticamente com os seres humanos, mas que também causam doenças – mataram um grande número de pessoas em 1016, 1025 e 1027. Outras doenças desconhecidas ocorreram em 1030 e 1044. Em um golpe duplo, essas epidemias combinaram-se com as secas de 1030 e 1043-47.

Entre 1025 e 1030, durante a violenta Rebelião de Tadatsune, as ocorrências de sarampo e disenteria foram particularmente problemáticas. O sarampo é uma infecção respiratória causada pelo *morbillivirus*, já as infecções bacterianas, ou por protozoários, ou vermes parasitas, causam disenteria. Em 1025, sete magistrados de distritos morreram da doença no leste do Japão, e as estradas para Quioto estavam, segundo alguns relatos, cheias de doentes e moribundos. O sarampo matou em 1026, enquanto as doenças intestinais cobraram seu sombrio imposto em 1027. Em 1030, enquanto ocorria a Rebelião de Tadatsune, uma doença desconhecida invadiu todo o Japão. Os efeitos combinados desses microassassinos e macroassassinos – micróbios, por um lado, e os samurais, por outro – foram desastrosos para a produção agrícola e para a confiança na corte. As mudanças do clima, que já haviam gerado secas, tiveram múltiplas causas: uma delas foi a atividade vulcânica das ilhas japonesas. Após a Rebelião de Tadatsune, entre 1108 e 1110, o Monte Asama (2.568 m) e o Monte Fuji (3.776 m) entraram em erupção várias vezes, descarregando grandes quantidades de cinzas e detritos na atmosfera. Isso, por sua vez, levou a anos de resfriamento da superfície. O vírus da gripe prospera no clima frio e úmido e, além disso, a atividade vulcânica provavelmente contribuiu para os surtos de gripe de 1134-1135.

A corte imperial não tinha muito o que fazer sobre o vulcanismo e as doenças infecciosas. Uma resposta, no entanto, foi comissionar o *Yamai no sôshi* (Rolo das doenças e deformidades, final do período Heian), compilado a partir de um índice de cerca de 404 doenças da dinastia Tang chinesa (618-907). O pergaminho representa uma importante tecnologia médica, como um tipo de primeiro *Manual Merck* e um esforço para compreender e tratar as aflições (IMAGEM 5, p. 82). Ele fornece uma janela para a paisagem epidemiológica e médica do Japão no final do período Heian. Não se sabe quantas ilustrações o original possuía, mas no século XVIII havia cerca de 17 telas que descreviam as aflições, desde a periodontite (doença da gengiva) até condições como o hermafroditismo. Os textos vão desde descrições precisas de doenças e de sua sintomatologia até os complicados históricos dos pacientes. Sendo uma janela para o passado, o *Yamai no sôshi* nos oferece um índice de algumas das doenças que flagelaram o Japão nos primeiros anos medievais. Mas ele também lança alguma luz sobre a vida social da população e sobre os medicamentos utilizados. Entre as doenças enumeradas está a halitose, que é produzida pela fermentação bacteriana de partículas de alimentos alojadas no tecido da gengiva e nos dentes, produzindo odores sulfúricos desagradáveis. A inflamação da garganta e os resfriados (duas outras aflições incluídas) sugerem que uma série de vírus – da gripe, por exemplo – afligiam os japoneses naquele momento. O hermafroditismo é extremamente raro, mas obviamente existiu no Japão medieval. Alguns dos tratamentos mencionados parecem clinicamente razoáveis, pelo menos pelos padrões medievais; outros, nem tanto, haja vista a história de um homem da província de Yamato que, com uma doença ocular, termina encontrando-se com um charlatão que vai até sua casa e, dolorosamente, cega o pobre homem com perfurações em locais errados e agulhas de acupuntura.

Comando imperial e inquietação nas províncias

Doenças epidêmicas, padrões e práticas de uso da terra, mudanças demográficas e rebeliões vieram acompanhados por importantes mudanças burocráticas que reconfiguraram os militares da corte e, ao longo do tempo, reforçaram ainda mais o controle dos samurais sobre as províncias. Inicialmente, a burocracia imperial incluía o alistamento militar no estilo da dinastia Tang. Com efeito, em conjunto com o estabelecimento das terras públicas, entre 672 e 697, o imperador Tenmu e sua esposa e sucessora, Jitô, tomaram medidas concretas para a criação do exército imperial. Em particular, Tenmu demonstrava interesse por um exército imperial porque isso correspondia a outros aspectos do sistema burocrático *ritsuryô*, mas também porque ele havia tomado o poder pela espada durante a guerra civil de Jinshin, de 672. Assim, ele procurou garantir o comando das forças armadas do país. "Em um governo", ele explicou em 684, "os assuntos militares são essenciais." Embora Tenmu tenha, com sucesso, despojado

IMAGEM 5. Retrato de um homem que sofre de doença da gengiva e dentes soltos do *Yamai no soshi*.

os governantes regionais de seus chifres, pífaros, tambores, bandeiras e outros apetrechos utilizados para dirigir as tropas, ele deixou para Jitô a elaboração dos "registros da população", ou censo, para fins de recrutamento. Em 689, ela ordenou que os soldados provinciais fossem "divididos em quatro grupos, um dos quais seria designado [em rotação] para ser treinado nas artes militares". Em 702, o exército imperial foi incluído no sistema *ritsuryô* por meio dos Códigos Taihô e organizado sob o comando do Ministério da Guerra. Os Códigos Taihô também especificavam que os governadores deveriam estabelecer pastagens de cavalo para fins militares e supervisionar a criação dos animais. O cavalo, um organismo aliado para a conquista humana do planeta, tornou-se fundamental para o surgimento do governo samurai no Japão, tal como tinham sido para Sundiata (*c.* 1217-1255) no Império de Mali, na África, e para Gengis Khan (1162-1227) e os mongóis da Eurásia.

Em 792, no entanto, o exército imperial havia se tornado um fardo sério para o Tesouro do governo. Em resposta, a corte ordenou a "supressão dos regimentos na região da capital e nas províncias dos sete circuitos", eliminando, dessa forma, "um encargo oneroso", abolindo efetivamente o recrutamento militar. Em troca, a corte tornou-se cada vez mais dependente das elites provinciais para a aplicação da lei e outros assuntos militares. Tal fato criou incentivos para a organização de clãs militares armados nas províncias; e, além disso, criou incentivos para que os homens se dedicassem a suas habilidades nas artes marciais. É dito que esses homens se tornaram "altamente qualificados para a condução de batalhas".

A corte imperial soube que seus problemas na zona rural estavam aumentando assim que Taira no Masakado (†940) organizou uma rebelião em 935. Iniciada como uma desavença familiar, a Rebelião de Masakado transformou-se rapidamente em uma séria ameaça à autoridade da corte. Masakado expulsou os governadores de várias províncias que haviam sido nomeados pela corte de Heian e, após ter sido designado por um xamã como tal, declarou-se de forma ostensiva o novo imperador (*shinnô*) da planície de Kantô (a área ao redor da atual Tóquio) em 939. Com essa declaração e após ter capturado a sede do governo em Hitachi e sete outras províncias em rápida sucessão, a autoridade imperial foi apresentada com a ameaça mais direta já recebida até aquele momento. Fujiwara no Hidesato, o regente na época, nomeou o primo e arqui-inimigo de Masakado, Taira no Sadamori, para sufocar a rebelião. No noroeste de Shimôsa, Masakado encontrou os soldados de Sadamori, aprovados pelo governo, em combates ferozes. "Atingido por uma flecha dos deuses", dizem as crônicas sobre a morte de Masakado, "no final, o novo imperador morreu só." Mas os legados e o poder dessas famílias aristocráticas de samurais – a família Taira, por exemplo, e a Minamoto – persistiram, e os dois séculos seguintes testemunharam a ascensão gradual de governos militares nas províncias.

Outro governante do mesmo tipo foi Fujiwara no Sumitomo (†941). Após ter "ouvido rumores sobre a traição de Masakado", ele e seu bando de implacáveis piratas marítimos saquearam o litoral do Mar Interior. Sumitomo nasceu em uma família poderosa de Iyo, mas abandonou a carreira governamental para dedicar sua vida ao banditismo marítimo. Sua base era a Ilha de Hiburi, na costa da província de Iyo, a partir de onde ele roubava os tesouros de navios mercantes e imperiais. Após atacar a província de Bizen, ele ficou sabendo que o governador, Fujiwara no Kodaka, tinha fugido com sua família para avisar a corte. Sumitomo perseguiu Kodaka. "No final", dizem as fontes, "eles capturaram Kodaka, cortaram suas orelhas e seu nariz. Roubaram sua esposa e a levaram embora; as crianças foram assassinadas pelos piratas." Sumitomo reinou com terror sobre o Mar Interior até ser derrotado pelas forças imperiais na Baía de Hakata, na costa ocidental de Kyushu. Embora Sumitomo tenha escapado, as forças imperiais capturaram cerca de 800 navios e mataram centenas de piratas. Sumitomo foi detido mais tarde na província de Iyo e decapitado. Ao suprimir as rebeliões de Masakado e de Sumitomo, os chefes samurais das províncias (e não os generais da corte) tornaram-se os principais agentes da autoridade da corte. Dirigidos pelo império, eles substituíram o exército "público" de soldados alistados da ordem Taihô.

No entanto, com a aplicação da lei nas províncias, a situação inflamou-se ao longo do tempo. No século XI, comandados por Minamoto no Yoriyoshi (998-1082), os Minamoto e suas famílias aliadas receberam permissão da corte para acabar com um motim liderado por Abe no Yoritoki (†1057), um guerreiro que foi descrito como "chefe nativo dos bárbaros do Leste". A família Abe reivindicava para si o domínio dos Seis Distritos de Mutsu e agia como magistrado do distrito, coletando tributos de outras tribos emishi pacificadas. Em 1051, Yoritoki e a família Abe receberam anistia da corte e se entregaram a Yoriyoshi. No entanto, voltaram a lutar em 1056, e Yoriyoshi decidiu destruir a família Abe de uma vez por todas, ganhando, na batalha, a lealdade feroz de seus soldados. Estes, supostamente, disseram: "Nosso corpo pagará por nossas dívidas". "Quando a honra está em jogo, nossa vida não vale nada." Em 1057, apesar da lealdade de seus soldados e da morte de Abe no Yoritoki, Sadatô, filho de Yoritoki, derrotou Yoriyoshi no Kinomi. Mas, em 1057, após reunir outros aliados mais a nordeste, Yoriyoshi finalmente destruiu a família Abe. Os soldados de Yoriyoshi mataram Sadatô. Um outro filho de Yoritoki, Munetô, rendeu-se imediatamente aos soldados de Yoriyoshi que haviam sido aprovados pelo governo. Pelo serviço que fizeram, Yoriyoshi e seu filho, Yoshiie, foram agraciados com a ascensão na hierarquia da corte. Embora muitos historiadores apontem para a Primeira Guerra dos Nove Anos (1051-1063) como um exemplo de ascensão das forças militares privadas nas províncias, na verdade Yoriyoshi, o comandante nomeado pela corte, sempre procurou a sanção do governo para suas campanhas. Em princípio, ele ainda operava dentro do sistema burocrático *ritsuryô*.

Apesar da campanha bem-sucedida de Yoriyoshi, o Norte continuou sendo um barril de pólvora. A Segunda Guerra dos Três Anos (1083-1087) começou como uma briga entre dois membros da família Kiyowara do norte da província de Dewa, Sanehira e Iehira. Assim como a família Abe, os Kiyowara talvez fossem descendentes dos emishi, mas há também evidências de que eles possuíam distantes origens aristocráticas. Após sofrer uma derrota arrepiante no inverno de 1086, na paliçada de Numa, Minamoto no Yoshiie, filho de Yoriyoshi, sitiou a paliçada de Kanezawa no ano seguinte, onde Iehira e seu tio estavam se protegendo. Mesmo sem nunca ter recebido sanção imperial para atuar no conflito – ele se candidatou para isso e foi negado – Yoshiie, perseguiu Iehira, sacrificando tanto sua fortuna pessoal quanto sua reputação. Yoshiie concluiu a campanha ao destruir a família Kiyowara e coletou 48 de suas cabeças cortadas. Esses troféus, no entanto, foram apenas um pequeno consolo. Um ano mais tarde, em 1088, a corte afastou Yoshiie de seu posto como governador de Mutsu.

Ao contrário do que ocorreu com Yoriyoshi durante a Primeira Guerra dos Nove Anos, quando suas ações foram sancionadas pela corte e, posteriormente, ele recebeu soldados de reforço e a apreciação da corte, Yoshiie não havia recebido sanção para agir no segundo conflito e, em última análise, foi deposto de seu cargo oficial. Apesar de a corte ter desempenhado um papel importante nos dois conflitos, os aspectos feudais desses conflitos do Nordeste são difíceis de ignorar. No campo de batalha, as forças privadas, ou vassalos, dos Minamoto ultrapassavam em muito as forças públicas da corte. Claramente, o Japão estava no meio de uma grande transição histórica.

A Guerra Genpei (1156-1185)

A transição histórica ocorreu rapidamente. No século após a Segunda Guerra dos Três Anos, a corte continuou a mobilizar as forças armadas para suas necessidades de manutenção da lei, muitas vezes para sufocar os tumultos religiosos provocados por nomeações para cargos nos templos, pelas políticas provinciais, pelos encargos fiscais e por disputas entre as instituições religiosas. Em 1081, por exemplo, mais de mil monges Enryakuji do Monte Hiei, junto com seus aliados militares, desceram até Quioto enquanto a corte enviava soldados para defender a capital. Episódios similares envolvendo monges guerreiros ocorreram em pelo menos cinco ocasiões distintas entre os séculos XI e XII. A corte, nessas ocasiões, costumava chamar as famílias Taira e Minamoto para proteger Quioto. Em 1113, os templos Kôfukuji (Nara) e Enryakuji envolveram-se em uma disputa relacionada às nomeações para o templo de Kiyomizu, na capital. Ao ceder às exigências de Kôfukuji sobre o assunto, a corte irritou os monges guerreiros de Enryakuji, que saquearam os prédios de Kiyomizudera (filial do templo Kôfukuji). Nessa ocasião, a corte convocou as famílias Taira e Minamoto para defender a capital. Uma das crônicas explica que os "guerreiros formaram uma linha e ficaram de guarda durante toda a noite", mesmo quando "os gritos das vozes dos monges estremeciam os céus".

Ocorre que convidar guerreiros a Quioto era um negócio arriscado, conforme podemos perceber pela Rebelião Heiji-Hôgen (1156-1160).

Em 1155, com a morte do imperador Konoye, irrompeu uma disputa sucessória na corte de Heian. O reformador Fujiwara no Yorinaga (1120-1156) apoiava o imperador aposentado, Sutoku (1119-1164), enquanto Fujiwara no Tadamichi (1097-1164) apoiava Go-Shirakawa (1127-1192), o filho favorito de Toba, o imperador enclausurado. Quando Go-Shirakawa tornou-se imperador, Yorinaga aliou-se à família Minamoto e marchou sobre Quioto, forçando a posse de Sutoku como imperador. Ao aliar-se à família Taira, Tadamichi respondeu que desejava lutar contra a família Minamoto. Quando os Taira derrotaram as forças de Sutoku, teve início o massacre da família Minamoto. Por vários dias, o sangue da outrora orgulhosa família Minamoto correu pelas ruas de Quioto. Em um dos grandes mistérios históricos, no entanto, os Taira deixaram um punhado de Minamoto vivos, incluindo Minamoto no Yoritomo (1147-1199) e Minamoto no Yoshitsune (1159-1189). A trágica história desses dois irmãos e sua posterior ascensão ao poder é certamente uma das histórias mais interessantes do Japão.

Com os Minamoto fora da cena, Taira no Kiyomori (1118-1181) começou a lenta insinuação da família Taira na vida da corte. Na verdade, é justo dizer que ele adorava Quioto. A família Taira – um pouco como a família Fujiwara – tornou-se adepta da orquestração de casamentos políticos. Assim, sua filha casou-se dentro da família imperial e deu à luz um potencial futuro imperador chamado Antoku (1178-1185). Na zona rural, no entanto, Yoritomo ganhou força e aliados e, em 1180, já possuía confiança suficiente para desafiar o poder dos Taira em Quioto. Tudo começou quando a trama de Minamoto no Yorimasa (1106-1180) para derrubar os Taira foi descoberta e ele fugiu para o mosteiro Onjoji, nas margens do Lago Biwa (perto de Quioto). Ao perceber que as forças monásticas não conseguiriam protegê-lo dos guerreiros Taira, ele fugiu novamente, dessa vez para Nara, a antiga capital, onde se encontrou com o príncipe Mochihito (†1180). No caminho para os templos de Tôdaiji e Kôfukuji, os guerreiros Taira forçaram uma batalha no Rio Tatsuta, e os dois saíram vitoriosos, pelo menos temporariamente. Nessa conjuntura, Yoritomo e seus aliados entraram no conflito. Com seu irmão Yoshitsune no comando, as forças dos Minamoto superaram os fracos samurais Taira, os quais haviam sido criados dentro do conforto da corte, conforme explicado no *Heike monogatari* (História dos Heike). Essa crônica diz o seguinte sobre as forças dos Taira, ou sobre os guerreiros das províncias ocidentais:

> Se seus pais são mortos eles retiram-se da batalha para realizar seus rituais budistas para consolar as almas dos mortos. Eles lutarão novamente

apenas após o fim do luto. Se seus filhos são mortos, sua dor é tão profunda que param de lutar... Eles não gostam do calor do verão. Eles reclamam do frio severo do inverno.

Sinistramente, como se descrevesse uma nuvem escura no horizonte oriental, o *Heike monogatari* explica que "os soldados das províncias do Leste não são assim". Na verdade, não eram mesmo.

Na revanche entre as famílias Taira e Minamoto, chamada de Guerra Genpei (1180-1185), os Minamoto do Leste saíram vencedores. A cena final da guerra, a Batalha de Dannoura (1185), apresenta os remanescentes da família Taira fugindo de barco para a região do Mar Interior. A senhora Nii, filha de Taira no Kiyomori, estava no barco com Antoku, seu filho-imperador. Quando perceberam que a guerra estava perdida, a senhora Nii abraçou Antoku e preparou-se para a morte, arremessando-se ao mar. "Para onde você está me levando?", perguntou o garoto de sete anos. Com lágrimas em seu rosto, ela respondeu: "O Japão é pequeno como um grão de milho, mas agora é um véu de miséria. Há uma terra pura de felicidade sob as ondas, outra capital onde não há tristezas. É para lá que eu vou levar meu soberano". Ela, então, pulou no mar e, junto com ele, matou o futuro da família Taira.

Imediatamente após a Guerra Genpei, Yoritomo colocou seu irmão, Yoshitsune, no comando da capital. Enquanto estava em Quioto, Yoshitsune recebeu o título de "administrador" (*jitô*) do imperador Go-Shirakawa, que chegou ao poder durante a desastrosa Rebelião Hôgen-Heiji, que, como já vimos, havia precipitado a ascendência dos Taira. Ao aceitar o título, porém, Yoshitsune parece ter reconhecido uma autoridade diversa da de seu irmão mais velho em Kamakura, o novo reduto dos Minamoto. Irritado, Yoritomo passou a caçar seu irmão e seu ajudante Saitô Musashibô Benkei (1155-1189). Quando Yoshitsune e Benkei não tinham mais para onde fugir, o irmão mais novo cometeu suicídio ritual no estilo épico. "Tomando a espada", lê-se em um relato, "Yoshitsune mergulhou-a em seu corpo abaixo do lado esquerdo do peito, empurrando-a tão profundamente que a lâmina quase saiu pelas costas. Então ele empurrou-a profundamente em seu estômago e, rasgando a ferida em três direções, puxou os intestinos para fora." Sua esposa e filho também morreram ao seu lado. Curiosamente, embora Yoritomo, o irmão mais velho, tenha vivido para subjugar o reino e estabelecer o *bakufu* de Kamakura, Yoshitsune é a figura que passou a ser mais celebrada pelo folclore japonês. Um acadêmico apropriadamente chamou esse ato de a "nobreza do fracasso" da cultura japonesa, pois morrer por uma causa sugere sinceridade, a qual é reverenciada nas culturas confucionistas.

O *bakufu* de Kamakura

Com a morte violenta de Yoshitsune, seu irmão mais velho Yoritomo começou o processo de consolidação de um sistema de governo em Kamakura. Embora os samurais marchassem ao som de um ritmo cultural diferente dos aristocratas de Quioto, o *bakufu* de Kamakura carregava uma semelhança impressionante com a burocracia inicial do império em Quioto. Em 1192, Go-Toba (1180-1239), o imperador, concedeu a Yoritomo o título imperial *seii taishôgun*, ou "general subjugador de bárbaros". Típico dos governos do passado, o imperador reinava, mas não governava, servindo mais como uma figura legitimadora que, em sua "gaiola de ouro", transcendia os assuntos caóticos do dia a dia da administração. Assim como aconteceu com os regentes Fujiwara, Go-Toba detinha a prerrogativa imperial de doador de títulos, enquanto Yoritomo, ao aceitar o título, poderia reivindicar o manto da supremacia, não apenas a autoridade militar, mas a imperial e, portanto, divina. Esse sistema ditou os meandros da política japonesa por séculos.

Quando Yoritomo morreu sem herdeiros em 1199, sua esposa, a inteligente Hôjô Masako (1156-1225), orquestrou uma magistral tomada de poder pela família Hôjô, colocando seu pai como chefe da burocracia de Kamakura. Na Guerra Jôkyû (1221), a família Hôjô finalmente tomou das garras dos Minamoto restantes o controle do reino. Em 1232, a família Hôjô elaborou os Códigos Jôei, que esclareciam as funções dos governadores provinciais e dos administradores e protegiam os interesses da corte. Em essência, o documento delineou os fundamentos do direito medieval.

No governo samurai, o Japão entrou lentamente em seu período medieval e testemunhou a reestruturação da sociedade em todos os níveis. Os padrões matrimoniais transformaram-se, deixaram de seguir os padrões uxórios e de visitação da corte de Heian que eram matrilocais (isto é, o marido era obrigado a morar com a família da esposa) e passaram a utilizar os padrões de coabitação do patriarcado samurai. Essa mudança solidificou o sistema doméstico patrilocal e patrilinear como unidade social básica da sociedade. No domicílio, o par marido-esposa estava no centro da união patriarcal. O marido era o chefe da família, enquanto o principal dever da esposa era dar à luz um herdeiro do sexo masculino. Essa mudança, de modo geral, viu as mulheres serem transformadas de pessoas que podiam ter propriedades (as mulheres mais proeminentes de Heian, tais como Lady Murasaki, detinham propriedades e tinham acesso hereditário a elas) em pessoas que poderiam tanto deter quanto ser a propriedade. Na resolução de casos de estupro, por exemplo, o *bakufu* de Kamakura e, posteriormente, o dos

Ashikaga (1336-1573) demonstraram interesse em mediar a transmissão da propriedade e a manutenção da ordem social, em vez de oferecer justiça individual para as mulheres. Em um caso interessante de 1479, um samurai da família Akamatsu fez sexo ilícito com a mulher de um proeminente comerciante de saquê de Quioto. O comerciante vingou-se matando o samurai Akamatsu nas ruas de Quioto. No entanto, o filho do comerciante de Quioto trabalhava para a família Itakura, a qual era rival da família Akamatsu, algo que fez crescer o espectro de um conflito maior, que poderia transformar-se em uma guerra entre clãs. O *bakufu* dos Ashikaga decidiu que se o marido injustiçado tivesse se vingado do violador dentro de sua casa, então a mulher seria poupada. Mas, tendo em vista que marido matou o violador fora de casa, a esposa deveria ser morta, para demonstrar que o assassinato havia sido um verdadeiro ato de vingança. Esse precedente legal – "tanto o homem quanto a mulher devem ser mortos pelo marido" – foi mantido ao longo do século XVI. Ele demonstra que as mulheres, na ordem samurai, passaram a ser uma propriedade, ou algo que podia ser vandalizado.

Assim que a sociedade japonesa foi modificada pelo governo samurai, a agricultura floresceu e a população aumentou. Estima-se que, em 1200 (imediatamente após a Guerra Genpei), a população do Japão contava aproximadamente com 7 milhões de almas. Em 1600, na véspera da transição para o início do período moderno, a população do Japão já contava com 12 milhões de pessoas. As aldeias rurais mostravam-se ferozmente independentes, com chefes de aldeia supervisionando os membros das associações da aldeia. As teologias budistas penetravam na vida espiritual do Japão de forma contínua. Em conformidade com determinados calendários budistas, muitos acreditavam que o mundo havia entrado em algum tipo de "última era" e que a salvação requisitava novos caminhos. As antigas seitas, tal como o Amidismo, continuavam existindo e novos ramos floresciam, como o Terra Pura (*Jôdo*, fundado pelo monge Hônen no Japão), Verdadeira Escola da Terra Pura (*Jôdo shin*, fundado pelo monge Shinran no Japão), o monge Ippen e sua "Escola do Tempo" e até mesmo as escolas de zen-budismo, como Rinzai Zen e Sôtô Zen. Com exceção do zen-budismo, em que a salvação depende do indivíduo, a maioria das outras seitas colocava essa dependência no poder de um Buda benevolente. Nos ramos do budismo Terra Pura, a salvação é alcançada ao proferir-se constantemente o *nenbutsu* "Eu me refugio no Buda Amida", ou fazê-lo apenas uma vez com sinceridade. Nesse mundo medieval à beira de um abismo histórico, alcançar a salvação pelo poder sobrenatural do outro tinha um apelo convincente.

Kamo no Chôme (1155-1216), em seu livro *Hôjôki* (*Um relato de minha cabana*, 1212), capta a configuração da transição medieval com suas reflexões sobre a impermanência budista, a turbulência ambiental e a transformação política. Após completar 50 anos, Kamo no Chôme rejeitou o barulho e a agitação da vida material de Quioto e, após uma breve viagem à Kamakura, estabeleceu-se em uma cabana rústica e pequena perto do Monte Hino, na região de Kinai. Morto pela manhã e nascido de noite, ele refletiu: "Assim o homem segue sempre, não duradouro como a espuma na água". O *Hôjôki* está cheio dessas declarações budistas sobre a impermanência, mas seus pensamentos sobre a correlação entre a turbulência ambiental e transformação política são instrutivos. Em 1181, conforme se desenrolava a Guerra Genpei e os guerreiros estavam à beira de governar o reino, a fome causada pelo clima ruim atacava a terra e seu povo já desnutrido. "A primavera e o verão foram extremamente quentes, o outono e inverno trouxeram tufões e inundações e, já que as estações ruins sucedem umas as outras, os Cinco Cereais não conseguiam amadurecer." Depois de não conseguirem fecundar esses cereais por meio de suas orações, os agricultores abandonaram suas terras. Cidadãos respeitáveis tornaram-se mendigos descalços. Os mortos estavam em todos os lugares, e "um fedor terrível permeava as ruas". Nessa cena mórbida, alguns bebês "continuavam a alimentar-se no peito de suas mães, sem saber que elas já estavam mortas". A transição medieval tornou-se um período de morte generalizada.

Na mente medieval, os leitos de rios e as águas que fluíam neles tornaram-se as margens que separavam este mundo do próximo. A água purificava porque a maré subia e levava os cadáveres recolhidos por ela. O japonês medieval usava os leitos como cemitérios e evitava os párias de Quioto que ali viviam, porque os mortos apodrecidos os deixavam permanentemente impuros. Eles não enterravam nem cremavam os corpos em decomposição, mas preferiam deixar que as águas do Rio Kamo descarregassem essas impurezas para longe. Por essa razão, os funcionários do governo também executavam os condenados ao longo das margens dos rios. Leprosos e outras pessoas doentes, monges reclusos e diversos párias buscavam abrigo transitório nas margens do Rio Kamo. Os exilados matavam seus animais e curtiam o couro neste espaço impuro e flutuante, onde as águas subiam e baixavam. Com o tempo, os párias encontraram emprego como jardineiros e zeladores, tornando-se membros onipresentes da cena social vibrante de Quioto. Não surpreende, então, que a carestia de 1181 tornou-se particularmente perceptível ao longo das margens do Rio Kamo.

Três anos mais tarde, em 1184, Kamo no Chôme registrou um grande terremoto, que agravou ainda mais a agitação social e política. Em cenas que lembram o 11 de março de 2011, as colinas desmoronaram, e o "mar subiu repentinamente e inundou a terra". Deslizamentos de terra ocorriam nos vales, enquanto os "barcos cambaleavam nas ondas do mar e os cavalos não encontravam locais secos para pisar". Por ocasião de tais catástrofes naturais, observa Kamo no Chôme, as pessoas ficam "convencidas da impermanência de todas as coisas terrenas e... falam do mal em apegar-se a elas e da impureza de seus corações", mas esses sentimentos raramente duraram por muito tempo. Ao apontar a conexão entre a agitação do mundo natural e as dificuldades sociais, ele diz: "Assim, me parece que todas as dificuldades da vida surgem dessa fugaz e evanescente natureza do homem e de sua habitação".

As atividades sísmicas da crosta terrestre ocorreram em paralelo com as mudanças sísmicas do cenário político do Japão. O folclore japonês diz que o arquipélago está equilibrado na parte de trás de um bagre gigante e, sempre que ele se movimenta, o Japão treme. Nem maligno, nem benigno, o bagre tornou-se tema de litogravuras e histórias de devastação e boa sorte. Apesar dos movimentos desse bagre gigante, os terremotos do Japão também são o resultado de sua posição sobre o "anel de fogo", ou cinturão sísmico circumpacífico. Conforme discutiremos mais no CAPÍTULO 15, as atividades vulcânicas e sísmicas do Japão estão diretamente relacionadas à subducção da placa do Pacífico que faz parte do processo mais amplo das placas tectônicas. A subducção refere-se ao processo pelo qual uma placa tectônica mergulha sob uma placa continental ou oceânica em direção ao manto da terra, constituindo, assim, "uma zona de subducção". Por essa razão, há no Japão cerca de 1.500 terremotos anualmente, e muitos deles são fortes. Tendo em vista essa frequência e magnitude, seu papel na história japonesa é irrefutável.

Ameaças de invasão

O *bakufu* de Kamakura teve que enfrentar mais problemas do que simplesmente a "última era" dos budistas. Ao longo dos séculos XII e XIII, o Japão manteve laços com a dinastia Song do sul da China (1127-1279) e, na Coreia, com a dinastia Goryeo (918-1392); os comerciantes chineses eram, naquele momento, fundamentais para o fortalecimento de vários templos e santuários do oeste de Kyushu. Alguns portos, como Dazaifu e Hakata, tornaram-se centros para os comerciantes chineses, que construíram templos, tais como o Jôtenji em Hakata e o Sôfukuji em Dazaifu, solidificando os ganhos do budismo Tendai no sudoeste do Japão. A troca foi uma estrada de mão dupla, no entanto; o monge En'in, que fundou o templo de Jôtenji, viajou para a China em 1235 e, quando retornou, estabeleceu o templo Tôfukuji em Quioto, o que facilitou a ascensão do zen-budismo no Japão.

No entanto, as relações com o continente nem sempre foram tão nobres e benignas. Um problema endêmico dos anos medievais eram os piratas que saqueavam a costa sul da Coreia. Em 1223, os piratas saquearam o litoral perto de Kumajo. Quatro anos mais tarde, os oficiais da Coreia queixavam-se das incursões costeiras de piratas originários de Tsushima. Ao longo do século XIII, os coreanos queixaram-se amargamente dos piratas japoneses e, em resposta, queimaram vários navios. Em 1227, preocupados com o resfriamento do vibrante comércio com o continente que poderia ser causado pelos piratas, os japoneses decapitaram, na frente de emissários coreanos, cerca de 90 piratas. Os oficiais de Dazaifu estavam preocupados com os piratas por causa da natureza do comércio coreano. O Japão importava principalmente matérias-primas da Coreia, já a dinastia Goryeo importava produtos com valor agregado, fabricados no Japão. O comércio do século XIII também incluía a importação de moedas de cobre, que se tornaram essenciais para a reforma da moeda que ocorreu durante o *bakufu* de Kamakura. Em 1242, por exemplo, um navio japonês pertencente a Saionji Kintsune voltou da China Song com os porões cheios de moedas de cobre, também trouxe papagaios exóticos e bois. Mais tarde foi determinado que a quantidade de moedas de cobre dos porões de Saionji equivalia a aproximadamente todas as moedas cunhadas naquele ano pela dinastia Song (960-1279).

As invasões mongóis foram a mais grave ameaça para o comércio do Japão e para a interação cultural com o continente. Em 1206, Gengis Khan (1162-1227) soltou sua máquina de guerra a cavalo e dominou partes da Europa, o mundo islâmico, o norte da Ásia e grande parte da Ásia oriental. Após a morte de Gengis Khan, Kublai Khan (1215-1294) triunfou na batalha contra seu irmão, Ariq Böke (1219-1266). Ao suceder seu avô, Kublai Khan estabeleceu a dinastia Yuan (1271-1368), na China, local que se tornou sua base de operações. Uma vez na China, os mongóis tentaram invadir o Japão em duas ocasiões, em 1274 e 1281. Embora os japoneses, com a ajuda de tufões oportunos, tenham conseguido resistir às invasões mongóis, esses episódios tiveram o efeito de, a longo prazo, transformar as relações com o continente, acelerando o colapso do *bakufu* de Kamakura e despertando um sentimento emergente de consciência nacional em todo o reino do Japão.

Em 1265, Kublai Khan começou uma disputa diplomática com o *bakufu* de Kamakura, com a intenção de cortar o comércio com a dinastia Song do Sul (1127-1279), que ainda não havia sido totalmente subjugada pelos mongóis. O *bakufu* de Kamakura, sob o regente Hôjô Tokimune (1251-1284), decidiu ignorar as propostas iniciais dos mongóis. Tokimune foi fortemente influenciado pelos sacerdotes da dinastia Song, que viam, não incorretamente, os mongóis como invasores e, portanto, governantes ilegítimos da China. Da mesma forma, Tokimune, seguindo o precedente japonês, recusou-se a reconhecer a centralidade diplomática da China na Ásia oriental, sob controle mongol ou não. Embora nunca os tenha executado, Tokimune fez planos para um ataque preventivo contra as fortificações mongóis na península coreana. Ele também começou a construção de uma muralha defensiva ao longo da costa da Baía de Hakata. Aceita-se por convenção que o clima ruim venceu os "piratas" mongóis invasores, e não os samurais endurecidos por batalhas, mas, mesmo assim, também ocorreram combates violentos (IMAGEM 6, p. 94). Na batalha, os samurais tentaram demonstrar seu sucesso individual por meio de testemunhas e recompensas por bravura. Antes de entrar em batalha com as forças mongóis, Takeazaki Suenaga afirmou: "Não tenho outro propósito em minha vida, senão progredir e ser conhecido [texto perdido]. Eu quero que [meus atos] sejam conhecidos por vossa senhoria". Os feitos do serviço militar eram reconhecidos pelos senhores por meio de "relatórios de serviço de batalha", "registros de testemunhas", e "relatórios de verificação". Em reconhecimento ao serviço dos samurais medievais, os senhores concediam a eles recompensas com base na conduta.

Uma razão pela qual as invasões mongóis são citadas como fator de precipitação da queda do *bakufu* de Kamakura é que muitos samurais acreditavam estar sendo mal recompensados por seus serviços. Mas a invasão mongol também trouxe novos desafios para o governo dos samurais. Ao contrário das guerras internas entre grupos concorrentes do Japão, tal como as lutas entre as famílias Taira e Minamoto, os mongóis eram uma ameaça externa. Os japoneses, portanto, precisaram lutar de forma coletiva por seu país. Mas, porque não houve ganho de território no exterior ou domesticamente, as recompensas e os despojos aos samurais foram realmente modestos. A questão sobre como recompensar os samurais por seus serviços à nação, e não aos seus clãs, ainda precisava ser resolvida e, por isso, o *bakufu* de Kamakura sofreu as consequências disso.

IMAGEM 6. Representação de um samurai a cavalo lutando contra os mongóis em Takizaki Suenaga, *Môkoshurai ekotoba* (rolos da invasão Mongol, 1293).

A Revolução Kenmu

Foi a política imperial, no entanto, que provocou o fim do *bakufu* de Kamakura. Em 1259, o *bakufu* interveio na disputa sucessória imperial entre os ramos da família real, concebendo, em certo ponto, uma resolução precária que alternava a sucessão entre os dois ramos. Isso funcionou razoavelmente bem até o Acordo Bunpô (1317), quando foi determinado que o sucessor do império seria Go-Daigo (1288-1339) da linha menor por falta de aptidão da linha sênior. Tendo em vista que ele não era herdeiro direto, nem uma pessoa imperial "de dentro", os funcionários também decidiram que Go-Daigo serviria por apenas dez anos. Go-Daigo, no entanto, tinha outros planos: seu pensamento sobre o governo imperial foi formado por sua educação nos clássicos confucionistas e pela história chinesa. Ao contrário do Japão, onde os imperadores reinavam ao lado dos xoguns de Kamakura, a sucessão imperial chinesa estava dominada pelo ciclo dinástico, e isso atraiu a atenção de Go-Daigo. Ele aceitou a noção de ciclo dinástico e de governo direto dos imperadores. Na verdade, a ideia de um novo regime no Japão, o qual havia recebido seu "mandato do céu", era profundamente sedutora para Go-Daigo.

A orientação de Go-Daigo aos paradigmas históricos chineses não foi o único ingrediente que estava a seu favor. Ao tomar o trono, ele cercou-se imediatamente de ministros leais que possuíam bases limitadas de poder independente, tal como Kitabatake Chikafusa (1293-1354). Esses homens se encaixavam no molde chinês ideal de ministros escolhidos pelo mérito e não pelo poder hereditário. Go-Daigo escreveu mais tarde sobre o assunto: "[Eu] fui instruído que o *Huainan [zi]* afirma que 'ter poucos com virtude e depender muito do afeto é o primeiro perigo do governo'". Os documentos descrevem os ministros de Go-Daigo como pessoas que "se mantêm leais por toda a vida ao seu soberano" e que "proferem bons conselhos", em vez de manter seus próprios interesses familiares na capital. Go-Daigo também se intrometeu nos assuntos comerciais de Quioto e lançou tributos que não haviam sido tradicionalmente cobrados, como o imposto sobre o saquê para produtores e residentes da área do templo Tôji. Go-Daigo procurou explorar o potencial comercial de Quioto para fortalecer seu domínio sobre o trono.

Essa dualidade política, ou situação em que imperadores reinavam e xoguns governavam, continuou a ser uma pedra no sapato de Go-Daigo. Esses assuntos finalmente vieram à tona com o incidente de Shôchû (1324). Tendo um plano mal elaborado para derrubar o governo dos samurais, os homens de Go-Daigo perpetraram um distúrbio durante um festival no santuário de Kitano para distrair o *bakufu* e lutar contra Rokuhara (o posto avançado do *bakufu* de Kamakura em Quioto). O plano não funcionou, no entanto, e os homens de Go-Daigo foram capturados. Imediatamente, Go-Daigo redigiu uma carta que descrevia em termos inequívocos seus pontos de vista sobre a autoridade imperial. "A ira imperial é severa", ele escreveu. O xogum de Kamakura "não é o senhor do reino, mas, ainda assim, conseguiu ganhar poderes para governar... O que é apropriado para os bárbaros do Leste é que, [assim como] todo o povo do reino, eles olhem para o governo justo [do imperador] e respeitosamente curvem suas cabeças". Go-Daigo também possuía o sentimento menciano das imagens naturais. Em uma frase particularmente pungente que demonstra a compreensão afiada de Go-Daigo sobre a relação histórica entre os imperadores e os xoguns, ele escreveu: "Eu sou o senhor de todo o país. Todos abaixo recebem os favores da corte. "Limitar-me equivale, certamente, a querer viver na sombra e, ao mesmo tempo, arrancar as folhagens das árvores, ou a tirar água de um riacho e esquecer a fonte." Em Go-Daigo, o uso de imagens naturais – "tirar água de um riacho e esquecer a fonte" – serviu para naturalizar o poder imperial e para mostrar o xogunato como um produto humano artificial. Go-Daigo aumentou a aposta ao apelar para a magia budista a fim de amaldiçoar o *bakufu* de Kamakura, participando, por exemplo, nos rituais esotéricos de Tachikawa.

Em 1331, Go-Daigo mobilizou os samurais descontentes das regiões de Kantô e Kinai, muitos que ainda reclamavam das pequenas recompensas recebidas após as invasões mongóis, e marcharam contra o *bakufu* de Kamakura. Mas as forças leais da família Hôjô estavam bem preparadas, e Go-Daigo precisou fugir para o templo Kasagi, onde há uma enorme imagem do Buda Maitreya (futuro) na parede do penhasco. Go-Daigo considerava-se um tipo de "futuro" rei; dessa forma, o local foi cuidadosamente selecionado, mesmo que tenha sido um esconderijo sem brilho. Os samurais de Kamakura capturaram Go-Daigo rapidamente. Ele foi exilado para a Ilha de Oki, de onde escapou em 1332, escondido embaixo de uma pilha de peixes secos. As famílias dos samurais que se sentiam inferiorizadas pela família Hôjô mostraram-se ansiosas para ajudar Go-Daigo em seus projetos de tomada do poder. Com o auxílio de Ashikaga Takauji (1305-1358) e dos monges militantes do Monte Hiei (templo Enryakuji), Go-Daigo finalmente derrubou o *bakufu* dos Kamakura e declarou o início da "restauração Kenmu". Dramático e de curta duração, o regime Kenmu estabeleceu um novo judiciário, reconstruiu o palácio imperial, reviveu rituais imperiais e apadrinhou poderosos templos budistas, por exemplo, os templos de Daitokuji e o Nanzenji.

A tomada de poder de Go-Daigo dependia fortemente das contínuas bênçãos de Ashikaga Takauji, mas ele não as recebeu... Em 1336, Takauji rebelou-se contra Go-Daigo. Na luta pelo reino que se seguiu, as forças de Takauji lutaram contra os partidários leais de Go-Daigo na famosa Batalha do Rio Minato. Os ferozes partidários Kusunoki Masashige (1294-1336) e seu irmão Masasue lideraram os homens de Go-Daigo na batalha, mas eles cometeram suicídio juntos em uma modesta fazenda após ter perdido a batalha. A conversa final entre os dois irmãos, antes de cortarem suas barrigas e deitarem "a cabeça sobre o mesmo travesseiro", é famosa nos anais da devoção imperial. Masashige perguntou a seu irmão qual era o seu último desejo. Masasue respondeu: "Eu gostaria de renascer sete vezes no mundo dos homens... para que eu pudesse destruir os inimigos da corte". Cinquenta seguidores mais próximos também se estriparam, e "todos abriram seus estômagos ao mesmo tempo". Go-Daigo fugiu para o Sul. Foi para

Yoshino e estabeleceu a corte do Sul, enquanto Ashikaga Takauji colocou Kômyô, da linha sênior, no poder, estabelecendo a corte do Norte. A divisão entre as cortes do Norte e as do Sul somente seria resolvida em 1392.

Conclusão

As sementes da desintegração política eram inerentes ao sistema feudal criado pelos samurais. Conforme o Japão avançava em direção ao século XV, as forças centrífugas começavam a desfazer seus domínios, sangrando até chegar a um momento tumultuado conhecido como o período dos Estados Combatentes (1467-1582), nomeado de acordo com um período semelhantemente caótico ocorrido na China antiga. O "Japão", como entidade política unificada, desintegrou-se, e o país emergiu como uma miscelânea de domínios que se viam como "Estados independentes". Em outras palavras, o "Estado" que surgiu no século XV dificilmente assemelhava-se a uma nação, mas a domínios localizados que eram controlados por famílias de samurais. Isso não diminui a importância da transição medieval. Os samurais costuraram um novo tecido social no Japão, que enfatizava as famílias confucionistas patrilocais e patrilineares, as quais se tornaram, por séculos, o núcleo da sociedade japonesa. Os samurais também caminhavam em uma linha tênue entre a honra pessoal e as obrigações de vassalagem, oferecendo ao Japão o tom da vida individual e da participação cívica até os dias atuais. Os samurais governaram o Japão até a Restauração Meiji de 1868; sendo assim, a contribuição deles para a história do Japão estará no centro dos próximos capítulos.

capítulo 4

O JAPÃO MEDIEVAL
E O PERÍODO DOS ESTADOS COMBATENTES, 1336-1573

Nos séculos XIV e XV, a autoridade política distanciou-se do centro e migrou para as províncias. Se, por um lado, a corte de Quioto, antes do século XII, conseguiu consolidar sua autoridade na burocracia *ritsuryô*, então, por outro, com o advento do governo dos samurais, a influência tornou-se mais descentralizada e mais feudal. Tendo em vista a diminuição da autoridade política e militar do poderio do *bakufu* dos Ashikaga (1336-1578), as alianças externas do Estado começaram a tomar forma, a saber, entre as poderosas famílias de samurais armados até os dentes, os mosteiros budistas e até mesmo as associações de bairro de Quioto. Pressionados por esses grupos, o *bakufu* dos Ashikaga acabou enfraquecendo até tornar-se ineficaz. Dessa forma, o Japão chegou a uma condição sociopolítica mais bem capturada pela expressão *gekokujô*, ou "os de baixo levantando-se contra os de cima". No vazio político deixado pelo enfraquecido *bakufu* surgiram novas alianças, enquanto os senhores de domínio, conhecidos como *daimyô*, consolidavam seu poder local. O legado dos domínios e de seus *daimyô* foi importante e duradouro. Quando o país foi finalmente reunificado no final do século XVI, muitos domínios retiveram bastante autonomia, mesmo no momento em que o *bakufu* de Edo (1603-1868) consolidava seu poder na nova capital. Na verdade, o legado do regionalismo sobrevive até hoje: apesar de o Japão ser um país relativamente pequeno, ele retém um forte sentimento de identidade local, hoje expressado de forma benigna pelos alimentos locais, tradições literárias e presentes. No período medieval, o regionalismo mostrou-se muito mais maligno, frequentemente assumindo a forma de guerras predatórias.

O *bakufu* dos Ashikaga

O imperador Go-Daigo sobreviveu à chacina do Rio Minato e fugiu para Yoshino, no Sul, onde montou uma corte imperial paralela, inaugurando o confuso período das cortes do Norte e do Sul (1336-1392). Legitimado pela corte do Norte, Ashikaga Takauji tornou-se xogum em 1338 e estabeleceu o *bakufu* dos Ashikaga em Quioto. O filho de Takauji, Ashikaga Yoshiakira (1330-1367), governou a partir dos passos de seu pai até sua morte prematura aos 37 anos. Isso deixou seu jovem filho, Yoshimitsu (1358-1408), nas mãos de seu poderoso vassalo, Hosokawa Yoriyuki (1329-1392). Quando estava em seu leito de morte, ele disse a Yoriyuki: "Dou um filho a você". E a seu filho ele disse: "Dou um pai a você". Durante os governos de Yoriyuki e, posteriormente, no de Yoshimitsu, a autoridade dos Ashikaga atingiu seu ápice, que, em parte, foi alimentada pela criação, em 1371, de um imposto criativo sobre os produtores de saquê e as lojas de penhor associadas a ele. A família Ashikaga, ao contrário de seus antecessores em Kamakura, não possuía muitas terras; assim, o imposto sobre o álcool oferecia as receitas necessárias. Ele também criou o cargo de vice-xogum (*kanrei*) para fortalecer a burocracia do *bakufu*. Por fim, Yoshimitsu tomou as rédeas do poder em 1379, depois da demissão forçada de Yoriyuki. Yoshimitsu supervisionou o *bakufu* até sua morte, em 1408, navegando com sucesso pelas águas turbulentas da política dos séculos XIV e XV. Yoshimitsu precisou enfrentar, principalmente, três blocos poderosos: as instituições religiosas, os indivíduos leais à corte do Sul de Go-Daigo e os governadores provinciais (*shugo*). Em 1392, ele costurou um acordo com a corte do Sul, ao prometer que as sucessões seriam alternadas; além disso, no final do século XIV, ele sufocou com facilidade perigosos governadores, como o tenaz Ôuchi Yoshihiro (1359-1399).

O ponto fraco do *bakufu* dos Ashikaga estava em seu sistema de governo duplo, por meio do qual os governadores serviam simultaneamente como burocratas de Quioto e governadores das províncias. Catorze famílias governadoras representavam os ramos da família Ashikaga, enquanto as sete restantes viviam longe de Quioto e governavam em troca de terras. (Esse número oscilava. Em 1392, havia cerca de 20 famílias governadoras, administrando cerca de 45 províncias.) No sistema xogum, a posição mais importante era a de vice-xogum, normalmente ocupada por uma das três famílias: Shiba, Hatakeyama ou Hosokawa. Eles se tornaram o núcleo da hegemonia dos Ashikaga: quando trabalhavam juntos, eles exerciam poder efetivo sobre os governadores; quando divididos, rasgavam as fracas costuras do país. Como veremos, foi o conflito entre essas três famílias

CAPÍTULO 4 – O JAPÃO MEDIEVAL E O PERÍODO DOS ESTADOS COMBATENTES, 1336-1573 | 101

que levou à eclosão da terrível Guerra Ônin (1467-1477), na qual a capital queimou por mais de uma década de combates urbanos de porta a porta.

Os governadores estavam em uma posição complicada por causa da maneira como dividiam seu tempo entre Quioto, onde eram burocratas e vassalos do *bakufu* e as províncias, onde exerciam a função de supervisores locais. Quando estavam nas províncias, os governadores competiam pelo controle com as partes interessadas locais chamadas de "homens da província", cuja autoridade não emanava de Quioto, mas de alianças locais hereditárias. Ao longo do tempo, a autoridade desses governadores diminuiu nas províncias, particularmente após a Guerra Ônin, que destruiu os vestígios restantes do poder dos Ashikaga. Conforme o *bakufu* definhava e os governadores perdiam sua legitimidade local, os "homens da província", que possuíam legitimidade local, agarraram facilmente as áreas vazias do poder.

Os problemas do *bakufu* aumentaram com o assassinato de Ashikaga Yoshinori (1394-1441). Após o assassinato, o *bakufu* retaliou duramente por meio de uma campanha militar contra os perpetradores da ação na província de Harima. O assassino, Akamatsu Mitsusuke (1381-1441), suicidou-se durante a campanha, mas sua morte não conseguiu melhorar a sorte do *bakufu*. Os sucessores de Yoshinori eram homens jovens e fracos. Vergonhosamente, Ashikaga Yoshimasa (1436-1490) foi o pior dos xoguns, sendo severamente condenado por suas extravagâncias vulgares. Diz-se que seu governo dependia "apenas dos desejos de esposas e sacerdotisas inexperientes". Ele e seu conselheiro, Ise Sadachika, são, muitas vezes, considerados responsáveis pela decadência do *bakufu*, apesar de a culpa poder ser atribuída principalmente aos problemas institucionais e às catástrofes naturais. No governo do xogum Yoshimasa, uma série de disputas sucessórias abalou as famílias Hatakeyama e Shiba e, por fim, acabou atingindo a família Ashikaga e causou a guerra Ônin, da qual o *bakufu* nunca se recuperou totalmente. Mas antes de lidarmos com o caos artificial da Guerra Ônin, devemos voltar nossa atenção brevemente para os cataclismos naturais que ajudaram a empurrar o *bakufu* montanha abaixo.

Entre 1457 e 1460, uma série de catástrofes abalou o arquipélago. Para piorar a situação, durante as calamidades Yoshimasa estava no auge de seu comportamento extravagante. O sofrimento foi generalizado: em 1460, um observador escreveu que tinha visto uma mulher embalando uma criança em Rokujô, na capital, enquanto caminhava para casa. "Depois de chamar o nome da criança várias vezes", recordou, "ela finalmente parou e começou a chorar. Eu olhei mais de perto e vi que a criança já estava morta." As pessoas começaram a perguntar de onde era a mulher. Ela respondeu que era uma refugiada de Kawachi. Ela continuou: "A seca lá já dura três anos e o arroz novo já não brota mais... Assim, eu não consegui alimentar esta criança e agora aconteceu isso". Justaposta a essa dificuldade, o observador testemunhou outra cena, sobre a extravagância da elite. "Enquanto eu ainda estava triste com essa experiência, me deparei com um grupo de senhorios observando as flores... Eles desprezavam os pedestres com soberba e brigavam com os soldados que estavam na frente de seus cavalos. Eles estavam em um humor de galhofa, roubavam flores e alguns, após desembainhar suas espadas, cantavam canções de bebedeira."

Este era o pano de fundo social e ambiental da Guerra Ônin. Em 1464, Ashikaga Yoshimi (1439-1491) tornou-se xogum quando Yoshimasa inesperadamente desistiu do cargo. A influente família Hosokawa ofereceu apoio à nova posição de Yoshimi. Mas as tensões cresceram quando a esposa de Yoshimasa, Tomiko, deu à luz um herdeiro do sexo masculino, Yoshihisa, que tinha o apoio da concorrente família Yamana. O palco estava agora montado para uma sangrenta sucessão. As duas famílias reuniram exércitos enormes para os padrões daquele período (cerca de 110 mil para os Yamana e 160 mil para os Hosokawa) e, com fúria infernal, entraram na inflamável Quioto de madeira. A guerra entre essas facções durou devastadores 11 anos; nenhum dos lados pôde comemorar uma vitória decisiva. Quioto foi despedaçada e queimada durante os confrontos, e o *bakufu* ficou mortalmente ferido, mas ainda conseguiu se arrastar de forma ineficaz por mais de um século.

Mesmo com a autoridade política sendo descentralizada e deslocada ainda mais para os domínios, os sinais de mudança começaram a aparecer nas atitudes locais em relação à legislação e ao governo. Os senhores dos Estados Combatentes organizaram "códigos de família" que visavam preservar suas famílias extensas e os territórios de seus domínios; eles também passaram a considerar obsoletas as leis medievais anteriores; por exemplo, os Códigos Jôei (1232) emitidos pelo *bakufu* de Kamakura. Um ponto interessante sobre os "códigos de família" dos Estados Combatentes é a lenta erosão da ética privada, tais como os princípios dos samurais, a favor do direito público. Em 1536, pelos códigos elaborados por Date Tanemune (1488-1565), os atos de vingança estavam revogados pela lei do domínio, que os proibia. Esta era uma lei que "substituía princípios" e serviu como pedra angular da política dos Estados Combatentes. Com efeito, um samurai que desejasse vingança por causa de um corte de espada, por exemplo, seria proibido de fazê-lo pela lei. Lemos em um desses "códigos de família": "É proibido a alguém ferido por um corte de espada tomar medidas privadas de retaliação...". Dizia ainda: "Apesar de tais atos de vingança serem compatíveis com os princípios de um *bushi* [samurai], eles violam a lei [que proíbe a vingança privada], e os responsáveis por tais atos ilegais serão punidos".

A lei do domínio proibia o samurai de construir alianças fora da esfera de influência do senhor, porque tais "ligas" eram fonte de discórdia. O samurai demonstrava sua lealdade por meio do "serviço militar" e da lealdade ao "Estado" do domínio. Esse sistema atraiu muitos samurais para esferas políticas coesas, mas outros grupos ainda resistiam ao poder do *daimyô*. Entre os grupos que surgiram após o conflito Ônin e que lançaram um sério desafio para o *bakufu* estavam os sectários budistas armados.

Sectários budistas

No CAPÍTULO 3, discutimos o surgimento de várias seitas budistas. Durante os séculos XII e XIII, o panorama religioso e cultural do Japão começou a ser reconstruído pelos budistas de Terra Pura, de Verdadeira Escola da Terra Pura e de outros mosteiros budistas. Eles alteraram a paisagem política, bem como a militar. Em 1532, os sectários Ikkô, membros da Verdadeira Escola da Terra Pura de Shinran, instigaram a Revolta do Reino sob o Céu, lançando um ataque militar contra Miyoshi Motonaga nas províncias de Kawachi e Settsu com forças que podem ter chegado a 200 mil homens. Milhares foram mortos. Rapidamente, ocorreram represálias contra os templos de Kasuga e de Kôfukuji em Nara. Alarmado, Hosokawa Harumoto (1519-1563) angariou o apoio de outros sectários budistas armados, os Hokke do budismo Nichiren, que rapidamente voltaram-se contra a fortaleza de Ikkô e queimaram vários templos, incluindo a sede dos sectários Ikkô em Honganji, província de Yamashina. Em espetáculos militares chamados de "procissões circulares", os sectários Hokke atravessavam as ruas queimadas de Quioto, repetindo "Louvada seja a maravilhosa lei do sutra do Lótus". Eles atacaram os sectários Ikkô, marchando ao som de tambores e flautas e cavalgando com grandes faixas adornadas com mantras budistas. As frases "Não dê, não receba" e "Quebre o que estiver dobrado, alargue o caminho" serviam como gritos de guerra dos Hokke. Com o grande número de templos budistas Nichiren em Quioto, os quais, com fossos e torres de vigia assemelhavam-se mais a paliçadas que locais de devoção, o espetáculo dos Hokkes ressoou na população de Quioto.

A justiça urbana dos sectários Hokke ilustra quanto o vigilantismo havia substituído a lei e a ordem dos Ashikaga. Uma diarista escreveu em 1533:

"Ouvi dizer que os membros da seita Nichiren prenderam vários incendiários. Porque não havia nenhuma assembleia formal da comunidade [para decidir seu destino] (...) eles pegaram os três incendiários e os executaram imediatamente". O mesmo diarista observou que, "a fim de impor um julgamento e apreender dois soldados que tinham saqueado os campos de Shôgôin e Kawara oriental, cerca de 5 mil pessoas do norte de Quioto realizaram um ataque. Eles prenderam os dois homens, eu ouvi dizer, e os mataram". Outro escritor resumiu a onipresença da influência dos sectários Hokke ao escrever que "os sectários Hokke tomaram o poder em Quioto. O governo de Quioto e de seus arredores, que fazem parte do controle do xogum e do vice-xogum, está inteiramente tomado pelos sectários Hokke". Os sectários religiosos militantes, por meio do ativismo jurídico, haviam se tornado juiz e carrasco na capital imperial. Não é de admirar que, quando os poderosos generais unificaram o reino à força na segunda metade do século XVI, seus primeiros alvos foram os sectários budistas organizados.

Na ausência do *bakufu*, surgiram outras afiliações em Quioto. As associações urbanas da sociedade civil, dividida em bairros da cidade, procuraram defender-se contra a exploração dos samurais. Muitas vezes, os bairros da cidade recebiam os nomes de marcos locais, santuários, templos ou locais de trabalho. Havia o bairro do templo Myôden, o bairro da ponte do Barco do Norte, o bairro da corporação de ofício dos fabricantes de leques e o dos trabalhadores de couro; e, por vezes, todos eles fortificavam-se contra os poderosos generais. Esses enclaves estáveis de pessoas sugerem que, a longo prazo, novas formas de identidade urbana foram sendo solidificadas na Quioto do século XVI. Com o tempo, o *bakufu* chegou a reconhecer a quase autoridade dessas associações de bairros, concedendo-lhes licença para "encerrar o caos" caso os acampamentos de soldados da cidade se tornassem demasiadamente turbulentos.

A capital tornou-se uma cidade de contradições. Enquanto os sectários budistas brigavam uns com os outros, os bairros da cidade montavam barricadas e os soldados samurais lutavam esporadicamente; Quioto estava permeada por uma desconfortável nova normalidade. Em 1506, um cortesão notou uma placa oficial de madeira explicando que "roubo", "incêndio" e "brigas" eram "proibidas", o mesmo valia para as "lutas de sumô" e "danças". Isto era, ele pensou consigo mesmo, exatamente o que "deveria acontecer". Outro diarista observou que era proibido "lançar flechas", bem como "passear de barco" e "fazer excursões com lanternas". Em meio a uma guerra endêmica e ilegalidades, a genuína ordem política e social foi substituída pela autoridade caprichosa. A capital esforçou-se para controlar os poucos vestígios da ordem social que ainda existiam. Estes eram os retalhos emaranhados da ordem em uma cidade devastada por décadas de luta. Segundo foi observado por um viajante em 1526, "Agora, ao observar as casas de Quioto de alto a baixo, eu vi apenas um prédio onde, no passado, haviam dez. As habitações das pessoas comuns foram entregues à agricultura. O palácio é um emaranhado de gramíneas de verão. É demais para ser descrito em palavras". Talvez tenha sido algo terrível para ser descrito em palavras, mas não tanto a ponto de proibir os "passeios de barco" e a "dança".

Na verdade, dançar era um ato perigoso em Quioto. Em 1520, um diarista observou que houve dança "todas as noites neste ano", e ele se perguntou se era "porque o reino parece pacífico" ou porque ele havia entrado em um período de "nova comoção". O espetáculo da dança noturna, quando centenas de pessoas saíam às ruas para dançar, sinalizava tanto a "paz" quanto a "nova comoção". A dança parecia descontrolada e os participantes, conforme observado por um diarista em 1532, estavam "tomados pela loucura". A dança tornou-se uma reflexão lúdica da política de desordem; ela parodiava a estrutura social e política, com elementos que quebravam os estereótipos hierárquicos, de classe e de gênero. Quioto tornou-se ponto focal do caos dos Estados Combatentes, com bairros da cidade armados, budistas sectários militarizados, esquadrões itinerantes de samurais valentões e as danças noturnas que parodiavam a ordem política e social. No século XVI, o Japão parecia estar à beira, pelo menos na capital imperial, do completo caos social.

Guerra e medicina

Nos capítulos anteriores, nossa discussão sobre doença, saúde pública e ciência no Japão explorou principalmente a introdução de doenças infecciosas no arquipélago e seus impactos demográficos, políticos e sociais. Com os surtos epidêmicos, o microcosmo bacteriológico encontrou o macrocosmo em que viviam os japoneses, alterando para sempre, em nível celular, o caminho evolutivo do país. A exposição japonesa ao sarampo e à varíola nos períodos anteriores evitou o tipo de holocausto biológico que ocorreu quando os conquistadores espanhóis pisaram no "solo virgem" do Novo Mundo, infectando e dizimando as populações indígenas, como, por exemplo, os tainos. Em termos imunológicos, os japoneses, pelo menos ao sul de Hokkaido, tiveram um encontro honesto com as comunidades de doenças infecciosas que levaram à ascensão da Europa Ocidental.

Através do portal internacional de Dazaifu, os monges budistas e outros viajantes do continente também haviam levado aos japoneses as complexidades da antiga medicina do leste asiático. No final do século XII, Myôan Eisai (1141-1215) fez duas viagens para a China, onde estudou o zen-budismo, levando esses ensinamentos de volta para o Japão. Em seu *Kissa yôjôki* (Sobre beber chá como um meio de obter vida longa), ele ofereceu novas informações sobre o chá verde e suas qualidades nutritivas. No texto, ele também listou misturas médicas para tratamento de diabetes, paralisia e outras doenças. O monge Enni Ben'en (1202-1280), que também viajou para o continente, estabeleceu uma biblioteca médica no templo de Tôfukuji, em Quioto, compreendendo tanto as obras japonesas quanto as da dinastia Song sobre pulsação, acupuntura, farmacologia e outros tópicos. Tôfukuji localizava-se em uma parte bastante degradada de Quioto e provavelmente praticava medicina filantrópica na comunidade. Outras seitas budistas, como a escola Ritsu, sob a orientação de seu fundador, Eison, também praticava a medicina comunal e filantrópica, tendo como foco as condições de saúde dos grupos banidos, como as "pessoas do rio" e as "não pessoas". Em Kamakura, o templo Gokurakuji tornou-se um centro de bem-estar público para cuidar dos esfomeados, maltrapilhos, socialmente rejeitados e doentes (normalmente os leprosos); dessa forma, expandiu demograficamente as populações de "não humanos" banidos da capital do *bakufu* de Kamakura.

O texto médico mais importante do Japão, escrito antes do século XIII, é o *Ishinpô* (Fórmulas do coração da medicina, 984), escrito por Tanba Yasuyori. Mas também são importantes o *Honzô wamyô* (Nomes japoneses em estudos naturais, 922), de Fukane Sukehito (898-922), e o *Wamyôrui shûshô* (Uma coleção de nomes japoneses, 931-937), de Minamoto no Shitagau (911-983), que representam catálogos taxonômicos de objetos naturais, muitos deles com base na farmacopeia japonesa, que estava em rápida expansão. O conhecimento chinês influenciou mais fortemente os textos que a observação empírica, mas eles refletem uma tentativa da idade média japonesa para impor alguma ordem sobre o mundo natural. A obstetrícia continuava sendo uma das principais preocupações dos textos médicos japoneses medievais. "Às vezes o feto está morto, mas a mãe ainda está viva; às vezes duas vidas estão unidas como se fossem uma", escreveu o médico budista Kajiwara Shôzan. Em muitos casos, ele ponderou, não existem "medicamentos proibidos" para tratar as mulheres grávidas. Para sanar tais problemas, ele pedia aos médicos que combinassem os métodos antigos com as técnicas recém-importadas da dinastia Song, da China.

Durante todo o período medieval, um fluxo constante de textos médicos, medicamentos, ferramentas e técnicas chegava ao Japão através daquilo que um historiador chamou de "estrada da seda de medicamentos e fórmulas". Uma das principais preocupações era combinar os nomes, os pesos e as medidas chineses e japoneses; algo que se mostrou muito importante para a criação dos diversos tratamentos médicos importados da China e da Coreia. Esta era uma das principais preocupações do *Honzô wamyô*, por exemplo. Para o tratamento de distúrbios recentemente identificados, os textos médicos listavam ingredientes de origens ocidentais, tais como a noz-moscada, como armas poderosas e novas do arsenal médico. Nos anos medievais, o Japão tornou-se parte de um intercâmbio global de conhecimentos médicos. Alguns ingredientes, como a noz-moscada, eram de origem islâmica; outras explicações, como as origens cármicas das doenças, tinham origem indiana e chinesa.

Em meados do século XIV, quando a guerra começava a rasgar o *bakufu* de Ashikaga em pedaços, a "medicina de ferimentos" tornou-se parte importante da cultura médica japonesa. Os dois primeiros trabalhos japoneses sobre medicina de ferimentos – o *Kinsô ryôjishô* (Sobre a cura de ferimentos por incisão) e o *Kihô* (Fórmulas do demônio) – são do século XIV. Assim que a guerra feroz substituiu as anteriores guerras sazonais, houve também a substituição dos arcos e flechas pelas espadas. As antigas campanhas tinham um sabor sazonal, mas a guerra do século XIV era uma ação que atravessava todas as estações do ano. O *Taiheiki* (Crônica do Japão medieval) do século XIV retrata vividamente situações onde "a geada do outono rasgou sua carne e o gelo da manhã ficou preso em sua pele". O índice do *Kinsô ryôjishô* inclui tópicos como "Recolocamento das vísceras que saíram", "Insetos que aparecem em uma ferida" e "Cérebros salientes em uma ferida na cabeça", ilustrando o lado macabro do período dos Estados Combatentes. Esses autores acumularam seus conhecimentos pela experiência, por conversas com outros médicos sobre seus "segredos" e pela consulta de textos chineses da dinastia Song. Infelizmente, os historiadores só podem especular sobre como a exposição de corpos mutilados e abertos pode ter feito com que a compreensão da anatomia humana e fisiologia avançasse.

A ZONA RURAL

Apesar da anarquia endêmica que se espalhou na zona rural, as terras das fazendas do Japão entraram num período de intensificação agrícola. Dentre as doenças epidêmicas dos séculos anteriores, muitas delas haviam se estabelecido em padrões endêmicos, sendo que a mortalidade e a morbidade limitavam-se, em grande parte, às crianças. As crianças eram expostas a infecções periódicas e, dessa forma, algumas sobreviveram e desenvolveram imunidades; outras não, e morreram; mas até os mortos contribuíram para o lento estabelecimento de uma nova ordem imunológica hereditária no Japão, que iria prepará-lo para a chegada dos europeus e suas infecções no século XVI. As severas carestias do século XIII, discutidas no capítulo anterior, também passaram a ocorrer em menor intensidade. Tendo em vista o aumento dos excedentes agrícolas, originado do cultivo de mais terras e da implantação de melhores tecnologias agrícolas, a população medieval do Japão aumentou de aproximadamente 7 milhões de pessoas, em 1200, para aproximadamente 12 milhões, em 1600, no final do período medieval.

Vários fatores levaram à intensificação da agricultura, entre eles a implementação do sistema *kandaka*. O *kandaka* referia-se ao equivalente monetário da produção agrícola, incluindo outros recursos e serviços que os vassalos extraíam de suas explorações. Os fiscais avaliavam o rendimento em moedas, ao contrário do posterior sistema *Tokugawa kokudaka*, que avaliaria os rendimentos em alqueires de arroz. Além disso, os fiscais avaliavam o valor equivalente do *kandaka* no âmbito da aldeia, e não de acordo com os ganhos do proprietário individual; a cobrança do imposto também era avaliada com base em todas as terras aráveis, não na área cultivada. Em outras palavras, porque as aldeias pagavam um "imposto anual" baseado em suas terras aráveis, o sistema incentivava o cultivo de mais terras. Com efeito, já que os camponeses iriam pagar impostos sobre o rendimento estimado das terras de qualquer maneira, não era aconselhado que mantivessem as terras sem produção. Devido ao alto custo da construção de exércitos e dos estipêndios dos vassalos, os *daimyô* dos Estados Combatentes estavam sempre em busca de novas fontes de receita. Depois de 1300, surgiram novas aldeias e campos agrícolas em lugares que uma vez tinham sido caracterizados como terrenos selvagens.

Essas aldeias cultivavam novas terras e reuniam-se em torno dos líderes locais para criar aglomerados de aldeias e protegerem-se contra os bandidos, ou para construir comunidades religiosas. O excedente aumentou com as lavouras mais regulares e com ferramentas de ferro, melhor irrigação e melhores fertilizantes; além disso, a diversificação das culturas permitiu que as aldeias se aglomerassem e houve o estabelecimento de comunidades ainda maiores. Alguns ajustes agrícolas foram bastante simples; por exemplo, o nivelamento da terra que permitiu uma distribuição igual de água por toda a colheita foi algo bem simples. Outros avanços foram mais complicados: complexos projetos ribeirinhos para transportar a água de irrigação para os arrozais, por exemplo. Os agricultores utilizavam complicadas rodas de água, cavavam tanques de retenção e canalizavam a água de irrigação por meio de comportas e diques. O cultivo duplo também fez com que os rendimentos e excedentes aumentassem. Um historiador estima que em 1550 os agricultores faziam o cultivo duplo de um quarto dos arrozais no Japão central e ocidental. Em 1420, um enviado coreano observou o cultivo duplo na região de Hyôgo. Ele escreveu: "No início do outono, eles cortam o arroz (...) e plantam o trigo-sarraceno, que é colhido no início do inverno. Em um campo de arroz, eles podem plantar sementes três vezes por ano". Com a intensificação da agricultura, os aglomerados de aldeias tornaram-se defesas importantes contra as destruições do período dos Estados Combatentes. Algumas aldeias chegaram a construir fossos que serviam para definir os limites da comunidade.

A intensificação agrícola estendeu-se tanto "para baixo" quanto "para cima", uma referência feita por um historiador em relação ao resultado que essas mudanças tiveram na cadeia alimentar. "Para baixo" refere-se ao impacto que a expansão agrícola teve sobre as comunidades biológicas não humanas, fauna e flora. A criação de mais fazendas implicava maior desmatamento, particularmente nas planícies aluviais e nas áreas terraceadas e menos férteis. A construção de vilas, casas e novas tecnologias agrícolas significava uma maior exploração da madeira. O uso de fertilizantes requeria que as gramíneas, as árvores e os galhos das florestas fossem recolhidos. Os aldeões precisavam de lenha para cozinhar, para a metalurgia e fornos; e a madeira para as obras ribeirinhas e pontes. O aumento da prática da queimada na agricultura prejudicou ainda mais as áreas arborizadas que existiam em torno dos aglomerados de aldeias, levando a incêndios, esgotamento do solo e erosão. Ao contrário do posterior *bakufu* de Edo, o *bakufu* dos Ashikaga parece ter dado pouca – ou nenhuma – atenção às mudanças das condições nas florestas do Japão. A maior parte do controle sobre as florestas era local; os aglomerados de aldeias normalmente reivindicavam a propriedade dos bosques das proximidades. Em 1448, a aldeia de Imabori, na província de Ômi, tentou resolver o problema da destruição das florestas mediante a proibição do corte de árvores sem autorização. A aldeia redobrou seus esforços em 1502.

As florestas sofreram com a destruição causada pelas lutas endêmicas do Japão. O carvão vegetal da madeira de lei mostrou-se essencial para a produção de armaduras, espadas, lanças e outras armas de metal.

Com a melhoria da habitação, o desejo por carvão em vez de lenha (que produzia faíscas perigosas) levou a uma maior extração da madeira de lei para usá-la como carvão. No século XIII, o *bakufu* de Kamakura costumava queixar-se dos altos preços da lenha e do carvão vegetal. A madeira também era necessária para a construção dos monumentos. Durante as batalhas da Guerra Genpei de 1180, o templo Tôdaiji de Nara foi queimado, e foram necessárias grandes árvores para reconstruí-lo. Para o projeto de reconstrução, a palavra "Tôdaiji" foi marcada nas árvores do oeste de Honshu que deveriam ser derrubadas e utilizadas como estacas para o projeto de reconstrução. Em 1219, os documentos registram que o "centro de Kamakura foi destruído pelo fogo" – algo que iria exigir mais madeira. Em suma, as florestas e os bosques do Japão recebiam pressão cada vez maior da agricultura em expansão, da construção e manutenção de monumentos e cidades, das atividades ilegais e guerras endêmicas e do surgimento de aglomerados de aldeias.

Conforme os recursos movimentavam-se para cima dentro das hierarquias sociais, a influência "ascendente" da intensificação agrícola transformava-se em comercialização econômica. No período dos Estados Combatentes, os *daimyô* negociavam com as outras regiões de todo o Japão. Os *daimyô* do interior buscavam bens marinhos das zonas costeiras; e os domínios que sofriam com o fracasso da safra procuraram importar arroz. O *daimyô* concedia privilégios especiais aos comerciantes das "corporações de ofício", e alguns deles adquiriam até mesmo a função de "comerciantes oficiais". As restrições de importação, uma versão medieval das tarifas de comércio, protegiam algumas indústrias domésticas e, portanto, a base de tributação do domínio. Como regra geral, as mercadorias fluíam por todo o país com poucas restrições, porque a maioria dos *daimyô* tentava beneficiar-se da robusta atividade comercial dentro de seu domínio.

Relações externas dos Ashikaga

A ausência de um forte centro político confundia as relações japonesas com o continente durante o período medieval. O príncipe Kaneyoshi, filho de Go-Daigo e representante da corte do Sul, supervisionava as relações com a China. Em 1370, quando os enviados da dinastia Ming chegaram ao Japão exigindo a submissão ao Reino do Meio, o príncipe Kaneyoshi referiu-se a si mesmo como um "súdito" dentro da ordem diplomática da dinastia Ming. Um ano mais tarde, de acordo com o protocolo da ordem tributária chinesa, ele enviou seu vassalo para a corte Ming para oferecer tributo.

O reino da ordem internacional chinesa, ou *tianxia* [sob o céu], incluía todos os países unificados pelos virtuosos governantes chineses, os "filhos do céu". A corte Ming esperava receber tributo das "quatro regiões bárbaras", que, na mente chinesa, incluíam o Japão. A corte Ming concedia aos governantes dos países que prestavam tributo o título de "rei", que parecia algo humilhante para os imperadores e os xoguns do mundo medieval japonês.

A corte do Sul enviou emissários ao "filho do céu" Ming em pelo menos sete ocasiões entre as décadas de 1370 e 1380. Os chineses mandaram a maioria deles de volta, ou porque desejavam encontrar o verdadeiro governante do Japão, ou por causa de tensões diplomáticas, causadas pelos piratas. Com efeito, o problema da pirataria tornou-se tão acentuado que a corte Ming se referia ao "rei do Japão" como um "pirata". As tensões sempre existiram entre o Japão e a China no âmbito do sistema tributário, pois o Japão recusou-se a desempenhar um papel subordinado aos chineses na diplomacia geopolítica. Em apenas duas vezes os governantes japoneses participaram brevemente do sistema tributário chinês: no século VI, com o nome de Reino de Wa, e no governo do xogum Ashikaga Yoshimitsu, em 1401. Já examinamos a importância da primeira participação, mas a segunda requer alguma explicação, porque serviu para configurar a postura diplomática do Japão em relação à Ásia no início do período moderno.

Em duas ocasiões, 1374 e 1380, o xogum Yoshimitsu enviou emissários para a corte Ming. Duas décadas mais tarde, em 1401, a corte Ming finalmente concordou em encontrar-se com o embaixador japonês. Yoshimitsu enviou tributo e devolveu marinheiros chineses capturados por piratas. O enviado japonês retornou com um enviado Ming que se dirigiu a Yoshimitsu como "você, rei do Japão". Quando, em 1403, os enviados voltaram para a corte Ming, Yoshimitsu dirigiu-se ao "filho do céu", oferecendo-se como "rei do Japão, seu súdito", enfatizando sua subordinação dentro da ordem tributária da China. É importante dizer que a corte Ming avisou Yoshimitsu que o Japão deveria adotar o calendário chinês, colocando o país insular dentro dos ritmos do governo dinástico chinês. As motivações do xogum Yoshimitsu estavam relacionadas à regularização do comércio com a China por meio do sistema de troca, em que o Japão recebia "certificados" para entrar e sair do Reino do Meio. Quando Ashikaga Yoshimochi (1386-1428) tornou-se xogum, no entanto, ele descontinuou o comércio de trocas por meio de certificados com a China.

Algumas cidades, tais como Sakai, ganharam grande destaque pelo comércio de trocas estabelecido por meio de certificados com a China. Os comerciantes de Sakai, que administravam o comércio oficial com a China para o *bakufu*, forjaram relacionamentos poderosos com os samurais de Quioto e de outros lugares. Eles administravam a parte empresarial das trocas, equipando os navios e catalogando as mercadorias que seriam enviadas para o Reino do Meio. Eles faziam parte dos conselhos municipais de Sakai, criando a impressão de que Sakai estava sob o domínio da burguesia. A oportunidade econômica decorrente do comércio de trocas com a corte Ming permitiu que os comerciantes governassem Sakai com um surpreendente grau de autonomia, fazendo com que ela se assemelhasse a cidades europeias, tais como Veneza ou Gênova.

Cultura Muromachi

Kitabatake Chikafusa (1293-1354), em seu *Jinnô shôtôki* (Uma crônica de deuses e soberanos, 1339), famosamente alardeou: "O grande Japão é uma terra divina. Ele foi fundado pelo progenitor celestial e a deusa do sol, que legou-o aos seus descendentes para que o governassem eternamente. Isso é verdade apenas em nosso país; não existem exemplos semelhantes em outros países. É por isso que nosso país é chamado de terra divina". As reflexões de Kitabatake sobre as origens divinas e excepcionais qualidades do Japão destacam-se como exemplos potentes do protonacionalismo, sustentadas por mitos que persistiram até o século XX e ofereceram uma justificativa para o império japonês. Nos anos medievais, Kitabatake fazia parte de um crescente consenso sobre certas características japonesas distintas, que distinguiam o país de seus vizinhos do leste asiático. O Japão era diferente da China e dos outros lugares, dizia Kitabatake, porque foi "fundado pelo progenitor celestial", um mito utilizado amplamente tanto pelos reformadores do período Meiji quanto pelos militaristas do início do século XX.

Dentro desse discurso japonês distinto, uma nova estética também surgiu, a chamada cultura Muromachi, caracterizada por uma sensibilidade delicada, cerimônias do chá, pelo drama Nô, pela austeridade do zen-budismo e por uma adesão quase maníaca à simplicidade estética. O termo que melhor capta a natureza da cultura Muromachi é a palavra *yûgen* do teatro Nô, um termo que evoca algo profundo, misterioso, insondável e distante. A cultura Muromachi era um mundo de areias brancas meticulosamente trabalhadas com o ancinho em torno de pedras cuidadosamente colocadas em jardins, de representações meticulosas de um cosmos ordenado, bem como de pinturas de paisagens rústicas feitas com pincel de caligrafia e de esculturas de madeira. As realizações arquitetônicas em madeira, tais como o Kinkakuji (pavilhão dourado) e o Ginkakuji (pavilhão prateado (IMAGEM 7), são produtos dos séculos XIV e XV e evocam a forte sensibilidade do zen-budismo. Enquanto as facções samurais rivais e os monges armados rasgavam o país durante o período dos Estados Combatentes, os artistas repaginavam seu mundo natural em algumas das contribuições mais duradouras do Japão à arte mundial.

IMAGEM 7. Ginkakuji (1490), um templo zen, ilustrativo da austera estética Muromachi do final do período medieval. Quioto, Japão.

Conclusão

Com o declínio do *bakufu* dos Ashikaga, o período dos Estados Combatentes testemunhou a evaporação da autoridade central no Japão. Mas ele também presenciou o nascimento de muitas condições políticas, intelectuais, sociais e ambientais que impulsionariam o Japão do início do período moderno. As guerras e rivalidades dos séculos XV e XVI levaram o domínio à posição de centro da identidade política, situação que persistiu, em maior ou menor grau, até meados do século XIX. *Os daimyô* tornaram-se as figuras políticas mais poderosas do Japão, homens cujos "códigos de família" serviram como as primeiras versões do direito público. Da mesma forma, os sectários budistas mostraram sua força repetidamente durante o século XV e com isso atraíram a ira dos unificadores, que passaram a atacá-los conforme matavam um concorrente após o outro.

O Japão também se tornou parte de um intercâmbio global de conhecimento médico, progredindo em uma ciência cosmopolita. Como veremos, com a chegada dos europeus, a ciência cosmopolita do Japão tornou-se ainda mais sofisticada, com a importação de muitas práticas e filosofias do pré e pós-Iluminismo. Ao lado desse cosmopolitismo, os intelectuais japoneses começaram a traçar as qualidades distintivas do Japão com base nas origens divinas do país. Finalmente, o Japão também presenciou o nascimento da estética Muromachi, que bebeu de fontes continentais e domésticas para criar uma beleza impiedosamente simples que capta a crueza fluida da época medieval do Japão.

capítulo 5

O ENCONTRO DO JAPÃO COM A EUROPA, 1543-1640

No final do século XV, um punhado de pequenos Estados europeus começou a remodelar o mundo. Antes desse tempo, a maioria da riqueza do mundo estava concentrada na Ásia, no Oriente Médio e no subcontinente indiano, onde as redes tradicionais de comércio de artigos de luxo – que iam de especiarias a escravos – enriqueceram os sultões e imperadores dos grandes impérios asiáticos. Com duas viagens marítimas marcantes, no entanto, a Europa entrou na era dos descobrimentos e, por fim, do colonialismo. Essas viagens explicam como os europeus ascenderam a uma posição de dominação global oriunda do poder sobre recursos como a prata e o açúcar e por meio do intercâmbio de microrganismos, como o vírus da varíola. Entre os séculos XV e XIX, as grandes civilizações e os impérios do passado desmoronaram sob a pressão dos micróbios da Eurásia, das tecnologias militares, do colonialismo e da voracidade econômica. O início da era moderna testemunhou a dispersão global da cultura europeia e de suas instituições até a costa do Japão. O Japão sobreviveu ao período europeu de descobertas, no entanto, e passou por ele completamente intacto, pelo menos em comparação com o Novo Mundo, a Índia e a China, por razões que serão descritas neste capítulo. Foi principalmente importante porque o encontro inicial do Japão com a Europa no século XVI contribuiu para seus sucessos relativos contra o imperialismo ocidental mais tarde no século XIX.

ECOLOGIAS DO IMPÉRIO

Dois progressos marítimos prepararam o palco para a ascendência europeia. O primeiro ocorreu quando, em 1492, a viagem de descoberta asiática de Cristóvão Colombo (1451-1506) resultou, sem o seu conhecimento (ele continuava afirmando que estava na Ásia), na colonização das

Américas e na dizimação dos ameríndios. A segunda viagem de grande consequência ocorreu quando o explorador português Vasco da Gama (1460-1524) partiu de Lisboa, em 1497, e navegou até o Oceano Índico através do Cabo da Boa Esperança. Vasco da Gama navegou com as monções e chegou em Calicute, Índia, em maio de 1498. Em seu retorno a Portugal, ele navegou contra as monções de terra, e os 23 dias da viagem de ida transformaram-se em 132 dias de volta, causando sérias perdas para sua frota. Metade da tripulação morreu de escorbuto. Não obstante, em 1499, ele regressou a Lisboa após abrir um lucrativo comércio de especiarias com o Oriente Médio e com o subcontinente indiano. De fato, essas duas viagens, uma vez tendo conseguido infiltrar-se nessas redes preexistentes de comércio, fizeram nascer o início do mundo moderno, com seus canais de comércio, formas de poder político, tecnologias, ecologia e ideias cada vez mais interdependentes. Elas também fizeram com que os europeus estivessem um passo mais perto do Japão.

Tradicionalmente, os historiadores afirmam que a ascendência da Europa é o resultado de uma mistura única de desenvolvimentos históricos, tais como a competição entre os pequenos Estados da Europa, o Iluminismo, a ética do trabalho protestante, a revolução científica com suas inovações tecnológicas, ou o nascimento do capitalismo. Os revisionistas afirmam agora que ela foi causada por sua sorte geográfica. Mas a injeção rápida de prata e açúcar do Novo Mundo nas veias das economias e organismos da Europa também explica como a Europa deixou de ser um fim de mundo global e transformou-se em uma coleção de Estados que competiam pela supremacia mundial. O processo foi tanto biológico quanto militar, político ou econômico porque os microrganismos específicos que evoluíram com os eurasianos desde o advento da agricultura ajudaram-nos em seus esforços; o mesmo pode ser dito das tenazes ervas, das culturas agrícolas ricas em calorias e do gado gordo que eles trouxeram em suas naus de madeira. Com a domesticação de animais, os microrganismos, tal como varíola, saltavam entre animais e seres humanos; ao longo dos séculos, essas doenças, anteriormente zoonóticas, tornaram-se específicas dos seres humanos. Em toda a Eurásia, essas doenças fincaram-se nas populações humanas, e suas principais vítimas eram as crianças. As crianças que sobreviviam à agressão dos microrganismos desenvolviam imunidades que, geralmente, serviam-lhes para o resto da vida. Como já vimos, a varíola havia sido introduzida no Japão séculos antes, então, ao contrário dos ameríndios, os japoneses já tinham passado pela brutal iniciação imunológica das doenças da Eurásia. Os japoneses também produziam açúcar desde o período Nara (710-94 d.C.), provavelmente a partir do melaço chinês, quando a tecnologia foi transferida pela dinastia Tang (618-907). Mais tarde, estabeleceu-se o cultivo da cana-de-açúcar quando o xogum Tokugawa Yoshimune (1684-1751) importou-as das Ilhas Ryukyu e as plantou no Castelo de Edo. Matsudaira Yoritaka (1810-1886), mais tarde, encorajou seu cultivo no domínio de Takamatsu, para que os japoneses ganhassem essa importante vantagem calórica. Inegavelmente, o fato de a varíola ser endêmica e de o japonês já consumir muitas calorias serviram como fatores importantes para que o país insular fosse capaz de suportar o peso inicial do período de descobertas da Europa. O mesmo pode ser dito sobre o fato de os domínios dos Estados Combatentes do Japão estarem relativamente bem organizados, serem politicamente sofisticados e estarem armados até os dentes.

Nos séculos XVI e XVII, pouco menos de 1 milhão de espanhóis migrou para o Novo Mundo. Em um evento conhecido hoje como "intercâmbio colombiano", todo navio espanhol que saía de Sevilha, além de transportar passageiros humanos, também levava um pacote biológico que ajudou a Europa em sua dominação. Quando os espanhóis voltavam de Havana ou de outro lugar, eles carregavam com eles uma miscelânea semelhante de plantas e animais, mas os microrganismos trocados, com exceção da sífilis, provaram ser muito menos devastadores. O milho e as batatas que viajaram com os europeus por todo o mundo tornaram-se culturas mundialmente importantes desde os planaltos do Yangtzé até a África subsaariana. Quando os espanhóis chegaram, em 1492, as populações ameríndias eram constituídas por algo em torno de 54 milhões de pessoas. No século XVII e após cerca de 17 epidemias registradas, eles contavam com um décimo de sua antiga população, provavelmente entre 5 e 6 milhões. A varíola e outras doenças foram a causa do rápido decréscimo dos números populacionais. Quando o povo taino de Hispaniola começou a morrer de varíola, os frades locais escreveram: "Foi vontade de Nosso Senhor conceder uma pestilência incessante de variola aos índios. Dela morreram – e continuam a morrer – até o presente quase um terço dos índios mencionados". Tais pragas evidenciavam a preferência de Deus pelos espanhóis. Com essas taxas de mortalidade, os ameríndios foram facilmente mortos, conquistados ou obrigados a trabalhar nas plantações de açúcar para servir a seus novos mestres. Colombo levou a cana-de-açúcar das Ilhas Canárias para Hispaniola em sua segunda viagem, em 1493; e a planta do Velho Mundo prosperou em partes do Novo Mundo. O açúcar mostrou ser uma fonte importante de energia calórica para impulsionar a conquista europeia.

A prata logo tornou-se a principal exportação da Espanha. Entre 1561 e 1580, os historiadores estimam que cerca de 85% da prata do mundo vinha das minas do Novo Mundo, de Potosí, por exemplo, onde, de cada dez trabalhadores ameríndios, sete morriam. Finalmente, como parte da economia global do início do período moderno, a maior parte dessa prata acabou indo parar nos cofres chineses. Esse foi o resultado das políticas fiscais e monetárias da dinastia Ming (1368-1644) que serão discutidas mais tarde. Não há como exagerar os benefícios da conquista para as economias e os organismos europeus; a promessa de riquezas, amparada pela legitimidade divina do proselitismo aos "pagãos", finalmente levou para a costa do Japão portugueses, espanhóis, holandeses e outros europeus.

Em 1542, o capitão português Francisco Zeimoto aportou na pequena Ilha de Tanegashima, no sul do Japão. Já que vieram do Sul e chegaram ao sul do Japão, os japoneses chamaram os portugueses de *Nanbanjin*, ou "Bárbaros do Sul". Influenciado pela ordem tributária chinesa, o Japão imaginou um mundo onde os bárbaros habitavam as quatro direções cardeais; os japoneses, de acordo com essa taxonomia sobre os "bárbaros", estavam entre os preciosos e poucos humanos. Em Hokkaido (chamada de Ezo nesse momento), por exemplo, a ponta sul da ilha, onde viviam os japoneses, era às vezes chamada de Ningenchi, ou "Terra de Humanos", enquanto o povo ainu vivia em Ezo, ou "Terra de Bárbaros".

Tendo em vista que os japoneses se mostraram hábeis em lidar com seu primeiro encontro com os europeus, vale a pena colocarmos a chegada dos portugueses no Japão em uma perspectiva comparativa. A experiência com o Brasil é instrutiva. No século XVI, ao mesmo tempo que os portugueses chegaram ao Japão, a monarquia portuguesa estava em processo de sedimentação na costa atlântica do Brasil. Para o projeto colonial funcionar, no entanto, era preciso retirar das florestas tropicais e subtropicais o povo tupi, que as chamavam de casa. Em 1500, os historiadores estimam que cerca de 1 milhão de tupis ocupavam a região que vai desde a cidade de Natal, no Rio Grande do Norte, até São Vicente e São Paulo, no Sudeste. O que tornava os tupis diferentes de outros ameríndios e semelhantes aos japoneses encontrados pelos portugueses no século XVI é que eles eram "um povo muito corajoso que dava pouca importância para a morte" e eram "ousados na guerra". Os guerreiros tupis empunhavam enormes espadas-bastões, pedaços de madeira de lei com bordas afiadas, e eram arqueiros exímios. O que tornava os guerreiros tupis ainda mais temíveis que os Estados Combatentes dos samurais, pelo menos aos olhos dos europeus, era que eles, às vezes, comiam suas vítimas, normalmente com grande comoção pública. Apesar de tais adversários formidáveis, os portugueses tentaram colonizar o litoral do Brasil e, na metade do século XVI, as doenças epidêmicas, como a varíola, foram recrutadas em seu auxílio.

Na década de 1530, a monarquia portuguesa enviou uma frota de quatro navios para transportar colonizadores ao Brasil, e com eles uma comitiva biológica de plantas, sementes e animais domésticos. Depois, em 1549, seis anos após Francisco Zeimoto ter chegado em Tanegashima, o monarca português despachou seu vice-rei, Tomé de Sousa (1503-1579), com mil colonos e um séquito biológico proporcional de bovinos, suínos, aves, sementes, ervas daninhas e doenças. Os tupis haviam tolerado os primeiros portugueses e tinham até mesmo cortado e transportado pau-brasil para o comércio, mas, quando os portugueses começaram a escravizar os índios para trabalhar em suas plantações, eles, compreensivelmente, resistiram. Os portugueses responderam violentamente com incursões militares que envolviam a "queima e destruição" das aldeias habitadas pelos tupis. No final das últimas campanhas, "nenhum tupiniquim sobreviveu". Após a subjugação ou erradicação dos tupis, os portugueses e seus escravos africanos continuaram a colonização do Brasil ao longo dos séculos XVI e XVII, até a população colonial, que possuía aproximadamente 100 mil brancos europeus, atingir cerca de 300 mil habitantes. Os colonos colheram o pau-brasil, trabalharam nas plantações de açúcar e tabaco, criaram gado e, após 1695, garimparam ouro. Em 1819, na véspera da independência do Brasil, a população do país era de 4,4 milhões de pessoas, e 800 mil eram índios não assimilados. O Brasil passou a ser uma ecologia europeia, com pessoas, plantações, fazendas de gado, minas de ouro e outras assinaturas litográficas e biológicas da ordem europeia.

A política colonial europeia no Japão foi bem diferente. O Japão nunca se tornou uma colônia europeia nem adotou a ecologia europeia. Claro, os japoneses não eram menos belicosos do que os tupis. Conforme observou um missionário português, "os japoneses são mais corajosos e mais belicosos" do que outros povos da Ásia. Além disso, eles estavam muito mais bem organizados politicamente, por meio de domínios dos poderosos Estados Combatentes no Sul, onde os portugueses chegaram pela primeira vez. Os portugueses estavam intrigados pelos rumores de possíveis riquezas no Japão, mas lamentaram que, "apenas o rei ainda trabalha" com as minas de ouro. Isso era particularmente lamentável porque "existem muitas minas por todos os lados e o metal é de alta qualidade". Mas subjugar o Japão de forma semelhante ao Brasil era impossível: a ecologia leste-asiática e indígena do Japão era habitada e ferrenhamente defendida por seus cultivadores. Os agentes que mais ajudaram os europeus em suas conquistas do Novo Mundo – as doenças, particularmente o vírus da varíola – já eram endêmicos no Japão. Não podendo confiar em "Nosso Senhor para conceder uma pestilência", os portugueses, em vez disso, dependiam de seu Senhor de outras maneiras e começaram a tentar converter os japoneses ao catolicismo.

A HISTÓRIA DOS CRISTÃOS

O *Krishitan monogatari* (História dos cristãos, 1639) explica que, à primeira vista, os portugueses pareceram surpreendentemente bárbaros para os japoneses. Do barco bárbaro do Sul "surgiu uma criatura inominável, algo semelhante em forma a um ser humano, mas que mais parecia um duende de nariz alongado. [...] O que ele dizia era impossível de ser entendido: sua voz era como o guincho de uma coruja". Os portugueses não se enquadravam nas taxonomias dos bárbaros que japoneses acreditavam viver no mundo além de seus horizontes. Cada canto desse mundo exterior estaria cheio de criaturas fantásticas, muitas delas humanoides, mas algumas bem mais fantásticas que as outras. Nas enciclopédias japonesas do século XVIII, o leitor encontra um mundo habitado por ciclopes, pessoas de três braços e pessoas sem abdome, só para citar alguns, mas todos faziam parte das variedades exóticas de hominídeos que habitaram a Terra. Mas a lista também incluía outros povos menos fantasiosos, como os habitantes das Ilhas Ryukyu, os ainus de Hokkaido e os coreanos. Na época, na imaginação japonesa, era perfeitamente possível, embora sem dúvida inquietante, encontrar duendes estridentes na costa do Japão.

Mas os portugueses não eram duendes. Eles eram, em sua maioria, missionários e viram uma grande promessa nos japoneses que encontraram. "A julgar pelo povo até agora encontrado", escreveu o missionário Francisco Xavier (1506-1552), "eu diria que os japoneses são a melhor raça já descoberta e eu não acredito que você encontrará correspondência entre as nações pagãs." O japonês dividia o mundo entre humanos e bárbaros, mas o vocabulário de escolha dos europeus, influenciados pelo cristianismo, era descrever os não europeus como "pagãos". Apesar das circunstâncias promissoras, o esforço missionário de Xavier encalhou imediatamente. Tudo começou com seu assistente japonês, Yajirô, a quem ele batizou em 1548 com o nome de Paulo de Santa Fé. Quando Xavier pediu a Yajirô, que não era nenhum teólogo, para traduzir "Todo-poderoso" em japonês, Yajirô compreensivelmente utilizou a palavra Dainichi (versão japonesa do buda Vairocana), utilizando aquelas tradições budistas como a Shingon.

Em essência, Xavier passou seus primeiros anos apresentando ao exausto povo japonês o Dainichi, uma figura budista poderosa que já era bem conhecida por eles. Quando, mais tarde, Xavier traduziu foneticamente a palavra Deus como "Deusu", os monges budistas ridicularizaram a nova religião, comparando Deusu com "*dai uso*", que significa "grande mentira". Apesar desses reveses humorísticos, Xavier obteve alguns ganhos entre os pagãos japoneses. Ele converteu 150 almas em Satsuma, 100 em Hirado e 500 em Yamaguchi. Mais tarde, Xavier culpou sua total falta de sucesso no Japão aos "quatro pecados" dos japoneses: negação do verdadeiro Deus, sodomia, aborto e infanticídio.

No entanto, problemas muito mais alarmantes do que a sodomia ameaçavam o Japão. Os primeiros missionários chegaram ao Japão em meio a uma crise política – o período dos Estados Combatentes (1467-1590). Assim, de forma provavelmente inevitável, os portugueses e outros europeus se envolveram nas intrigas violentas da política dos Estados Combatentes. O missionário João Rodrigues comentou sobre a agitação política: "Todo o reino estava cheio de ladrões e salteadores e, no mar, havia inúmeros piratas que saqueavam continuamente não só o Japão, mas também a costa da China". E continuou: "Os homens castigavam e matavam uns aos outros, baniam pessoas e confiscavam seus bens ao bel-prazer, de tal forma que a traição era algo desenfreado e ninguém confiava em seu vizinho". Rodrigues também escreveu: "A ordem decai porque aqui todos agem de acordo com o momento presente e falam de acordo com as circunstâncias e a ocasião". Aquele era um tempo difícil para estar no Japão, um país bem armado, governado por samurais empreendedores e subservientes a nenhuma outra pessoa exceto a si mesmos.

No entanto, os missionários ibéricos pressionaram. Em 1570, o padre Francisco Cabral (1529-1609) tornou-se chefe da Companhia de Jesus, afirmando que os portugueses deveriam governar a Companhia porque os japoneses não eram confiáveis. Criada em 1540, a Companhia surgiu juntamente com o entusiasmo missionário inerente à contrarreforma que ocorreu após o Concílo de Trento (1545-1563). Cabral comentou: "Se não cessarmos e desistirmos de admitir os japoneses na Companhia [...] esta será a razão do colapso da Companhia. Pior! Do cristianismo no Japão". Ele explicou: "Eu não vi nenhuma outra nação tão vaidosa, avarenta, inconstante e sincera como a japonesa". Presidida por Cabral, a missão obteve alguns ganhos positivos no Japão, em grande parte por causa de sua recusa em admitir japoneses na Companhia.

O padre Alessandro Valignano (1539-1606), o chefe sucessor da Companhia, teve maior sucesso após desembarcar no Japão em 1579. Ele acreditava que a sociedade precisava assimilar a vida japonesa, caso desejasse ser bem-sucedida. "Assim como as crianças", ele escreveu, "[os missionários teriam que] aprender novamente." Um exemplo interessante desse encontro cultural está relacionado aos europeus, seus hábitos alimentares e o pacote biológico com que viajavam, especialmente suínos e bovinos. Só podemos imaginar os padres esfomeados e sentados em torno da mesa de jantar, ossos de carne espalhados ao lado de seus pratos e gordura em suas barbas espessas, enquanto lecionavam aos educados japoneses sobre a glória de Cristo. Os japoneses, que, em comparação, comiam menos carne na época e que, além disso, possuíam poucas criações de animais, devem ter ficado chocados e, num sentido espiritual, não foram seduzidos pelos padres. Vendo isso, Valignano ordenou que porcos, cabras ou vacas não poderiam ser mantidos nas residências, nem peles animais poderiam ser curadas ou vendidas, porque tais práticas eram vistas como sujas e abomináveis aos olhos dos japoneses. Em Nagasaki, por exemplo, que já possuía um sentimento cosmopolita por causa da presença chinesa, a carne animal "às vezes podia ser comida em nossas residências; desde que elas estivessem de acordo com os costumes japoneses". Ele ressaltou que é importante que "os restos e ossos não fiquem sobre a mesa; e que não haja grandes fatias, as quais podem parecer grotesco aos japoneses". Com tais esforços, em 1590, os missionários haviam conseguido converter cerca de 130 mil japoneses.

Os poderosos *daimyô* estavam entre os primeiros convertidos pelos missionários, e é neste ponto que alguns dos primeiros problemas surgem para o cristianismo. Ômura Sumitada (1533-1587) foi um desses senhores. Ele foi batizado em 1563 e, devido à sua localização marítima em Kyushu ocidental, beneficiou-se pelo comércio com os portugueses em 1565. Não demorou muito até que o porto final do Grande Navio, que partia de Macau, fosse Nagasaki e que a cidade emergisse como uma colônia europeia. A amizade de Ômura com os portugueses mostrou-se vantajosa, pois, em 1574, eles vieram em seu auxílio contra seu rival, o samurai Saigô Sumitaka. Seis anos mais tarde, Ômura ofereceu aos portugueses a autoridade administrativa sobre Nagasaki, movimento que garantia que o lucrativo Grande Navio aportasse no domínio de Ômura e, além disso, oferecia uma base de operações para os portugueses. Uma vez em Nagasaki, os membros da Companhia passaram a falar abertamente em fortificar a cidade, acumular armas para sua defesa e colonizá-la. Sem surpresa, a ameaça de incursões portuguesas à terra divina ofendeu a sensibilidade de um dos grandes e emergentes unificadores do Japão, Toyotomi Hideyoshi (1536-1598). Inicialmente, ele foi amigável à nova religião. "Agrada-me tudo o que prega a sua própria lei e eu não vejo nenhum outro obstáculo para tornar-me um cristão, exceto a proibição de ter várias esposas", ele disse aos padres. "Se você cedesse neste ponto para mim", ele os bajulou, "eu mesmo me entregaria ao cristianismo." Mas a posição de Nagasaki passou a misturar-se com outras preocupações em relação aos europeus, especificamente, a natureza das relações econômicas com a China e o comércio da prata.

O Japão e o comércio mundial de prata

A chegada dos portugueses fez mais do que simplesmente alterar a paisagem espiritual do Japão. Ela também teve importantes resultados científicos e ambientais. Como já vimos, no Novo Mundo, os portugueses e outros europeus haviam criado gigantescas minas de prata como parte de seus projetos coloniais. Os ameríndios trabalhavam como escravos nessas minas, injetando grandes quantidades de prata nas veias da economia do início do mundo moderno. Os senhores dos Estados Combatentes no Japão perceberam os lucros potenciais da prata e resolveram gerar esses recursos para si próprios. Curiosamente, este tornou-se um padrão familiar da experiência indireta do Japão com a colonização. Até a ocupação dos EUA (1945-1952), os ocidentais nunca haviam colocado soldados no solo do Japão, mas os japoneses, persuadidos pela conduta ocidental, iniciaram mudanças por conta própria. Com a chegada dos europeus, os japoneses imediatamente descobriram que a prata era o que fazia o mundo do início do período moderno girar; os chefes militares estavam ansiosos para financiar suas guerras endêmicas do Japão por meio do comércio da prata com a China. Os portugueses, junto com outra turba de marinheiros, serviram como intermediários dessa conexão para a prata do século XVI.

No início do século XVI, os senhores empresariais dos Estados Combatentes abriram várias minas importantes. Não foi apenas o maior número de minas que aumentou a quantidade de ouro e prata do Japão, mas sim as tecnologias de fundição e do forno de copelação, as quais permitiram que mais prata pudesse ser extraída e exportada para a China. Os números são impressionantes: a produção de ouro e prata no Japão no século após a chegada dos portugueses não foi superada até o final do século XIX, quando o mercado global passou a disponibilizar de tecnologias de mineração muito melhores. Essencialmente, o comércio de prata e ouro entre a China e o Japão dependia da porcentagem de troca entre os dois metais. A prata mantinha-se cerca de sete a dez vezes mais cara do que o ouro na China, então os japoneses exportavam a prata – a China ansiava por prata. Durante a dinastia Ming, a prata tinha começado a substituir as moedas de papel, e as políticas de reforma fiscal do Chicote Simples de 1581 fizeram com que os impostos já não pudessem mais ser pagos em espécie, mas sim em prata. Como consequência, quase todas as receitas da dinastia Ming passaram a ser coletadas em prata de uma forma ou de outra. Ironicamente, assim que os funcionários Ming começaram essas reformas, a retirada de prata das minas chinesas começou a diminuir. Consequentemente, as minas do Novo Mundo preencheram esse vazio; os comerciantes holandeses de armas e os financiadores ingleses e italianos passaram a servir vantajosamente como intermediários. Acredita-se que aproximadamente três quartos da prata do Novo Mundo tenha sido enviada para a China. O mesmo vale para a maior parte da prata japonesa.

Complicando os assuntos comerciais, a partir de 1371, a única ligação oficial entre o Japão e a China da dinastia Ming tinha sido o comércio de trocas por meio de certificado, e isso significava que somente os emissários japoneses oficiais podiam conduzir o comércio no âmbito do sistema tributário da China. No entanto, o caos da Guerra Ônin havia destruído os últimos vestígios de relações oficiais com a China, e, em 1549, a última missão tributária dos Estados Combatentes visitou as autoridades Ming em Ningbo. Pouco tempo depois, um comércio ilícito floresceu entre Japão e China; os piratas chineses ficaram ricos pelo contrabando de prata e ouro entre o Japão e a península malaia, tal como o imponente Wang Zhi até a sua execução, em 1557. Por causa das políticas comerciais Ming, os portugueses, após chegarem em Tanegashima, rapidamente envolveram-se no comércio de prata com a China. As naus portuguesas transportavam prata, armas, enxofre e outras mercadorias para a China, em troca de sedas, salitre, porcelana e mercúrio. Depois de 1550, geralmente apenas uma nau fazia a viagem anualmente, mas o controle do porto de escala do chamado "Grande Navio" tornou-se fundamental para os senhores dos Estados Combatentes do Sul.

Como já vimos, Nagasaki, anteriormente uma pequena aldeia sob o controle do genro de Ômura Sumitada, tornou-se o porto de escala para as naus portuguesas em 1571. Em 1580, Nagasaki estava nas mãos dos portugueses. Rapidamente, a cidade se envolveu nas disputas entre os senhores dos Estados Combatentes do Sul e, por causa disso, os assuntos de Nagasaki chamaram a atenção de Toyotomi Hideyoshi (1536-1598) em 1588.

Ele confiscou a cidade portuária e a colocou sob controle de seus tenentes. Hideyoshi interessou-se pelo Grande Navio, mas também passou a acreditar que a religião recém-importada ofendia as divindades budistas e xintoístas. Em um sentido, dada a forte ligação entre o Japão e suas divindades, os missionários representavam uma ameaça nacional. Após reunir-se com Gaspar Coelho em 1587, Hideyoshi emitiu o primeiro édito de expulsão. Ele o emitiu porque a atividade missionária "resultou na violação da lei budista nestes distritos do sol". Os padres "não estão autorizados a permanecer em solo japonês. No prazo de 20 dias, eles devem fazer seus preparativos e regressar ao seu país". Após o incidente de *San Felipe* (1596) – em que o homônimo galeão espanhol franciscano, o qual fez a lucrativa viagem transpacífica entre Manila e Acapulco, naufragou na costa japonesa –, a situação para os europeus e seus conversos deteriorou-se. Dentre outros itens, o navio carregava armas, aprofundando as suspeitas de Hideyoshi de que os frades representavam uma primeira onda de colonialismo ibérico. Depois de confiscar a carga lucrativa, Hideyoshi, agindo sob o conselho de seu confidente, Ishida Mitsunari (1560-1600), ordenou que os frades e seu rebanho fossem executados. Os homens de Hideyoshi mutilaram o rosto dos 26 franciscanos e fizeram-nos marchar até Nagasaki para serem crucificados. Esses mártires ficaram conhecidos como os "26 Santos". Ao marcharem para Nagasaki, os 26 "estavam constantemente à procura de um milagre de Deus, olhando para o céu, espiando além das montanhas – mas não houve sequer uma gota de orvalho de um milagre", explicava um documento anticristão.

Em uma carta que Hideyoshi escreveu ao vice-rei das Índias pouco antes de sua morte, ele acusou os europeus de desejarem destruir a "lei justa" do budismo, xintoísmo e confucionismo, ensinando as "heresias" e as "doutrinas irracionais e arbitrárias" do cristianismo. A carta expõe os principais medos do chefe guerreiro. Os padres que tinham chegado no Japão tentaram "enfeitiçar nossos homens e mulheres" e, por isso, a "punição foi administrada a eles". Se vierem mais padres, ele avisou, "eles serão destruídos". Hideyoshi, senhor do reino nessa época, havia determinado de maneira firme que o cristianismo era uma ameaça ao Japão.

Embora a paciência japonesa com os missionários cristãos tenha diminuído no final do século XVI e início do XVII, o *bakufu* de Edo (1603-1868) continuou a reprimir padres e japoneses conversos. Em 1623, Tokugawa Iemitsu (1604-1651), o terceiro xogum, queimou 50 cristãos na capital de Edo. O incidente e outros como este deram início à brutal erradicação do cristianismo do solo japonês no início do século XVII, caracterizada pela caça meticulosa dos convertidos e apostasia forçada. O responsável por esse processo foi Inoue Masashige (1585-1662), um funcionário do *bakufu* de Edo que aperfeiçoou certos métodos, por exemplo, o *fumie*, ou "pisar na imagem", no qual os crentes suspeitos eram obrigados a pisar em uma imagem sagrada. Inoue escreveu o seguinte sobre o método de expor os cristãos: "As mulheres, velhas e jovens, quando são obrigadas a pisar na imagem de deus ficam agitadas e vermelhas no rosto; elas jogam fora seus enfeites da cabeça; sua respiração vem em suspiros ásperos; elas derramam suor". Se relutassem, essas pessoas eram forçadas a abandonar a fé cristã por meio de terríveis técnicas, como o *anatsurushi*, no qual a vítima era pendurada de cabeça para baixo em um poço de excremento. Um respiradouro era aberto na testa da vítima para induzir o sangramento cerebral. Uma mão era deixada livre para que a vítima pudesse sinalizar que tinha perdido a fé. No final da Rebelião de Shimabara (1637) – onde um líder messiânico, Amakusa Shirô (1621-1638), liderou um grupo de camponeses contra o senhor de Shimabara, Matsukura Katsuie (1598-1638), implantando símbolos cristãos ao longo do caminho –, os xoguns da família Tokugawa já podiam declarar que o país estava essencialmente livre do cristianismo, exceto por pequenos bolsões ilegais.

Os legados das campanhas de erradicação cristã do século XVII no Japão são subestimados por conta e risco do historiador. Para começar, pode-se especular que, nos séculos XVIII e XIX, outra razão pela qual o impacto do imperialismo europeu poupou o Japão foi a ausência de missionários entrincheirados. Pelo menos dois dos eventos mais brutais e desestabilizadores da China do século XIX tinham ligações com a atividade missionária, a saber, a Rebelião de Taiping (1850-1864) e a Rebelião dos Boxers (1899-1901), eventos dos quais a dinastia Qing nunca mais conseguiu recuperar-se. As repressões cristãs também definiram a postura do Japão em relação ao mundo exterior por séculos. O isolamento da Europa tornou-se uma das pedras angulares da autoridade dos Tokugawa. No governo da família Tokugawa, o Japão limitou seu comércio exterior a interações politicamente valiosas que mantinha por meio das quatro janelas para o mundo exterior: o comércio de Tsushima com a Coreia, o comércio de Satsuma com o Reino de Ryukyu (Okinawa), o comércio de Nagasaki com os chineses e holandeses e o comércio de Matsumae com Ezo (Ainu).

Após a expulsão dos cristãos, o Japão não ficou isolado – ou o que os historiadores têm chamado de *sakoku*, ou "país fechado" –, mas, em vez disso, reconfigurou suas relações exteriores de forma a beneficiar apenas a formação do Estado de Tokugawa e o comércio. Quando as embaixadas de Ryukyu e da Coreia visitaram Edo, eles o fizeram cumprindo papéis cuidadosamente orquestrados pelo poder político dos Tokugawa. Os coreanos visitaram o santuário Tôshôgû, por exemplo, um mausoléu dedicado a Tokugawa Ieyasu (1543-1616), homenageando o deificado progenitor da família Tokugawa. Vestidos em trajes estrangeiros exóticos, ficou claro para todos que testemunharam esses eventos processionais que o poder dos Tokugawa se estendia para países distantes que estavam além das fronteiras do Japão. O *bakufu* de Edo forçou os emissários a vestirem trajes exóticos, mesmo sabendo que os reformadores de Ryukyu, como Sai On (1682-1761), vinham tentando assimilar as ideias e os costumes japoneses por mais de meio século após seu país ter sido saqueado pelo domínio de Satsuma em 1609. Essas visitas estrangeiras mostraram-se tão valiosas que, quando os embaixadores de Ryukyu visitaram Edo, as autoridades fizeram-nos usar trajes nativos, para que os habitantes das Ilhas Ryukyu (cada vez mais assimilados) não fossem confundidos com os japoneses. Em outras palavras, os encontros com os estrangeiros, fossem eles missionários ibéricos, coreanos ou mesmo os ainus ao Norte, delimitou fronteiras étnicas em torno do Japão; essas fronteiras não estavam enraizadas em teorias raciais, mas o que separava as pessoas eram as teorias das diferenças de costumes, isto é, penteados, roupas e idioma. Até hoje, estas são algumas das maneiras importantes com que o povo japonês define a si próprio e a sua cultura e distingue-se dos outros.

INTELECTUAIS DO ENCONTRO COM OS EUROPEUS

Em 1552, Francisco Xavier escreveu para Inácio Loyola (1491-1556), fundador da Companhia, dizendo que os recrutas para a missão do Japão deveriam estar "bem familiarizados com os fenômenos cósmicos, porque os japoneses adoram ouvir explicações sobre os movimentos planetários, eclipses solares e luas crescente e minguante". Isso porque "a mente dessas pessoas fica extremamente envolvida com todas as explicações da filosofia natural". Com efeito, no século XVI, os japoneses estavam comprometidos com um conjunto cosmopolita de ciências, na maior parte constituído pelo neoconfucionismo da China e representações budistas do cosmos vindas da Índia. Os japoneses se debruçavam sobre tabelas relacionadas a estudos calendáricos, astronômicos e astrológicos. Tradicionalmente, os estudos calendáricos eram feitos pela família Kamo de Quioto. Em 1414, por exemplo, o astrônomo da corte, Kamo no Arikata, publicou o *Rekirin mondôshû* (Coleção de diálogos sobre o calendário), um importante trabalho que faz extensas referências à cosmologia chinesa, ao neoconfucionismo e ao budismo. As forças descentralizadoras do período dos Estados Combatentes testemunharam a criação de calendários concorrentes no Japão, mas a maioria deles tinha como base as tabelas astronômicas importadas da China no século IX. A astrologia e os calendários permaneceram populares no período dos Estados Combatentes por causa de suas promessas futuras em uma época de extrema incerteza e caos político, de modo semelhante ao roteiro filosófico oferecido pelo *Dao De Jing* do período dos Estados Combatentes da China (475-221 a.C.).

No ano da chegada dos portugueses em Tanegashima, uma revolução científica estava em curso na Europa. Em 1543, o astrônomo renascentista Nicolau Copérnico (1473-1543) publicou *De Revolutionibus Orbium Coelestium* (As revoluções dos orbes celestes), substituindo o modelo geocêntrico de Ptolomeu pelo modelo heliocêntrico dos planetas. Mais tarde, no início do século XVII, Galileu Galilei (1564-1642) adquiriu as lentes telescópicas necessárias para fazer suas descobertas revolucionárias. Em outras palavras, a ciência europeia que os portugueses levaram ao Japão estava se tornando rapidamente ultrapassada, mas, apesar disso, ela teve um impacto duradouro.

Para começar, isso forçou os japoneses a lidar com a noção de um planeta esférico. Em grande parte devido à ciência chinesa do neoconfucionismo, o Japão acreditava que a Terra era plana e fazia parte de planos hierárquicos empilhados, como prateleiras de livros. Como já vimos, o fato de o céu estar acima da terra oferecia as imagens naturais que o príncipe Shôtoku utilizou na "Constituição de 17 Artigos". Mais tarde, em um famoso debate de 1606 entre o estudioso neoconfucionista Hayashi Razan (1583-1657) e Fucan Fabian, um antigo zen-budista, a natureza esférica da Terra foi tema de muita discussão. Fabian alegava que a Terra era redonda, com céus acima e abaixo, e que era possível navegar ao redor do mundo e chegar ao ponto de partida. Razan, um bom neoconfucionista, articulava uma imagem ordenada e hierárquica da Terra como prateleiras vazias, com o céu acima da terra. Assim, a Terra não poderia ser esférica. Apesar do esforço de Fabian, o conceito de Terra esférica não penetrou na consciência japonesa do início do período moderno, provavelmente porque os europeus e sua ciência, que avançava rapidamente, ficaram muito pouco tempo no país e tiveram influência bastante limitada no Japão.

Os jesuítas publicaram um calendário solar enquanto estavam no Japão, mas ele servia principalmente como um guia para as observâncias cristãs. O calendário náutico dos portugueses, com tabelas de declinação do Sol, mostrou-se muito mais valioso; os marinheiros japoneses aprenderam a usá-las para seus próprios fins marítimos. Em 1618, Ikeda Koun, em seu *Genna kôkaisho* (Tratado de navegação do período Genna, 1615-1624), reuniu os elementos práticos da navegação europeia em um único texto. O texto continha descrições do uso do astrolábio, do quadrante e de outros instrumentos essenciais para a navegação, bem como instruções sobre os calendários náuticos solares e os mapas de navegação. Como parte desse pacote tecnológico, os europeus também levaram os relógios mecânicos ao Japão, que, junto com quadrantes e astrolábios, começaram a produzir (sem vidro frontal) no país. Os relógios continuaram a ser um item de luxo por séculos.

Sob a supervisão de um inglês chamado William Adams (1564-1620), que chegou ao Japão em 1600 a bordo de um navio holandês, foram construídos dois navios de estilo ocidental por ordem do xogum. O maior, um navio de 120 toneladas, foi emprestado ao antigo governador-geral das Filipinas após seu navio naufragar, em 1606, na costa perto de Edo, rumo ao México. Ocupado por uma tripulação japonesa qualificada, o *Santa Buenaventura*, com sucesso, fez a viagem para o México um ano depois. Mais tarde, Date Masamune (1567-1636), senhor de Sendai, mandou um espanhol construir um navio de 500 toneladas para levar seu vassalo, Hasekura Tsunenaga (1571-1622), a Roma como representante. O navio cruzou o Pacífico até o México e retornou às Filipinas em 1616, onde foi comprado pelos espanhóis e passou a fazer parte de sua frota. O viajante global Hasekura encontrou outra passagem para o Japão a partir das Filipinas. Curiosamente, o período entre a chegada dos portugueses em 1543 e o ano de 1640, quando os xoguns impuseram uma estrita "proibição marítima", é descrito como o "século cristão" por alguns historiadores. Seria melhor descrevê-lo como o século global do Japão, pois as "cidades japonesas" estavam brotando por toda a região sudeste da Ásia e seus representantes estavam atravessando o Pacífico. O Japão foi exposto a um diversificado leque de religiões, ideologias, ciências e tecnologias que, direta e indiretamente, deram forma ao seu desenvolvimento político e cultural.

Durante esse século global, o Japão provou possuir uma mente notavelmente aberta para as novas tecnologias. No século XV, após a importação de pólvora da China, os europeus fabricaram o primeiro arcabuz, um antecessor do mosquete que, como veremos no próximo capítulo, desempenhou, no final do século XVI, um papel crítico na unificação do Japão. Imediatamente após os portugueses terem desembarcado em Tanegashima, os japoneses compraram dois arcabuzes como modelo, e os forjadores de espadas logo começaram a produzi-los. Em tempo, os armeiros japoneses já produziam milhares de mosquetes, os quais tornaram-se mercadorias de exportação para o sudeste da Ásia. Em suma, não muito tempo depois de obterem seu primeiro arcabuz, os japoneses tornaram-se comerciantes internacionais de armas e, além disso, passaram a participar de atividades mercenárias no sudeste da Ásia.

Apesar de os mosquetes e as primeiras artilharias terem causado um grande impacto no exército e na paisagem política do Japão do século XVI, o vidro e as lentes de vidro da Europa tornaram-se um elemento importante da cultura japonesa e provocaram mudanças epistemológicas no modo como os japoneses viam o mundo ao redor deles. Nesse momento inicial de contato com os europeus, o Japão começou a construir sua própria versão da cultura ocidental, que fundamentalmente envolvia novas maneiras de ver, influenciadas pelas lentes de vidro. A nova maneira de ver era menos sináptica e mais dissecante, um olhar analítico, fixo e concentrado. Embora a visão japonesa anterior tenha envolvido as conexões externas entre as coisas, as lentes de vidro facilitaram um olhar científico precoce que buscava a mecânica interna das coisas, expondo suas entranhas para todos verem, registrarem e, por fim, explorarem. As lentes de vidro separavam a pessoa que via daquilo que era visto em novas maneiras, criando objetividade na visão japonesa (IMAGENS 8 e 9). As lentes de vidro tornaram visíveis os céus e expuseram um mundo microscópico de larvas de mosquito, enquanto as garrafas de vidro proporcionaram a conserva de jacarés e lagartos e os óculos permitiram que as pessoas enxergassem. As implicações culturais do encontro com a Europa foram multifacetadas, mas a descoberta do olhar científico, uma maneira nova e radical de olhar o mundo, teve importância duradoura para o desenvolvimento da ciência e da estética japonesas.

Conclusão

Os historiadores costumavam enxergar o período entre 1542 e 1640 como o "século cristão" do Japão, e de fato o cristianismo provou ser um elemento importante do pacote cultural levado ao Japão primeiro pelos portugueses e mais tarde pelos missionários, exploradores, viajantes e conquistadores europeus. Os legados do cristianismo foram importantes e duradouros, e a posição geopolítica assumida pelo Japão após a expulsão dos missionários cristãos definiram os relacionamentos internacionais do Japão até o século XIX, quando começou a ocorrer, de norte a sul, uma onda invasora ainda mais beligerante de europeus e norte-americanos.

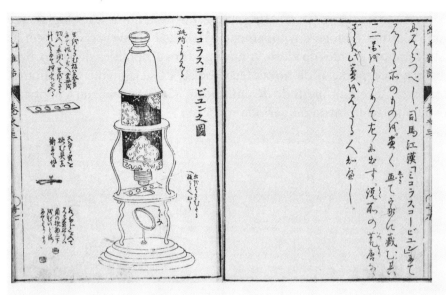

IMAGEM 8. Desenho de um microscópio projetado por europeus do *Kômô zatsuwa* (Miscelânea sobre os holandeses, 1787).

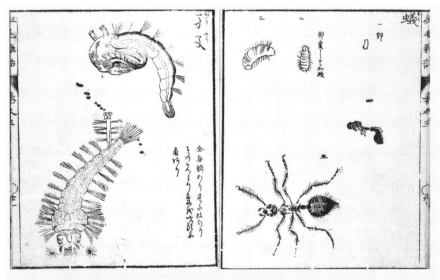

IMAGEM 9. Uma representação do mundo microscópico, disponibilizado por lentes de vidro projetadas por europeus – *Kômô zatsuwa* (Miscelânea sobre os holandeses, 1787).

No entanto, o encontro inicial com os europeus em Tanegashima e em outros lugares provocou o primeiro século global do Japão; o Japão vendeu armas para o sudeste da Ásia, plantou batatas do Novo Mundo, exportou prata para a China Ming e experimentou novas tecnologias, que iam de armas de fogo e equipamentos de ajuda à navegação até teorias astronômicas e lentes de vidro. A nova postura geopolítica do Japão, bem como a incorporação de novas tecnologias, especialmente as militares, deu forma direta ao "período de unificação" que recentralizou a política e levou o Japão ao início do período moderno.

capítulo 6

A Unificação do Reino, 1560-1603

O que torna tão importante os legados do encontro entre japoneses e europeus no século XVI é que isso coincidiu com o final do período dos Estados Combatentes e o início do período da unificação (1560-1603). Durante esse período, três generais ambiciosos tentaram unificar o reino. Mais ou menos ao mesmo tempo em que os portugueses reforçavam sua tomada sobre Nagasaki, um jovem guerreiro no centro do Japão começou sua escalada improvável ao poder. Oda Nobunaga (1534-1582), o primeiro dos "três grandes unificadores", começou a desfazer a cultura de ilegalidade e o regionalismo medieval para unificar o reino sob uma única, embora nunca completamente hegemônica, autoridade xogum. Na verdade, nenhum dos três unificadores chegaram a realizar uma completa unificação, pois os *daimyô* continuaram a afirmar o controle político e econômico nos séculos XVII e XVIII. No entanto, suas realizações definiram a política japonesa das muitas gerações seguintes. A nação japonesa moderna foi, certamente, um produto de forças modernas que invadiram o mundo no século XIX, mas foi também um produto do trabalho brutal dos guerreiros unificadores que lutaram para juntar os pedaços após o período dos Estados Combatentes e aglomerá-los em um reino unificado.

Japonius Tyrannus

Oda Nobunaga foi forjado no cadinho da violência dos Estados Combatentes (IMAGEM 10, p. 134). Seu caráter começou a ser moldado na juventude. Em 1551, seu pai, Nobuhide (1510-1551), senhor do domínio de Owari, morreu repentinamente após uma doença. Quando as orações dos budistas não conseguiram salvar seu pai, Nobunaga, de acordo com o jesuíta Luís Fróis, trancou os monges em um templo, encorajou-os a rezar com mais força e, do lado de fora, atirou em alguns deles com arcabuzes para

IMAGEM 10. Oda Nobunaga por Kano Motohide, intitulado *Oda Nobunaga zu* (Retrato de Oda Nobunaga). Em Chôkôji, província de Aichi, Japão.

dar incentivo. "Eles deveriam rezar para seus ídolos com maior devoção caso desejassem salvar sua própria vida", ele teria dito. O relato do jesuíta está certamente embelezado e crivado com seus próprios preconceitos sobre a religião "pagã", mas o tratamento áspero de Nobunaga aos sectários budistas se tornaria infame. No funeral do seu pai, ele impetuosamente "foi até o altar, de repente, agarrou um punhado de pó de incenso, jogou-o no altar e foi embora", levando algumas pessoas da família Oda a acreditar que ele era demasiadamente excêntrico e incapaz de governar o domínio de Owari.

Nobunaga, no entanto, mostrou-se perfeitamente capaz de governar e habilmente livrou-se de muitos rivais. Os principais rivais eram seu tio Nobutomo (1516-1555) e seu irmão mais novo, Nobuyuki (1536-1557). Nobutomo desafiou a ascendência de Nobunaga à chefia do domínio de Owari. Em 1555, com a ajuda de outro tio, Nobumitsu, Nobutomo foi morto, pavimentando, assim, o caminho para Nobunaga tomar o Castelo de Kiyosu, que era a fortaleza de Owari. Em seguida, em 1556, o irmão mais novo, Nobuyuki, rebelou-se contra Nobunaga, com o auxílio de dois senhores de Estados Combatentes rivais. Mas ele foi finalmente derrotado e em seguida perdoado quando sua mãe interveio. Em 1557, na esperança de eliminar a ameaça de Nobuyuki de uma vez por todas, Nobunaga fingiu estar doente e depois queixou-se à sua mãe que Nobuyuki "não o visitou". Quando Nobuyuki finalmente visitou seu irmão supostamente enfermo, os homens de Nobunaga fizeram uma emboscada e o assassinaram. Utilizando-se dessas táticas brutais, Nobunaga, em 1559, unificou Owari sob sua autoridade.

Em 1560, o poderoso senhor dos Estados Combatentes, Imagawa Yoshimoto (1519-1560), cheio de aspirações grandiosas para si mesmo, marchou através do pequeno domínio de Owari em seu caminho para a capital imperial de Quioto. Yoshimoto alegou estar auxiliando o xogum Ashikaga, mas na verdade ele tinha ambições ao governo do reino. O exército de 20 mil homens de Yoshimoto possuía vasta vantagem numérica sobre os soldados de Nobunaga, o jovem senhor de Owari, e queria passar pelo domínio relativamente desimpedido. No que ficou conhecido como a Batalha de Okehazama, no entanto, Nobunaga atingiu rapidamente o exército inimigo durante uma tempestade torrencial. Suas forças atacaram os homens de Yoshimoto, que estavam comemorando prematuramente a vitória em um desfiladeiro estreito. Sem saber que Nobunaga o estava perseguindo, Yoshimoto estava, de acordo com os relatos, inspecionando as cabeças cortadas. Sem nenhum aviso, Nobunaga atacou e, encontrando Yoshimoto em meio ao caos, cortou sua cabeça. No final dos combates, 3.100 soldados de elite do clã Imagawa estavam mortos na lama suja de sangue. O ataque não convencional durante uma tempestade simbolizou o dom de Nobunaga por guerras pouco ortodoxas.

Sua vitória mais famosa, no entanto, ocorreu no Castelo de Nagashino, em junho de 1575. Naquele ano, Takeda Katsuyori (1546-1582) havia emergido como o seu principal rival, fazendo incursões contínuas nos domínios dos aliados de Oda, incluindo Mikawa, base do terceiro grande unificador, Tokugawa Ieyasu (1543-1616). Anteriormente, em 1574,

Ieyasu havia tomado de Katsuyori o Castelo de Nagashino, mas sua recaptura por Katsuyori teria servido como ponto de entrada para chegar a Mikawa. Katsuyori lançou 15 mil homens, e Nobunaga respondeu enviando uma força para ajudar a defender o castelo. Combinado com as forças de Ieyasu, o grupo de Nobunaga chegava a cerca de 30 mil homens. Assim que a cavalaria de Katsuyori montou o cerco ao castelo, por cinco vezes seus homens atacaram a barricada erguida por Nobunaga ao redor do castelo. Os homens de Nobunaga – arqueiros e mosqueteiros com arcabuzes – estavam escondidos atrás dessa estrutura. No ataque seguinte, os homens de Katsuyori foram despedaçados. O arcabuz desempenhou um papel importante na vitória de Nobunaga e no período de unificação do Japão.

Já em 1549, somente seis anos após a chegada dos portugueses, Nobunaga encomendou 500 arcabuzes de armeiros japoneses. Outras fontes dizem sobre um dos senhores dos Estados Combatentes que "todos os seus vassalos vizinhos ou de locais mais distantes treinaram com a nova arma". Tendo em vista o vigoroso comércio de exportação de armas do período medieval japonês, não surpreende o país ter aderido à adoção e manufatura de arcabuzes. Em 1483, os japoneses exportaram cerca de 67 mil espadas somente para a China. Pouco mais de um século mais tarde, um comerciante italiano notou exportação dinâmica do Japão de "armas de todos os tipos, ofensivas e defensivas, as quais este país tem, suponho, uma oferta mais abundante do que qualquer outro país do mundo". Com efeito, no período dos Estados Combatentes, o Japão era um país fortemente armado. As espadas japonesas estavam entre as melhores do mundo. Como explicou um holandês, as espadas japonesas "são tão bem forjadas e excelentemente temperadas que cortarão nossas lâminas *europeias* em pedaços".

Nobunaga usava os arcabuzes produzidos no Japão em Nagashino. As fontes que explicam as táticas de Nobunaga dizem que "nessa ação, ele dispôs 3 mil mosqueteiros em três fileiras e os havia treinado para que atirassem em saraivadas de modo a manter uma barragem constante". Em 1592, assim que a invasão japonesa da Coreia começou a desacelerar, e mesmo com muitos generais solicitando arcabuzes, o Japão foi gradualmente parando de produzir mosquetes por um complexo conjunto de razões enraizadas na cultura samurai. As espadas passaram a ter um valor simbólico crucial para os samurais, um simbolismo ameaçado pelos arcabuzes, que causavam mortes desonrosas a distância. Mesmo assim, as armas de fogo foram cruciais para a unificação do Japão no século XVI. No final do século XVII a produção cessou. O Japão do início do período moderno voltou-se contra as armas de fogo, algo que o deixou tecnologicamente vulnerável no século XIX.

No Japão do final do período medieval, no entanto, não eram apenas os rivais e membros das famílias dos Estados Combatentes que ameaçavam os projetos de Nobunaga para unificar o reino. Conforme já vimos, os sectários budistas emergiram como poderosos atores não estatais do ambiente político descentralizado do Japão medieval. As brigas entre Nobunaga e os monges de Enryakuji começaram em 1569, quando ele confiscou terras pertencentes aos monges Tendai, um movimento que determinou a obstinação deles contra o senhor da guerra. Nobunaga ficou conhecido por temer e desprezar o budismo organizado; em parte, ele culpava os monges budistas pela morte de seu pai. No caos do período dos Estados Combatentes, os mosteiros ganharam destaque político e militar, o que fazia deles obstáculos que poderiam impedir a unificação. Também é sabido que os monges Tendai tinham, descuidadamente, se aliado com os arqui-inimigos de Nobunaga, Asai Nagamasa (1545-1573) e Asakura Yoshikage (1533-1573). Em 1571, ele atacou os monges Tendai do monastério Enryakuji no Monte Hiei, na periferia de Quioto. Os 30 mil soldados de Nobunaga mataram 3 mil monges durante o conflito. Cinco dias depois do ataque, o jesuíta Luís Fróis (1532-1597) recontou a brutalidade crua da ira de Nobunaga. Depois de saquear o complexo Enryakuji, "Nobunaga enviou muitos arcabuzeiros para as montanhas e florestas para caçar bonzos [monges] que podiam estar escondidos. Os soldados não deveriam poupar ninguém, ordem que foi prontamente executada". Nobunaga não estava satisfeito em apenas caçar os monges Tendai e suas famílias. "Ele queria saciar sua sede de vingança ainda mais e, assim, reforçar a sua reputação." E Fróis continuou: "Ele ordenou a todo o seu exército que devastasse imediatamente as casas restantes dos bonzos e queimasse todos os cerca de 400 templos do famoso" complexo Enryakuji do Monte Hiei. A eliminação de Enryakuji deixou um vazio de poder em sua esteira. Esse vazio foi prontamente preenchido por Nobunaga, o destruidor do templo. Ele confiscou as terras de Enryakuji e distribuiu-as a vassalos, incluindo um de seus favoritos, Akechi Mitsuhide (1528-1582).

Três anos mais tarde, Nobunaga entrou em guerra contra os monges Ikkôshû da seita Honganji (Verdadeira Escola da Terra Pura), depois que eles tentaram erguer um domínio governado pelo campesinato na cidade de Echizen. Obviamente, essa visão igualitária contrariava os projetos de Nobunaga, suas provocações fizeram o mesmo, quando eles mobilizaram suas forças e a tênue trégua com o mal-humorado Nobunaga em abril de 1574. Nagashima, o reduto dos sectários Ikkôshû, situava-se no conjunto de rios que desaguavam na Baía de Ise, no Mar Interior. Nesse domínio aquoso, os sectários já haviam frustrado Nobunaga no passado. Dessa vez, ele ergueu paliçadas em torno dos principais complexos de Nagashima e isolou os sectários. Então, ele queimou os complexos, mas não antes de enviar cerca de 20 mil homens, mulheres e crianças para dentro do cerco com o objetivo de queimá-los. Tendo em conta que 20 mil já tinham morrido de fome durante o cerco de Nobunaga, este coloca o número de mortos na casa dos 40 mil. Nobunaga parecia determinado a exterminar os sectários. No início da campanha, ele tinha escrito que os sectários de Ikkôshû "fazem todos os tipos de súplicas, mas como eu quero exterminá-los, raiz e ramos dessa vez, eu não perdoarei seus crimes". Assim que os sectários foram cercados, ele deu a seus tenentes ordens para "matar homens e mulheres", comandos que foram habilmente executados.

Nobunaga também obteve ganhos fora do campo de batalha. Enquanto estava em Quioto, ele começou a minar lentamente o que havia restado da autoridade dos Ashikaga, insistindo que eles deveriam consultá-lo sobre política nacional. "No caso de existirem questões a ser pedidas às províncias por meio de instruções [efetuadas por Yoshiaki]", explicou um édito, "Nobunaga deverá ser informado e sua carta [de confirmação] anexada." Outro édito foi mais diretamente ao ponto: "À medida que os assuntos do reino forem totalmente confiados a Nobunaga, todas as decisões deverão ser tomadas – independentemente das partes interessadas – de acordo com suas percepções e sem consulta ao xogum". Claramente, o xogum Yoshiaki estava à margem dos círculos de decisão. Em 1573, os assuntos relacionados ao impotente xogum vieram à tona quando uma carta que ele escreveu a Takeda Shingen instou o inimigo mortal de Nobunaga a "iniciar uma ação militar e esforçar-se com obstinação pela paz do Estado". Simultaneamente, Yoshiaki parecia preparar-se para abandonar o Castelo de Nijô, sua residência em Quioto.

Alarmado, pois seus inimigos poderiam estar agindo e porque Yoshiaki parecia preparado para fugir para o exílio, Nobunaga enviou uma carta importante, a famosa "*Remonstrância*", ao encurralado xogum fantoche. Ele repreendeu o xogum por apoiar políticos recém-chegados, provavelmente uma alusão velada a Takeda Shingen. Se o xogum apoiava os recém-chegados à custa dos antigos partidários, "então a distinção entre lealdade e deslealdade desaparece. O povo não gosta desse tipo de ação". Na "*Remonstrância*" ele quis saber por que o xogum estava vendendo arroz em preparação para partir do Castelo de Nijô. "Quando o xogum armazena ouro e prata e deixa sua residência por qualquer pequeno rumor, não devemos admirar que mesmo o mais humilde tomará isso como um sinal de que o xogum deseja abandonar a capital." O que torna a "*Remonstrância*" tão importante é sua referência ao "povo". Yoshiaki traiu a confiança do público e, desse modo, perdeu a legitimidade para governar o reino. Novo no discurso político do Japão era o "público" figurar nas noções de legitimidade política.

Em março de 1573, Yoshiaki formou uma aliança com os inimigos mortais de Nobunaga, provocando a ira do senhor da guerra. No mês seguinte, Nobunaga tentou conversar com Yoshiaki, mas foi repelido. Ele escreveu a Tokugawa Ieyasu sobre suas próximas ações: "Eu não tinha outra opção". Ele incendiou a maior parte de Quioto. Um observador de Quioto escreveu: "Toda a parte superior de Quioto foi incendiada, nenhuma casa foi deixada em pé". Os moradores da parte baixa de Quioto pagaram por suas vidas, enchendo os cofres de Nobunaga. As forças de Nobunaga, então, cercaram Nijô, persuadindo o impotente xogum a buscar a paz. O encontro decisivo aconteceu em agosto de 1573, quando as forças de Nobunaga cruzaram o Lago Biwa e, em Nijô, surpreenderam as guarnições de Yoshiaki. Ao verem o tamanho do exército de Nobunaga, "toda" a guarnição de Nijô "passou para o acampamento de Nobunaga", e Yoshiaki foi localizado em poucos dias. Nobunaga "poupou sua vida", e ele foi exilado da capital. Yoshiaki tornou-se um "xogum mendigo" e, dessa forma, terminaram os séculos de governo dos Ashikaga de Quioto.

O relacionamento entre Nobunaga e a corte também se mostrou bem espinhoso. Ele costumava fazer os enviados da corte esperar, às vezes por vários dias, para serem atendidos. Muitas vezes, os atrasos ocorriam porque Nobunaga estava "descansando". Em maio de 1582, emissários imperiais visitaram Nobunaga com a intenção de conceder-lhe o título de regente ou xogum, em reconhecimento a sua conquista do território e expulsão de Yoshiaki. "A conquista do Kantô foi uma esplêndida façanha", os enviados da corte alardearam, "então foi decidido nomear [Nobunaga] Xogum." Nobunaga, no entanto, recusou-se por dois dias a encontrar os emissários. Isso levantou a questão sobre sua pretensão de trabalhar, ou não, no âmbito tradicional da autoridade política japonesa (isto é, a aceitação, ou não, dos títulos imperiais). Todos os homens poderosos antes dele – Fujiwara no Michinaga, Minamoto no Yoritimo e outros regentes e xoguns – tinham aceitado os títulos imperiais para legitimar seu governo. No entanto, Nobunaga talvez desejasse trabalhar em um contexto monárquico completamente novo, no qual ele atuaria como o centro divino. Um exemplo desse exercício de governo divino foi a construção do Castelo de Azuchi, erigido por Nobunaga em 1579. O castelo tornou-se o maior símbolo do poderio militar do Japão. Conforme observado por um missionário: "No topo da colina do centro da cidade, Nobunaga construiu seu palácio e Castelo, que, no que se refere à arquitetura, força, riqueza e grandeza, pode muito bem ser comparado às grandes construções da Europa". Em alguns aspectos, Azuchi foi o grande teatro de Nobunaga, onde ele ensaiou e projetou um novo tipo de autoridade política, cheia de ícones religiosos e militares que simbolizavam sua autocracia florescente.

Nobunaga governou seus vassalos apavorados com punho de ferro, e muitas vezes falava em "arregimentar o reino". Ele encorajou seus subordinados a praticar o austero "caminho do guerreiro" e impôs duras exigências até mesmo a seus subordinados mais leais, muitas vezes, realocando-os como "plantas envasadas" para mantê-los política e militarmente desequilibrados. Seu selo pessoal, que era afixado em todos os documentos do reino, dizia "povoar o reino com o poder militar", uma frase que certamente resume a abordagem de seu governo. Porém, o tratamento áspero que dispensava a seus vassalos voltou para assombrá-lo. Em 1582, enquanto estava no templo Honnôji, um dos seus vassalos, Akechi Mitsuhide, sitiou o templo, forçando Nobunaga a cometer suicídio. Após incendiar o Honnôji, Mitsuhide voltou sua atenção para o herdeiro de Nobunaga, Nobutada (1557-1582), que estava hospedado nas proximidades, matando-o também. Com esses eventos, Mitsuhide esperava "matar Nobunaga e tornar-se senhor do reino".

Assim, Nobunaga morreu com 48 anos nas mesmas chamas de violência que caracterizaram seu governo. Seu vassalo e sucessor, Hideyoshi, embora também nascido no cadinho do período dos Estados Combatentes, buscou uma abordagem ligeiramente diferente para a unificação com resultados duradouros. Hideyoshi veio de uma família modesta e, dessa forma, sua ascensão ao poder é impressionante. Ele, mais do que qualquer outra figura, pode ser descrito como o produto da mobilidade social que caracterizou os anos medievais, uma fluidez que ele incansavelmente buscou coagular no final do século XVI.

MINISTRO GENEROSO
Quando Nobunaga foi assassinado, Hideyoshi estava no Norte em guerra contra a família Môri, no Castelo de Takamatsu. Percebendo que o Castelo de Takamatsu estava apenas um pouco acima do nível do mar, ele passou a construir diques e canais, desviando a água para o castelo em uma tentativa de silenciar a família Môri. Os mosqueteiros de Hideyoshi, equilibrando-se em torres apoiadas por barcaças flutuantes, estavam pron-

tos para atacar os inimigos fugidios e molhados. Caso tivesse vivido tempo suficiente, Nobunaga iria encontrar-se com Hideyoshi no Castelo de Takamatsu para comandar o que ele via como uma campanha decisiva para Honshu ocidental. Tudo estava perfeitamente planejado, mas Nobunaga agora estava morto.

Assim que Hideyoshi ficou sabendo da morte de Nobunaga, ele discretamente fez um tratado de paz com a família Môri e, em meros seis dias, desfez seu acampamento e fez seus soldados marcharem até Himeji, que ficava cerca de 113 km dali. Lá, com a ajuda de outros aliados de Oda, Hideyoshi derrotou os homens de Mitsuhide no sudoeste de Quioto. A cabeça de Mitsuhide foi levada para as ruínas em brasa de Honnôji, onde foi colocada em exposição pública, como uma triste lição. Após a vitória de Hideyoshi, em 1582, foi realizada a Conferência de Kiyosu, na fortaleza original de Nobunaga, para determinar o sucessor de Nobunaga. A maioria dos aliados da família Oda estava presente, menos Tokugawa Ieyasu e Sassa Narimasa (1536-1588), que preferiram, em vez disso, ficar diligentemente vigiando seus próprios territórios. A morte do herdeiro designado de Nobunaga, Nobutada (1557-1582), trouxe complicações à escolha de um sucessor, e os membros da conferência ficaram divididos entre Hideyoshi, que defendia Oda Sanbôshi, e Shibata Katsuie, que favorecia Oda Nobutaka (1558-1583).

A Conferência de Kiyosu foi dissolvida sem ter chegado a qualquer resolução concreta, e no inverno seguinte, Hideyoshi enfrentou o formidável Shibata Katsuie e seus aliados nos campos cobertos de neve ao norte do Lago Biwa. O engenhoso Shibata impôs uma derrota completa às guarnições de Hideyoshi em Ômi. Em resposta, Hideyoshi, em seis horas, marchou 52 km com seus soldados à noite para encontrar-se pessoalmente com Shibata na Batalha de Shizugatake. Ele escreveu em uma carta: "Este é o momento para decidir quem deve governar o Japão". Um mestre estrategista, Hideyoshi derrotou Shibata, que, na melhor tradição guerreira, como um exemplo para as gerações futuras, cometeu suicídio ritual em frente ao inimigo, mas somente após esfaquear sua esposa, a irmã de Nobunaga. Conforme descrito por um cronista:

> Katsuie subiu para o nono andar da torre de seu castelo, dirigiu algumas palavras para aqueles que estavam reunidos e declarou sua intenção de suicidar-se para servir [como exemplo] para as gerações posteriores. Seus homens, profundamente comovidos, derramaram lágrimas que molharam as mangas de suas armaduras. Quando tudo estava silencioso no Leste e no Oeste, Katsuie esfaqueou sua esposa, filhos e outros membros de sua família e então abriu sua barriga junto com 80 vassalos.

Após a morte de Shibata, Hideyoshi pôde concentrar sua atenção em outros assuntos militares que iam além das fronteiras dos territórios de Nobunaga.

Em 1585, Hideyoshi atacou Chôsokabe Motochika (1538-1599) na Ilha de Shikoku e, no mesmo ano, Sassa Narimasa, na província de Etchû. De forma similar a seu predecessor, ele também atacou os monges budistas, especificamente os monges Shingon de Negoro e os sectários Jôdo Shinshû de Saiga. Ele advertiu os monges contra maiores militarizações: "Os monges [contemplativos], os sacerdotes do mundo e os outros não foram prudentes em seus estudos religiosos. A fabricação ou a retenção de armas sem sentido, mosquetes e afins, é traiçoeira e perversa". Em 1587, ele lançou o maior esforço militar de sua geração (excetuando sua invasão posterior à Coreia): a campanha de Kyushu. Hideyoshi derrotou Shimazu Yoshihisa (1533-1611) com um número estimado de 250 mil soldados, forçando Yoshihisa a render-se no acampamento de Hideyoshi, tomar um nome sacerdotal e renunciar à política. Três anos mais tarde, Hideyoshi marchou contra Hôjô Ujimasa (1538-1590) no Norte. Em apenas oito anos, Hideyoshi conseguiu expandir vastamente seus territórios e já podia ser considerado único e diferenciado entre os senhores dos Estados Combatentes.

As vitórias em batalhas trouxeram poder para Hideyoshi. Dado o seu passado humilde, no entanto, ganhar legitimidade política mostrou-se mais difícil. Entre 1583 e 1590, Hideyoshi começou a construção do Castelo de Osaka, uma grandiosa fortificação projetada para irradiar seu poder a toda a sociedade guerreira. Ele também construiu o suntuoso Palácio Jurakudai, em Quioto. Em 1588, para demonstrar que estava no topo da sociedade guerreira, Hideyoshi orquestrou uma procissão imperial com o imperador Go-Yôzei (1571-1617), que visitou o governante em seu novo palácio. Para celebrar a ocasião, os dois trocaram poemas cujo tema era pinheiros, um símbolo da longevidade.

Hideyoshi também desmantelou lentamente a ordem medieval, a qual o levou ao poder e podia ser caracterizada pela fluidez social. No mesmo ano que Hideyoshi hospedou o imperador Go-Yôzei no palácio Jurakudai, ele ordenou a lendária "Caça às Espadas" para desarmar os samurais e os camponeses militantes do país, forçando-os a escolher entre viver como samurais nas vilas dos castelos ou como camponeses na zona rural. A manutenção de fronteiras turvas entre os camponeses e os samurais foi parcialmente culpada pelo caos do período dos Estados Combatentes e a "Caça às Espadas" planejava tornar esses limites claros, criando um sistema hierárquico e concreto. Ela declarava: "Os agricultores das diversas províncias estão estritamente proibidos de possuir espadas longas, espadas curtas, arcos, lanças, mosquetes ou qualquer outro tipo de arma". Gradualmente, a luta foi entregue aos samurais, uma classe militar hereditária retirada de sua base de poder independente – as terras – por Hideyoshi. Os samurais foram organizados em exércitos urbanos sob os olhos atentos dos *daimyô*, que lhes forneciam estipêndios.

Para ter certeza de que as divisões entre camponeses e samurais permaneceriam sólidas, Hideyoshi obrigou os samurais a viverem nas vilas dos castelos. Os camponeses, por sua vez, permaneceriam em suas fazendas e abandonariam permanentemente quaisquer ambições militares. As espadas confiscadas pelos magistrados de Hideyoshi foram, conforme prometido, derretidas e "usadas como rebites e grampos na construção da estátua do Grande Buda. Por tal ato, os agricultores serão salvos nesta vida e, não é preciso nem dizer, na vida após a morte". O Buda gigante erguido no mosteiro Hôkôji passou a simbolizar a crescente paz que atravessava o reino. Em 1591, Hideyoshi congelou a ordem social, restringindo a mobilidade geográfica e social, mobilidade esta que possibilitou sua improvável ascensão ao poder. Filho de Yaemon, um soldado da infantaria no exército de Nobunaga, Hideyoshi veio de uma família modesta de Owari e foi galgando os cargos da hierarquia. As características faciais de Hideyoshi fizeram com que Nobunaga lhe desse o apelido de Kozaru, ou "pequeno macaco". Mas essa mobilidade social logo seria uma coisa do passado. Em um censo de 1592, Hideyoshi instruiu seus magistrados a registrar os "homens militares como homens militares, os agricultores como agricultores e os habitantes da cidade como habitantes da cidade", solidificando o posicionamento social da população com base em sua ocupação. Esse sistema de posicionamento social tornou-se um dos pontos centrais da nova ordem do início do período moderno.

A partir de 1582, Hideyoshi deu início a complicados mapeamentos de terras, projetados para aumentar o controle sobre as terras agrícolas do reino. Embora alguns senhores dos Estados Combatentes tenham sobrevivido aos mapeamentos, eles mantiveram-se razoavelmente padronizados em escala nacional, um claro esforço para tornar o reino economicamente legível ao seu novo senhor. Hideyoshi fundamentou essa nova legibilidade na avaliação do rendimento estimado das terras cultivadas; essa avaliação tornou-se a base para as classificações dos domínios, para os valores dos tributos e impostos, bem como para a tributação militar. A tributação militar de Hideyoshi criou um exército, em sua maior parte, hipotético, baseado em taxas de conscrição ligadas à produtividade agrícola. Quando con-

IMAGEM 11. Toyotomi Hideyoshi (1536-1598), regente imperial, 1585-1591; chanceler do reino, 1587-1598.

frontados com a rebelião ainu de 1669, chamada de Guerra de Shakushain, os planejadores militares da família Tokugawa utilizaram-se desse sistema para mobilizar os domínios do Nordeste, tal como Hirosaki, para a guerra no Norte. É fácil exagerar sobre como o mapeamento de terras de Hideyoshi padronizou totalmente as práticas de mapeamento por todo o reino, mas, além disso, ele privatizou ainda mais as propriedades de terras ao vincular oficialmente as terras agrícolas aos cultivadores individuais. A prática da posse conjunta de terras, uma estratégia usada por comunidades agrícolas para precaver-se contra as ameaças das catástrofes naturais, persistiu durante os primeiros anos do início do período moderno, mas a maioria das terras aráveis passou a assemelhar-se à propriedade privada, um passo importante para o surgimento do desenvolvimento econômico protocapitalista e com base rural do Japão.

Em reconhecimento aos seus sucessos militares e à nova legibilidade do reino, o imperador concedeu a Hideyoshi os títulos imperiais de "regente" (*kanpaku*), em 1585 – o mesmo dos Fujiwara séculos antes –, e de "regente aposentado", em 1592. Em 1585, o imperador também ofereceu a Hideyoshi um novo sobrenome, Toyotomi, ou "ministro generoso", em reconhecimento a sua recém-descoberta proeminência nacional (IMAGEM 11). Por causa de sua família modesta, Hideyoshi passou pela vida com sobrenomes conferidos a ele: primeiro "Hashiba", um nome construído por Nobunaga a partir de caracteres emprestados de outros vassalos proeminentes. Em 1585, o imperador concedeu o sobrenome "Toyotomi", sinalizando o prestígio nacional de Hideyoshi em um nome que carregava a legitimidade divina da atribuição imperial. Então, em 1595, as "Inscrições Murais [de Hideyoshi] do Castelo de Osaka" solidificaram as relações políticas em todo o reino, ordenando que os senhores dos Estados Combatentes "obtivessem aprovação" antes de contrair casamento e proibindo-os estritamente de "contratar deliberadamente" uns com os outros. No início da última década do século XVI, grande parte do reino parecia estar ao alcance de Hideyoshi, mas algo muito mais grandioso do que o controle sobre o Japão começou a entrar na imaginação febril do senhor da guerra.

A UNIFICAÇÃO DE TRÊS PAÍSES

Já em 1586 Hideyoshi divulgou a Luís Fróis (1532-1597), um confidente de jesuíta de Nobunaga, que, após colocar os "assuntos do Japão em ordem", iria confiá-los a seu irmão Hidenaga (1540-1591) e começaria a planejar a "conquista da Coreia e da China". No ano seguinte, ainda cheio de confiança depois de sua vitória na campanha de Kyushu, Hideyoshi escreveu uma carta a sua esposa, na qual explicou que tinha "enviado um navio à Coreia com um aviso para que ela viesse e se submetesse ao imperador. Eu lhe disse que, caso não viesse, o país seria punido no ano seguinte". E continuou: "e também tomarei a China". Em 1587, os coreanos repeliram os convites do Japão, liderados pela família Sô de Tsushima, mas esforços posteriores, ocorridos em 1590, foram mais bem-sucedidos. Naquele ano, os coreanos concordaram em enviar emissários como "vizinhos amigos", mas recusaram-se a pagar tributo, que seria a confirmação clara da superioridade japonesa. Não obstante, os enviados voltaram à Coreia com uma carta bombástica de Hideyoshi, na qual ele declarou: "Meu objetivo é entrar na China para espalhar os costumes do nosso país às mais ou menos quatrocentas províncias daquela nação". E disse mais: "Meu desejo é apenas tornar meu nome conhecido em todos os três países [Japão, China e Índia]".

Pouco tempo depois, Hideyoshi enviou uma carta extraordinária ao vice-rei das Índias. Nela ele articulou a unidade teológica de um território mais amplo que ele planejava forjar pela força militar. "A nossa é a terra dos Kamis", explicou, referindo-se às divindades do xintoísmo:

> e kami significa mente, e a mente única abrange tudo. Nenhum fenômeno existe fora dos kamis... Eles são, portanto, a raiz e as fontes de todos os fenômenos. Na Índia, existem pelo nome de budismo; na China, sob o nome de confucionismo; e estão no Japão, onde são chamados de xintoísmo. Conhecer o xintoísmo é conhecer o budismo e o confucionismo.

Em outras palavras, em termos teológicos, Hideyoshi enxergava uma unidade metafísica dos "três países"; em essência, o mundo civilizado. (A Índia foi incluída porque era o berço do budismo.) A esse respeito, a invasão da Coreia e da China representava um tipo de restauração, uma maneira de criar unidade política e militar onde já existia unidade teológica. Além disso, Hideyoshi deveria criar essa esfera espiritual e política mais ampla, que englobava os "três países", por causa de seu papel na unificação do Japão. "Tenka, o reino, não é tenka", ele escreveu. E continuou:

> Eu sou tenka. Kami e Buda não são kami e Buda: eu sou kami e Buda. Os homens não são os homens: eu sou a humanidade... O Japão não é o meu país, a China não é o meu país: China, Índia e Japão são o meu corpo todo. Assim, se o povo da China ou do Japão tiverem algum problema, a aflição pertencerá a todo o meu corpo.

Em sua mente, Hideyoshi passou a encarnar fisicamente a necessidade de conquista global, ou pelo menos as partes do globo cuja conquista valia a pena.

Os soldados de Hideyoshi aportaram na Coreia em 1592, liderados por Konishi Yukinaga (1555-1600). Tal invasão (junto com as atrocidades do século XX) se mostraria como algo que envenenaria as águas das relações entre Coreia e Japão durante séculos. Em três semanas, eles chegaram em Seul, a qual havia sido quase totalmente abandonada e incendiada. Após receber a notícia de que seus soldados tinham entrado em Seul, Hideyoshi escreveu com otimismo para sua mãe: "Tomarei a China no nono mês". Ele então começou a fazer planos para uma ocupação audaciosa da China da dinastia Ming. "Nosso soberano deverá mudar-se para a capital Ming", ele escreveu ao imperador japonês. Hideyoshi imaginava que o imperador começaria a deslocar-se para Pequim e que deveria haver "as adequadas preparações para isso". Segundo Hideyoshi, seu sobrinho, Hidetsugu (1568-1595), deveria ser o "regente" da China, e o "trono de Japão" deveria ser ocupado por um príncipe. "Coreia e China serão tomadas sem problemas", ele proclamou. A força de invasão de Hideyoshi, formada por samurais experientes do período dos Estados Combatentes, mostrou-se capaz de manter a luta na maioria dos combates militares. Ao longo dos seis anos de guerra, Hideyoshi utilizou aproximadamente 500 mil soldados na península coreana (MAPA 2, p. 148).

Mas, enquanto Hideyoshi escrevia tais frases, uma contraofensiva coreana já estava em andamento. Quando os japoneses atacaram a cidade costeira de Busan, a dinastia Joseon (1392-1897) da Coreia enviou seu talentoso comandante naval Yi Sun-shin (1545-98) para atacar as tropas japonesas e linhas de abastecimento que cruzavam o Estreito de Tsushima. O almirante Yi utilizou habilmente o navio-tartaruga coreano para despistar a Marinha japonesa, incendiou-a de forma espetacular em uma ação que é chamada pelos coreanos de Guerra Imjin (1592-1598). Em Okpo (1592), Sacheon (1592), Ilhas Hansen (1592) e em vitórias obtidas no final do conflito (Myeongnyang, por exemplo), o almirante Yi perseguiu a Marinha japonesa e enviou centenas de navios para o fundo do oceano. Em seguida, os guerrilheiros da dinastia Joseon começaram uma arrasadora campanha em terra que deixou os japoneses com poucos recursos ou suprimentos. Assim que os soldados da dinastia Ming atravessaram o Rio Yalu, o Japão começou as negociações para pôr fim ao conflito, em 1593. A corte Ming rejeitou as demandas de Hideyoshi, e a guerra recomeçou em 1597, momento em que Hideyoshi enviou 140 mil soldados adicionais para a península. No final de 1598, no entanto, Hideyoshi e seus sucessores já tinham reenviado a maioria dos soldados japoneses de volta para casa.

A guerra devastou a Coreia, queimando os complexos palácios da dinastia Joseon, bem como causando perdas de colheitas, carestias e banditismo. Na China, a intervenção do imperador Wanli (1563-1620), embora militarmente decisiva, sobrecarregou financeiramente a dinastia Ming e, por fim, acelerou seu colapso quatro décadas mais tarde, nas mãos dos manchus. Os coreanos enfrentaram uma verdadeira fuga de cérebros durante a guerra, pois os japoneses sequestraram inúmeros artesãos e cientistas e os levaram para o Japão, onde eles implementaram avanços nas indústrias de cerâmica e máquinas de tipografia móvel.

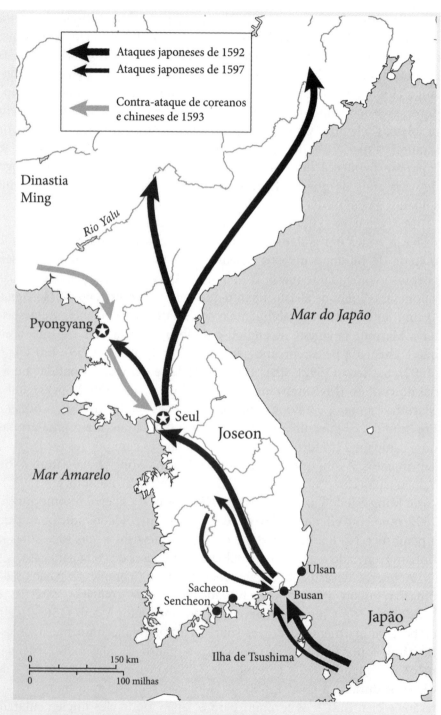

MAPA 2. Invasão da Coreia por Toyotomi Hideyoshi, 1592-1598.

Nenhum outro monumento melhor captura a brutalidade da Guerra Imjin do que a "tumba das orelhas" em Quioto, onde as orelhas mutiladas e narizes de quase 40 mil coreanos, cortados por soldados japoneses como troféus de guerra, permanecem enterrados até hoje. No mundo terrível dos combates samurais, os vencedores normalmente traziam cabeças cortadas aos postos de coleta, onde elas eram contadas para poder remunerá-los. Hideyoshi, durante a segunda invasão, ordenou a seus soldados: "Matem todos... e enviem as cabeças". Com a invasão coreana, no entanto, os apertados navios de guerra japoneses que cruzavam o Estreito de Tsushima não puderam transportar as cabeças; apenas orelhas e narizes foram contados, catalogados e salgados para a viagem de volta ao Japão.

Ieyasu

Hideyoshi morreu em 1598, durante a segunda invasão coreana. As três primeiras linhas de seu poema de morte, "minha vida / veio como o orvalho / desaparece como o orvalho", contradizem as consequências monumentais de um homem cuja existência efêmera, semelhante a um sonho em sua improbabilidade, remodelou o seu mundo. Após a "Caça às Espadas" de Hideyoshi, seu congelamento da ordem social, a invasão coreana e outras decisões de política, o meio geográfico e social fluido do mundo medieval cristalizou-se, e muito pouca gente conseguiria trilhar seu caminho ao topo. A imobilidade social, política e geográfica tornou-se característica da estabilidade do início do período moderno, que passou a ser chamado de a "grande paz".

Mas a escolha sucessória de Hideyoshi mostrou-se menos duradoura. Originariamente, ele havia escolhido Hidetsugu, seu sobrinho confuso e impulsivo. Um missionário afirmou que Hidetsugu "abriu e rasgou mulheres para ver suas entranhas e o local de concepção" por pura diversão. Em 1593, após a amante de Hideyoshi, Yodogimi, dar à luz o filho de Hideyoshi, Hideyori (1593-1615), o malévolo Hidetsugu foi envolvido convenientemente em um plano de traição e executado em 1595, junto com 31 membros de sua família. No túmulo deles está escrito: "O túmulo dos traidores". Tendo tirado Hidetsugu da cena, Hideyoshi, em seu leito de morte, implorou a seus aliados, em especial ao astuto Tokugawa Ieyasu, que vigiassem o jovem Hideyori até ele ter idade suficiente para governar o reino e dar continuidade à vulnerável linha dos Toyotomi. "Dependo de vocês para tudo", ele teria dito a seus vassalos reunidos.

No entanto, o futuro do governo da família Toyotomi teve uma característica onírica maior do que Hideyoshi poderia imaginar. Com a morte de Hideyoshi e o jovem Hideyori abrigado no Castelo de Osaka, o reino dividiu-se em dois campos bem armados. O resultado do iminente conflito determinaria a direção do Japão moderno. Os senhores de domínios que se reuniram sob Ishida Mitsunari (1560-1600), conhecidos como "exército ocidental", enfrentaram o "exército oriental" de Tokugawa Ieyasu na batalha de Sekigahara, em 1600. As forças de Ieyasu saíram vitoriosas, e os principais generais do exército ocidental, tais como Mitsunari, Konishi Yukinaga e Ankokuji Ekei (1539-1600), tiveram suas cabeças cortadas e colocadas em lanças na ponte de Sonjô, em Quioto. O imperador Go-Yôzei, a quem Hideyoshi havia recebido no palácio Jurakudai, concedeu, em 1603, o título de xogum a Ieyasu, e o senhor da guerra passou rapidamente a tomar medidas para proteger o reino e fortificar o governo Tokugawa. Ieyasu manobrava em um ambiente volátil, onde até mesmo aos generais aliados, como Ikeda Terumasa (1565-1613) no Castelo de Himeji, armazenavam, de acordo com os relatos, 1.200 arcabuzes em seus redutos. No entanto, Ieyasu recompensou generosamente os senhores da guerra que se aliaram a ele no confronto em Sekigahara, distribuindo mais 6 milhões de *koku* em terras (um *koku* tinha o potencial para produzir cerca de 176 litros, ou cinco alqueires, de arroz) para seus aliados.

A violência que caracterizou o período dos Estados Combatentes fez parte de grande parte do século XVII. Em 1615, Hideyori foi assassinado no Castelo de Osaka pelo exército de Ieyasu, e as cabeças de seus aliados foram colocadas em estacas que ladeavam a estrada entre Osaka e Quioto. Naquele mesmo ano, as "Leis das Casas Militares" estabeleceram uma estrutura básica para a conduta das famílias guerreiras, incluindo disposições contra casamentos não autorizados, construção de novos castelos e alianças não autorizadas. Elas também definiram o tom moral da conduta dos samurais, advertindo-os para praticar a frugalidade, pois a exibição de riqueza corrompia os valores públicos. O *bakufu* de Edo (1603-1868), localizado na nova capital de Edo (atual Tóquio), também utilizou "inspetores" e "censores provinciais" (espiões, na verdade) para manter uma cuidadosa vigilância sobre os senhores dos domínios, aliados e inimigos.

Para manter a estabilidade política e a superioridade militar, o *bakufu* dividiu os senhores de domínios do reino em três categorias para melhor controlá-los, e a categorização de um domínio determinava seu acesso aos círculos de decisão. "Senhores vassalos" (*fudai*) eram aqueles homens que lutaram ao lado de Ieyasu em Sekigahara. Esses homens fizeram juramentos de sangue para a família Tokugawa e poderiam servir no governo, por exemplo, como "conselheiros seniores". Os homens que conseguissem traçar sua linhagem à família Tokugawa (*shinpan*) possuíam um lugar especial na ordem dos Tokugawa, e os parentes poderiam atingir a posição de xogum. Finalmente, os "senhores de fora" (*tozama*) eram aqueles homens infelizes que haviam lutado contra os aliados de Ieyasu em Sekigahara. Eles estavam excluídos dos círculos de decisão e foram espalhados por todo o reino de forma a isolá-los e ostracizá-los. Nos primeiros 50 anos do governo da família Tokugawa, 213 senhores perderam seus territórios e títulos e 172 tiveram suas propriedades aumentadas.

A cidade-capital de Edo foi erguida nas zonas úmidas do leste do Japão entre 1603 e 1636, em uma área conhecida como a planície de Kantô. Originariamente, Ieyasu tinha decidido por Edo, na época uma fortificação abandonada, com paredes de barro em um promontório parcialmente cercado por pequenos riachos, devido a sua defensibilidade como uma fortificação militar. O nome Edo refere-se à aldeia de cerca de 100 casas ao longo do Rio Edo. Ieyasu começou a transformar imediatamente o local pantanoso. Os trabalhadores derrubaram florestas, nivelaram colinas para recuperar as zonas úmidas salobras, redesenharam os rios, ergueram pontes, construíram muros de rocha maciça para proteger o castelo e erigiram as várias estruturas de madeira de dentro. Esse foi um dos maiores projetos de recuperação territorial na história japonesa, e os senhores de fora ficaram com a maior parte dos encargos financeiros.

A unificação do Japão e a construção de cidades-castelos como Edo causaram graves consequências para o ambiente, particularmente para as florestas do Japão. No século XVI, as fortificações militares requeriam madeira e, ao longo das décadas, os senhores da guerra construíram-nas, desmantelaram-nas, ou incendiaram e derrubaram-nas várias vezes. A torre de madeira de Nobunaga, com seus 42 m, em Azuchi, perto do Lago Biwa, construída em 1576, necessitou de enormes quantidades de madeira para ser terminada. Da mesma forma, a construção de cidades foi intensificada pelas guerras da unificação. Nos 18 anos entre 1572 e 1590 foram construídas quase o mesmo número de cidades que no século anterior. A construção de templos também consumiu grandes quantidades de madeira, pois generais como Ieyasu, por exemplo, buscavam obter o favor dos abades por meio da promessa de madeira serrada para os projetos de renovação dos templos e santuários. O valor adicional da madeira serrada significava que muitos senhores dos Estados Combatentes procuraram reforçar o controle das áreas florestais de seus domínios, chamando-as de "florestas do senhor". Em 1564, por exemplo, a poderosa família Hôjô tomou a administração direta das florestas do Monte Amagi, e o mesmo fez a família Takeda, com sua província ricamente arborizada, em Kai. Alguns senhores dos Estados Combatentes, os de Sendai, por exemplo, comprometeram-se a plantar árvores para proteger a costa contra a erosão.

Apesar desses esforços, o aumento do consumo da madeira durante o governo de Hideyoshi mostrou-se destrutivo. O Castelo de Osaka, construído em 1582-1583, consumiu uma grande quantidade de madeira; o mesmo vale para os navios militares que foram tão habilmente afundados pelo almirante Yi durante a fracassada invasão da Coreia. Os opulentos monumentos erguidos durante o governo de Hideyoshi incluem o Palácio Jurakudai, em Quioto, o templo Hôkôji, em Quioto (o qual abriga uma estátua de 50 m do Buda, ultrapassando o templo de Tôdaiji, em Nara), e as elaboradas reconstruções de Enryakuji, no Monte Hiei, e outros complexos de templos incendiados pelo antecessor de Hideyoshi. Após a morte de Hideyoshi, Ieyasu manteve o consumo de madeira, construindo castelos monumentais em Edo, Sumpu e Nagoya e auxiliando a construção de outros em Hikone e Zeze (província de Ômi), Sasayama e Kameyama (província de Tanba), Takada (província de Echigo), e Nijô, em Quioto. Ele também restaurou seções do complexo imperial de Quioto, incluindo a construção do Palácio Separado de Katsura. Um historiador estima que a construção dos três grandes castelos de Edo, de Sumpu e de Nagoya exigiram o abate de 2.750 hectares (6.800 acres) de coníferas exuberantes. Os senhores dos domínios forneceram grande parte dessa madeira.

Em 1615, a fim de celebrar corretamente as realizações de Ieyasu após sua morte, os madeireiros sacrificaram muito mais florestas. O complexo de santuários Tôshôgû, em Nikkô – o mausoléu de Ieyasu –, precisou de grande quantidade de madeira; outros esforços mais modestos também foram necessários para celebrar a vida de Ieyasu. Em 1634, o xogum Tokugawa Iemitsu (1604-1651), após uma procissão até Quioto, ordenou a construção do santuário Asama, erigido em Sumpu, o local de nascimento e morte de Ieyasu. Para fornecer a madeira necessária, os madeireiros derrubavam árvores ao longo do Rio Ôi, na atual província de Shizuoka. Em seguida, levavam por jangadas cerca de 60 mil toras de madeira serrada até o oceano, de lá dirigiam-se ao leste ao longo da costa e, depois, subiam até Sumpu. Esses projetos de construção, de santuários a castelos, precisavam de constantes reconstruções, em razão do fogo que costumava devorar partes das cidades de madeira do Japão. Um historiador estimou que 93 incêndios (cada um destruindo pelo menos dez quarteirões) ocorreram entre 1601 e 1866, exercendo uma pressão implacável às florestas do Japão. No final do século XVII, quando o Japão foi finalmente unificado, grande parte do país já tinha perdido suas florestas. Conforme lamentado por um estudioso confucionista, "de cada dez montanhas do reino, oito foram desmatadas".

Os senhores dos domínios ofereciam grande parte dessa madeira e, também, bancavam outras políticas, como, por exemplo, o incapacitante sistema de "serviço alternativo" (1635), no qual os xoguns da família Tokugawa obrigavam os senhores dos domínios a viajar para Edo a cada dois anos. Além de precisarem pagar pelas despesas da complicada viagem até a capital, eles também tinham de manter habitações na cidade, enquanto deixavam suas esposas e filhos para trás. O sistema de "serviço alternativo" facilitou a comunicação nacional e a interação cultural, bem como a urbanização e a comercialização nas rotas das viagens; por exemplo, o Caminho do Mar Oriental. Além disso, o xogum fez com que todo o reino se tornasse mais legível após o mapeamento dos territórios dos *daimyô*. Esses "mapas provinciais", que foram estrategicamente valiosos para os planejadores militares de Edo, continham informações sobre as fronteiras e as cadeias de montanhas, bem como o "rendimento da produção da vila", o que fornecia ajuda na coleta dos impostos.

Conclusão

No momento da morte de Ieyasu, a maior parte dos elementos do governo Tokugawa já estava em pleno funcionamento. Em meados do século XVII, houve a diminuição do papel da violência bruta e do poder militar como estratégias inovadoras para a articulação política de todo o reino. Os senhores dos domínios mantiveram amplas áreas de autonomia dentro de seus domínios, em particular em matéria econômica, mas, politicamente, Edo emergiu como o novo centro de gravidade do Japão. Dentro do sistema de "serviço alternativo", os senhores dos domínios viajavam para Edo a cada dois anos, dividindo seu tempo entre o governo local e seus deveres burocráticos na capital. Como resultado de sua migração anual, as rotas de viagem do Japão geraram uma comercialização generalizada, isto é, restaurantes, bordéis, alojamento e outras indústrias de serviço brotaram ao longo dos caminhos bem pisados. Além disso, o xogum ordenou que os senhores mapeassem seus domínios, tornando transparente os meandros de cada território, desde montanhas até as áreas costeiras, bem como suas capacidades produtivas agrícolas. Conforme a "grande paz" dos Tokugawa tornava-se uma realidade, o início do período moderno já estava plenamente em curso. A centralização política, o crescimento protocapitalista, a urbanização generalizada, as ideologias políticas seculares, os avanços tecnológicos, a diplomacia externa politizada e outros desenvolvimentos históricos ligaram o Japão a uma comunidade global de nações que passavam por mudanças semelhantes.

capítulo 7

O JAPÃO NO INÍCIO DO PERÍODO MODERNO, 1600-1800

O Japão do início do período moderno, ou o período entre 1600 e 1868, presenciou o nascimento dos mais duradouros atributos políticos e culturais, bem como a expansão de suas fronteiras geográficas básicas. Para os nossos propósitos, a caracterização desse período como "início do período moderno" é importante porque ele preenche o abismo histórico que normalmente separa os reinos "tradicional" e "moderno" do desenvolvimento histórico do Japão. Após os três unificadores terem concluído os trabalhos políticos e militares de unir o reino, o Japão desenvolveu-se de uma forma que o impeliu para a idade moderna.

A entrada do Japão de meados do século XIX no período moderno não foi apenas o resultado da adoção da civilização ocidental após a Restauração Meiji de 1868, mas foi também resultado de forças internas. Essas forças causaram mudanças nativas, tais como as primeiras formas de capitalismo, a crescente centralização política, o desenvolvimento da ciência e da tecnologia e o surgimento gradual do nacionalismo precoce. Esses desenvolvimentos conspiraram junto com a importação de instituições e culturas ocidentais para tornar o Japão uma potência asiática em ascensão no final do século XIX. As implicações da identificação do início do período moderno do Japão são profundas. Elas sugerem semelhanças das histórias humanas, que transcendem as variações culturais marcantes. Ou seja, por mais diferentes dos europeus que os japoneses tenham se tornado ao longo dos séculos, com seus dentes enegrecidos e penteados *chonmage* (partes da cabeça raspada), eles também evoluíram em paralelo com as sociedades do globo.

GOVERNO DE TOKUGAWA

Em 1603, o terceiro unificador, Tokugawa Ieyasu (1542-1616), recebeu o título de "general subjugador de bárbaros" (*seii taishôgun*) do imperador e estabeleceu o *bakufu* de Edo. Os senhores dos Estados Combatentes podem ter desnudado as encostas do Japão em busca de supremacia militar no século XVI, mas por volta do século XVII a paisagem política tornou-se muito mais ordenada do que a conhecida até então. Com exceção da Rebelião de Shimabara (1637-1638) e de rebeliões camponesas dispersas de vários graus de severidade, o Japão passou por uma relativa estabilidade durante os primeiros anos do período moderno, incentivando o crescimento cultural e econômico. Isto é tanto mais notável ao considerarmos que, no século XVII e meados do século XIX, a Europa estava devastada por guerras incessantes: a Guerra do Rei Guilherme (1689-1697), a Guerra da Rainha Ana (1702-1713), a Guerra Anglo-Espanhola (1739), a Guerra do Rei Jorge (1743-1748), a Guerra Franco-Indígena (1755-1763), a Revolução Americana (1763-1717), as Guerras Napoleônicas (1805-1815) e o surgimento do império alemão (1871-1914). No mesmo período, o Japão evitou esses tipos de conflitos debilitantes. Em vez disso, com um surpreendente grau de independência, o Japão desenvolveu as instituições políticas, econômicas e culturais que impulsionaram seu posterior surgimento como uma nação moderna.

O meio para as mudanças mais dramáticas do Japão foi o crescimento urbano do século XVII. Quando Toyotomi Hideyoshi realocou os "samurais do interior" (*jizamurai*) para cidades-castelos durante a desmilitarizadora "Caça às Espadas" (1588), ele, inadvertidamente, criou algumas das maiores cidades do mundo. Samurais que, devido à natureza da ordem social, costumavam produzir pouco mas consumir muito, formaram a população de tais cidades. Por conseguinte, cidades como Edo tornaram-se centros de consumo com considerável influência, ambientes urbanos que reformularam a paisagem política, econômica, cultural e ambiental do Japão do início do período moderno.

As populações urbanas expandiram durante o século XVII como resultado do transplante dos samurais não só na capital Edo do xogum, mas também em cidades como Himeji, Osaka, Wakayama, Okayama e muitas outras. Em alguns casos, os samurais constituíam entre 50% e 80% da população urbana. Com o objetivo de construir cidades e oferecer suprimentos a elas, os comerciantes e os habitantes das vilas seguiram os samurais para as áreas urbanas, que, no caso de Edo, acumulava aproximadamente 1 milhão de almas no início do século XVII. A ideologia do neoconfucionismo deixou exposto o sistema de classes, criou divisões sociais entre samurais e outros e, por fim, determinou os contornos das cidades do Japão. Com efeito, ao longo do século XVII, o *bakufu* de Edo criou uma ideologia sincrética, originariamente composta de zen-budismo e elementos do xintoísmo, mas que, mais tarde, foi fortemente infundida pelo pensamento chinês neoconfucionista de Zhu Xi (1130-1200). Sinalizando esse movimento ideológico, quando Ieyasu morreu em 1616, o *bakufu* construiu em sua honra o grande mausoléu de Nikkô e o complexo Tôshôgû de santuários. O mausoléu de Nikkô manifestou a estratégia de legitimar o *bakufu* não apenas por meio da força militar, mas também pelo poder sobrenatural da autoridade sagrada. Ieyasu passou a ser visto como um "governante divino" no contexto do complexo Tôshôgû de Santuários, enquanto pequenos santuários individuais serviam como indicadores do alcance terreno do "governante divino" e de seus descendentes.

O neoconfucionismo de Zhu Xi, como uma superestrutura ideológica, estava bem adequado às ambições políticas da família Tokugawa. O neoconfucionismo englobava os Quatro Livros – *Lunyu* (Analetos de Confúcio), *Mengzi* (Mêncio), *Da xue* (Grande Aprendizado) e *Zhong yong* (Doutrina do Caminho do Meio) –, clássicos chineses que advogavam os preceitos básicos do confucionismo, a saber: preservar o coração, manter o caminho do meio e manter a quiescência. O neoconfucionismo era um sistema de crenças composto de elementos confucionistas, budistas e taoistas e, dessa forma, salientava mais a relação metafísica entre as pessoas e o universo do que o confucionismo tradicional. Acreditava-se na generosidade da "natureza original" das pessoas. Para chegar a essa natureza, as pessoas purificavam seu ser físico por meio do estudo e da contemplação. Hayashi Razan, (1583-1657), que dirigia o eminente instituto seiscentista de estudos neoconfucionistas, descreveu o processo pelo qual a generosidade natural dos seres humanos tornava-se má pelos desejos materiais do corpo físico. "Nós nos perguntamos por que a natureza humana pode tornar-se má quando ela é inerentemente boa", ele escreveu. "A natureza humana é como a água. Se for derramada em um recipiente limpo, ela permanece pura; se for derramada em um recipiente sujo, torna-se suja... E, por isso, o coração torna-se nublado."

Para clarear as águas turvas do desejo, o neoconfucionismo salientou a tranquilidade em vez da ação política e, como tal, prometeu criar harmonia no reino. É importante dizer que o neoconfucionismo também via ordem no mundo natural. Se as pessoas "investigarem os princípios morais", Zhu Xi escreveu, "tudo irá encaixar-se de forma natural e conectar-se com todo o resto; cada coisa terá sua ordem". Presumivelmente, as pessoas perceberiam que seu lugar na ordem social era um reflexo do mundo natural. Na verdade, uma representação importante dessa ordem natural era sua manifestação social, uma hierarquia natural que punha o samurai (*shi*) na parte superior e os agricultores (*nô*), artesãos (*kô*) e finalmente os comerciantes (*shô*) na parte inferior. Essa hierarquia social tornou-se a base do sistema social – a lógica da transferência dos samurais para as cidades e do congelamento da ordem social no final do século XVI. Esse sistema social, além de manifestar-se nas alterações do ambiente natural, guiava muitos aspectos do governo, da sociedade, da economia e da cultura dos Tokugawa.

O sistema social confucionista também trouxe debates sobre as leis e o comportamento privado. Na famosa "Vingança de Akô" – romanceada no livro *Chûshingura* (O tesouro dos vassalos leais, 1748) e comemorada em peças kabuki –, o senhor do domínio de Akô, Asano Naganori (1675-1701), cortou com um punhal o mestre de etiquetas da corte, Kira Yoshinaka (1641-1703), no Castelo de Edo, em 1701, depois de Yoshinaka ter chamado Naganori de caipira. Após o insulto a Asano e suas terras ancestrais, atacar Kira fazia sentido de acordo com os códigos de honra dos samurais, especialmente pelo contexto que existia entre os dois homens. O direito público dos xoguns, no entanto, proibia desembainhar a espada dentro do castelo, e o *bakufu* ordenou que Asano entregasse suas terras e cometesse suicídio; após o fato, seus vassalos tornariam-se *rônins*, ou samurais sem mestre. Liderados por Oishi Yoshio (1659-1703), os antigos vassalos de Akô fingiram viver como bêbados degenerados, mas secretamente planejavam vingar a morte de Asano. Dois anos mais tarde, em janeiro de 1703, os samurais sem mestre, liderados por Oishi, cortaram a cabeça de Kira em sua mansão em Edo; eles então levaram a cabeça ao túmulo do Asano, tendo vingado com êxito o seu senhor. Pelos padrões de sua época, os samurais sem mestre de Akô provaram ser os decanos da lealdade e do comportamento samurai, mas, mais uma vez, eles infringiram a lei. O *bakufu* permitiu que os vassalos leais cometessem o suicídio ritual e, dessa forma, recobrassem sua honra. Ogyû Sorai (1666-1728), um notável erudito confucionista, justificou a decisão, explicando que os 47 *rônins* tinham infringido a lei, mas que possuíam "vergonha" e tinham mantido um sentimento de "justiça" e, então, mereciam uma morte honrosa. Em suma, dentro dos parâmetros da ideologia confucionista, as noções modernas de lei e ordem estavam evoluindo durante o governo dos xoguns Tokugawa e de seus conselheiros.

Se Edo serviu como o centro político para governar samurais como o indisciplinado Asano e os seus homens leais, então Osaka, também uma grande cidade com 400 mil pessoas, emergiu como o centro financeiro do Japão, com uma animada cultura mercante. Era uma cidade de comerciantes, citadinos e artesãos. Os senhores de domínios trocavam seu arroz por dinheiro em Osaka para pagar pelas longas e dispendiosas viagens do "serviço alternativo" (*kôtai sankin*) para Edo. Ihara Saikaku (1642-1693), um escritor popular do século XVII, que narrou a vida de comerciantes e moradores, observou que:

> Osaka é o centro comercial mais importante do Japão, na troca de arroz de Kitahama, 5 mil *kanme* em notas promissórias mudam de mãos a cada quarto de hora. Enquanto o arroz encontra-se amontoado nos armazéns, os especuladores observam os céus por sinais de tempestade para a noite ou de chuva para a manhã seguinte. [...] Os grandes comerciantes de Osaka, os mais importantes do Japão, são grandes em espírito também; e tais são seus métodos comerciais.

Com tanto crescimento de sua riqueza e influência social, os comerciantes podiam enviar seus filhos para as academias, como a Kaitokudô, onde recebiam uma educação confucionista não muito diferente da que Hayashi Razan oferecia aos jovens samurais. O estudioso Ishida Baigan (1685-1744) afirmou que, devido ao seu papel comercial essencial, os comerciantes contribuíam para a ordem global e prosperidade do reino, mesmo estando em uma parte baixa da hierarquia confucionista. "Guerreiros, agricultores, artesãos e comerciantes, todos ajudam a governar a nação", ele insistiu. "Se alguém diz para o comerciante 'seu lucro é um sinal de ganância e, portanto, um desvio do caminho correto', essa pessoa está demonstrando ódio pelo comerciante e desejando sua destruição. Por que o comerciante deve ser detestado como se fosse um ser inferior?"

Apesar da lógica de Ishida, muitos samurais educados no confucionismo detestavam os comerciantes e normalmente os identificavam a uma pestilência nacional, particularmente a isso juntava-se o lento e crescente empobrecimento dos samurais ao longo dos anos do governo Tokugawa. Os luxos dos comerciantes irritaram o estudioso Kumazawa Banzan (1619-1691), que escreveu: "Nas cidades grandes e pequenas, nas terras ao lado dos rios e do mar, que são convenientes para o transporte, estão sendo construídas áreas urbanas; e, sem controle, o luxo cresce dia a dia. Os comerciantes enriquecem enquanto os guerreiros estão empobrecidos". Para Kumazawa, o problema era sistêmico: "O empobrecimento dos samurais também significa que os comerciantes não têm com quem trocar bens por grãos, e que somente os grandes comerciantes ficarão cada vez mais ricos". É bem conhecido que Ogyû Sorai identificou a transferência dos samurais de suas terras para as cidades como a fonte das desgraças do Japão. Ele apelou aos antigos governantes da China e afirmou que "a base da ordem social criada pelos antigos sábios diz que todas as pessoas, hierarquicamente altas e baixas, devem viver da terra". Nas cidades do Japão, "tanto os grandes quanto os pequenos estão vivendo como 'hóspedes de uma pousada', contrariando de forma direta o caminho dos sábios".

No entanto, "os hóspedes de uma pousada", de Sorai, tornou-se a base da vibrante cultura urbana e do crescimento econômico protocapitalista do Japão. O fato também causou mudanças desestabilizadoras no ambiente natural do Japão. Mesmo que os xoguns da família Tokugawa tenham originariamente criado a capital de Edo para ser a "cidade do senhor", os comerciantes e outros habitantes urbanos foram lentamente tomando para si os espaços da cidade. O nativo de Edo – do qual dizia-se que "recebe seu primeiro banho nas águas dos aquedutos da cidade; ele cresce em vista das gárgulas dos telhados do Castelo de Edo" – simbolizava a vida urbana com seu estimado sentimento de sofisticação. Quando estavam juntos, os moradores participavam de festas em que improvisavam versos cômicos, faziam arranjos de flores, imitavam encenações de kabuki, prediziam o futuro e ouviam música de rua, entre outras performances. Altamente letrados, eles tomavam emprestado livros de livreiros como Suwaraya e jantavam nos recém-construídos mercados de sushi, satisfazendo seus desejos culinários com camarões, ovos e vários tipos de peixes. A prosperidade significava que eles estavam construindo melhores casas, com sólidas fundações de pedra; nelas, os espaços de armazenamento, sob a forma de baús e armários, eram necessários para guardar os frutos de seu consumo conspícuo. Esse consumo tornou-se tão ostentatório, aliás, que o Japão do início do período moderno testemunhou seus primeiros regulamentos em relação ao consumo, como aqueles propostos pelo xogum Tokugawa Tsunayoshi (1646-1709) em 1683. Eram leis que proibiam os comerciantes de exibir publicamente sua riqueza com o fim de não causar a inveja social e o caos.

Quando os livros e o camarão não conseguiam satisfazer os moradores da cidade, eles visitavam Yoshiwara, o distrito de prazeres, onde eles passeavam pelas vitrines de cortesãs dos bordéis da avenida Nakanochô. Se as estimativas sobre sífilis e gonorreia estiverem corretas (acredita-se que cerca de 30% a 40% dos habitantes de Edo haviam sido acometidos com uma dessas doenças), o comércio sexual foi bastante difundido e, presumivelmente, lucrativo. Fora de Yoshiwara, lojas de sexo mais especializadas, como "Lojas infantis", satisfaziam os clientes que buscavam por meninos. O médico alemão Engelbert Kaempfer (1651-1716) escreveu sobre casas de chá que serviam esse tipo de clientela:

> Na rua principal da cidade foram construídas nove ou dez casas asseadas, ou cabines. Na frente de cada uma delas sentavam-se um, dois ou

três meninos de dez a doze anos de idade, bem vestidos, com seus rostos pintados e gestos femininos; eles eram mantidos por seus mestres lascivos e cruéis para satisfazer o prazer secreto e entreter os ricos viajantes, sendo que os próprios japoneses eram bastante dependentes deste vício.

Muitas vezes, os pais vendiam suas filhas para os bordéis por razões econômicas e ideológicas complexas. Relacionava-se, principalmente, com o lugar das mulheres dentro da ordem patrilinear do Japão do início do período moderno, em que os homens jovens, não as mulheres, davam continuidade às famílias e demonstravam respeito às divindades ancestrais. Esperava-se que as mulheres agissem de forma feminina, que, de acordo com o *Onna daigaku* (Grande aprendizagem para as mulheres, 1672), significava que deviam buscar a "suave obediência, castidade, misericórdia e tranquilidade". A bizarra história de uma jovem mulher chamada Také ilustra a complexidade do comportamento feminino nos papéis de gênero do Japão. Quando criança, Také era conhecida por ser uma moleca; mais tarde na vida, em um movimento decididamente não feminino, ela cortou o cabelo e assumiu a *persona* de um jovem rapaz chamado Takejirô. O estalajadeiro para o qual ela trabalhava ficou indignado e violou-a para que ela não se esquecesse de que era uma mulher. Quando descobriu que estava grávida, ela fugiu e, quando a criança nasceu, matou-a imediatamente. Ao ser presa, o *bakufu* acusou-a de "corrupção dos valores morais", porque ela dissociou seu gênero de seu sexo biológico. Com efeito, ela foi presa por não agir de forma feminina. Assim como as expectativas de comportamento relacionadas à posição social eram politicamente importantes, isto é, comerciantes deviam agir como comerciantes, o mesmo valia para os papéis de gênero. Essas compartimentalizações de gênero e posição social regiam a sociedade japonesa de forma mais ou menos estrita durante os primórdios do período moderno.

Apesar desses obstáculos culturais, algumas mulheres, como Tadano Makuzu (1763-1825), foram eruditas proeminentes. Tadano não tentou desbancar a ordem confucionista que relegava as mulheres a uma posição subordinada; em vez disso, em *Hitori kangae* (Pensamentos solitários, 1818), ela argumentou que as "realizações femininas", como as de sua avó, constituíam importantes contribuições para a sociedade. Ela salientou que as diferenças entre mulheres e homens se encaixam no equilíbrio *yin-yang* da cosmologia chinesa, assim como as diferenças fisiológicas entre os sexos. De modo semelhante ao de seu pai, o acadêmico Kudô Heisuke (1734-1800), ela escreveu longamente sobre os problemas sociais internos e as ameaças representadas pela Rússia.

O ponto importante é que o estatuto social do sistema neoconfucionista oferecia a estrutura moral da sociedade japonesa. Posicionava o samurai no topo da escala social e os comerciantes na parte inferior. O sistema requeria pouco policiamento, além do monitoramento – em grande parte cultural – que insistia que as mulheres agissem de maneira feminina e que os samurais agissem como samurais. Mas havia estabilidade nessa ordem social. Quando o governo Meiji aboliu o sistema de estatutos sociais e classificou todas as pessoas em "plebeus", a remoção das categorias sociais que distinguiam e sustentavam as pessoas causou violência entre agricultores e antigos grupos banidos da terra. No Japão do início do período moderno, o sistema de posições sociais manifestava-se espacialmente nas cidades e vilas, mas o Estado Meiji, que misturou a nova argamassa ideológica nos tijolos das relações sociais japonesas; ex-párias e agricultores passaram a ser apenas plebeus, provocando episódios violentos, por exemplo, a Rebelião do Imposto de Sangue de Mimasaka (1873). O fato é que a violência, após a demolição do sistema social, demonstra o importante papel de harmonização desempenhado por ele na sociedade dos Tokugawa.

Mudanças no interior

Os impactos ecológicos das grandes cidades do período foram grandes. A zona rural, que oferecia bens para as cidades, transformou muitos agricultores de subsistência em empresários da colheita. Por sua vez, as complexas relações de parentesco dos domicílios rurais começaram a ruir. Nos anos medievais, o trabalho nas fazendas costumava ter patriarcas que adotavam filhos em suas famílias, pois precisavam de mais mão de obra. No século XVIII, no entanto, o trabalho das fazendas passou a basear-se menos nas relações de parentesco e mais no comércio; as adoções foram substituídas pelo trabalho temporário. Os trabalhadores temporários eram menos caros porque os agricultores não precisavam sustentá-los durante todo o ano. Em vez disso, eles eram pagos somente nas colheitas. Os filhos adotados, elementos do excesso populacional do Japão rural, não mais trabalhavam e viviam nas fazendas, nem adoravam as divindades ancestrais; eles, agora, encontravam-se sem terras e vulneráveis à escassez de alimentos que dominou o Japão no século XVIII, particularmente no Nordeste. Milhões pereceram nesses desastres, que foram um produto de todas as ocorrências: desde mudança dos padrões climáticos até erupções islandesas (ocorridas na Pequena Idade do Gelo) e a emergente economia protocapitalista do Japão. Ocorreram quatro carestias devastadoras durante o início do período moderno do Japão, conhecido como a carestia de Kan'ei (1642-1643), a carestia de Kyôhô (1732), a carestia de Tenmei (1782-1788) e a carestia de Tenpô (1833-1837), todas nomeadas pelo reino imperial em que ocorreram. Uma fusão desastrosa de forças naturais e antrópicas conspirou para intensificar essas carestias e suas causas, ilustrando os ecos ambientais das mudanças históricas que transformaram o Japão. Tais eventos prenunciaram gerações de catástrofes naturais, como o "desastre triplo" de 11 de março de 2011, no nordeste do Japão.

A unificação do Japão, no século XVI, o sistema de posicionamento social e o impacto ecológico das grandes cidades-castelos trabalharam em conjunto com as forças naturais para criar as carestias. Nesse sentido, podemos dizer que elas foram, ao mesmo tempo, catástrofes naturais e artificiais. Destas, a carestia de Tenmei (1782-1788) foi provavelmente a mais cruel. Ela testemunhou a escassez de alimentos maciça e afligiu muitas províncias do Japão, mas o Nordeste sofreu as consequências mais terríveis. Em 1782, o domínio de Hirosaki, no extremo nordeste, passou por temperaturas frias fora de estação, ventos, chuvas incessantes e outras anomalias associadas à Pequena Idade do Gelo, que afetou os agricultores ao redor do mundo. A erupção das crateras de Laki e do vulcão Grímsvötn, no sul da Islândia, intensificaram ainda mais essas condições. Com efeito, o *bakufu* de Edo pode ter isolado o Japão com sucesso das correntes políticas globais ao expulsar os missionários, mas não isolou o Japão das correntes ambientais ou climatológicas do mundo. Laki é um sistema de fissuras vulcânicas, ligadas ao vulcão Grímsvötn. Em 1783 e 1784, as fissuras entraram em erupção em uma explosão que durou mais de oito meses. Nesse período, as fissuras e o vulcão lançaram cerca de 14 km cúbicos de lava basáltica e gigantescas colunas dos mortais ácidos hidrossulfúrico e dióxido de enxofre que se espalharam pelo mundo. A nuvem tóxica matou mais da metade do gado da Islândia, e a consequente carestia matou um quarto da população humana da Islândia. O caos dos "fogos do Skaftá", nome pelo qual a erupção ficou conhecida na Islândia, teve escala global, causando uma carestia mortal no Egito e eventos meteorológicos extremos na Europa.

No Japão, essas erupções vulcânicas combinaram-se com as anomalias atmosféricas globais e locais para cortar as colheitas do domínio de Hirosaki a um quarto do normal. No ano seguinte, houve a persistência de condições similares e, quando as autoridades de Tsugaru equivocadamente transportaram 40 mil fardos de arroz para Edo e Osaka como tributo para o *bakufu* de Edo, a escassez de arroz atingiu todo o domínio. A oferta reduzida traria o aumento dos preços do arroz e, no verão, já não havia arroz disponível para as barrigas esfomeadas. As explorações agrícolas familiares foram abandonadas e ocorreram revoltas. No outono, as pessoas começaram a vasculhar por raízes e plantas selvagens, passaram também a comer bois, cavalos, cães e gatos. Conforme a situação tornava-se cada vez mais desesperadora, surgiam também relatos generalizados de canibalismo. Em resposta, o *bakufu* ofereceu empréstimos para que Hirosaki pudesse construir cabanas de ajuda, e o arroz passou a ser comprado dos domínios vizinhos. Em 1784, no entanto, como resultado da desnutrição e sistema imunológico debilitado das pessoas, as doenças atingiram as áreas dominadas pela fome; o número de mortos disparou. No final da carestia, o número de mortos em Hirosaki foi de centenas de milhares. Nacionalmente, a carestia de Tenmei (IMAGEM 12) matou cerca de 1 milhão de pessoas, em grande parte aquelas que haviam se tornado vulneráveis pelas transformações econômicas do Japão.

O que transformou esses desastres naturais em desastres decididamente não naturais foi a protocapitalização da economia japonesa. Vejamos a carestia do Javali de Hachinohe, em 1749. Ela foi o resultado, assim como a carestia de Tenmei, de anomalias locais e globais, mas também de forças artificiais identificáveis. Ao longo do século XVIII, os agricultores de Hachinohe, também no Nordeste, começaram a cortar e a queimar trechos de novas terras para a agricultura da soja, quase que exclusivamente para o suprimento de Edo e de outros mercados urbanos. A soja é uma parte importante da dieta japonesa, fornecendo-lhes a proteína que era extremamente necessária. Originariamente, os agricultores haviam plantado a soja em terras mais próximas de Edo, mas conforme os agricultores replantavam aqueles campos com amoreiras para a sericicultura, uma cultura muito mais lucrativa, as terras mais distantes passaram a ser reprojetadas para alimentar as cidades do Japão. A soja do planalto exigia que os agricultores alternassem as terras plantadas, ou as deixassem paradas, a fim de mantê-las produtivas; mas as terras paradas, especialmente em áreas de planalto, serviam como o principal *habitat* do javali. Quando os agricultores derrubaram as árvores de bolota para abrir espaço para as lavouras de soja, eles inadvertidamente privaram o javali de uma importante fonte de alimento. Esses animais ungulados, sempre famintos, passaram a buscar por outras fontes, incluindo a leguminosa *pueraria lobata* [*kudzu*] e o inhame selvagem. Como resultado do plantio de soja nos planaltos, a população de javali de Hachinohe explodiu, a ponto de esses ungulados começarem a competir com os agricultores por comida. Essa competição tornou-se terrível durante a Pequena Idade do Gelo (*c.* 1550-1850) com a

CAPÍTULO 7 – O JAPÃO NO INÍCIO DO PERÍODO MODERNO, 1600-1800 | 165

IMAGEM 12. Imagem da carestia de Tenmei.

retração da agricultura. Normalmente, os agricultores conseguiam retornar à sua terra para desenterrar o inhame selvagem, a *p. lobata*, e outras plantas selvagens, mas muitos trabalhadores temporários, o grupo de sem-terras do Japão, não tinham acesso à terra para fazer o mesmo. Mesmo aqueles que saíram para vasculhar as montanhas em busca de inhame selvagem e *p. lobata* descobriram que o javali tinha chegado primeiro. No fim, milhares de agricultores morreram no desastre causado, pelo menos em parte, por exigências do mercado das grandes cidades do Japão. Em uma escala menor, os agricultores de Hachinohe foram vítimas de forças globais semelhantes às que atacaram a Índia durante a carestia de Bengala (1769-1773), quando os indianos passavam fome enquanto a Companhia Britânica das Índias Orientais levava os grãos para longe dos portos indianos. Não é de estranhar que os historiadores tenham comparado a integração dos domínios à ordem japonesa do início do período moderno a um colonialismo interno, pois ambos tiveram consequências agressivas semelhantes.

O impacto ecológico das cidades do Japão também se manifestou no ambiente de outras maneiras. Não foram apenas os corpos esfomeados e desnutridos que geraram as cicatrizes das transformações econômicas do Japão. Para construir cidades tão grandes, a indústria madeireira deixou de ser de subsistência e de abate comandado (isto é, de senhores que ordenavam o abate para a construção de castelos), passando para uma forma extrativa mais empresarial. Com essa forma empresarial, a família Yamatoya, por exemplo, derrubou cerca de 8 mil árvores perto dos rios Tom e Katashina, entregou menos da metade ao xogum e vendeu o resto ao mercado. Por causa do alto valor da madeira, surgiu no Japão uma tradição de manejo florestal, mantendo o arquipélago relativamente verde nos séculos XVII e XVIII. Os mares das proximidades também sofreram mudanças por causa da economia japonesa. Os japoneses abriram novas empresas para produzir adubo de peixes para as fazendas de plantação de culturas comerciais. Os pesqueiros de arenque expandiram-se para as distantes terras do Norte, em Ezo, onde os comerciantes japoneses de Osaka e Ômi empregavam os ainus para pescar os peixes que, depois, eram secos e enviados para o Sul. Dessa forma, o impacto urbano do início do período moderno do Japão estendeu-se além das fronteiras tradicionais do reino. Ele não alterou apenas o suprimento da madeira e os ambientes de florestas em Honshu, mas também os pesqueiros e ambientes marinhos do entorno de Hokkaido.

A CONQUISTA DE EZO

O comércio em Hokkaido levou a mudanças na terra e a intercâmbios epidemiológicos que minaram a capacidade dos ainus para resistir às incursões japonesas. A pesca do arenque serviu apenas como um dos componentes das intrusões japonesas do início do período moderno em Ezo. É importante lembrar que a Ilha de Hokkaido, a área anteriormente conhecida como Ezo, constitui cerca de 20% do Japão; assim, a conquista dessa região exige nossa atenção. Mais tarde, a região tornou-se importante fonte de carvão, um recurso crítico que impulsionou o início da industrialização do Japão, e foi transformada em celeiro agrícola com a ajuda de conselheiros americanos, os quais entendiam bem sobre como colonizar terras anteriormente habitadas por povos indígenas. A conquista japonesa das terras pertencentes aos ainus originou-se a partir da reorganização política iniciada pelo *bakufu* de Edo.

Depois da batalha de Sekigahara (1600), Ieyasu reconheceu os "direitos exclusivos" da família Matsumae ao comércio com os ainus e, durante os séculos XVII e XVIII, eles expandiram o comércio com os ainu em toda a Ilha de Hokkaido. A família Matsumae governou um pequeno território no extremo sul de Hokkaido que chamavam de Wajinchi, ou "Solo japonês". Assim como os japoneses do início do período moderno, os ainus de

Hokkaido mostraram-se unificados; os arqueólogos os separam em cinco grandes grupos – Shumukuru, Menashikuru, Ishikari, Uchiura e Sôya – que habitavam Hokkaido e que se mostravam diferentes com relação ao idioma, aos costumes fúnebres e a outras práticas culturais. A família Matsumae não conseguia produzir arroz, em grande parte devido às altas latitudes de seus domínios e aos climas subártico/temperado mais frios, e o agregado familiar tinha o próspero comércio com os ainus como base; os ainus eram, em parte, remanescentes dos emishi do período Epi-Jomon. Em um comércio inicialmente pequeno, os barcos da família Matsumae viajavam até postos avançados que estavam espalhados pela costa de Hokkaido; ali, eles trocavam itens, desde peles de animais e penas de aves até produtos farmacêuticos exóticos.

Os postos comerciais foram construídos em áreas costeiras perto de rios, porque as comunidades dos ainus, chamadas de *pet-iwor* na língua ainu, tendiam a estar localizadas nesses pontos. Isso estava ligado à herança caçadora-coletora dos séculos anteriores. Em grande parte, os ainus identificavam-se com seu lar por meio de uma relação sagrada com as divindades locais, ou *kamuy*, que costumavam assumir formas de animais. Por sua vez, a relação sagrada com esses animais era expressa por meio da caça: os caçadores ainus libertavam o espírito do animal ao matá-lo. Ursos-pardos, veados e salmões eram animais que faziam parte das comunidades dos ainus e, por serem caçadores, os ainus tinham obrigações sagradas em relação a eles, e também em relação aos seus próprios antepassados. O *iyomante*, muitas vezes chamado de "cerimônia do urso", era, talvez, a expressão mais elaborada dessas obrigações. Nela, os ainus criavam ursos-pardos desde que eram filhotes e, depois, realizavam o sacrifício religioso deles para manter laços com a terra e com suas divindades.

Em outras palavras, para os ainus, caçar não significava o mesmo que para os japoneses. Isso não quer dizer que os japoneses haviam completamente objetificado os animais. É verdade que algumas partes anatômicas de muitos animais, como a vesícula dos ursos e o pênis das focas, possuíam valor farmacológico. Além disso, as peles de lontras e cervos eram presentes de prestígio nos círculos políticos. Aliás, japoneses e ainus acreditavam que os animais tinham um lado sagrado, sob a forma de divindades do xintoísmo, conhecidas como *kami*. De forma mais elaborada, o japonês associava alguns animais, o lobo, por exemplo, não apenas como mensageiros do xintoísmo, tal como Daimyôjin, mas também com divindades budistas. Em outras palavras, o encontro entre os ainus e os japoneses não foi simplesmente o encontro entre protocapitalistas sem coração, que haviam objetificado os animais e matado a sua natureza, e caçadores espirituais que os adoravam. Na verdade, o comércio beneficiou determinados círculos eleitorais em ambos os lados e teve significados múltiplos e concorrentes, mesmo que os ainus tenham, no fim, levado a pior. No final, as raízes da dependência dos ainus foram firmemente plantadas no comércio com os japoneses.

Em um certo momento, a competição por recursos comerciais levou as comunidades ainus a se voltarem umas contra as outras, trazendo a Ezo a sua maior guerra – a Guerra de Shakushain (1669). Talvez o único exemplo do governo de Tokugawa como "subjugador de bárbaros", conforme dizia o título de xogum, o *bakufu* enviou soldados para Hokkaido com o objetivo de sufocar o grupo de ainus reunidos em torno de Shakushain. No rescaldo do conflito, o comércio se intensificou, mas também as tentativas de separar, por diferença de costumes, japoneses e ainus de Hokkaido. Consequentemente, o início do período moderno mostrou-se capaz de definir com maior precisão o que considerava japonês nas regiões de fronteira. O significado de ser japonês, uma identidade nacional nascente, vinha tomando forma ao longo dos séculos: Kitabatake Chikafusa, conforme dito anteriormente, definiu o Japão como uma "terra divina". Isso ocorreu após as invasões mongóis, quando os japoneses, em um encontro violento, enfrentaram uma brutal ameaça externa. A Guerra de Shakushain também foi um encontro violento, sugerindo que o contato com forasteiros, fossem eles invasores mongóis, missionários ibéricos ou rebeldes ainus, contribuiu para a constituição da identidade japonesa. O encontro com pessoas de fora forçou o Japão a transcender as divisões internas, tal como os repositórios inerentes do sistema social, e criar definições de uma identidade cada vez mais nacional.

Em cerimônias complexas, as autoridades de Tokugawa obrigaram os ainus – como os embaixadores da Ilha Ryukyu em procissão para Edo, brevemente discutida anteriormente – a vestir roupas como as suas e a fazer seus penteados tradicionais, para que as linhas entre os costumes de ainus e japoneses pudessem ser policiadas no Norte. Tendo em vista a mistura entre ainus e japoneses ao longo dos séculos XVII e XVIII, tais separações tornavam-se cada vez mais complicadas. Shakushain, que entrou em guerra contra os japoneses em 1669, tinha um genro japonês chamado Shôdayû, que foi executado por samurais, junto com Shakushain, no rescaldo da guerra. Já que a distinção entre japoneses e ainus tornava-se cada vez mais complicada, pelo menos no sul do Hokkaido, essas distinções precisavam "ser fabricadas" por meio de rituais. O caso de Iwanosuke é instrutivo.

Iwanosuke era um ainu do sul de Hokkaido que tinha assimilado por completo os costumes japoneses. Ele tinha um nome japonês, vivia em uma vila predominantemente japonesa e usava o cabelo de acordo com a moda japonesa. Mas, durante as cerimônias de ano-novo, os funcionários de Matsumae transformaram Iwanosuke em um representante do povo ainu, forçando-o a deixar o cabelo crescer e usar as vestes tradicionais dos ainus. Os limites costumeiros do Estado japonês do início do período moderno foram demarcados por meio de representações de diferenças como essas, um tipo de diplomacia cerimonial. Em Edo, a obrigação dos embaixadores ryukyuanos do Sul a também vestir trajes tradicionais servia a propósitos semelhantes. O ponto importante é que as regiões fronteiriças, as bordas irregulares do Japão, passaram a desempenhar um papel crítico na formação de uma identidade nacional japonesa, a qual antecipou o nacionalismo do período Meiji (1868-1912).

Ao longo do século XVIII, as comunidades ainus pagaram um alto preço pelo comércio com os japoneses, fosse ele ritualizado ou não. Os ainus pescaram salmão e caçaram cervos em excesso para o comércio com os japoneses, enquanto os japoneses introduziram inadvertidamente a varíola, o sarampo e a sífilis nas comunidades dos ainus. O povo ainu minou seus próprios sistemas de subsistência assim que os itens comerciais japoneses – sedas, espadas, mercadorias de ferro, arroz e saquê – tornaram-se produtos de prestígio nas suas comunidades. Os chefes ainus, Shakushain, por exemplo, ganharam poder por meio do comércio da mesma forma que os japoneses – os membros da família Matsumae – ganharam prestígio pela prática de presentear a família Tokugawa. Esses presentes incluíam produtos farmacêuticos, como a vesícula de urso, itens militares, como penas de águia para flechas, falcões para a falcoaria e peles de veado para selas, todos obtidos em Ezo. O comércio exigia que os animais descessem do mundo dos espíritos e dos ancestrais e entrassem no mundo do protocapitalismo, tornando-se "bens de caça" no contexto da interação com os japoneses. No século XIX, as doenças destruíram, de acordo com algumas estimativas, quase metade dos ainus e, assim, Hokkaido já estava madura para a rápida incorporação do estado japonês moderno em questão de décadas.

A LEGIBILIDADE E O REINO

O Japão do início do período moderno também testemunhou os esforços conjuntos para tornar a nação emergente legível, para imaginar a comunidade japonesa como um povo com traços culturais e geográficos comuns. Quando o renomado poeta Matsuo Bashô viajou para o Norte e escreveu seu famoso *Oku no hosomichi* (Estrada estreita ao extremo norte), no século XVII, ele contribuiu para estabelecer um sentimento de legibilidade cultural no Japão, que intimamente atribuía tempo e espaço à nascente nação. Cada local que ele indicava em sua narrativa ou evocava em sua poesia criava um eixo histórico e geográfico para descrever a experiência nacional do Japão. Em 1689, Bashô foi "preenchido por um forte desejo de vagar" e, assim, partiu para o nordeste do Japão com o objetivo de visitar locais descritos pelos poetas japoneses anteriores. Ele viajou de forma geográfica, cobrindo o espaço acidentado do Nordeste; mas também viajou historicamente, explorando a criação e recriação dos locais pelos poetas anteriores e, desse modo, um campo cultural comunitário na paisagem do Nordeste. Bashô imaginou uma comunidade culturalmente delimitada pela geografia do Japão e procurou compreendê-la por meio de suas próprias reflexões e contribuições poéticas. Seus escritos indicavam a concentração dos vestígios de uma consciência nacional no início do período moderno.

Muitos locais visitados por ele em sua viagem eram santuários, mas outros eram paisagens naturais. Bashô descansou suas "pernas cansadas" sob a sombra de um salgueiro gigante celebrado na poesia de Saigyô (1118-1190) e atravessou as terras ancestrais de Satô Motoharu, cuja família tinha lutado bravamente ao lado do trágico Minamoto no Yoshitsune. Ao mesmo tempo, parando em um templo para o chá, ele viu tesouros, como a espada de Yoshitsune e a bolsa de Benkei. Ele relembrou o famoso pinheiro de Takekuma e respondeu ao poeta Kyohaku, que também tinha escrito sobre a árvore perene de troncos duplos. A árvore era a "mais bela forma que alguém poderia imaginar para um pinheiro", Bashô escreveu. Ao chegar no antigo local do Castelo de Taga, ele contemplou um monumento com a data do reinado do imperador Shômu (701-756). Ele evocou a imutabilidade do passado japonês e sua persistência no imaginário cultural. Bashô escreveu: "Neste mundo de constantes mudanças, onde montanhas desmoronam, rios mudam seus cursos, estradas ficam desertas, rochas são enterradas e árvores antigas rendem-se a novos rebentos, é um milagre que somente este monumento tenha sobrevivido pela surra de mil anos para manter a memória dos antigos". E continuou: "Senti-me como se estivesse na presença dos próprios antigos", na presença dos antepassados culturais do Japão. Ao visitar o santuário de Myôjin, ele se disse "impressionado pelo fato de o poder divino dos deuses ter chegado ao extremo norte de nosso país, e curvei-me em humilde reverência diante do altar". Por meio da identificação de tais marcas culturais, Bashô contribuiu para a definição de "nosso país", demarcando seus limites culturais, fronteiras e características.

Bashô foi um dos contribuintes de um crescente conjunto de conhecimentos culturais que se mostraram importantes para a construção da nação japonesa moderna. Esse arquivo metafórico de conhecimentos públicos, costurado pelas forças políticas dos Tokugawa, conectou os japoneses do Sul com aqueles do extremo nordeste. O arquivo foi construído ao longo dos séculos e consolidado pelo sistema de serviço alternativo; por meio dele, a capital de Edo tornou-se um lugar de reunião em que os dialetos foram homogeneizados e a partir de onde eram espalhadas as histórias dos objetos naturais e culturais que compunham o tecido da nação.

O início do período moderno também foi um momento importante para outras formas de construção da nação. Com efeito, formas mais concretas de mapeamento das fronteiras foram realizadas nos séculos XVIII e XIX. Os xoguns Tokugawa interessaram-se bastante pelo mapeamento do reino e requisitaram mapas dos senhores dos domínios em três ocasiões (1644, 1696-1702 e 1835-1838). Quando senhores dos domínios enviaram esses "mapas provinciais" (*kuniezu*) para Edo, eles serviram tanto a importantes propósitos políticos quanto militares. Ao enviar os mapas provinciais em 1700, por exemplo, todos foram compilados e redesenhados. O novo mapa, o *Shôhô Nihonzu* (o mapa de todo o Japão do período Shôhô), apresentava o grande reino, com sua costa recortada, rios sinuosos, portos, rotas comerciais e fronteiras provinciais. Pela primeira vez, os governantes do Japão viam uma representação legível e padronizada de todo o reino, podendo imaginar a extensão de suas características geográficas e topográficas.

Mais tarde, o xogum ordenou ao cartógrafo Ino Tadataka (1745-1818) que fizesse o levantamento da costa do Japão, utilizando técnicas cartográficas ocidentais. Com efeito, ele desejava definir os limites geográficos do Japão. Em 1821, o monumental *Dai Nippon enkai yochi zenzu* (mapa completo do litoral do grande Japão) de Ino foi disponibilizado aos tomadores de decisão política da família Tokugawa. Os mapas japoneses tradicionais podiam conter extensas informações textuais, representações taxonômicas ou significados religiosos, tornando-os dependentes de conhecimentos locais. Mas Inô construiu seus mapas com a nova linguagem da ciência ocidental, incorporando as linhas longitudinais e latitudinais, tornando o Japão, desse modo, legível também para uma comunidade global do início do período moderno. Com o mapa de Inô, o Japão foi colocado dentro da mesma lógica espacial da Europa e de suas colônias, abrindo o caminho para a tomada de posição do país de acordo com a lógica do mundo moderno. Os mapas de Inô também removeram as referências às taxonomias humanas e culturas, uma prática que, na imaginação cartográfica, despovoava as regiões que possuíam futuro interesse imperial. Prosseguindo o trabalho cartográfico de Inô, Mamiya Rinzô (1754-1836) levou as técnicas ocidentais para o Norte, viajou através de Hokkaido, Sacalina e até o estuário de Amur, mapeando a região e documentando os habitantes e os recursos naturais. Ele também utilizou a ciência cartográfica europeia, colocando Sacalina em uma grade universalmente reconhecível e antecipando as futuras ambições imperiais japonesas na região.

Conclusão

O início do período moderno japonês testemunhou o fortalecimento do entendimento sobre o que constitui o "nosso país", ou o Japão, um reconhecimento que transcendeu as hierarquias sociais específicas e as categorias de identidade baseadas na família ou na região. Como uma forma primitiva de nacionalismo, esse processo começou com a centralização do reino sob os xoguns Tokugawa e com a exigência política de que todos os senhores dos domínios participassem do sistema de serviço alternativo em Edo. Enquanto viajavam, os senhores dos domínios plantaram as sementes da comercialização ao longo das estradas mais pisadas do Japão. Em Edo, eles aceitaram deveres oficiais, trocaram histórias, dialetos foram homogeneizados, ofereceram presentes e deram início ao processo de criação – visita após visita, geração após geração – de uma cultura política nacional que girava em torno de Edo, que em termos de local, ou até mesmo nominalmente, continua sendo a capital política, cultural e financeira do Japão. O sistema dos Tokugawa nunca apagou por completo as perigosas ambições políticas individuais das antigas rivalidades entre os domínios, ou outras forças que mantiveram o Japão politicamente fraturado, mas os governantes japoneses começaram de forma clara a operar sob a lógica da existência de uma autoridade nacional. Não obstante, o *bakufu* de Edo criou um sistema com problemas inerentes que se manifestaram no final do século XVIII e no século XIX e, por fim, levariam ao colapso do regime em Edo e ao nascimento da Restauração Meiji, em 1868.

capítulo 8

A ASCENSÃO DO NACIONALISMO IMPERIAL, 1770-1854

A paz de Tokugawa durou bem mais de dois séculos. Logo no início, no entanto, rachaduras começaram a desfigurar o edifício do governo dos Tokugawa. Ao longo do tempo, essas rachaduras expandiram e ramificaram em uma complexa teia de problemas que acabou com a derrubada do *bakufu* de Edo em meados do século XIX, terminando séculos de governo dos samurais no Japão. Dentre esses problemas, alguns eram nacionais e incluíam revoltas camponesas, disparidades entre a pobreza dos samurais e a riqueza dos comerciantes, bizarros exemplos de milenarismo urbano e desafios ideológicos que exigiam a volta do governo imperial. Esses problemas domésticos foram agravados por outros externos, que incluíam a invasão russa no Pacífico Norte e, em 1853, a chegada do Comodoro estadunidense Matthew C. Perry (1794-1858) e seus "navios negros" jorradores de fumaça. Em conjunto, essas forças nacionais e internacionais sobrecarregaram o *bakufu* de Edo, que entrou em colapso em um conflito relativamente breve, conhecido como Guerra Boshin, em 1868 (1868-1869).

RACHADURAS NA LEGITIMIDADE DOS TOKUGAWA

Durante o início do período moderno, ocorreram cerca de 2.809 diferentes instâncias de rebeliões camponesas, em formas que foram desde a "petição direta" e da "ação coletiva" violenta até o "esmagar e quebrar" e a "renovação do mundo". Embora a maioria das rebeliões camponesas tenha ocorrido mais por razões econômicas do que políticas – ou seja, tentava-se destruir as casas dos comerciantes ricos locais ou de camponeses que tinham lucrado com a economia das vibrantes plantações comerciais –, algumas rebeliões mostraram-se politicamente subversivas e continham aspirações de mudança do regime. Uma "economia moral" implícita existiu na ortodoxia neoconfucionista do início do período moderno, garantindo que os "ilustres camponeses" fossem tratados de forma justa pelos "senhores benevolentes". No momento em que os senhores dos domínios espremeram demais os camponeses, conforme experimentado por Sakura Sôgorô (†1653) e outros em Narita no século XVII, eles formularam uma petição direta aos senhores dos domínios e, no caso de Sôgorô, até mesmo ao xogum, para que eles aliviassem um pouco as dificuldades econômicas de suas aldeias. Eles acreditavam que eles tinham o direito de viver. "Temendo e tremendo, respeitosamente apresentamos nossa declaração por escrito", explicava a petição que Sôgorô entregou em forma dramática ao xogum em Edo. A petição explicava que os "camponeses das aldeias sofreram muitos anos de privações. E, agora, eles estão à beira da inanição e incapazes de sobreviver". Por causa dos exorbitantes impostos sobre o arroz, "muitos, velhos e jovens, homens e mulheres, um total de 737, morreram de fome na beira da estrada ou se tornaram mendigos". Em última análise, nesse episódio, Sôgorô e toda a sua família foram executados por ter peticionado diretamente ao xogum. Em uma cena brutal, Sôgorô e sua esposa, antes de serem violentamente assassinados, assistiram, presos a cruzes, os carrascos decapitarem seus filhos um a um. Sôgorô tornou-se um mártir camponês, mas o preço pago por uma petição ao xogum mostrou-se extremamente alto. De qualquer maneira, a "economia moral" que deu forma às relações políticas entre o Estado dos Tokugawa e os chefes das aldeias locais começou a expor graves falhas do tecido econômico em transformação do Japão.

Mais tarde, as rebeliões do "esmagar e quebrar" em Shindatsu (1866), em grande parte resultado das mudanças sociais provocadas pela produção de seda e as revoltas de "renovação do mundo" em Aizu (1868), provaram-se mortais e perturbadoras – multidões de camponeses, furiosos por terem sido deslocados pelas mudanças econômicas discutidas no capítulo anterior, saquearam as casas dos moradores mais ricos. Como resultado da economia protoindustrial, outros camponeses haviam lucrado bastante com o crescimento econômico. Conforme disse um observador, "o abuso mais lamentável dos dias atuais entre os camponeses é que aqueles que se tornaram ricos esqueceram sua posição social e vivem luxuosamente como aristocratas da cidade". No entanto, as mesmas forças que trouxeram riquezas para alguns trouxeram pobreza e fome para outros; as revoltas de "renovação do mundo" dos últimos anos dos Tokugawa continham as armadilhas políticas da revolução. Enquanto isso, nas grandes cidades como Edo, ocorreu supostamente um fenômeno chamado *ofudafuri*, no qual dizem que talismãs do grande santuário de Ise, o principal santuário da família imperial, choveram nas cidades, fazendo o povo dançar nas ruas. Em um perigoso desprezo pelas limitações do sistema de posicionamento social e das linhas de gênero, as felizes pessoas da cidade travestiram-se, usaram máscaras e dançaram nas ruas. Enquanto dançavam e desfilavam, elas gritavam "isso é muito bom!" e "que diabos!". A cena causou a sensação de um momento milenar – claramente, os ventos da mudança eram refrescantes.

Ameaças externas

A chegada do comodoro Matthew C. Perry, em julho de 1853, a Uraga, perto de Edo, levou esse tumulto interno a um momento decisivo. Este foi mais um encontro estrangeiro que levou a reações nacionalistas; a chegada de Perry e seu ultimato em três partes ao *bakufu* tirou o equilíbrio do governo. O presidente Millard Fillmore (1800-1874) pediu ao Japão que iniciasse relações diplomáticas, tratasse os baleeiros encalhados de forma mais humana (muitos eram simplesmente decapitados assim que chegavam à terra firme), abrisse os portos e, de forma mais geral, iniciasse relações comerciais. Desconcertado pelo persistente Perry (ele deixou o Japão e retornou no ano seguinte, em fevereiro de 1854), o *bakufu* de Edo requisitou, inadvertidamente, um debate nacional, solicitando o conselho dos senhores dos domínios. Ao fazer isso, o reino dividiu-se em dois campos: o primeiro desejava "expulsar os bárbaros e reverenciar o imperador" (*sonnô jôi*), e o outro queria "abrir o país" (*kaikoku*). Apontando os problemas domésticos do Japão, particularmente o empobrecimento dos samurais e o aumento da riqueza dos comerciantes, os partidários do "expulsar os bárbaros" argumentavam que o *bakufu* havia fracassado em suas funções oficiais ao não administrar corretamente o reino e não combater a ameaça representada pelos "navios negros" de Perry. Afinal, o xogum era o "general subjugador de bárbaros". O xogum servia como uma espécie de gerente do imperador e muitos afirmavam que ele havia fracassado em seu dever. A solução deles: expulsar os ocidentais e reunir-se em torno do governo imperial direto.

Por outro lado, os partidários do "abrir o país" assinalavam que resistir a Perry e às potências europeias traria a destruição nacional. O Japão deveria aceitar as demandas de Perry e abrir o país; após séculos de isolamento em relação à Europa e aos EUA, os observadores japoneses sabiam o que estava acontecendo na China com a guerra do ópio, onde os britânicos implantaram suas tecnologias de guerra – tal como o vapor *Nemesis*, para demolir as defesas costeiras da marinha da dinastia Qing – com a crueldade habitual. Conforme escrito pelo erudito Sakuma Shôzen (1811-1864): "De acordo com o que ouvi, a situação é que os europeus [britânicos] poluíram o distrito Li-yüeh, que existia desde a dinastia Tang. Nosso país está apenas a uma curta distância por mar da China, e nenhum país do Oriente conseguirá manter-se fora do alcance dos ataques anuais dos navios britânicos". Para Sakuma, a ameaça dos ocidentais era muito real.

Os partidários do "expulsar os bárbaros" evocaram décadas de debates que haviam fermentado no Japão sobre se o imperador deveria governar o reino diretamente. Eruditos "nativistas" (*kokugaku*), como Kamo Mabuchi (1697-1769), Motoori Norinaga (1730-1801) e Hirata Atsutane (1776-1843), surgiram como vozes influentes do debate, pois, de diferentes maneiras, criticavam a fixação ideológica do *bakufu* na filosofia chinesa. Em essência, argumentavam que o Japão, não a China, era o "Reino do Meio", porque, ao contrário do imperador chinês que era um mero "filho do céu", o imperador do Japão era o próprio céu, ou um "deus vivo". Eles costumavam considerar o neoconfucionismo como "artificial", em vez de natural, no sentido de que ele organizava a sociedade de acordo com categorias manufaturadas. Apenas o Japão, disse Kamo, tinha "transmitido a linguagem dos deuses" por meio da instituição imperial. Kamo então escreveu: "Conhecer o *kokutai* [essência nacional] é conhecer os antepassados e, assim, exaurir a leal intenção ao imperador...". É importante notar que o termo *kokutai* tornou-se mais tarde uma espécie de termo "guarda-chuva" para descrever os atributos culturais e políticos exclusivos dos japoneses e de sua nação. Norinaga também enfoca a "sucessão ininterrupta" dos imperadores japoneses. Ao criticar os estudiosos do neoconfucionismo, Norinaga afirmou que eles "não conseguiram compreender e perceber que o caminho dos deuses [xintoísmo] é superior aos caminhos das terras estrangeiras". Esses estudiosos fixavam-se no idioma como a chave para entender o passado do Japão anterior à importação por atacado do budismo e do confucionismo nos séculos VI e VII; eles estudavam antigas canções e poemas das antologias literárias clássicas. O ponto importante para esses homens, no entanto, era que o que tornava o Japão excepcional era sua ilustre linha imperial. Em última análise, isso se tornaria a base do nacionalismo imperial nos anos Meiji, bem como durante a "restauração Shôwa", que promoveu o fascismo japonês da década de 1930.

Até mesmo os estudiosos neoconfucionistas começaram a discutir sobre a restauração do imperador. No que é conhecido como confucionismo de Wang Yangming (1472-1529), os estudiosos argumentavam que a natureza "estática" da ideologia do *bakufu* deu atenção excessiva à "contemplatividade", deixando a "ação pública" de lado. A ênfase de Wang Yangming (ele foi um proeminente filósofo e general da dinastia Ming) na "ação pública" ameaçava o *bakufu* porque ela, frequentemente, objetivava a cura dos males sociais e políticos, colocando o regime dos Tokugawa na mira. Os praticantes do confucionismo de Wang Yangming, como Ôshio Heihachirô (1793-1837), sublinhavam obsessivamente a expressão da "vontade sincera" e do "propósito justo" por meio da "correção das injustiças públicas". Uma das grandes injustiças era a decadente capacidade administrativa dos xoguns da família Tokugawa. Em 1834, Ôshio publicou o *Senshindô satsuki* (Escola de purificação do espírito interior) e rapidamente tornou-se um dos mais proeminentes pensadores de Wang Yangming no Japão, uma espécie de quase revolucionário. Em 1837, Ôshio iniciou uma rebelião fracassada em Osaka; ele tentava corrigir a sociedade por meio da ação pública. O lema dos rebeldes era "Salve as pessoas!" e, importante para os nossos propósitos aqui, "Restaure o imperador!". A rebelião fracassou e Ôshio cometeu suicídio em sua casa enquanto em meio ao incêndio em seu entorno; mas as forças subversivas haviam sido postas em marcha. Para os estudiosos Wang Yangming de várias origens, corrigir a sociedade significava a restauração do imperador e a destruição do *bakufu*.

A Escola de Mito também assumiu o manto da restauração do imperador. Essa tática foi complicada para o domínio de Mito, porque os seus *daimyô* carregavam o sobrenome Tokugawa e poderiam tornar-se xoguns. Os estudiosos proeminentes da Escola de Mito, como Fujita Yûkoku (1774-1826), Aizawa Seishisai (1781-1863) e Fujita Tôko (1806-1855), também afirmavam que o Japão precisava seguir o "caminho imperial". Dentre os críticos de Mito, Aizawa era o mais estridente. Em seu *Shinron* (Nova tese, 1825), ele atacou as políticas fracassadas dos Tokugawa, os comerciantes gananciosos e os ameaçadores estrangeiros. Muitos dos senhores dos domínios estavam endividados, explicou Aizawa, e "os comerciantes gananciosos, astutos e interesseiros manipulam os grandes senhores da terra como se fossem fantoches. A riqueza do reino está certamente nas garras dos comerciantes". Tomando os tradicionais temores do cristianismo, ele advertiu seus leitores contra os ocidentais e sua religião insidiosa: "Todos eles acreditam na mesma religião, o cristianismo, que eles usam para anexar territórios. Onde quer que estejam, eles destroem os templos nativos, enganam as populações locais e confiscam as terras. Esses bárbaros não aceitam outra coisa, senão a subjugação dos governantes de todas as nações e a conscrição de todos os povos a suas fileiras". Depois disso, sua crítica transforma-se em um discurso nacionalista, um discurso semelhante ao dos propagandistas da Guerra do Pacífico. Ele escreveu que: "Nossa Terra Divina é onde o sol nasce e onde a energia primordial tem origem... A posição do Japão nos vértices da Terra faz dele o padrão para as nações do mundo. Com efeito, ele lança luz sobre o mundo e não há limite para a distância da resplandecente influência imperial".

Sakuma Shôzan (1811-1864), que escreveu anteriormente sobre a Guerra do Ópio, na China, emergiu como outro crítico do declínio moral do período dos Tokugawa, mas adotou uma abordagem mais prática. Seu *slogan*, "ética oriental como fundamento, tecnologia ocidental como meio", agarrava os dois campos ideológicos. Ele acreditava que o país precisava restaurar o poder do imperador com o objetivo de interromper o declínio moral do Japão e, ao mesmo tempo, abraçar a tecnologia ocidental para se defender. A urgência da situação na China exigia uma abordagem prática e, assim, "expulsar os bárbaros", mesmo que fosse persuasivo, somente seria possível se o Japão adotasse a tecnologia militar necessária para fazê-lo. Ele dividiu sua filosofia desta forma: "Em relação aos ensinamentos sobre moralidade, benevolência, justiça, piedade filial, amor fraterno, lealdade e fidelidade, nós devemos seguir os exemplos e preceitos dos sábios chineses. Em relação à astronomia, geografia, navegação, topografia, investigação sobre o princípio de todas as coisas, arte da artilharia, comércio, medicina, máquinas e construção, nós devemos confiar no Ocidente". Em última análise, essa abordagem prática foi a característica do Japão durante os anos Meiji, mas somente depois do assentamento da poeira criada pelo colapso do governo Tokugawa.

Os desafios ideológicos dos estudiosos contra a ortodoxia neoconfucionista dos Tokugawa não estava apenas no discurso político e no nascente nacionalismo imperial. É importante lembrar que o neoconfucionismo servia como um pacote filosófico maior, que, além das ideias políticas, também englobava a medicina, a história natural e a cosmologia. Quase ao mesmo tempo que os pensadores nativistas começaram a atacar o neoconfucionismo como "artificial" e inadequado para o Japão, os médicos começaram a ver discrepâncias entre os atlas anatômicos chineses e os corpos reais. Isso tornou-se ainda mais dramático após a importação dos atlas anatômicos holandeses, considerados muito mais precisos que os chineses pelos médicos japoneses. Não demorou muito para que os estudiosos japoneses fizessem conexões mais amplas entre as imprecisões dos atlas médicos chineses e as possíveis imprecisões das filosofias políticas da China. Mais uma vez, a ortodoxia do neoconfucionismo era contestada, dessa vez por causa do surgimento das observações empíricas e da medicina holandesa no Japão.

A CIÊNCIA COSMOPOLITA E O DECLÍNIO DO CONFUCIONISMO

Assim, o desenvolvimento das ciências no Japão do início do período moderno, particularmente a influência do "conhecimento holandês", criou outra fonte de rachaduras do edifício da autoridade dos Tokugawa. No campo de batalha do conhecimento em torno do corpo, o conhecimento da anatomia humana por meio da dissecação tornou-se o foco de muitos médicos interessados em medicina europeia. Enquanto a medicina neoconfucionista preferia uma abordagem conservadora e não intervencionista para o corpo, o conhecimento holandês oferecia um olhar científico mais revolucionário, que sondava o interior do corpo. Logo no início, no entanto, certos neoconfucionistas opuseram-se a abrir e verificar os corpos devido à ameaça que isso gerava ao conhecimento tradicional sobre anatomia e às ciências médicas estabelecidas. Indiretamente, questionar a medicina do neoconfucionismo passou a significar o questionamento da fundação ideológica do governo dos Tokugawa.

Em sua crítica mordaz sobre a prática da dissecação, por exemplo, o médico Sano Yasusada ridicularizou a necessidade de abrir corpos e ver órgãos humanos. Sano escreveu sobre dissecar corpos e observar órgãos internos: "Não consigo imaginar o que podemos ganhar ao olhar para eles, ouvi-los ou falar sobre eles". Outros médicos, no entanto, como Yamawaki Tôyô (1705-62) e Sugita Genpaku (1733-1817), assim como seus homólogos europeus, acreditavam que havia muito a ser aprendido pela abertura e sondagem do corpo. Para alguns médicos europeus e japoneses, os campos de execução, com seus cadáveres comidos por pássaros e ossos branqueados pelo Sol, passaram a ser irresistíveis campos de caça para descobertas anatômicas.

No *Rangaku kotohajime* (Princípios do conhecimento holandês, 1815), Sugita (IMAGEM 13, p. 180) contou a história, agora famosa, da dissecação de uma senhora idosa, uma criminosa apelidada de a "bruxa do chá verde". Ela foi executada em abril de 1771 nos campos de execução de Kozukapara. Normalmente, apenas os párias, os *eta* ou *burakumin*, manipulavam os cadáveres por causa dos temores de contaminação – um fator social que inibia o estudo empírico da anatomia humana no Japão do início do período moderno. Maeno Ryôtaku (1723-1803), outro médico, acompanhou Sugita e, com ele, trouxe uma cópia do *Anatomische Tabellen*, um texto de anatomia do médico Danzig Johannes Adam Kulmus (1689-1745), publicado em alemão, em 1725. Os japoneses conheciam o texto por seu título em holandês, *Ontleedkundige tafelen*, publicado nove anos antes. Maeno obte-

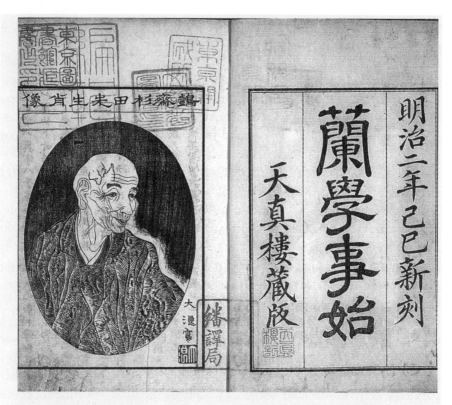

IMAGEM 13. Sugita Genpaku no título e frontispício do *Rangaku kotohajime*, 1869 (Princípios do conhecimento holandês, 1815).

ve a cópia em Nagasaki, onde a Companhia Holandesa das Índias Orientais negociava com os japoneses a partir da pequena ilha artificial de Dejima. Coincidentemente, Sugita também havia adquirido uma cópia do texto. Nagasaki foi o canal contínuo por onde o conhecimento holandês chegava ao Japão. Sugita e Maeno notaram o quão diferente o texto holandês descrevia os pulmões, o coração, o estômago e o baço, quando comparado com as imagens anatômicas da medicina neoconfucionista. Inicialmente, eles questionaram a precisão do texto holandês, mas mudaram de ideia com a dissecação de Kozukapara, quando eles, pessoalmente, analisaram e olharam um corpo por dentro.

Toramatsu, o pária que faria a autópsia, ficou doente, e seu avô de 90 anos o substituiu. Ele cortou a pele enrugada da "bruxa do chá verde" e abriu a carne. Ele comentou sobre a localização de vários órgãos internos, mas também apontou alguns órgãos para os quais a medicina chinesa não tinha nomes. Sugita comparou-os com os órgãos descritos pelo

Ontleedkundige tafelen e os identificou como artérias, veias e glândulas suprarrenais (IMAGEM 14, p. 182). O velho comentou que, em todas as vezes que ele tinha dissecado corpos, os médicos nunca tinham perguntado sobre as discrepâncias entre o corpo real, cortado em fatias na frente deles, e as descrições anatômicas feitas pelos chineses. Por outro lado, Sugita e Maeno ficaram espantados com as similaridades entre o texto holandês e as entranhas da "bruxa do chá verde". Sugita e Maeno também reuniram alguns ossos do campo de Kozukapara e notaram que eles, também, eram idênticos aos descritos pelo texto holandês. As representações chinesas mostraram-se totalmente imprecisas. Além disso, a maioria das partes anatômicas dos chineses, como os "seis lóbulos e as aurículas duplas dos pulmões" ou "os três lóbulos do lado esquerdo e os quatro lóbulos do lado direito do fígado", pareciam, agora, ter sido totalmente inventados.

É tentador retratar esse momento como um marco fundamental da história japonesa do início do período moderno, uma transição revolucionária do conhecimento dedutivo e teórico da medicina neoconfucionista para as observações empíricas dos campos de execução de Kozukapara e textos holandeses. Com efeito, nesse sentido, o momento não é diferente das dissecações e dos esboços anatômicos feitos pelo belga André Vesálio (1514-1564), que, em seu *De Humani Corporis Fabrica* (Sobre o tecido do corpo humano, 1543), difamou milênios de teoria anatômica, exemplificada pela teoria dos humores de Élio Galeno (129-199). Não muito diferente da tradição médica neoconfucionista aceita por Sano Yasusada e pela maioria dos estabelecimentos médicos do início do período moderno japonês, a Teoria Humoral, ou medicina de Hipócrates, via o corpo como composto de quatro fluidos corporais básicos que correspondiam à Teoria dos Quatro Elementos de Aristóteles – bílis negra (terra), bílis amarela (fogo), fleuma (água) e sangue (ar). A raiz das doenças humanas estava nos excessos ou na deficiência desses fluidos. Basicamente, essa teoria convergiu com a teoria neoconfucionista das cinco fases que reduzia o mundo aos cinco elementos, a saber, água, madeira, fogo, terra e metal, que por sua vez correspondiam a cores, números, direções e temperamentos.

Em 1536, acompanhado de seu ajudante Regnier Gemma, Vesálio visitou o campo de execuções na periferia de Louvain, na Bélgica, onde ele encontrou um esqueleto intacto de um ladrão. As autoridades tinham acorrentado o pobre coitado no cadafalso e, então, ele foi cozido vivo lentamente, deixando a carne carbonizada para os pássaros. Vesálio carregou os restos para casa para seus estudos anatômicos. Na Universidade de Pádua, perto de Veneza, Vesálio realizou dissecações humanas e vivissecções de

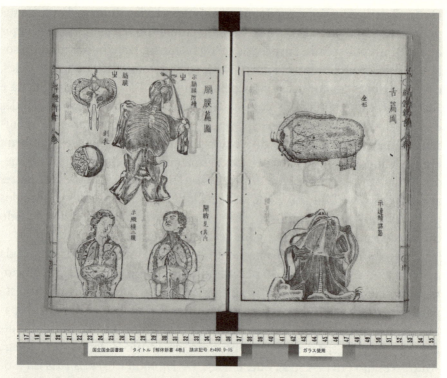

IMAGEM 14. Detalhe anatômico do *Kaitai shinsho* (Novo Atlas Anatômico, 1774) de Sugita Genpaku.

animais, substituindo os barbeiros (o equivalente europeu dos párias do Japão, pelo menos onde ocorriam dissecações) por seus estudantes de medicina. Durante esses anos, Vesálio conduziu várias dissecações públicas, teatrais, para causar impacto. A experiência acumulada levou à publicação do livro *Fabrica*, em 1543. Apesar de seus colegas, nomeadamente o seu professor, Franciscus Sylvius (1614-1772), terem criticado Vesálio por suas representações e conclusões antigalenistas, seu trabalho lançou as bases para o estudo empírico do corpo na Europa e, por fim, no Japão. De fato, os grandes espetáculos das palestras públicas e dissecações teatrais em Pádua simbolizaram a era pós-vesaliana, em que alunos e professores interagiram para produzir e disseminar o conhecimento anatômico.

Embora não fosse tão inovador como a *Fabrica* e tenha sido claramente influenciado pela difusão das ideias e dos métodos europeus, a tradução e interpretação de Sugita foi um avanço no pensamento empírico japonês. No entanto, avanços semelhantes já tinham irrompido o consenso científico do Japão. A nova atmosfera científica levou o médico Kosugi

Genteki (1730-1791) a concluir, após uma controversa dissecação observada em 1751, conduzida por seu professor Yamawaki Tôyô, que as representações anatômicas dos chineses estavam "totalmente erradas". Yamawaki conduziu a dissecação do corpo de um criminoso decapitado em um templo de Quioto. Yamawaki, em seu *Zôshi* (Descrição dos órgãos, 1759), publicou o primeiro texto anatômico japonês que não estava baseado nos conhecimentos chineses, mas em observações empíricas. Sugita, mais tarde, comentou sobre a dissecação: "A julgar pelo que ele [Kosugi] viu, ele concluiu que todo o conhecimento transmitido pelos ancestrais estava totalmente errado: eram todas fabricações vazias". Com efeito, no século XVIII, os médicos japoneses estavam cada vez mais céticos em relação aos atlas anatômicos dos chineses. Com algumas restrições contra a abertura do corpo e um suprimento de párias para contornar esses tabus, os médicos do Japão do início do período moderno já podiam começar suas descobertas empíricas sobre o corpo humano.

Mesmo que os médicos tradicionais condenassem a dissecação de Quioto de 1751, os estudiosos oficiais do neoconfucionismo, os funcionários de Tokugawa, e a maioria dos outros médicos mantiveram-se relativamente calmos em relação ao assunto. Sugita escreveu que Okada Yôsen (1722-1797) e Fujimoto Rissen (1703-1769), médicos oficiais do *bakufu* que haviam presenciado sete ou oito dissecações, também haviam notado a diferença entre os textos chineses e os corpos reais. Para conciliar o fato, eles especularam sobre as possíveis diferenças anatômicas entre chineses e "bárbaros" (nesse caso, os japoneses e os europeus). Tal lógica médica duvidosa não é surpreendente, pois as falsas teorias raciais sobre as diferenças humanas também permeavam a medicina ocidental. A referência de Sugita à presença deles, quando combinada com a de Yamawaki, em seu *Zôshi*, sugere o florescimento, durante o Japão do século XVIII, de uma cultura de explorações anteriormente reprimidas, assemelhando-se às experiências anteriores na Europa.

Após a dissecação de Kozukapara, Sugita lançou a hipótese de que os antigos chineses realmente conheciam a dissecação, pois o termo aparece em antigos textos médicos, mas que a prática não havia sido transmitida para as gerações seguintes. Segundo ele, o Japão, por esse motivo, havia apenas recebido os detritos do conhecimento chinês. Sugita enfatizou que, levando em conta a "experiência" em Kozukapara, ele e outros médicos deveriam aprender a "verdadeira estrutura do corpo humano" para praticar melhor a medicina. No século XIX e no início da idade moderna do Japão, Sugita voltou-se para a popularidade do conhecimento holandês e especulou sobre as razões de seu florescimento. "Expressar os fatos como eles são", ou uma realidade empírica e não dedutiva e filológica, era um dos motivos. Outra razão para o florescimento do conhecimento holandês: "Era o momento certo para esse tipo de conhecimento", com sua maior ênfase nas observações. Esse empirismo está no cerne da "verdadeira medicina", que realmente "salva vidas", ele refletiu.

Na verdade, "era o momento correto" para criticar a ciência chinesa. O medo das autoridades do período dos Tokugawa era o seguinte: se a medicina neoconfucionista dos chineses mostrar-se ilegítima e imprecisa e não conseguir expressar "os fatos como eles são", então é possível que o mesmo seja verdade de todo o tecido do neoconfucionismo de Zhu Xi e suas estruturas políticas e sociais. Quando combinado com as atividades dos radicais do "reverencie o imperador, expulse os bárbaros", isso mostrou ser suficiente para começar a enfraquecer a legitimidade do Estado. Os samurais radicais começaram a escancarar as rachaduras que serviam de base para a autoridade dos Tokugawa que levaram à queda do *bakufu*, em 1868.

Homens e mulheres de finalidades nobres

A maioria dos senhores dos domínios que abraçaram a doutrina do "expulsar os bárbaros" era os senhores "de fora", os homens que ainda sofriam com sua derrota na Batalha de Sekigahara (1600), dois séculos antes. Cada vez mais, os samurais dos domínios "de fora" reuniam-se em Quioto e advertiam o xogum contra a traição da vontade do imperador. Apesar de ser uma mulher com passado agrícola, Matsuo Taseko (1811-1894) fazia parte desses fanáticos imperiais que viajavam até Quioto para dar apoio à mudança iminente de regime. Em 1852, Matsuo entrou em contato com um discípulo do nativista Hirata Atsutane, o qual atacava o budismo por ser outra importação estrangeira destrutiva. Não surpreendentemente, muitos fanáticos imperiais começaram a desfigurar as estátuas budistas em apoio a uma religião xintoísta nativa, que adorava divindades nativas. Matsuo viajou para Quioto com alguns "homens de finalidade nobre" (*shishi*) para exigir a restauração imperial. Em Quioto, Matsuo foi afetada pelo nacionalismo, como demonstra um poema escrito por ela: "Como você espera que eu / pare agora? / Meus pensamentos elevam-se / cada vez mais para cima / quando estou enlouquecida pelo espírito japonês". A energia da restauração imperial permeava todos os grupos sociais.

Apesar da intensa agitação política dos "homens de propósitos nobres", o *bakufu* definiu o curso da abertura do país e assinou o Tratado Harris (Tratado de Amizade e Comércio, 1858) com os EUA. Os zelotes imperiais irritaram-se com a maior parte do Tratado, mas muito mais com as condições de extraterritorialidade. Em seu artigo 6º, o Tratado estipulava que "os americanos que cometerem infrações contra os japoneses deverão ser julgados pelos tribunais consulares dos EUA e, caso sejam culpados, serão punidos de acordo com a lei americana". Em outras palavras, os cidadãos americanos que viviam nos portos recém-designados pelo Tratado estariam sujeitos às leis dos EUA; não ao sistema legal japonês, que era visto como "oriental", despótico e bárbaro pelos ocidentais. A maioria dos observadores japoneses viram isso como uma violação da soberania. Por causa do artigo 6º e de outros que envolviam tarifas injustas, esse Tratado – e outros como ele, impostos na China (modelo do Tratado Harris) – tornou-se conhecido como os "Tratados Desiguais".

O arquiteto da estratégia "abrir o país" do *bakufu* era o destemido Ii Naosuke (1815-1860). Imediatamente após a assinatura do Tratado Harris, ele expulsou os simpatizantes imperiais, tal como Hotta Masayoshi (1810-1864), da corte e dos círculos do *bakufu*. Em 1860, ele interveio em uma disputa sucessória dos Tokugawa, garantindo que o partidário da abertura do país, Tokugawa Iemochi (1846-1866), em vez do mais radical, Tokugawa Hitotsubashi (do domínio de Mito), fosse o próximo xogum. Enquanto isso, o regente Manabe Akikatsu (1804-1884) aplicou uma pressão considerável à corte para que aceitasse a posição diplomática do *bakufu*. Mas os fanáticos imperiais aplicaram uma força contrária: em reação à expulsão feita por Ii dos simpatizantes da corte, os samurais radicais realizaram, em 1859, ataques em nome da corte e em defesa da "Terra divina". Imediatamente após o Tratado Harris ser assinado, os fanáticos atacaram brutalmente um oficial da Marinha russa, um capitão mercante holandês, um funcionário chinês a serviço dos franceses e um japonês a serviço do consulado britânico. Em janeiro de 1861, na capital de Edo, os samurais assassinaram o secretário do cônsul americano Townsend Harris. Após, no incidente Sakuradamon, o próprio Ii, ministro superior dos xoguns, foi assassinado do lado de fora do Castelo de Edo. Como todos os samurais, os "homens de propósitos nobres" acreditavam que, de acordo com a honra, valia a pena morrer ou matar por algumas coisas. Esse legado de violência política radical e de morte desejável e honrosa teve um impacto duradouro na política japonesa moderna – mais tarde, durante a tumultuada década de 1930 do Japão, os assassinatos políticos se tornariam bem difundidos.

Em resposta aos ataques dos samurais, particularmente o assassinato de Ii Naosuke, o *bakufu* lançou uma outra série de reformas, projetadas para forjar uma "união entre a corte e o *bakufu*". O arquiteto das reformas foi Matsudaira Shungaku. Ele enviou representantes para Quioto que anunciaram oficialmente a mudança do posicionamento do *bakufu* e a adoção do "expulsar os bárbaros". Após o assassinato do Ii, a mudança dos Tokugawa levou os conselheiros imperiais Sanjô Sanetomi (1837-1891) e Iwakura Tomomi (1825-1883) a contar vantagem, dizendo que xogum "tremeu" na presença da autoridade imperial. Sanjô estava enlevado pelo enfraquecimento do *bakufu* e anunciou que "a restauração imperial está próxima. Oh!, alegria. Oh!, alegria". Tremendo ou não, a mudança do posicionamento do *bakufu* sinalizava a perda de vontade política, e, assim, grande parte da pompa verdadeira e simbólica da autoridade dos Tokugawa começou a se desgastar. Para acomodar os domínios inquietos, o regime dos Tokugawa modificou o sistema de serviço alternativo e eliminou o oneroso cerimonial de troca de presentes durante as audiências com o xogum. A canibalização da autoridade dos Tokugawa havia começado.

Enquanto isso, os fanáticos imperiais continuavam a fazer pressão por meio de atividades dramáticas, projetadas para restaurar o poder imperial, expulsar os bárbaros e minar o poder dos Tokugawa. Em 1862, samurais de Satsuma, um domínio propagador da ideia de "expulsar os bárbaros", assassinaram um comerciante britânico chamado Charles Richardson (1834-1862). Os britânicos responderam, exigindo uma indenização, mas Satsuma não desejava pagar. Os britânicos, por fim, responderam por meio do bombardeio de Satsuma. Os dois anos seguintes foram testemunhas de muitas outras agitações políticas. Em 1863, o general do *bakufu*, Ogasawara Nagamichi (1822-1891), foi enviado para Quioto após o xogum, Tokugawa Iemochi (1846-1866), ter sido mantido refém por um breve período na capital imperial. Nesse mesmo ano, um grupo de samurais que se autodenominavam "patriotas do reino" queimaram partes do Castelo de Edo, ilustrando ainda mais a conotação nacionalista do encontro dos japoneses com o Ocidente no século XIX. Em 1864, a autoridade nacional pareceu estar escorregando das mãos do *bakufu* quando o oficial, Matsudaira Yorinori (1831-1864), desertou e liderou um exército contra o xogum. Os desafios dos Tokugawa tornaram-se excessivos quando, mais tarde nesse mesmo ano, os britânicos enviaram uma mensagem exigindo uma resolução para a questão do assassinato de Richardson em Satsuma.

Da mesma maneira que Satsuma, o domínio de Chôshû tornou-se um espinho para o *bakufu*. Os líderes de Chôshû e de outros domínios externos ainda desejavam impacientemente vingar seus ancestrais pela derrota em Sekigahara, a batalha que levou a família Tokugawa ao poder. Na verdade, a animosidade contra seus inimigos ancestrais estava até mesmo ritualizada por eles. Em uma cerimônia secreta, os anciãos de Chôshû perguntavam ao senhor do domínio: "É chegado o momento para darmos início à subjugação do *bakufu*?". O senhor então respondia: "Ainda é muito cedo; o momento ainda não chegou". As mães chegaram a instruir as crianças de Chôshû a dormir com os pés voltados para o leste, um sinal de desrespeito aos xoguns de Edo. Chôshû tornou-se um refúgio seguro para os fanáticos imperiais. O domínio aproveitou-se também do enfraquecimento da autoridade do *bakufu* sobre os domínios para fortalecer sua posição política e militar. Com efeito, em 1865, Chôshû comprou cerca de 7 mil rifles modernos que, apenas três anos mais tarde, seriam usados contra os aliados dos Tokugawa. Os intelectuais de Chôshû, tais como Yoshida Shôin (1830-1859), falavam abertamente em "destruir o *bakufu*" e promoviam a lealdade nacionalista a favor do imperador, em oposição à lealdade feudal e compartimentada do regime Tokugawa. Quando Chôshû aliou-se com os samurais dos domínios de Tosa e Satsuma, criando a aliança Satchô, o destino do *bakufu* estava selado. Em janeiro de 1868, nos campos de batalha de Fushimi e Toba, o *bakufu* dos Tokugawa sucumbiu aos seus inimigos e caiu.

Conclusão

O discurso político do final desse período estruturou o discurso político da Restauração Meiji, desde o "Plano dos Oito Pontos" de Sakamoto Ryôma (1836 1867), um samurai de Tosa que articulou um roteiro para a restauração imperial, até os corajosos atos de Yoshida Shôin. Sakamoto ficou impaciente com a conduta do *bakufu*. "Esses malandros de Edo estão de mãos dadas com os bárbaros. E, apesar de esses canalhas terem bastante poder, assim que eu me unir com dois ou três *daimyô*, eles vão ter que pensar sobre seu país. [...] Eu tenho um forte desejo de limpar o Japão". Os arquitetos do governo Meiji, tal como Itô Hirobumi (1841-1909), estudaram com samurais radicais como Yoshida Shôin. Essa experiência deu forma à abordagem que tinham sobre o governo imperial, o nacionalismo japonês e, por fim, aos projetos de construção de um império na região do Pacífico asiático.

Em resposta aos "Tratados Desiguais" e alimentados pela política radical do nacionalismo imperial, o Japão começou a embarcar em formas radicalmente novas de construção do Estado no período Meiji; formas que punham o pequeno país insular quase em paridade com as grandes potências. O encontro cultural com os EUA e a Europa provocou uma reação nacionalista intensa, caracterizada pelo movimento de "reverenciar o Imperador". As atividades dos fanáticos imperiais ilustram essas políticas radicais, nascidas no cadinho do colonialismo e que teriam legados duradouros no Japão e em outros lugares. O resultado mais imediato da turbulência política e do diálogo nacionalista da década de 1860, no entanto, foi o colapso do governo dos Tokugawa e a Restauração Meiji de 1868.

capítulo 9

O ILUMINISMO MEIJI, 1868-1912

Em janeiro de 1868, nos campos de batalha de Fushimi e Toba, o *bakufu* de Edo sucumbiu à aliança Satchô. Depois de 268 anos inquietos, os vencidos na Batalha de Sekigahara (1600), os domínios "de fora", mantidos tão cuidadosamente controlados pelos xoguns, finalmente se vingaram. Apesar de os arquitetos da Restauração Meiji terem exaltado a doutrina "expulsar os bárbaros, reverenciar o imperador" no início de 1860, a realidade do governo, na verdade – e a realidade da ameaça representada pelas "grandes potências" e seus paralisantes "Tratados Desiguais" –, tornou tais slogans patrióticos insustentáveis como política real. O nacionalismo radical imperial do início do século XIX rendeu-se a uma *realpolitik* com os EUA e a Europa, em que a modernização se tornava a preocupação da política, cultura e sociedade japonesa. Os reformadores Meiji tentaram acelerar o Japão até a era moderna, com seus governos constitucionais, poderosos motores a vapor, e fábricas com 24 horas de iluminação elétrica. Tendo a orientação de poderosas políticas e filosofias, os reformadores Meiji reinventaram o Japão no final do século XIX e início do século XX. Eles moldaram o Japão cm um país que, menos de meio século mais tarde, se tornaria uma potência econômica e militar do mundo.

O ESTADO MEIJI

A nova liderança do regime Meiji era, segundo descrição de Ôkuma Shigenobu (1838-1922), semelhante a "inumeráveis deuses" preparados para construir um novo Estado. A Carta de Juramento de abril de 1868 estabeleceu a estrutura básica do novo regime. Embora os quatro primeiros princípios – "assembleias deliberativas", sufrágio universal masculino, abandono dos "terríveis costumes do passado" e acesso às oportunidades empreendedoras – tenham se materializado de forma lenta, a nova liderança perseguiu vigorosamente o quinto princípio, que afirmava: "O conhecimento deve ser buscado em todo o mundo a fim de revigorar as fundações do governo imperial". Esse envolvimento internacional transformou o Japão em todos os níveis, desde empréstimos culturais até o conflito armado.

A Missão Iwakura de 1871 a 1873 simboliza a grande determinação dos japoneses para utilizar a cultura e as instituições ocidentais com o objetivo de "revigorar as fundações do governo imperial". Kume Kunitake (1839-1931), autor dos relatos oficiais da Missão, refletiu que "a Restauração Meiji trouxe uma transformação política sem precedentes no Japão". Quando a Missão viajou para os EUA e a Europa, ela entrou em um mundo moderno, em que muitos dias eram "passados em trens barulhentos com suas rodas gritantes e o guincho dos assobios, em meio ao cheiro de ferro e o irrompimento de chamas, movendo-se rapidamente entre espessas nuvens de fumaça". A locomotiva a vapor tornou-se um símbolo potente da transformação Meiji, bem como o imperador Meiji, que, depois de 1871, passou a vestir-se em trajes de marechal prussiano. Em 1872, a primeira estrada de ferro do Japão foi aberta entre Tóquio e Yokohama, e muitos outros quilômetros foram abertos logo em seguida.

Imediatamente após a Restauração Meiji, os reformadores eliminaram os registros de propriedade dos domínios, que eram vestígios importantes do poder feudal. No Estado novo, os domínios tornaram-se províncias, e o grande *daimyô* tornou-se "governador". Os líderes do período Meiji, como Kido Kôin (Takayoshi, 1833-1877) e Ôkubo Toshimichi (1830-1878), dos domínios de Chôshû e Satsuma, respectivamente, orquestraram, em março de 1869, a emissão de uma declaração feita pelos domínios, afirmando que abandonariam suas autoridades regionais, aquelas anteriormente institucionalizadas pelo "despotismo sem limites" dos xoguns da família Tokugawa. "As terras em que nós vivemos são terras do imperador", declararam. "As pessoas que governamos são o povo do imperador. Como, então, podemos tratá-las como se fossem nossas? Agora entregamos nossos registros de propriedade ao trono, pedindo que a corte os use conforme sua vontade." Eles sustentavam que, ao entregar suas terras, isso iria colocar o Japão "nas mãos de uma autoridade única" e, assim, colocar o país em "pé de igualdade" com os países do exterior, ou seja, com as grandes potências que desejavam conquistar a Ásia. Com essas declarações, os reformadores do período Meiji, agindo por meio da corte, desmantelaram a ordem japonesa do início do período moderno em favor de uma ordem recém-centralizada. O Japão estava agora nominalmente sob o controle de uma "autoridade única", o imperador Meiji. Na verdade, "o governo pessoal do imperador" passou a servir como um grito de guerra proeminente nesses primeiros anos, ainda que, na realidade, o país estivesse sendo governado por uma pequena oligarquia de homens dos antigos domínios "de fora".

Homens como Kido acreditavam que o Japão precisava estar militarmente centralizado antes da realização das grandes reformas de modernização. Kido observou: "Hoje, nosso dever mais urgente é varrer as práticas dos domínios e estabelecer firmemente um eixo militar sem o qual nada poderá ser realizado". Sanjô Sanetomi (1837-1891), um funcionário da corte, acreditava que o fator mais importante para a promoção da centralização do poder político e militar era o tempo: "O resultado da restauração depende dos próximos três, quatro ou cinco meses", ele especulou. A fim de agilizar e impor novas reformas a partir do centro político, os líderes Meiji estabeleceram uma força policial centralizada, tomando os *gens d'Armes* ("homens armados" ou gendarme) da França como modelo e colocaram-na sob o governo de outro notável de Satsuma, chamado Kawaji Toshiyoshi (1829-1879). Essa força policial passou por várias iterações e, por fim, foi abrigada dentro do todo-poderoso Ministério do Interior. Isso representou uma mudança dramática das práticas de imposição legal regionais, baseadas em classes sociais dos anos dos Tokugawa. Em 1873, a militarização do Estado Meiji deu outro passo gigante sob Yamagata Aritomo (1838-1922), ao estabelecer algo conhecido pelo povo como "imposto de sangue", ou conscrição universal a um exército completamente leal ao imperador.

Igualmente dramático como esses exemplos de reengenharia administrativa do período Meiji foram os exemplos de reengenharia social. A partir de 1869, a corte desmantelou o sistema social do Estado do início do período moderno e criou novas categorias para acomodar as pessoas que estavam na parte superior e inferior da pirâmide social. O Estado Meiji concedeu liberdade de emprego para os ex-samurais (e a maioria das outras pessoas), eliminou o registro de propriedade dos domínios e estabeleceu laços diretos entre o Estado e os indivíduos. Em 1871, com a criação da Lei de Registro das Famílias, a corte dividiu a sociedade em quatro grandes categorias e, um ano mais tarde, a maioria das pessoas foi categorizada como "plebeus". Além disso, um "édito de libertação" aboliu as categorias banidas do sistema social do início do período moderno, as quais haviam estado muito ligadas à subsistência. Nos anos dos Tokugawa, os párias trabalhavam com cadáveres em couro curtido; e a associação desses meios de subsistência a formas de "poluição", principalmente a morte e o sangue, havia oficialmente rebaixado os párias, por herança, às margens da sociedade japonesa. Em 1871, o governo decretou que "os nomes *eta*, *hinin* e assim por diante estão abolidos a partir de agora. De agora em diante, em relação a sua posição social e ocupação [antigos párias], devem ser tratados como plebeus". Mesmo após o "édito de libertação", não era incomum que os funcionários listassem nos registros do agregado familiar os ex-párias como "novos plebeus" e os ainus como "antigos aborígines", basicamente perpetuando formas diluídas de discriminação. Mas o simbolismo de tais mudanças é importante. Tal como aconteceu com outras mudanças administrativas e sociais do período que revolucionaram a vida japonesa, a posição social deixou de ser o fator determinante da forma de subsistência de um indivíduo. Pelo contrário, o fator passou a ser a distância entre o indivíduo e o imperador. No vórtice meteorológico do furacão Meiji, o imperador sempre funcionou como o olho da tempestade. Mas, ao incorporar os ex-párias aos plebeus, trouxe o alto custo de uma violência social assassina. No sistema social anterior todo mundo tinha seu lugar, e os antigos camponeses, que haviam sido beneficiados com o prestígio do sistema neoconfucionista de valores, eram agora, ao lado dos párias, considerados plebeus. No próximo capítulo, exploraremos como o "édito de libertação" fez com que, na verdade, muitos ex-párias se tornassem mais vulneráveis à violência social do que antes.

Restauração Meiji na história

Em meio a esse turbilhão de mudanças políticas, o período Meiji representa um dos momentos mais dramáticos da história do Japão e não é de estranhar que ainda exista muita discussão sobre seus legados. Os historiadores debatem sobre o verdadeiro significado da Restauração Meiji – *Meiji ishin*, em japonês. Claramente, a confusão decorre do fato de que ninguém sabia, nem mesmo os reformadores Meiji, o que o futuro realmente reservava para eles. Inicialmente, a liderança Meiji saudou o ano de 1868 como "a restauração do governo imperial", confirmada por sua vitória na Guerra Boshin (1868). Mas estavam em jogo implicações muito mais profundas do que o retorno anacrônico ao governo imperial do milênio anterior. Conforme já vimos, surgiu uma burocracia central para substituir os domínios do início do período moderno, e uma nova ordem social emergiu dos escombros sistema social dos Tokugawa. O serviço militar já não dependia mais da hereditariedade dos samurais, mas sim de uma política nacional de recrutamento. Como veremos, a "revolução industrial" do início do período moderno foi incorporada a uma verdadeira revolução industrial; e educação e a ciência do Ocidente, que guiavam os avanços tecnológicos, tornaram-se o padrão. Dada a natureza dramática dessas mudanças, os anos Meiji começaram a ser vistos menos como um período de "restauração", mas como um período de "renovação", no qual o Japão se tornou uma das nações "iluminadas" do mundo. No século XIX, Ernest Satow (1843-1929), membro do Serviço Britânico de Relações Exteriores no Japão, entendeu a natureza revolucionária dessas mudanças. Em suas memórias, Satow faz referências contínuas à "revolução de 1868". Ele ponderou que "a revolução no Japão foi semelhante à de 1789, mas sem a guilhotina".

Os historiadores japoneses se esforçaram para contextualizar essas alterações. Taguchi Ukichi (1855-1905), acadêmico Meiji, procurou explicar a total "renovação" do Japão que ocorreu durante a primeira metade dos anos Meiji, mesmo que a derrubada dos xoguns Tokugawa pretendesse originariamente causar a "restauração" das antigas instituições imperiais. Taguchi acreditava que a história impulsionava as sociedades naturalmente da "barbárie" para a "civilização". A troca da autoridade "feudal" dos Tokugawa pela unidade nacional do governo imperial serviu simplesmente como um passo na direção da inevitável "iluminação" histórica do Japão. Da mesma forma, Nishimura Shigeki (1828-1902), outro acadêmico Meiji, argumentou que a história realmente "gera o progresso", mesmo com a ascensão e queda de regimes como o dos Tokugawa. Influenciado por intelectuais ocidentais – John Stuart Mill (1806-1873) e outros –, esses acadêmicos Meiji contextualizaram a Restauração Meiji em uma progressão de regimes e Estados, impulsionados por forças incorporadas à história e à lei natural da evolução, vindo à luz somente no final do século XIX. Eles orquestraram uma revolução temporal do período Meiji, na qual as antigas noções cíclicas sobre o tempo e a história, aquelas incorporadas nas cosmologias confucionista e chinesa, foram substituídas pelas ideias ocidentais de progresso linear.

Em 1860, os jovens Fukuzawa Yukichi (1835-1901), outro acadêmico Meiji que conhecemos na introdução, acompanhou uma missão para os EUA a fim de ratificar o Tratado Harris (1858). Suas experiências capturam a natureza dessa revolução. Fukuzawa ficou deslumbrado com o Ocidente, que ele descreveu como "impressionante" e "poderoso". Ele e a oligarquia Meiji concluíram que era essencial replicar a civilização ocidental. Liderado por Yukichi e pela Sociedade Meiji Seis – um grupo de pensadores dedicados a trazer a civilização ocidental para o Japão –, a noção de progresso passou a dominar as primeiras décadas da experiência Meiji. Fukuzawa acreditava que os japoneses precisavam remodelar sua perspectiva temporal e seu entendimento do que os termos como "civilização" e "história" realmente significavam. Em uma série de publicações, Fukuzawa refinou a forma como os japoneses deveriam ver o passado e o futuro. Ele argumentou que a civilização humana, seja no Japão ou na Inglaterra, progredia da "barbárie", do "caos primitivo", da "semicivilização" até chegar à "civilização" completa. A História, para Fukuzawa e seus colegas, gerava o progresso, e todas as nações se encontravam em algum momento dessa trajetória que ia da barbárie à civilização. Essa era, segundo Taguchi, a "lei do desenvolvimento histórico". Essa perspectiva temporal era radicalmente diferente da perspectiva neoconfucionista da história e da civilização, que buscava respostas políticas e padrões morais no passado e nos sábios da antiga China. O neoconfucionismo tinha os olhos voltados para o passado; o progresso ocidental estava fixado no futuro.

Considere, por um momento, duas figuras importantes do pensamento do leste asiático e europeu. Nos *Analetos*, Confúcio (551-479 a.C.), fundador da filosofia do leste asiático, declara: "Eu transmito, mas não crio". Isso tornou-se o *modus operandi* do confucionismo, com suas muitas tentativas, por vários intérpretes, de recuperar e "transmitir" esse passado moral por meio das leituras detalhadas dos principais textos confucionistas. A esse respeito, embora muito dinâmico, o confucionismo era basicamente um antiquário que buscava respostas para os desafios contemporâneos nos ensinamentos de prudentemente figuras do antigo passado da China. Por causa dessa dependência do olhar para o passado, Fukuzawa Yukichi acreditava que a filosofia chinesa era uma "doutrina retrógrada" com "influências degeneradas" e, portanto, "responsável por nossas falhas óbvias" quando nos comparamos com as grandes potências. Enquanto isso, a filosofia ocidental ensinava "independência" e "confiança na própria integridade", credos importantes para Fukuzawa. Em grande parte, essas ideias estavam enraizadas na filosofia de Georg Wilhelm Friedrich Hegel (1770-1831), um dos arquitetos do moderno pensamento progressivo. Ele argumentou que "a história do mundo é apenas o progresso na consciência da liberdade". Em outras palavras, na filosofia ocidental abraçada por Yukichi e seus contemporâneos, a história não era um paraíso político governado por sábios iluminados, mas traços de espumas que se alargavam e lentamente desapareciam atrás de um barco, utilizado para rastrear o progresso civilizatório de nações que navegavam lentamente para a frente no oceano do tempo.

Guiados por tais ideais progressistas, o Japão absorveu ideias ocidentais e cultura material em um clipe rápido. Surgiram novas palavras para descrever os conceitos ocidentais importados. *Bunmei*, que tradicionalmente referia-se a uma ideia confucionista de "civilização chinesa", passou a significar "civilização ocidental" nas mãos dos intelectuais do período Meiji. Em outros casos, os intelectuais criaram neologismos, tais como *jiyû* e *kenri*, para descrever conceitos políticos ocidentais como "liberdade" e "direitos", os mesmos conceitos utilizados pelo modelo hegeliano de desenvolvimento. Alguns neologismos correspondiam à engenharia social descrita anteriormente, como quando *shakai*, ou "sociedade", substituiu o termo *shimin*, ou "quatro povos", do sistema social do início do período moderno (lembre-se de que os "quatro povos" eram os samurais, os camponeses, os artesãos e os comerciantes). Novas palavras também eram necessárias para descrever os objetos materiais estrangeiros, tais como *shashin* (fotografia), e *Tameikesanno* (Assembleia Nacional). Nas mãos dos políticos e pensadores progressistas, o Japão modulou-se para acomodar uma série de noções ocidentais. Os exemplos da cultura material ocidental começaram a brotar como margaridas. Desde o Bairro de Tijolos em Ginza (1872) e o pavilhão Rokumeikan (1883) até a cerveja (1869) e o espaguete (1872), os japoneses importaram a cultura material do Ocidente em um ritmo fantástico.

Lentamente, no entanto, alguns reformadores e políticos começaram a desiludir-se com o Ocidente, particularmente depois dos reveses diplomáticos, como a "intervenção tripla" no rescaldo da Guerra Sino-Japonesa (1895). Ficou claro que, não importava quão moderno o Japão fosse, a ele ainda seria negado um lugar à mesa das grandes potências. A segunda geração do período Meiji, então, buscou um sentido nacional mais ao estilo japonês, uma nação cada vez mais enraizada nos valores orientais tradicionais, os "terríveis costumes" rejeitados na Carta de Juramento de 1868 e vistos como "retrógrados" por Fukuzawa. Tanto a Constituição Meiji (1889) quanto o Decreto Imperial sobre Educação (1890) carregavam as estrias e fraturas desta transição.

A política do período Meiji

No início do período Meiji, muitos ex-samurais e camponeses ricos, desiludidos com as reformas econômicas e políticas, formaram o "Movimento Popular pelos Direitos Civis". Baseando-se em noções ocidentais de "liberdade individual" e "direitos naturais", os homens de Tosa, tais como Itagaki Taisuke (1837-1919) e Gotô Shôjirô (1838-1897), que haviam sido influenciados pela convocação de uma "Assembleia Nacional" por Sakamoto Ryôma, começaram a fazer campanha pela a participação popular no governo. Em 1881, Itagaki fundou o Jiyûtô (Partido Liberal), que ajudou a pressionar a oligarquia Meiji para elaborar uma Constituição. Para pensadores como Fukuzawa, a nação japonesa se libertaria da ameaça do imperialismo ocidental a partir do exercício dos direitos populares: "Se nós japoneses começarmos a buscar o conhecimento com espírito e energia, a fim de obter independência pessoal e, desse modo, enriquecer e fortalecer a nação, por que deveríamos temer os poderes dos ocidentais?". Mas a Constituição Meiji foi construída em uma base diferente da requerida pelo Movimento Popular pelos Direitos Civis. Essa base refletia mais a segunda onda de reformas do período Meiji.

Itô Hirobumi (1841-1909), pai da Constituição Meiji, descreveu a Constituição não como um produto da "lei natural" ou dos "direitos individuais", mas sim como o "presente de um imperador benevolente e caridoso ao povo de seu país". Ou seja, a legitimidade da Constituição Meiji não vinha de um "Criador" jeffersoniano ou de direitos naturais inalienáveis, mas da incansável caridade do imperador do período Meiji. Itô rejeitou a ideia de "separação de poderes" e afirmou que a soberania pertencia unicamente ao imperador. O estado é "como um corpo humano", ele concluiu, "que possui membros e ossos, mas cuja fonte de vida espiritual é a mente [ou seja, o imperador]". Com a segunda onda Meiji, a história excepcionalista do Japão – o fato de que, como Itô escreveu, "nosso país foi fundado e governado pelo próprio imperador desde o início de nossa história" – moldou diretamente a linguagem e as leis da Constituição. O Decreto Imperial sobre Educação (1890) estava ainda mais focado na decadência moral causada pelos excessos dos primeiros anos Meiji. "Em relação à moralidade", explicava o preâmbulo do Decreto, "o estudo de Confúcio é o melhor guia."

Em suma, os primeiros anos do período Meiji testemunharam todas as ideias e instituições importadas do Ocidente para o Japão a fim de "fortalecer as fundações do governo imperial". Mas o Ocidente não era outra coisa, senão monolítico, e os reformadores Meiji confrontaram ideias que iam desde "direitos naturais" e governo participativo até a monarquia executiva da Prússia. No final, a proclamada necessidade de reforçar o novo Estado em face do imperialismo ocidental, para evitar o destino da China durante a guerra do ópio (1839-1842) da dinastia Qing, superava a necessidade de democratização generalizada. Durante a segunda onda do Meiji, os reformadores acusaram de excessiva muitos aspectos da cultura ocidental e ocorreu uma lenta desilusão em relação às grandes potências. Em nenhuma outra arena esse conflito entre democratização e conservadorismo Meiji foi mais agudo do que no tema dos direitos da mulher. Logo no início, muitos reformadores Meiji, tais como aqueles associados à Sociedade Meiji Seis, advogavam em favor dos direitos e sufrágio das mulheres. Mas, conforme a segunda onda Meiji ganhava força, os corpos das mulheres tornaram-se o principal campo de batalha sobre o qual foi travada a luta relacionada aos legados da modernidade japonesa.

AS MULHERES E A POLÍTICA DO PERÍODO MEIJI

Essa guerra sobre o destino do Estado Meiji – fosse para forjar uma nação de estilo ocidental ou uma nação japonesa unicamente imperial com um sistema conservador de valores confucionistas – foi travada com maior intensidade em relação aos corpos das mulheres japonesas. Inicialmente, para os grupos semelhantes à Sociedade Meiji Seis, o status das mulheres serviu como medida do progresso do Japão rumo à civilização. Nos primeiros anos do período Meiji, o governo incipiente pediu às mulheres que contribuíssem para o Estado por meio da frugalidade, do trabalho duro, de uma gestão eficiente do agregado familiar, de cuidados com a educação de jovens e velhos e de uma criação responsável das crianças. O lema do Ministério da Educação "boa esposa, mãe sábia" captava as primeiras expectativas do período Meiji sobre as mulheres. Mas as mulheres tinham ideias próprias. E não demorou muito para que um movimento de direitos das mulheres ganhasse força. Em 1872, quando o educador americano David Murray (1830-1905) incentivou os líderes Meiji a fornecer às mulheres melhor acesso à educação, foi estabelecida a Escola de Tóquio para Meninas, que ostentava um currículo exigente para jovens mulheres. Um punhado de mulheres participou da Missão Iwakura, pela qual os líderes do período Meiji percorreram o mundo em busca de modelos para modernizar seu país. Uma delas, Tsuda Umeko (1864-1929), acabou estabelecendo uma universidade para mulheres. Para alguns oligarcas esclarecidos do período Meiji, tal como Kuroda Kiyotaka (1840-1900), a educação era a chave para a criação de mulheres progressistas e esclarecidas, e ele defendia o envio das mulheres ao exterior.

Os debates sobre os direitos das mulheres eclodiram em 1872, durante o incidente de *María Luz*. No incidente, um navio de bandeira peruana de mesmo nome fez escala no porto de Yokohama e vários passageiros escaparam. Como se viu, esses passageiros eram homens que tinham sido recrutados como trabalhadores e mulheres como prostitutas de toda a Ásia. Esse incidente teve grande clamor público e fez com que os reformistas e os governos estrangeiros pressionassem o Japão para reformar suas leis em matéria de prostituição, especificamente por meio do cancelamento de dívidas e contratos que algemavam as mulheres aos cafetões e bordéis. Consequentemente, em 1872, pouco depois de libertar seus párias, o Japão libertou suas prostitutas. Ainda assim, enquanto esses ganhos eram obtidos, os corpos das mulheres continuavam a servir como campos de batalha sobre a direção das transformações do período Meiji. Em 1872, funcionários Meiji proibiram as mulheres de cortar o cabelo curto ou de fazer cachos. Alguns dos mais proeminentes pensadores japoneses do período, tais como Fukuzawa, Nakamura Masanao (1832-1891) e Mori Arinori (1847-1889), respondiam com o lema "mulheres também são pessoas" e questionavam o sistema doméstico "feudal" do Japão, que relegava as mulheres ao lar e as subordinava aos seus maridos.

Em reação ao Movimento Popular pelos Direitos Civis, o Estado Meiji, no final da década de 1870, estava mais conservador. Como já vimos, o movimento começou em 1874, quando Itagaki Taisuke e Gotô Shôjirô pediram por uma Assembleia Nacional com base no modelo apresentado por John Stuart Mill. Em 1880, eles organizaram a "Associação para o Estabelecimento de uma Assembleia Nacional". Os funcionários do Meiji reagiram, cerceando os direitos de reunião política, particularmente entre as mulheres. Em 1890, o governo Meiji promulgou a "Lei sobre Associações e Reuniões", que, entre outras proibições, barrava a participação das mulheres em reuniões políticas. O governo reforçou a lei em 1900 com a "Lei da Polícia de Segurança" do Ministério do Interior, que passou a restringir ainda mais a participação política das mulheres. O Ministério do Interior afirmou que as mulheres politizadas eram perigosas, porque as reuniões políticas comprometiam suas virtudes femininas. O Ministério relembrou os motins por comida da Revolução Francesa (1792) como um caso em que as mulheres transformaram-se de pessoas inocentes em animais por causa da política radical. Na revista *Shinmin* (O Súdito), o Ministério do Interior promovia sua versão idealizada das mulheres. Por exemplo, quando a história foi publicada na revista, o Ministério do Interior transformou o sofrimento privado de Yamasaki Ichi em um jogo de moralidade pública. "Ichi cuidava de seu pai cego, de suas irmãs e de sua mãe louca. Ela casou-se em 1891, mas, cinco anos mais tarde, o marido ficou doente. Ela cuidou de seu marido e do pai até a morte deles e continuou a cuidar de sua mãe ingrata." Tais histórias passaram a funcionar como modelos para o comportamento feminino. Com efeito, o governo Meiji passou a negar direitos para as mulheres porque o controle estatal do agregado familiar era essencial para fundamentar suas abordagens governamentais e definição de nação.

Várias mulheres desafiaram a agressão do Estado Meiji aos direitos da mulher. Alguns desafios, como aquele da "Avó dos Direitos Civis", Kusunose Kita (1833-1920), tinham como foco a relação entre propriedade, tributação e direito ao voto. Após a morte de seu marido, em 1872, ela herdou suas propriedades e, consequentemente, suas obrigações fiscais. Escreveu:

> Nós, mulheres, que somos chefes de família devemos responder às exigências do governo, assim como outros chefes comuns de famílias, mas, porque somos mulheres, não temos direitos iguais. Não temos o direito de votar em representantes da assembleia do distrito, nem para atuar como fiadoras legais em matéria de propriedade, mesmo que tenhamos os instrumentos legais para isso. Isto é uma enorme violação dos nossos direitos!

Ecoando as mulheres de Boston do século XVIII, ela continuou: "Mais condenável de tudo, a única igualdade que partilho com os homens que são chefes de suas famílias é o enorme dever de pagar impostos".

Um fluxo constante de mulheres ativistas seguiu a prosa de senso comum da Avó dos Direitos Civis. Kishida Toshiko (1863-1901) foi uma das primeiras defensoras das mulheres. Aos 20 anos, Kishida encantou as pessoas de um protesto por direitos civis em Osaka com um discurso sobre "o caminho das mulheres". Kishida vinha de uma família rica; ela havia servido como tutora literária da imperatriz. Outra famosa ativista dos direitos das mulheres, Fukuda Hideko (1865-1927), que ouviu Kishida discursar, descreveu a experiência desta maneira: "Ao ouvir seu discurso", lembrou Fukuda, "feito em um maravilhoso estilo oratório, fui incapaz de suprimir meu ressentimento e indignação [...] e comecei imediatamente a organizar as mulheres e suas filhas.". Kishida argumentou que o Japão nunca realizaria o Iluminismo Meiji enquanto os homens subordinassem as mulheres: "Neste país os homens, como no passado, continuam a ser respeitados como mestres e maridos, enquanto as mulheres são tratadas com desprezo, como se fossem empregadas domésticas e servas. Não há como criar igualdade nesse tipo de ambiente". A instigação de Kishida pela educação da mulher e pela igualdade entre os sexos gerou a criação de vários grupos importantes de direitos das mulheres.

O ponto importante é que a articulação Meiji em curso a respeito da nacionalidade japonesa permanecia entrelaçada com a luta pela igualdade e pelos direitos das mulheres. Tendo em vista que o nacionalismo Meiji passou a enfatizar a noção do "Estado da família", o papel das mulheres na família, como defensoras dos valores tradicionais, superou seu acesso aos direitos de voto e à cidadania propriamente dita. O destino das mulheres no Japão do período Meiji serve como um símbolo importante da política cada vez mais conservadora do final do período Meiji. Ao contrário da primeira onda de reformas do período, que visava a adoção por completo das ideias e instituições ocidentais, a segunda onda buscou a contenção confucionista, ou a reintensificação da "ética oriental" que era tão importante ao nacionalismo imperial do Japão. Esse estilo agressivo de cima para baixo também caracterizou a abordagem Meiji para revitalizar a economia japonesa com o objetivo de participar de forma mais competitiva do comércio global.

Economia política

A transformação econômica também se tornou um elemento crítico da Restauração Meiji. Os reformadores perceberam que a riqueza industrial se traduzia em força nacional e, ansiosamente, abraçaram práticas e teorias econômicas ocidentais. Mas mesmo que o Japão houvesse se integrado rapidamente aos mercados capitalistas globais, em grande parte governado pela dureza imperial ocidental, essa não era a primeira vez que ele tinha participado do comércio exterior. Como já vimos, os postos avançados do século XV e XVI do sudeste da Ásia foram abertos para o Japão medieval – assim como a participação japonesa no comércio de prata dos séculos XVII e XVIII que giravam em torno da China. É fácil exagerar sobre a ruptura histórica representada pela capitalização e industrialização da economia japonesa dos primeiros anos do período Meiji. Alguns historiadores, apontando para a rápida industrialização do Japão no final do século XIX, rotularam o país insular de um "modernizador tardio". No entanto, existem evidências generalizadas de que a economia japonesa exibia elementos protocapitalistas e protoindustriais que iam bem além da "abertura" Meiji do Japão. Dada a história do início do período moderno do Japão, a caracterização de "modernizador tardio" não condiz com os fatos. Tanto nas pescarias de arenque no Norte, no comércio de algodão de Kinai, no Oeste, nas corporações de madeira de Edo, quanto no poder absoluto da cultura de consumo do Japão, desde os comerciantes de litogravuras que vendiam estampas das estrelas do kabuki para lojas especializadas até as lojas especializadas em algas secas, o Japão já possuía uma economia robusta, diversa, orientada para o consumidor e em rápida expansão. De fato, no início do século XIX, os japoneses podiam até não falar o idioma do capitalismo ocidental fluentemente, mas já possuíam grande parte de sua gramática. Esse fato, tanto quanto as conhecidas habilidades de empréstimo cultural do Japão, explicam a ascensão econômica meteórica do país no século XX.

Os decisores políticos do Meiji ficaram impressionados com a potência trazida pela industrialização. Durante a Missão Iwakura, as áreas industriais ocidentais chamaram a atenção da embaixada, mas os funcionários Meiji não foram os primeiros a ficar impressionados com a industrialização e a economia do Ocidente. O *bakufu* de Edo havia estabelecido o Instituto para o Estudo de Textos Bárbaros, em que algumas teorias econômicas holandesas foram ensinadas. Os reformadores Meiji, no entanto, dedicaram uma prioridade sem precedentes à industrialização e, em 1877, com a fundação da Universidade de Tóquio (que cresceu a partir do referido Instituto), Ernest Fenelossa (1853-1908), um historiador de arte por formação, viajou ao Japão para ensinar economia política. Em 1858, Fukuzawa fundou a Universidade Keiô, com ênfase em economia, e lecionou a respeito de grande parte dos *Elementos de Economia Política* (1837) de Francis Wayland (1796-1865). Em 1875, o ministro da Educação, Mori Arinori, fundou a Faculdade de Direito Comercial, que ensinava teoria econômica. Simultaneamente, surgiu um turbilhão de importantes traduções, incluindo *A Riqueza das Nações* (publicado em japonês em 1884), de Adam Smith, e *Princípios de Economia Política* (publicado em japonês em 1886), de John Stuart Mill. Os japoneses começaram a acrescentar as dinâmicas teorias ocidentais de desenvolvimento capitalista à rica estratigrafia de sua própria experiência econômica.

As novas filosofias econômicas precipitaram interações que exploravam mais as pessoas e, como veremos no próximo capítulo, o ambiente natural. No entanto, é fácil exagerar o tamanho da ruptura entre a economia protocapitalista do início do período moderno e a industrial do final do século XIX. Mesmo a partir das perspectivas do início do período moderno que percebiam o ambiente natural cheio de divindades do xintoísmo e contínuos budistas da vida, os pensadores do início do período moderno defendiam a exploração do ambiente para obter vantagens econômicas e políticas. Satô Nobuhiro (1769-1850), um pensador eclético do início do período moderno, acreditava que a natureza era guiada por forças criativas, animadas pelas divindades xintoístas. No entanto, essa perspectiva da natureza não impediu a exploração do ambiente. Ao descrever o papel do governo, por exemplo, Satô disse no *Keizai yôryaku* (Resumo de Economia, 1822): "O desenvolvimento de produtos é a primeira tarefa do governante". Os seres humanos organizam-se em Estados, Satô sugeriu, para melhor explorar os recursos e controlar a energia, oferecendo, assim, uma defesa do início do período moderno para a ecologia política moderna. Com efeito, as ligações de Satô entre o "governante" e o "desenvolvimento de produtos" anteciparam o pensamento econômico político e as práticas dos anos Meiji.

Embora alguns economistas tenham tentado introduzir o modelo econômico do *laissez-faire*, o desejo predominante era por uma economia política prussiana, em que os interesses do Estado estivessem alinhados com os privados. Esse tipo de modelo começou com Friedrich List (1789-1846), o economista alemão do século XIX que defendia uma "economia nacional". Ao contrário da "economia individual", defendida por Adam Smith, que beneficiava predominantemente os interesses pessoais, List via o indivíduo em uma "união comercial" com os interesses do Estado. Certamente, muitos economistas japoneses passaram a ver o futuro econômico do Japão através da lente da "economia nacional". A Associação de Economia Nacional, por exemplo, fundada em 1890, abraçou essa abordagem de economia política. Seu manifesto de fundação anunciava que "o poder é criado pela riqueza. Não se sabe de lugar onde o poder consegue existir sem a riqueza. A competição que está ocorrendo nesse momento entre a nação e a nação é apenas uma competição entre força e poder produtivo". A riqueza servia como a chave para derrubar os "Tratados Desiguais", bem como as disputas das grandes potências pela soberania nacional do Japão. Inicialmente, economistas como Seki Hajime (1873-1935), um futuro arquiteto da economia japonesa do entreguerras e presidente da Câmara de Osaka, aderiram ao "progresso súbito de List" e a sua economia nacional. No entanto, ele, mais tarde, modificou sua posição para uma "economia nacional do povo" ligeiramente mais *laissez-faire*, na qual a economia nacional conservadora seria substituída por uma economia "progressiva, enérgica e internacional", que dependia mais da energia empreendedora. Em alguns aspectos, a abordagem de meio-termo de Seki, nascida na Alemanha e modificada no Japão, caracterizou a economia japonesa em geral, conforme o Japão entrava no século XX.

A construção de vínculos entre o desenvolvimento industrial e o Estado significava que a maioria das grandes indústrias do período Meiji anterior a 1880 seriam estatais. Mas sob o ministro das Finanças Matsukata Masayoshi (1835-1924), responsável por políticas deflacionistas generalizadas em 1881 e pela criação do Banco do Japão em 1882, o governo, de forma gradual, deu início às suas atividades industriais de empresas como Mitsubishi, Mitsui e Sumitomo, que mais tarde transformaram-se em megaconglomerados industriais conhecidos como *zaibatsu*. O governo Meiji havia planejado seu crescimento por meio da priorização de certas indústrias, pela construção de fábricas modelos e contratação de consultores estrangeiros para supervisionar o desenvolvimento das indústrias selecionadas. As políticas estabelecidas na década de 1880 alimentaram a primeira fase de crescimento econômico do Japão. Entre 1885 e 1905, as importações e as exportações dobraram. Além disso, o consumo de carvão aumentou de

2 milhões de toneladas em 1893 para 15 milhões de toneladas em 1913; a produção de aço, um indicador importante da indústria pesada, aumentou de 7.500 toneladas em 1901 para 255 mil toneladas em 1913. Empresários como Shibusawa Eiichi (1840-1931), fundador do primeiro banco nacional, uma sociedade por ações, lideraram o desenvolvimento da indústria têxtil de algodão no Japão. Em 1888, Shibusawa empregava cerca de 1.100 trabalhadores em suas fábricas têxteis de Osaka. Nacionalmente, em 1900, menos 70% das fábricas do Japão estavam envolvidas com a produção têxtil. Shibusawa implantou motores a vapor em suas várias fábricas, permitindo que 10.500 fusos têxteis girassem dia e noite com iluminação elétrica.

A eletrificação do Japão desempenhou um papel importante na economia Meiji. Shibusawa, ao eletrificar suas fábricas, previu a eletrificação geral da nação, com cabos de cobre transmitindo energia para todas as ilhas japonesas. Itô Hirobumi escreveu sobre o recém-inaugurado Ministério da Indústria, dizendo que sua finalidade era "compensar as deficiências do Japão por meio do rápido aproveitamento dos pontos fortes das artes industriais ocidentais para construir no Japão todos os tipos de equipamentos mecânicos com base no modelo ocidental, incluindo a construção de navios, estradas de ferro, telégrafo, minas e edifícios; e assim, com um grande salto, apresentar ao Japão o conceito conhecido como Iluminismo". Os mineiros retiraram cobre de minas como a de Ashio, estendendo, em 1895, o metal por 6.437 km de linhas de transmissão de cobre. Em 1910, algumas residências específicas em Quioto tinham luz elétrica. Em seu diário, Nakano Makiko observou que, em janeiro de 1910, a nova luz elétrica iluminava a casa dela. "Era tão brilhante que parecia que eu tinha entrado na casa errada." Em 1935, o Japão já havia se tornado líder mundial em eletrificação, fornecendo eletricidade a 89% de seus domicílios, significativamente mais do que a Grã-Bretanha e os EUA.

CRIME E CASTIGO

Junto com a reforma econômica, a revisão dos códigos legais do Japão foi outro ingrediente importante para a destruição dos grilhões dos "Tratados Desiguais". Alguns elementos do artigo 6º do Tratado Harris causavam maior irritação aos japoneses. Em uma estrutura legal conhecida como "Extraterritorialidade", o Tratado estipulava que "os americanos que cometerem infrações contra os japoneses deverão ser julgados pelos tribunais consulares dos EUA e, caso sejam culpados, serão punidos de acordo com a lei americana". A razão pela qual os americanos estavam imunes à lei japonesa era por causa da percepção que eles tinham sobre a natureza bárbara das formas "orientais" de punição e prisão, que, aos olhos da maioria dos ocidentais, eram feudais e selvagens. Mas, caso os japoneses quisessem desmantelar os "Tratados Desiguais" das grandes potências e entrar num período de paridade global multilateral, então os códigos penais do Japão precisariam ser reescritos para refletir a recém-descoberta "civilização e iluminação" japonesa.

A atenção dos reformadores Meiji à reforma legal não foi o primeiro exemplo de um Estado japonês exibindo tanto interesse. Como já vimos, no século VIII, a corte importou os códigos legais da China da dinastia Tang, facilitando a criação do Estado com base nos códigos *ritsuryô*. Em 1697, durante o início do período moderno, o *bakufu* de Edo buscou a uniformidade nacional dos crimes e de suas penas em uma ordem emitida para os senhores do domínio. Mais tarde, em meados do século XVIII, o xogum Tokugawa Yoshimune (1684-1751) sistematizou os códigos penais com os "Cem Artigos". Nas vilas do início do período moderno, cartazes em postes comunicavam esses códigos legais. Nos arredores de Edo, os campos de execução, repletos de cadáveres podres e desfigurados, dissuadiam as pessoas de cometer crimes futuros. Foi em um desses campos de execução que Sugita Genpaku, o intrépido dissecador, com o auxílio de um pária, dissecou a "bruxa do chá verde". Em 1832, quando uma embaixada de Ryukyu visitou Edo, o *bakufu* arranjou uma execução especial para coincidir com sua chegada. Dessa forma, os campos de execução serviam como marcadores disciplinares da autoridade do Estado que adornavam a chegada do xogum à capital. A partir de 1610, o *bakufu* também construiu o complexo prisional em Kodenmachô, que, no Japão, continuou a servir para fins de encarceramento até uma boa parte do período Meiji. Tendo em vista seus terríveis métodos, como o "serrote", o "pelourinho", a "flagelação", a "tatuagem", o "estiramento", o "abraçar as pedras" e a crucificação, alguns dos quais ocorriam em locais como a "sala de perfuração", não há muito por que perguntar aos visitantes americanos do século XIX os motivos por estarem tão sensíveis em relação aos seus cidadãos serem punidos de acordo com tais procedimentos cruéis.

As condições das prisões dos EUA não eram muito melhores, no entanto, mesmo que as informações divulgadas em todo o sudeste asiático fizessem com que elas parecessem mais esclarecidas. O livro chinês intitulado *Haiguo tuzhi* (Um tratado ilustrado sobre os países marítimos), escrito por Wei Yuan (1794-1857), trouxe informações sobre as prisões dos EUA para os leitores japoneses, particularmente para os ativistas do século XIX como, por exemplo, Yoshida Shôin (1830-1859). Quando o comodoro Matthew C. Perry chegou à Baía de Edo com seus "navios negros", Yoshida e um compatriota tentaram esconder-se em um dos barcos canhoneiros para poder viajar aos EUA e ver o país por si mesmos. Yoshida e seu companheiro foram apanhados e encarcerados em uma cadeia do domínio de Chôshû. Enquanto estava preso, Yoshida adquiriu um exemplar do livro *Haiguo tuzhi*. Ele descobriu que, nas prisões dos EUA, os criminosos "mudavam de comportamento e tornavam-se pessoas boas" por meio de instruções positivas. Nas prisões de Edo, Yoshida meditou: "Não cheguei a ver ninguém que passou a ter bons pensamentos" como resultado de seu encarceramento.

Com os rumores e as realidades da "barbárie oriental", tão intimamente conectada aos "Tratados Desiguais", os reformadores japoneses perceberam que a reforma penal era fundamental para reconquistar das grandes potências a completa soberania japonesa. Iwakura Tomomi (1825-1883) liderou os esforços, peticionando ao imperador para que ele desse prioridade às reformas penais. Logo após a Restauração Meiji, a corte anunciou que, "entre as centenas de reformas a serem implementadas em conjunto com a restauração do governo imperial, as leis penais são uma questão de vida ou morte para as multidões e precisam, portanto, ser urgentemente corrigidas". A crucificação ficou, no início, restrita a autores de regicídio e parricídio, mas, depois, em 1871, o *Shinritsu kôryô* (Esboço do novo Código) baniu-a, bem como a pena de ser queimado vivo. Sob a insistência de reformadores do sistema prisional como Ohara Shigechika, o Ministério da Justiça do período Meiji construiu sua primeira prisão moderna em Kajibashi. Arquitetonicamente, ela formava uma cruz com um posto de observação no centro, a prisão que se assemelhava ao "panóptico" de Jeremy Bentham (1748-1832), onde, conforme afirmado por Ohara, a prisão pode ser inspecionada com "uma única olhada". Conforme relembrado por um jornalista encarcerado em Kajibashi: "O projeto segue o de uma cadeia ocidental em formato de cruz [...] há um guarda no meio [...] que mantém vigia em todas as quatro direções". Oportunamente, os funcionários Meiji replicaram, em 1875, a bem-sucedida prisão de Kajibashi em Sapporo e em outras grandes cidades. Depois disso, as reformas dos códigos penais do Japão e a construção de prisões modernas foram importantes para demonstrar às grandes potências que o Japão havia abandonado as práticas "orientais" do início do período moderno.

Conclusão

É difícil exagerar o grau com que a Restauração Meiji foi moldada por fragmentos importados da civilização ocidental. Os empréstimos culturais do Japão nesse momento superavam até mesmo os empréstimos feitos pelo Estado de Yamato em relação às instituições da dinastia Tang nos séculos VII e VIII. Após a Missão Iwakura, empreendedores, pensadores e políticos japoneses começaram o remodelamento estratégico de quase todas as facetas da vida japonesa. Para defender a nação, a Prússia forneceu o modelo do Exército; a Marinha, muito naturalmente, foi inspirada no formato britânico. Para aplicação da lei nacional, a força policial assemelhava-se àquela que existia no centro de Paris, e a faculdade agrícola de Sapporo espelhava-se nas faculdades dos Estados Unidos que foram criadas pela Lei Morrill de concessão de terras (1862). Com um olho nos pensadores políticos ocidentais, o Japão reinventou seu aparelho estatal, suas hierarquias sociais e as noções de sociedade civil; e, ao mesmo tempo, também remodelou a natureza básica da economia e dos acordos comerciais internacionais. Para o Judiciário, as punições draconianas e prisões do passado foram substituídas por castigos e projetos inovadores de prisões emprestados dos Estados Unidos e de outros lugares. Para entreter e educar, museus, jardins zoológicos e botânicos e universidades passaram a adornar a capital japonesa de Tóquio e outras grandes cidades. Artefatos materiais, tais como edifícios de tijolos com vários andares, hospedavam práticas culturais recém-importadas como, por exemplo, a dança de salão. A cerveja e o espaguete, ambos de origem ocidental, aparecem ao lado das tradicionais entradas japonesas nos cardápios dos restaurantes. Um novo passatempo, o beisebol, foi uma das importações populares e duradouras dos EUA, assim como muitos outros esportes e recreações. Com efeito, em nome da "civilização e do Iluminismo", o Japão modernizou-se a um ritmo surpreendente após a Restauração Meiji, colocando-o na mesma trajetória histórica das grandes potências.

Mas a modernização do Japão também foi um produto de evolução histórica interna; nem tudo no Meiji foi mera imitação de modelos estrangeiros. O Japão tomou emprestado muitas teorias econômicas e instituições do Ocidente; mas, após as experiências protocapitalistas do início do período moderno, os reformadores Meiji perceberam que essas teorias e instituições importadas eram relativamente fáceis de ser impostas dentro do contexto econômico receptivo do Japão. A nova Constituição Meiji criou um sistema político monárquico, diferente de tudo que o Japão já tinha visto antes, mas a ideia de um Estado poderoso e centralizado, com burocracias elaboradas e influentes, não era uma ideia nova. Embora o imperador tenha entrado no período Meiji com trajes imperiais tradicio-

CAPÍTULO 9 – O ILUMINISMO MEIJI, 1868-1912 | 207

IMAGEM 15. Imperador Mutsuhito (1852-1912) do Japão, c. 1880-1901.

nais e um chapéu grandioso, apenas um ano mais tarde ele estava vestindo trajes de marechal de campo prussiano (IMAGEM 15). A noção de uma restauração imperial estava profundamente enraizada nas próprias tradições imperiais do Japão, mesmo que essas tradições fossem, em grande parte, inventadas. Em outras palavras, a Restauração Meiji misturou o velho e o novo, o japonês e o ocidental, de forma a criar novas relações entre o Estado e seus súditos. Para muitos, no entanto, essas novas relações inauguradas em tempos difíceis ilustram o grau ao qual os benefícios da modernidade não foram uniformemente distribuídos por todo o Japão no século XIX e início do século XX.

capítulo 10

Os descontentes do período Meiji, 1868-1920

No início do século XX, as reformas do Meiji já tinham repaginado o país insular. As experiências do Japão do início do período moderno, combinadas com as tendências globais do século XIX, mostraram-se suficientemente poderosas para transformá-lo em uma florescente nação moderna, mudando sua política, sociedade e cultura junto com o ambiente e muitos dos organismos não humanos que viviam no arquipélago. As pessoas e o mundo natural tornaram-se artefatos da vida moderna e industrial. Com as "meninas modernas" e seus cabelos curtos, e os dândis urbanos que ostentavam as vestimentas ocidentais mais novas, o Japão passou a assemelhar-se mais com as modernas nações industriais da Europa do que com sua própria identidade pré-Meiji ou seus vizinhos imediatos. A esse respeito, as reformas do Meiji reconfiguraram e reescreveram praticamente todos os aspectos da vida e da paisagem japonesa, mas, muitas vezes, com grande custo social e ambiental. O período Meiji possuía um submundo escuro, caracterizado pelo sofrimento humano e pelos primeiros sinais de problemas ambientais causados pela industrialização desenfreada e pela dependência de combustíveis fósseis.

Mudanças no interior

As reformas Meiji foram bastante pesadas para os plebeus do Japão, particularmente para aqueles que vivem na zona rural. Em meados do período Meiji, os agricultores japoneses cultivavam cerca de 11% da terra total disponível no Japão, ou aproximadamente 4 milhões de hectares (quase 10 milhões de acres), e esses números aumentaram mais tarde para cerca de 16%, ou próximo de 6 milhões de hectares (quase 15 milhões de acres), em 1919. Isso contrasta com as práticas mais contemporâneas: no período posterior à Guerra do Pacífico, o Japão testemunhou uma queda acentuada no número de agricultores e famílias de agricultores. Em 1965, o total de "trabalhadores agrícolas" era de 8,94 milhões de pessoas, mas esse número diminuiu para 2,24 milhões em 2005. Em termos de hectares de terras cultivadas, Japão diminuiu de 6 milhões de hectares, em 1965, para 4,69 milhões em 2005, estabilizando em torno dos números de meados do período Meiji. Isso ocorreu apesar do fato de a população do Japão ter aumentado apenas menos de 40 milhões em 1890 para quase 128 milhões em 2005. Esses números sugerem que, com a pavimentação japonesa de grande parte de suas terras e o rápido declínio da população rural, a nação insular está a ponto de não ser mais capaz de alimentar o seu povo. Como veremos, grande parte da agitação rural do Japão pode ser encontrada a partir das políticas da restauração e tributação do período Meiji.

Embora a nova era tenha provocado mudanças em todo o Japão, as condições materiais reais na zona rural haviam mudado muito pouco desde o início do período moderno. Na verdade, com a abolição do sistema hierárquico social e a libertação dos antigos párias, a posição social dos agricultores como "ilustres camponeses", veneráveis produtores de grãos da ordem neoconfucionista, enfraqueceu, e esses revolvedores do solo passaram a ser considerados iguais aos antigos párias. Tradicionalmente, os párias tinham sido tratados de forma depreciativa. O comentarista Kaiho Seiryô (1755-1817) escreveu que os párias eram na verdade descendentes de "bárbaros", não da deusa do Sol, e, por isso, eram diferentes dos japoneses. Eles pareciam japoneses, ele continuou, mas tinham "corações impuros". Em seus textos, Kaiho chegou a ponto de aconselhar que os párias adultos deveriam ser marcados com tatuagens em suas testas, para que as pessoas pudessem identificá-los mais facilmente; os "corações impuros", aparentemente, eram difíceis de ser identificados de longe. No entanto, mesmo com tais tradições discriminatórias, o governo Meiji aboliu o estatuto social em 1871, interrompendo completamente as anteriores hierarquias sociais dos Tokugawa. Em resposta, dois anos mais tarde, a Rebelião do Imposto de Sangue de Mimasaka (1873) entrou em erupção, com violência contra os ex-párias.

Em alguns aspectos, não é surpreendente que a violência tenha eclodido em Mimasaka. A área tinha uma longa tradição de tensão entre agricultores e comunidades de párias. No início do século XIX, cerca de 7% da população da área era formada por párias, uma porcentagem mais alta que o Japão como um todo (que era entre 2% e 3%), mas a mesma de outras regiões do oeste do Japão. Normalmente, as comunidades de párias eram atingidas pela pobreza, mesmo depois da legislação libertadora da Restauração Meiji. As reformas Meiji, os rumores de "impostos de sangue" e as tradições de violência contra os párias deram forma aos contornos da rebelião. A violência em Mimasaka começou quando Fudeyasu Utarô, um residente local, lançou uma revolta contra o novo regime Meiji, baseando-se em rumores de saqueadores que rondavam as zonas rurais em busca de sangue e gordura, alegadamente para vender para os ocidentais. Inicialmente, Fudeyasu encenou a revolta como uma forma de resistência aos coletores desse imaginado imposto de sangue, mas a revolta espalhou-se rapidamente a uma zona rural das proximidades. Durante seis dias, em maio de 1873, as gangues percorriam a área de Mimasaka, atacando as autoridades locais e os párias recentemente libertados. Significativamente, as gangues só destruíram as propriedades dos funcionários, mas tiraram a vida dos párias libertados, matando dezoito e ferindo dezenas deles. Inicialmente, as gangues destruíram as propriedades à moda típica dos rebeldes "esmagar e quebrar" do início do período moderno, mas, nos últimos dias da revolta, eles recorreram à violência indiscriminada e aos incêndios. Depois que a revolta foi sufocada pelas autoridades e seus líderes foram presos, os interrogatórios deixaram claro que os agricultores sentiam que os párias libertados exibiam uma grande falta de respeito a eles. Segundo disse um dos líderes: "Desde a abolição do rótulo *eta* [pária], os antigos *eta* da aldeia de Tsugawahara esquecerem sua antiga posição social e, em muitos casos, passaram a comportar-se de forma impertinente". Mesmo a libertação dos párias carregava em si um enorme peso social. A violência homicida em Mimasaka foi um presságio para outras perturbações rurais e ações violentas, causadas pelas reformas progressivas do Meiji.

Com a reforma do imposto territorial (1873), o governo reconheceu o direito de propriedade de terras aos agricultores, deixando de vê-los como simples cultivadores que trabalhavam para um *daimyô*. Esse fato foi acompanhado por mudanças fundamentais nas políticas tributárias. No governo dos xoguns Tokugawa, os agricultores entregavam 40% a 60% de sua colheita aos senhores locais, mas o governo Meiji revisou esse valor para 3% do valor avaliado da terra. Geralmente, isso traduzia-se a cerca de 33% da safra, mas os agricultores pagavam os impostos em moeda e, dessa forma, essa porcentagem da colheita dependia do valor do arroz no mercado. Consequentemente, o peso do custo da Revolução Meiji caiu sobre as costas dos agricultores. Entre 1875 e 1879, mais de 80% das receitas do governo Meiji originavam-se desses impostos brutais sobre a propriedade. Entre 1882 e 1892, esse número aumentou para 85%. Os reformadores do período Meiji racionalizaram o fato como uma necessidade de proteger o incipiente setor industrial do Japão. Por causa de caprichos do mercado de arroz, o valor absoluto do imposto fundiário, na verdade, dobrou, forçando muitos pequenos proprietários a contrair dívidas e entregar suas propriedades. Em muitos casos, eles se tornaram arrendatários, uma condição generalizada que persistiu até 1945.

Como vimos, com a Rebelião do Imposto de Sangue de Mimasaka, "impostos de sangue", na verdade, eram a conscrição militar, muitas vezes acompanhados de impostos incapacitantes sobre as propriedades agrícolas. Em 1873, o governo Meiji ressaltou a importância do serviço militar por meio do recrutamento: "Em primeiro lugar vem o serviço militar. Depois disso, as pessoas são livres para seguir suas ocupações escolhidas. [...] Se as pessoas querem liberdade, elas devem fazer parte do serviço militar". Apesar dessa retórica elevada, os agricultores da província de Shizuoka, bem como seus colegas em Mimasaka, acreditavam que o governo "iria recrutar os jovens, pendurá-los de cabeça para baixo e tirar seu sangue, para que os ocidentais pudessem beber". Com a circulação desse tipo de rumor selvagem, não é surpreendente que os motins anticonscrição tenham eclodido em várias prefeituras. O problema era que muitos agricultores, por viverem em condições precárias, ainda não tinham feito a transição entre o governo dos Tokugawa e o período Meiji. Certa vez, quando Fukuzawa Yukichi encontrou um agricultor andando a cavalo enquanto estava de férias com seus filhos, o agricultor rapidamente desmontou e ofereceu o cavalo para Fukuzawa, que era um antigo samurai. "De acordo com as leis do governo atual", explicou o exasperado Fukuzawa, "qualquer pessoa, fazendeiro ou comerciante, pode andar livremente a cavalo, sem levar em conta quem ele encontra na estrada". Os agricultores ainda se viam como pessoas algemadas às obrigações feudais; por isso, não é surpreendente que muitos agricultores viam o alistamento como uma forma de trabalho da desprezada corveia; ou pior, eles o imaginaram como uma sangria que deveria ser entregue aos sedentos ocidentais. Como um líder do movimento antialistamento protestou: "Se formos recrutados para o serviço militar, seremos liberados apenas seis ou sete anos depois e seremos obrigados a passar por dificuldades". O serviço militar obrigatório era de três anos, não seis, mas ele ainda causava problemas. Além disso, haviam inúmeras isenções, incluindo a opção de pagar para não servir o exército, uma prática desleal abolida pelo governo em 1889.

Nos primeiros anos do período Meiji, os motins rurais tornaram-se endêmicos – um barômetro que media as crescentes pressões sociais das reformas de Meiji. Somente em 1868, cerca de 180 distúrbios irromperam por queixas diversas: impostos, conscrição, libertação dos párias, introdução do cristianismo e vacinação contra a cólera. Em 1873, no mesmo ano da Rebelião de Mimasaka, 300 mil pessoas se confrontaram em Fukuoka, no sul da Ilha de Kyushu, porque acreditavam que os elevados preços dos alimentos haviam sido causados pela estocagem dos mesmos, uma suspeita clássica do período dos Tokugawa em relação aos agricultores mais ricos. O governo enviou soldados e, com êxito, reprimiu a revolta e executou ou aprisionou muitos líderes. Os protestos de agricultores na província de Mie tornaram-se violentos em 1876, quando o governo aplicou impostos que excediam em muito os valores de mercado. Os protestos espalharam-se rapidamente por todo o Japão central, mas o governo também conseguiu sufocá-los com sucesso. No final, o governo multou ou puniu cerca de 50 mil pessoas pelo envolvimento nesse episódio particular. Em 1877, enquanto os marginalizados ex-samurais lutavam contra os soldados conscritos do Meiji na Rebelião de Satsuma, terminando em um dramático suicídio ritual de Saigô Takamori (1828-1877), os motins de agricultores na zona rural, finalmente, começaram a diminuir. No entanto, a pobreza rural perdurava. Em 1881, com as políticas deflacionárias do ministro das Finanças Matsukata Masayoshi (1835-1924), a pobreza rural continuava a assolar o interior do Japão. Em 1883, cerca de 33.845 famílias rurais foram à bancarrota; apenas dois anos depois, esse número aumentou para 108.050 famílias.

As políticas deflacionárias de Matsukata (1881-1885) devastaram muitas comunidades rurais. Um fazendeiro rico e líder da comunidade escreveu que, na província de Kanagawa, os agricultores são "incapazes de pagar suas dívidas por causa do declínio dos preços e pelo enfraquecimento do comércio do bicho da seda e da indústria em geral". E continuou: "As pessoas estão sendo pisadas pelos agiotas como se fossem formigas". Ele alertou que, sem medidas de ajuda, os agricultores poderiam ficar violentos; mas o governo ignorou seus pedidos. Consequentemente, em 1884, ocorreram perturbações em todo o Japão central e oriental, culminando na Revolta de Chichibu (1884). Naquele ano, os preços da seda crua caíram 50% e, no ano seguinte, as colheitas foram perdidas, deixando os agricultores em extrema penúria. Os agiotas sujeitaram os agricultores de Chichibu a táticas brutais de coleta de seus juros. As tentativas dos agricultores para negociar reduções das dívidas fracassaram. Em resposta, os agricultores e os ativistas políticos locais formaram o Partido dos Pobres, o qual exigia uma moratória de suas dívidas e outras formas de ajuda financeira. Em Chichibu, os membros do Jiyûtô (Partido Liberal), um partido político nacional comprometido com o Movimento Popular pelos Direitos Civis, estavam entre os defensores do Partido dos Pobres e apoiavam a derrubada do governo Meiji.

O Partido Liberal foi um produto do vigor revolucionário da mudança política do Meiji. Seus fundadores, Itagaki Taisuke (1837-1919) e Gotô Shôjirô (1838-1897), influenciados pelo filósofo inglês John Stuart Mill, pediam o estabelecimento de uma "assembleia nacional". Ao fazê-lo, eles ecoaram o "Plano dos Oito Pontos" de Sakamoto Ryôma (1836-1867) do final do período dos Tokugawa, que defendia a criação de órgãos legislativos nacionais, junto com a restauração do poder da corte imperial. Em outubro de 1881, Itagaki e outros formalizaram a criação do Partido Liberal, que se manteve comprometido com o Movimento Popular pelos Direitos Civis e com a criação de uma "assembleia nacional". Ao menos em parte, o Movimento Popular pelos Direitos Civis e o Partido Liberal receberam o impulso das filosofias ocidentais recém-importadas dos "direitos naturais", os quais contradiziam as tradicionais hierarquias dos confucionistas e o governo oligárquico do período Meiji. Nos primeiros anos do período Meiji, uma enxurrada de ideias ocidentais saturou a paisagem intelectual japonesa, destacando-se as noções de "direitos naturais" conforme articuladas por Mill em seu livro *A liberdade* (1860) e por Jean-Jacques Rousseau em seu *Contrato Social* (1762). Dois pensadores proeminentes, Ôi Kentarô (1843-1922) e Ueki Emori (1857-1892), por meio do *Jornal Liberal* e de outras publicações, começaram o processo de disseminação dessas noções ocidentais de "direitos naturais" na zona rural. Eles defendiam as reformas agrária e dos impostos fundiários, insistindo que garantir a "liberdade individual" e a "liberdade de ação" eram as principais "obrigações" de quaisquer governos esclarecidos – algo que o Meiji pretendia ser. É importante dizer que os dois homens visitaram Fukushima e Chichibu apenas alguns meses antes de ambas as áreas irromperem em uma violenta rebelião.

Em Chichibu, no entanto, o Partido Liberal distanciou-se do Partido dos Pobres, acusando-o de ser dirigido por "extremistas". Há alguma verdade na afirmação. Em 1884 foi descoberta uma conspiração para assassinar funcionários do governo e, antes de o governo conseguir tomar medidas, o Partido dos Pobres anunciou o início de sua rebelião no Monte Kaba, na província de Ibaraki. Claramente influenciado pelos "direitos naturais", seu manifesto dizia: "De primordial importância na criação de uma nação é garantir uma distribuição justa da riqueza e dos direitos que os céus concederam para cada indivíduo... Parece que o nosso imperador sábio e virtuoso negligenciou perceber que esse não é o momento de fazer exigências pesadas às pessoas que estão caminhando na estrada da fome". Eles reuniram-se no Monte Kaba para "lutar pela revolução e derrubar o governo despótico". O Partido dos Pobres começou a reunir um exército camponês liderado por um chefe de gangue, no estilo Robin Hood, chamado Tashiro Eisuke (1834-1885). "Faz parte da minha natureza ajudar os fracos e esmagar os fortes", disse uma vez. Em novembro de 1884, o "exército revolucionário" de Tashiro entrou na capital do Condado, Ômiya, enquanto vandalizava as casas de agiotas e os edifícios públicos. Assim que o "exército revolucionário" chegou em Ômiya, suas fileiras haviam aumentado para cerca de 8 mil pessoas. Eles proclamaram a criação de um "governo revolucionário", com Tashiro como primeiro-ministro. Enfim, as autoridades controlaram a rebelião, mas só depois de capturar cerca de 3 mil rebeldes e prender Tashiro, que foi condenado à morte.

No final, a Revolta de Chichibu pouco fez com que as atenções se voltassem para a negligenciada zona rural do Japão. No início do século XX, a diferença entre a vida nas cidades do Japão e na zona rural era impressionante. Enquanto nas cidades destacavam-se os penteados, os restaurantes ocidentais, os teatros, os trens, a luz a gás (eventualmente luz elétrica), o telégrafo, os jornais, a dança de salão e vários outros passatempos civilizados, a zona rural permanecia atolada em condições precárias. Em 1874, o observador sempre presente, Fukuzawa Yukichi, escreveu: "O objetivo [do governo] parece ser usar os frutos do trabalho rural para levar flores para Tóquio". Outro escritor que trabalhou como assistente de um médico observou:

> Ninguém é tão miserável quanto um camponês, especialmente os camponeses pobres do norte do Japão. Os camponeses de lá usam trapos, comem cereais grosseiros e têm muitos filhos. São tão negros quanto suas paredes sujas e levam vidas imundas, sem alegria, que podem ser comparadas à vida de insetos que rastejam no chão e ganham a vida lambendo a sujeira.

A importância da civilização ocidental abriu uma divisão abismal entre a cidade e o campo, entre o educado e o ignorante, entre os conectados e desconectados e, acima de tudo, entre ricos e pobres. Em nenhum outro lugar as dores de crescimento do Japão foram sentidas com tanta força como na zona rural, onde o peso das reformas Meiji esmagou muitos agricultores, que aproveitaram muito pouco dos frutos do Iluminismo japonês do século XIX. Em grande parte, a situação persistiu até a abolição do sistema de arrendamento e as dramáticas reformas iniciadas durante a ocupação americana.

Extinções modernas

Mas as reformas Meiji não esmagaram apenas os agricultores. Assim que o Japão entrou no século XX, as políticas Meiji pressionaram bastante a vida selvagem do Japão. No Japão do início do período moderno, o xintoísmo e o budismo acreditavam que os animais selvagens estavam investidos com vida espiritual, que incorporavam os *kami*, as essências divinizadas, ou que serviam como mensageiros divinos. Dentro do budismo, a continuidade da vida e a transmigração da alma levavam a crer que a alma de qualquer antepassado podia habitar o corpo de um animal não humano; assim, as pessoas costumavam tratá-los com compaixão. Para os primeiros teólogos budistas, as florestas e as montanhas – bem como as plantas e os animais que lá viviam – assumiam cada vez mais importância como espaços divinos. Para o monge Ryôgen, por exemplo, o ciclo de vida das plantas estava em paralelo com o processo budista de iluminação. Ele ponderou que "a forma com que a planta brota é realmente o modo pelo qual ela irrompe seu desejo de iluminação; ao residir em um só lugar, ela está, na verdade, realizando seus rituais e austeridades; ela atinge a iluminação ao reproduzir-se a si mesma". Não é surpreendente que os santuários xintoístas, com seus portões *torii*, muitas vezes, encontravam-se nas orlas das florestas. O xintoísmo via os animais selvagens como encarnações dos *kami*; então alguns animais, como as raposas, estavam envolvidos em formas específicas de práticas religiosas, tal como a adoração de Inari. Muitos japoneses acreditavam que as raposas, assim como cães-guaxinins, conhecidos como *tanuki*, tinham a habilidade de se metamorfosear em outras formas e, quando o faziam, costumavam tomar a forma de malandros travessos, ou lindas mulheres que seduziam os lenhadores.

Embora os animais não humanos deificados fossem poderosos, não é verdade que seus *kami* internos os protegia contra a exploração. Mesmo durante o governo dos xoguns da família Tokugawa, os consumidores compravam vastas quantidades de animais selvagens nos açougues urbanos. Conforme observou um europeu: em alguns açougues de Edo, os clientes compram "coelhos, lebres, javalis e veados" em abundância. Os livros de receitas de Edo também continham receitas para ensopados de javali, bem como uma variedade de outros pratos feitos com animais selvagens. Nem mesmo o extermínio da vida selvagem estava além da imaginação dos japoneses do início do período moderno. Em 1700, na Ilha de Tsushima, localizada entre Kyushu e a península coreana, os funcionários do domínio local iniciaram um programa de nove anos de extermínio dos javalis que levou à quase aniquilação desses tenazes onívoros de cascos. Durante essa campanha de extermínio, os funcionários do domínio cercaram a ilha, dividindo-a em seções e, seção por seção, eliminaram os javalis.

Com exceção da existência de alguns porcos em Nagasaki, onde a influência chinesa era mais forte por motivos comerciais, o Japão teve uma pecuária relativamente pequena durante o governo dos Tokugawa. Em grande parte, os altos custos do trabalho, incluindo o trabalho de não humanos, foi determinante para a ausência de gado para consumo humano no Japão pré-Meiji. Essa mistura de trabalho e compaixão em relação aos animais pode ser vista nas memórias agrícolas de Sen Katayama (1859-1933). Um socialista proeminente, ele escreveu sobre a agricultura feita com animais nos anos pré-Meiji: "Eu nasci em uma fazenda e trabalhava como agricultor. O boi da família era absolutamente necessário para a lavoura, e nós o amávamos como um de nós mesmos. Eu seguia seu trabalho e ganhava dinheiro com seu trabalho. Eu tenho tantas lembranças do animal que nunca consegui comer carne".

Com o advento da industrialização do período Meiji e o desenvolvimento econômico, o *habitat* das espécies selvagens passou a sofrer uma pressão crescente, levando à diminuição das espécies mais sensíveis. O destino de duas subespécies de lobos do Japão – o lobo japonês e o lobo de Hokkaido – é um bom exemplo das pressões que a expansão econômica do período colocou sobre a vida selvagem de todo o Japão. Os lobos do Japão já haviam sido integrados nas tradições sagradas desde cedo. A coleção de poemas *Man'yôshû*, por exemplo, contém poemas que se referem às "planícies do Deus Puro de Boca Grande", uma imagem que conjurava o *habitat* divino do lobo. Lobo em japonês é *ôkami*. Isso pode ser entendido foneticamente como "a grande divindade" e, assim, muitos santuários xintoístas do Japão celebravam os rituais de adoração ao lobo. A divindade xintoísta Daimyôjin do santuário de Ôkawa, na prefeitura de Quioto, usava o lobo como um mensageiro divino, enquanto no santuário de Mitsumine, na província de Saitama, as duas divindades tradicionais da entrada do santuário foram substituídas por dois lobos guardiões. Curiosamente, a história de Mitsumine faz um paralelo com o crescimento e declínio do budismo e do xintoísmo ao longo da história japonesa. No início de sua história, Mitsumine incorporou elementos esotéricos do budismo Tendai e Shingon, incluindo elementos do Shugendô, ou ascetismo da montanha; mas, após a Restauração Meiji, os funcionários utilizaram o local como alvo das "ordens para separar as divindades budistas e xintoístas". Dessa forma, o santuário despiu-se de muitos dos seus elementos budistas e tornou-se um santuário xintoísta dentro do sistema oficial do período Meiji. Mesmo enquanto era um santuário xintoísta oficial, Mitsumine manteve sua iconografia única do lobo, incluindo amuletos votivos e talismãs com imagens de lobos (IMAGEM 16).

A separação entre o xintoísmo e o budismo provou ser uma parte importante da propagação do nacionalismo Meiji. Os *kami* do xintoísmo tornaram-se importantes legitimadores da Restauração Meiji, porque eles, conforme articulados pelos primeiros pensadores modernos nativistas, como Motoori Norinaga (1730-1801), eram divindades puramente nativas, sem quaisquer vícios das influências continentais. Os reformadores Meiji enfatizaram que o imperador do Japão traçava sua genealogia até a deusa do Sol Amaterasu Ômikami e que certos *kami*, de acordo com os textos mais antigos que mencionamos em capítulos anteriores, haviam criado as ilhas japonesas. As divindades budistas, argumentavam esses reformadores, profanavam os *kami* nativos; e esse pensamento motivou a reengenharia da paisagem divina do Japão. Os reformadores Meiji ordenaram a separação forçada das categorias anteriormente entrelaçadas entre os "santuários" xintoístas e os "templos" budistas, uma divisão que persiste até hoje e, assim, liga o recém-formulado "caminho dos *kami*", ou xintoísmo, com o Estado imperial japonês. O imperador Meiji tornou-se não só o monarca do Japão, mas também o sacerdote-chefe do xintoísmo estatal. A título de exemplo, após a Restauração Meiji, os sacerdotes tonsurados do Monte Zôzu, na Ilha de Shikoku, afastaram suas conexões budistas e renomearam a divindade local de Kotohira Ôkami, um nome distintamente xintoísta, afiliando solidamente o complexo religioso ao Estado xintoísta. Como tal, o santuário de Kotohira passou a disseminar os ensinamentos do xintoísmo destinados a combater as religiões estrangeiras e comemorou o Estado imperial.

Embora os agricultores e outras pessoas idolatrassem os lobos do Japão em santuários que misturavam o xintoísmo e o budismo e colocassem talismãs com figuras de lobos em torno de seus campos para protegê-los contra a voracidade de cervos e javalis, o empenho do governo Meiji à agricultura científica, incluindo a pecuária, rebaixou o lobo a um animal "nocivo". Mesmo antes da Restauração Meiji, os camponeses japoneses no Nordeste, que criavam os valorizados pôneis samurais, empreenderam a caça ao lobo, pois os lobos eram predadores desses pôneis e por causa da propagação da raiva durante o século XVIII, que transformou os lobos em animais potencialmente perigosos. Mas caçar lobos é diferente de erradicar lobos, que foi um produto das políticas Meiji, largamente introduzidas no Japão pelos consultores agrícolas dos EUA que possuíam uma experiência considerável em matar lobos.

IMAGEM 16. Um amuleto votivo de madeira retratando lobos do santuário Mitsumine.

Edwin Dun (1848-1931) foi um desses consultores. Dun veio de Ohio para o Japão em 1873, por recomendação dos corretores de gado de seu país. Sob a direção do recém-criado Kaitakushi (Agência de desenvolvimento de Hokkaido), Dun foi contratado para supervisionar o desenvolvimento de uma indústria de gado em Hokkaido (anteriormente, território de Ezo, conforme examinamos em capítulos anteriores). Conhecido como "o pai da agricultura de Hokkaido", Dun ligou o futuro de Hokkaido às ovelhas, aos cavalos e ao gado, algo que representava um afastamento radical do passado japonês da agricultura de grãos. Durante o período das ideologias neoconfucionistas dos Tokugawa, os japoneses acreditavam que, conforme escreveu o filósofo Kumazawa Banzan (1619-1691), o "tesouro do povo é o grão", enquanto todos os outros elementos da economia são meramente "servos dos grãos". Mas o compromisso Meiji com a criação de gado e outros elementos da agricultura científica ocidental deslocou a atenção japonesa para a produção de animais não humanos – isso reconfigurou o lugar dos lobos no imaginário japonês. Conforme observado por um relatório do Ministério: quando o Japão entrou no século XX, a nação moderna passou por uma "revolução no ramo de açougues" – 1.396 matadouros foram construídos em todo o país. Entre 1893 e 1902, os empregados dos matadouros despacharam 1,7 milhão de cabeças de gado para abastecer os novos organismos modernos do Japão do período Meiji. Tendo em vista o compromisso com o gado e a quantidade de carne que produzia, os lobos deixaram de ser os "Deuses Puros de Boca Grande" que patrulhavam os campos de cereais à procura de cervos e javalis; agora eram "animais nocivos" que deveriam ser exterminados. A modernização Meiji reconfigurou completamente a maneira como os japoneses viam a vida selvagem e, em particular, os lobos.

Destacando as transformações ambientais forjadas pelas reformas do período Meiji, o desaparecimento dos cervos, uma espécie de presa importante para os lobos, foi um dos motivos por que os lobos passaram a caçar os cavalos de Hokkaido de forma tão severa. Entre 1873 e 1881, os caçadores abatiam cerca de 400 mil cervos em Hokkaido para exportação de sua pele, quase eliminando a principal fonte de alimento para os lobos. Desse modo, os lobos passaram a caçar os cavalos, os quais serviam a um propósito militar importante ao emergente império japonês. Posteriormente, a agência de desenvolvimento de Hokkaido passou a supervisionar a caça aos lobos e ursos em um ritmo projetado para acabar com esses animais em Hokkaido. Na terceira década do período Meiji, os caçadores, muitos deles ainus, caçaram o lobo de Hokkaido até que eles fossem extintos. Acima de tudo, as implicações culturais e ecológicas da extinção do lobo em Hokkaido, bem como na principal ilha do Japão, não podem ser subestimadas. No Japão, as antigas crônicas e antologias poéticas haviam entrelaçado o lobo ao governo imperial e à cultura confucionista, enquanto em Hokkaido os ainus acreditavam-se descendentes da união entre um lobo e uma princesa mítica. No contexto Meiji, a caça ao lobo e sua eventual extinção em torno da virada do século representou uma forma de parricídio mitológico, em que os reformadores, mediante um sistema de recompensas imperiais e outras técnicas e tecnologias de erradicação, mataram, anteriormente, as divindades animistas e substituíram-nas por uma nova instituição imperial. Para os ainus, o imperador japonês representava a nova divindade para o seu mundo colonizado. O último lobo japonês morreu em 1905, depois de décadas de campanhas de erradicação bem-sucedida. As reformas Meiji não haviam transformado apenas a política, a economia e a sociedade japonesas, mas reconstruíram grande parte do tecido ecológico do país. A paisagem modernizou-se. Gado e cavalos deveriam atender às necessidades humanas industriais e, assim, substituíram a adorada vida selvagem dos séculos anteriores. Apesar de a agricultura anterior ter certamente contribuído, a extinção dos lobos estava entre os primeiros sinais da contribuição do Japão para o Antropoceno, uma época geológica caracterizada pela reconfiguração da superfície da Terra por mãos humanas e para as necessidades humanas de serviço, caracterizado também pelo que é frequentemente chamado de a "sexta extinção".

Mineração do novo regime energético

A matança dos lobos não representou apenas uma transformação radical do ecossistema nacional do Japão, mas também da biodiversidade básica da terra. Da mesma forma, o governo Meiji passou a utilizar uma economia de combustíveis fósseis – uma das transições mais importantes da história do Japão. Esse fato também representou uma importante mudança para a história global, e até mesmo para o período geológico recente, por causa da ligação entre os combustíveis fósseis e as mudanças climáticas. Antes da Restauração Meiji, o Japão dependia do carvão e da madeira, recursos de energias renováveis que eram extraídos de florestas mais ou menos bem administradas. Como já vimos, os *daimyô* do início do período moderno, dentro das florestas de seus domínios, costumavam praticar a silvicultura racional a fim de proteger as florestas contra o extrativismo não autorizado. Eles também controlavam a coleta da lenha para a indústria de carvão e protegiam as reservas de animais selvagens para a caça. Os castelos e templos budistas precisavam da madeira, assim como os edifícios das cidades-castelos; dessa forma, os senhores dos domínios lucravam com as exportações de madeira serrada para, por exemplo, a capital de Edo. Os combustíveis renováveis, tais como os retirados da madeira e dos rios, junto com o vigoroso poder de músculos humanos e não humanos, alimentavam a economia do Japão protoindustrial.

Após 1868, o Japão começou a utilizar o carvão em um esforço concentrado para a industrialização. Implícitas nessa transição energética estavam as revoluções nas estruturas políticas e uma reconfiguração radical do espaço geográfico japonês, conforme podia-se notar pelas novas tecnologias verticais que retiravam a energia do carbono armazenado no subsolo profundo. Em muitos aspectos, a história do período Meiji é a história da mudança energética: a industrialização requeria reconfigurações da energia humana sob a forma de novas práticas de trabalho; alimentar mais pessoas com menos trabalho rural requeria o uso das novas práticas da agricultura científica para a produção de energias mais calóricas; e o abastecimento industrial do Japão requeria a retirada de combustíveis fósseis e não renováveis da terra.

Essa transição energética é crítica por vários motivos: pela primeira vez em um milênio, a história do Japão começava a acontecer no subterrâneo. Até 1868, a história do Japão havia fluído horizontalmente, acima das paisagens domésticas e imperiais; após 1868, no entanto, ela começou a acelerar-se verticalmente para baixo. Além disso, tanto no Japão como em outros lugares ao redor do mundo, a era dos combustíveis fósseis criou novas formas de política em massa. Os trabalhadores das áreas de extrativismo e transporte de carvão foram os primeiros a se organizar em sindicatos militantes. Esses trabalhadores lentamente democratizaram as práticas políticas em um país após o outro, por meio das ameaças de greves gerais. No Japão, e em outros países, as minas de carvão tornaram-se importantes locais de protestos normalmente violentos, o desenvolvimento de uma força de trabalho sindicalizada e, a longo prazo, o alargamento da participação política. Não surpreende que certos ativistas, como Ishimoto Shidzue, que conhecemos na introdução, e seu primeiro marido, o barão progressista Ishimoto Keikichi, começaram a aprender política nas minas de carvão de Kyushu. Na verdade, tanto quanto a adoção de filosofias políticas ocidentais, foi especialmente o início da utilização de combustíveis fósseis que permitiu a democratização do Japão.

Os números da produção nacional de carvão do Japão refletem essa transição energética moderna. Em 1874, a produção nacional atingiu 208 mil toneladas, e em 1890 esse número aumentou para mais de 3 milhões de toneladas. Em 1919, a produção de carvão do Japão chegou a 31 milhões de toneladas. A dependência em energia não renovável tem seus limites, no entanto. Para começar, as fontes de carvão e petróleo da Terra são finitas, incluindo os ricos estratos geológicos de mineração do norte de Kyushu e de Hokkaido, os locais com os melhores campos de carvão do Japão. A civilização moderna do Japão, baseada em combustíveis fósseis, está, portanto, limitada no tempo pelas realidades físicas e geológicas. Além disso, as mudanças climáticas resultantes da queima de combustíveis fósseis transformaram as sociedades humanas em agentes geológicos. Basicamente, o processo de alteração geológica da mudança climática tem data de início, a saber, 1874, com o motor a vapor de James Watt (1736-1819). Isso permitiu que os mineiros bombeassem água dos poços e aumentassem consideravelmente a quantidade de carvão acessível. A esse respeito, o motor a vapor, que assinalou o nascimento da era industrial, serve como um divisor de águas das transformações históricas e geológicas: a Revolução Industrial e o nascimento da época geológica conhecida como Antropoceno. A geologia deixou de ser apenas o resultado natural dos movimentos tectônicos, dos vulcanismos e das erosões, e passou a ser o resultado também das decisões orientadas por valores humanos. Entre eles estavam os valores inerentes à Restauração Meiji. As minas de carvão que aceleraram o Japão para a era dos combustíveis fósseis desenvolveram-se em uma velocidade surpreendente nas décadas da virada do século XX. Mas esse crescimento também trazia perigos a longo prazo.

Nos primeiros anos do período Meiji, o Estado controlava muitas minas de carvão, tais como a mina Miike, em Kyushu. A partir de 1873, o trabalho prisional foi utilizado em muitos poços de carvão de Miike, mesmo depois de a mina ter sido comprada em 1888 pela Mitsui como parte do esquema de Matsukata, o ministro das Finanças, para vender as indústrias estatais, criando o gigantesco *zaibatsu* do Japão. O trabalho de prisioneiros nas minas de Miike foi abolido somente em 1933. As mulheres também trabalhavam nas minas de carvão do Japão. Uma trabalhadora de Miike lembrou: "Você estava em constante perigo de perder a vida. Um desmoronamento podia ocorrer a qualquer momento. Em certas ocasiões houve vazamento de gás. Nesse ponto, uma bola de fogo azul saía das minas. O som era tão alto que podia estourar seus tímpanos". A mina de Miike explodiu em 1963, matando 458 pessoas. O maior acidente de uma mina de carvão em solo japonês ocorreu no início de 1914, no norte de Kyushu, quando a mina de carvão de Hôjô explodiu, matando 687 pessoas.

O caso de Hôjô mostra os novos perigos inerentes dessa paisagem vertical e subterrânea. O principal veio de carvão em Hôjô foi descoberto em 1897. Ao longo da década seguinte, os engenheiros construíram trilhos para a mina e instalaram a gaiola do poço, que descia os mineiros a centenas de metros abaixo da superfície em alguns poucos segundos. Em 1913, a mina de Hôjô produzia anualmente cerca de 230 mil toneladas de carvão betuminoso de alta qualidade e antracito. De forma mais ampla, a região de Chikuhô, onde se localizava a mina de carvão de Hôjô, produziu cerca de 10 milhões de toneladas de carvão naquele ano, quase metade da produção de todo o carvão do Japão. A mina vertical de Hôjô tornou-se central para o império de superfície que se alastrava cada vez mais, pois ela alimentava os navios e comboios que facilitaram a expansão japonesa. O carvão das minas de Nanaheda e Tagawa em Hôjô produzia a formidável potência de 7.353 calorias por tonelada, o que se revelou fundamental para que o Japão entrasse na era dos combustíveis fósseis.

No início do século XX, os acidentes das minas de carvão da província de Fukuoka, incluindo desmoronamentos, explosões químicas, inundações, sufocamento e explosões de poeira de gás ou carvão, aumentaram dramaticamente, levando consigo centenas de vidas. Na região de Chikuhô, o pó de carvão e as explosões de gás mataram 210 mineiros na mina de Hôkoku em 1899 e, mais tarde, em 1907, 365 na mesma mina. Também mataram 256 mineiros da mina de Ônoura em 1909 e, em seguida, 365 na mesma mina apenas oito anos mais tarde. Portanto, a explosão da mina de carvão de Hôjô não foi algo isolado ou anômalo, e também não foi a causa da explosão que abalou esse frágil ambiente subterrâneo.

Um funcionário intrépido da província, seguindo sua própria investigação oficial, determinou que a explosão de poeira de carvão tinha sido inflamada por uma lâmpada de segurança com defeito. Depois de analisar os padrões do coque e de outros materiais queimados nos túneis, ele determinou que a ignição ocorreu perto da junção entre a "inclinação 7½" e o "lado 16". A partir desse ponto ocorreram violentas ondas explosivas em cascata nos túneis; a maioria dos mineiros foi queimada viva, enquanto outros sufocaram quando as chamas intensas sugaram até a última molécula de oxigênio dos túneis. O funcionário da província descobriu pequenos vestígios de pó de coque no interior da malha de gaze de uma lanterna de segurança. A malha é projetada para permitir a entrada de oxigênio, mas não de outros combustíveis como, por exemplo, a poeira de carvão ou o gás metano. A lanterna de segurança com defeito pertencia a Negoro Yôjirô, um homem de Hiroshima que trabalhava na mina com sua esposa, Shizu, e sua filha mais velha, Hatsuyo. Em um mapa produzido após a explosão, existem seis corpos representados no cruzamento entre a "inclinação 7½" e o "lado 16". Dois deles eram certamente Yôjirô e sua esposa, que morreu ao seu lado. Ao contrário das minas de rocha dura, onde as superstições sobre as "divindades da montanha" mantinham as mulheres na superfície, tanto homens como mulheres trabalhavam nas minas de carvão, muitas vezes em equipe. Apesar dos perigos inerentes do império subterrâneo do Japão de inclinações e túneis, o carvão extraído de Hôjô e de outros lugares construiu o Japão moderno, tal como o petróleo continua a fazer no presente.

Metais modernos

A mineração de rocha dura em Ashio também foi importante para a industrialização do Japão. Originariamente, dois camponeses haviam descoberto cobre no local ao norte de Edo e relataram a descoberta para o Nikkô Zazen'in, um templo budista. Pouco tempo depois, o *bakufu* de Edo interessou-se pelo cobre. Ao longo dos séculos XVII e XVIII, os arrozais e a mineração em rocha dura tiveram o apoio da família Tokugawa, e os xoguns exportaram milhares de toneladas de cobre para a China e para os Países Baixos. Entre 1684 e 1697, cerca de 55 mil toneladas de cobre saíram do Japão. Após a Restauração Meiji, o cobre e as tecnologias eletrificadas que ele ligava foram absorvidos pela industrialização japonesa. Depois do estabelecimento do Ministério da Indústria em 1870, Itô Hirobumi (1841-1909) escreveu que o propósito do Ministério era "compensar as deficiências do Japão por meio do rápido aproveitamento dos pontos fortes das artes industriais ocidentais; construir no Japão todos os tipos de equipamentos mecânicos com base no modelo ocidental, incluindo a construção de navios, estradas de ferro, telégrafo, minas e edifícios; e, assim, com um grande salto, apresentar para o Japão o conceito conhecido como Iluminismo". Para Itô e muitos outros reformadores Meiji, a chave para o "Iluminismo" do Japão era o "equipamento mecânico", que facilitava a industrialização, e, assim, a fiação de cobre mostrou-se fundamental para esse esforço. Em 1895, cerca de 6.437 km de cabos de transmissão de cobre ligavam firmemente o Japão a sua nova iluminação moderna.

Em parte, o empresário Furukawa Ichibei (1832-1903) foi quem tornou isso possível após ter comprado a mina de cobre de Ashio, em 1877. Após a descoberta de ricos veios de cobre em 1884, Ashio passou a produzir mais de 25% do cobre do Japão, um número que continua a crescer. No entanto, ao mesmo tempo que a produção de cobre aumentava, surgiam, em torno do sítio da mina, provas da destruição ambiental e das consequências perigosas para a saúde humana. As taxas de natalidade despencaram nas áreas poluídas pelos rejeitos tóxicos e pela erosão da mina de cobre de Ashio: na província sem poluição de Tochigi, as taxas de natalidade pairavam em torno de 3,44 para cada 100 pessoas, enquanto nas áreas poluídas de Tochigi o mesmo número havia caído para 2,80. Da mesma forma, a mortalidade prematura dos residentes de Tochigi era de 1,92 nas seções não poluídas e acima do dobro desse número, ou 4,12 incidentes, nas partes poluídas da prefeitura. Além disso, não demorou para que as mães de Tochigi começassem a queixar-se de deficiências na lactação e outros problemas relacionados às toxinas do ambiente. Tais presságios corporais serviam como lembretes claros de que, mesmo na paisagem cada vez mais industrializada do Japão, os corpos humanos estavam indissoluvelmente ligados aos ambientes de seu entorno, especialmente aqueles localizados nas proximidades rio abaixo das minas ativas.

O Rio Watarase, que atravessava o sítio da mina de Ashio, passou a ter uma cor "branco-azulada" e os moradores deram notícia de peixes mortos boiando no rio. As crianças que brincavam ou nadavam no rio começaram a notar feridas inflamadas e vermelhas em suas pernas. Os estoques de peixes despencaram, causando danos à economia local; as plantações próximas de amoreiras, que serviam de viveiros do bicho da seda, murcharam por causa da chuva ácida produzida pelas operações de fundição que ocorriam em Ashio. Os depósitos de cobre do Japão são conhecidamente sulfúricos, sendo o enxofre cerca de 30% a 40% do minério. As fundições de Ashio lançavam doses pesadas de dióxido de enxofre na atmosfera, banhando milhares de hectares com chuva ácida. Enquanto isso, o Rio Watarase tornou-se um transportador altamente eficiente do arsênio que saía da mina. Quando o rio causou as inundações de 1890, 1891 e 1896, ele encharcou muito mais propriedades agrícolas com uma sopa de produtos químicos tóxicos, cobrindo milhares de hectares com seu lodo sulfúrico e carregado de arsênio. Em sua esteira, a inundação devastou o terreno, deixando-o lunar; os agricultores compararam sua nova paisagem industrial a um "inferno budista".

Mas se o Iluminismo Meiji produziu seus defensores, tais como o intrépido Fukuzawa Yukichi ou o energético Ishimoto Shidzue, ele também produziu seus críticos, precursores de um movimento ambiental global. Tanaka Shôzô (1841-1913) foi um desses homens (IMAGEM 17). Nos discursos ressonantes de Tanaka na Dieta, a nova Assembleia Nacional do Japão, podemos detectar o núcleo de uma crítica poderosa e duradoura sobre a modernização do Japão, um discurso que, após o "triplo desastre" de 11 de março de 2011, vem chamando a atenção da nação. Conforme atestado pela história do Japão, muitas baixas humanas ocorreram como resultado da rápida industrialização do período Meiji.

No alvorecer do século XX, Tanaka percebeu essas ameaças ambientais para o Japão. Ele nasceu na bacia do Rio Watarase, onde a terra havia se transformado em um "inferno budista", e assistiu em primeira mão a devastação causada pelo cobre da mina de Ashio. Em 1890, durante as primeiras eleições parlamentares do Japão, Tanaka representou a cidade de Tochigi na Dieta. Um ano mais tarde, na Dieta, ele censurou o governo Meiji por não suspender, devido à terrível poluição, as operações de Ashio. Em um tom ressonante, ele exclamou: "Permitiu-se que o efluente venenoso da mina de cobre de Ashio [...] infligisse pesadas perdas e dificuldades todos os anos desde 1888 nas aldeias de todos os distritos em ambos os lados do Rio Watarase". Pressagiando os corpos doentes que perseguiriam a experiência industrial do Japão no século XX: ele continuou: "Já que os

CAPÍTULO 10 – OS DESCONTENTES DO PERÍODO MEIJI, 1868-1920 | 227

IMAGEM 17. Retrato de Tanaka Shôzô.

campos estão sendo envenenados, que a água potável está sendo contaminada e até mesmo as árvores e gramíneas dos diques estão sendo ameaçadas, não há como prever as consequências desastrosas que o futuro nos reserva". Em 1897, a situação a jusante da mina de cobre de Ashio havia deteriorado, fazendo com que Uchimura Kanzô (1861-1930), o célebre humanista cristão, dissesse: "A poluição de Ashio é uma mancha no império japonês. Se nós não acabarmos com ela, não haverá glória ou honra em todo o nosso império". Tanaka também elevou sua retórica contra a oligarquia Meiji. Ele comparou o Ministério da Agricultura e do Comércio a um "clube de criminosos pagos por Furukawa". E repreendeu o Ministério do Interior, chamando seus funcionários de "Grupo de Duendes". Dando ouvidos a um passado em que, como escreveu o neoconfucionista Kumazawa Banzan, "o tesouro do povo" era o grão, Tanaka tinha o proprietário da mina de Ashio, Furukawa Ichibei, como alvo, explicando que o governo Meiji era "administrado por traidores que, ao mesmo tempo que davam medalhas a Furukawa, permitiam-lhe devastar os campos que deram à nação sua própria vida".

Após as enchentes severas de 1902, o governo Meiji propôs nivelar várias aldeias, incluindo Yanaka, na província de Tochigi, a fim de construir uma gigantesca bacia sedimentar. Posteriormente, após passar um tempo em uma prisão de Tóquio por "comportamento insultante a um funcionário", Tanaka mudou-se para Yanaka a fim de combater a erradicação forçada e a destruição da aldeia. Ele refletiu: "Foi algo inevitável vir aqui, a coisa natural a se fazer". Yanaka tornou-se o centro simbólico da luta de Tanaka contra o governo Meiji. Quando o governo começou a efetuar as "compras obrigatórias" em Yanaka, Tanaka conclui que o "governo estava em guerra contra seu próprio povo". Mas foi durante a luta por Yanaka que ele condensou sua filosofia na frase "cuidar de montanhas e florestas, cuidar de rios e córregos", décadas antes do "pensar como uma montanha", de Aldo Leopold (1887-1948). Tanaka escreveu: "Para cuidar das montanhas, seu coração deve ser como as montanhas – para cuidar de rios, seu coração deve ser como os rios". Foi só um grito solitário a favor da consciência ambiental em meio ao barulho de máquinas, ao jorro das chaminés e ao remexer das pás do vapor da industrialização no Japão do período Meiji, mas foi um grito que antecipava a necessidade de proteção ambiental do século seguinte. Tanaka chegou a vincular sua própria vida à vida do meio ambiente japonês. "Se eles morrerem", ele disse sobre as montanhas e rios do Japão, "Então ele também morrerá", referindo-se a si mesmo. Ele continuou na terceira pessoa em uma carta aos amigos: "Se ele cair, será porque os rios e as florestas de Aso e Ashikaga estão morrendo e o próprio Japão [a carta utiliza o gênero feminino], também... Se surgirem pessoas pedindo a ele que lhes ofereça esperança de recuperação, peça que restaurem, primeiro, as colinas, os rios e as florestas devastados e, somente então, Shôzô ficará bem novamente".

Conclusão

A Restauração Meiji levou a "civilização e o Iluminismo" ao Japão, fazendo com que o país avançasse rapidamente em todas as medidas modernas ou industriais, mas também exigiu pesados custos a curto e a longo prazo. Novos sistemas políticos, modos de financiamento do Estado, rápida industrialização e esquemas de desenvolvimento complexos colocaram um fardo pesado sobre as pessoas mais vulneráveis do Japão, bem como sobre o seu ambiente. As reformas Meiji espremeram as populações rurais do Japão e – depois da "libertação" dos párias e o estabelecimento da classe dos "plebeus", que abrangia a maioria dos habitantes da zona rural – provocaram, em particular, casos de violência assassina entre os antigos "ilustres camponeses" e párias "não humanos". Outros custos de curto prazo incluíram a destruição do meio ambiente local, tal como a degradação da bacia do Rio Watarase causada pela mina de cobre de Ashio. Os dejetos da mina, bem como a erosão e as inundações tóxicas, transformaram as antigas terras agrícolas produtivas em uma verdadeira paisagem lunar. Mas são os custos ambientais de longo prazo da modernização do Japão que começaram a atrair mais atenção.

A energia – muita energia – mostrou-se fundamental para a industrialização e para a produção do estilo de vida moderno; a transição do Japão aos combustíveis fósseis, após a Restauração Meiji, foi imediata e generalizada. O advento das economias industriais e a queima de combustíveis produtores de gás de efeito estufa têm causado mudanças climáticas antropogênicas que, por sua vez, deram início a alterações geológicas básicas; por exemplo, o derretimento de geleiras e a elevação do nível do mar, reesculpindo o perfil básico da Terra. Sendo uma nação insular com extenso desenvolvimento costeiro, o Japão tem muito a perder com a elevação do nível do mar, particularmente com as tempestades e tsunamis, um tópico que vamos retomar no capítulo final. No entanto, qualquer história sobre uma nação altamente industrializada deve levar em conta as consequências ambientais de longo prazo da transição para os combustíveis fósseis, porque, apesar de todos os organismos compartilharem os efeitos deletérios, a responsabilidade pela mudança climática antropogênica é compartilhada somente por um punhado de economias industrializadas – e o Japão é uma delas.

capítulo 11

O NASCIMENTO DO ESTADO IMPERIAL JAPONÊS, 1800-1910

Os historiadores costumam observar que as forças do pós-Meiji deram forma à direção do império japonês, e em sua maior parte a afirmação está correta. Os decisores políticos do período Meiji aprenderam, por meio de encontros como o dos "navios negros" e de acordos internacionais como os "Tratados Desiguais", que a edificação de impérios era parte integrante da modernidade ocidental, especialmente a promoção da força econômica. Ser um império era uma característica compartilhada por todas as grandes potências e, caso o Japão não conseguisse unir-se a suas fileiras, a nação insular precisaria construir um império próprio. É certo que essa lição não era inteiramente nova para os decisores políticos japoneses. O Japão já tinha empreendido experiências coloniais, não necessariamente forjadas no cadinho dos encontros com o Ocidente, mas nascidos dos encontros com o povo de Okinawa ao sul e os ainus ao norte. O domínio de Satsuma havia conquistado o Reino de Ryukyu (Okinawa) em 1609, transformando o arquipélago em uma espécie de protetorado. No Norte, os funcionários dos Tokugawa justificaram a colonização lenta e incremental do sul de Hokkaido não por meio da linguagem dos acordos internacionais e do comércio global, mas por meio da linguagem dos costumes confucionistas e, mais importante, pela necessidade do comércio. Por fim, o entrelaçamento das forças do início do período moderno e do período moderno oferece a justificativa para a expansão japonesa para o continente e a criação da "Esfera de Coprosperidade da Grande Ásia Oriental", por meio da qual os interesses imperiais do Japão iriam conflitar com aqueles dos EUA e de seus aliados europeus.

Colonização setentrional

Durante as últimas décadas do *bakufu* de Edo, o Japão iniciou seus experimentos colonizadores. Em 1802, após dois séculos de governo do domínio de Matsumae, o *bakufu* estabeleceu a magistratura Hakodate, basicamente um vice-rei do Norte. Assim, Edo começou a determinar os assuntos da região Norte e de seus habitantes ainus. Em parte, a invasão russa através da Ilha Sacalina e das Ilhas Curilas forçou Edo a afirmar sua autoridade central mais ao norte. Após o Tratado de Nerchinsk (1689) entre a Rússia e a China, os comerciantes de pele da Rússia mudaram-se para as Ilhas Curilas em busca de peles valiosas, e até o final do século estabeleceram um posto avançado na Península de Kamchatka. A partir de Kamchatka, os caçadores russos passaram a coletar peles dos Kamchadales locais e dos ainus de Curila. As peles eram vistas pelos czares como "tributo" dos "obedientes povos conquistados" do Pacífico Norte. Mas os ainus nem sempre foram participantes submissos. Em 1770, durante o "incidente de Iturup", os russos mataram vários ainus que se recusaram a prestar tributo aos seus novos senhores. No ano seguinte, os ainus retaliaram ao emboscar os comerciantes russos na Ilha de Iturup, nas Ilhas Curilas, matando pelo menos dez russos no evento. Durante o incidente, os guerreiros ainus perseguiram os russos até seus navios, escalaram as madeiras do costado dos navios e os atacaram com flechas envenenadas e bastões. Apesar desses momentos de resistência obstinada, com o alvorecer do século XVIII, os exploradores e comerciantes russos tornaram-se um elemento permanente na fronteira norte do Japão.

Em 1778, por exemplo, dois russos desembarcaram em Hokkaido oriental buscando o comércio com o Japão. Em Hokkaido oriental, eles encontraram um funcionário local de Matsumae que lhes disse que, por causa das proibições marítimas do *bakufu* de Edo, seria melhor que eles fossem embora em vez de serem capturados por representantes intolerantes do *bakufu*. Antes de os dois russos irem embora, no entanto, eles ofereceram aos funcionários de Matsumae presentes fabricados na Rússia que iriam, quando a notícia chegasse em Edo, inflamar as suspeitas de que o domínio mais setentrional, contra a vontade do xogum, estava negociando clandestinamente com a Rússia. Em tempo, o *bakufu* enviou o funcionário Satô Genrokurô para determinar a extensão desse comércio ilícito com a Rússia. Ao interrogar o administrador de um pesqueiro local, Satô ficou sabendo do comércio existente entre os ainus e os russos, e que a maior parte desse comércio era realizada em idioma ainu, que alguns russos haviam aprendido. Satô também descobriu que tecidos de fabricação russa e outros produtos tinham trocado de mãos até chegarem em Edo. Embora os comerciantes japoneses de Hokkaido oriental nada tenham dito sobre o comércio ilícito, os chefes ainus disseram ter obtido as "belas sedas, têxteis de algodão e chita, bem como açúcar e remédios" dos comerciantes de peles da Rússia. Em resposta ao comércio com a Rússia e outras violações de Matsumae, o *bakufu* tomou o controle de Ezo no início do século XIX.

De modo semelhante às justificativas dos colonos anglo-americanos para a conquista das terras americanas, ou o chamado "fardo do homem branco" dos impérios europeus, os japoneses planejaram a conquista das terras dos ainus através da lente confucionista do "governo benevolente", ou a necessidade de resgatar os ainus de sua vida cheia de doenças. De fato, o fornecimento de assistência médica aos ainus provou ser uma manifestação do controle japonês sobre Hokkaido. Isso culminou, em 1857, com o envio de médicos de Edo para oferecer aos ainus a vacinação contra a varíola. Em seus encontros com os ainus, alguns médicos, como Kuwata Ryûsai, começaram a mapear as novas fronteiras do corpo político do Japão. As estruturas culturais também foram importantes: os ainus acreditavam que a varíola era uma divindade, e o fato de que os japoneses podiam vencer o assassino divino com uma picada no braço certamente desestabilizou o panteão dos ainus. As autoridades japonesas também incentivaram os ainus a assimilar a vida japonesa, incluindo o aprendizado do idioma japonês. Em suma, no início do século XIX, o Japão deu início aos seus ensaios coloniais na Ilha do Norte, pavimentando o caminho para sua incorporação formal no âmbito da Agência de Desenvolvimento de Hokkaido após a Restauração Meiji.

O controle japonês sobre os ainus alterou seu curso durante as correntes poderosas das iniciativas do período Meiji destinadas a modernizar e melhor insinuar o Estado sobre a vida de seus súditos. A política japonesa deixou de lado os "cuidados benevolentes" do confucionismo e trocou-o pela "proteção" colonial dos evolutivamente atrasados ainus. Ao longo do século XX, a expansão imperial japonesa esteve muitas vezes camuflada por termos que falavam em estender a "civilização", qualquer que fosse sua definição naquele momento histórico, e proporcionar benefícios econômicos e outras vantagens para os colonizados. Isso envolvia, por exemplo, a adoção forçada de nomes japoneses pelos povos subjugados.

Essa transição para "proteger" os ainus assinalou o início das políticas que visavam transformá-los – até esse ponto caçadores, coletores e comerciantes – em pequenos agricultores. As políticas paternalistas do Meiji culminaram com a "Lei de Proteção dos Antigos Aborígines de Hokkaido" de 1899, que distribuiu 5 hectares (12 acres) de terras para os ainus. Essencialmente, o governo Meiji procurou, com essa política, acabar com a autonomia cultural dos ainus e depois de 1878 torná-los súditos com o nome de "antigos aborígines", assim como os párias tinha sido redesignados como "novos plebeus". Kayano Shigeru (1926-2006), um ativista ainu, que serviu na Dieta, resumiu as políticas de assimilação do período Meiji da seguinte forma realista:

> Leis como a Lei de Proteção dos Antigos Aborígines de Hokkaido restringem nossa liberdade. Primeiro, ao ignorar nossos direitos básicos como um povo caçador que deseja caçar ursos e cervos ou pescar salmão e truta livremente, em qualquer lugar e a qualquer hora e, em segundo lugar, impelindo-nos a cultivar terras inferiores "oferecidas" pelos japoneses. Ao "oferecer" a terra, os japoneses também legitimaram sua pilhagem da região.

Em Hokkaido, a Agência de Desenvolvimento, que supervisionou a colonização da ilha entre 1872 e 1882, principalmente preocupada com o desenvolvimento agrícola e industrial, convidou para a fronteira setentrional, como já vimos, especialistas estrangeiros como, por exemplo, Edwin Dun e sua experiência com a matança de lobos. Mas a Agência de Desenvolvimento também tentou proibir as práticas culturais dos ainus, como as tatuagens faciais e nas mãos feitas nas mulheres, brincos usados pelos homens, incêndio das casas após a morte, cerimônias de saudação tradicional e uso de práticas tradicionais de caça, tais como flechas envenenadas. O regime Meiji também deu continuidade à política anterior dos Tokugawa de incentivar os ainus a aprender o idioma japonês, e até enviou 35 ainus, incluindo um punhado de mulheres, a Tóquio em 1878 para serem educados em um colégio agrícola.

Administrado por especialistas, como o geólogo Benjamin Lyman (1835-1920), o presidente do colégio agrícola William Smith Clark (1826-1886), o pecuarista Edwin Dun, o mestre fermentador, educado na Alemanha, Nakagawa Seibei (quem fundou a cervejaria Sapporo, em 1876), e uma série de outros, Hokkaido tornou-se um campo de testes para a criação do império, uma área em que o governo Meiji incipiente fortaleceu sua capacidade de controlar territórios estrangeiros. Enquanto isso, os ainus tornaram-se um povo miserável em desesperada necessidade de cuidados coloniais e civilizadores, pois sua população estava devastada por varíola, sarampo, gripe e, após a Restauração Meiji, tuberculose. Horace Capron (1804-1885), um veterano da guerra civil e supervisor estrangeiro do esforço de desenvolvimento em Hokkaido, afirmou em uma carta ao seu homólogo japonês Kuroda Kiyotaka (1840-1900): "Parece que encontraremos as mesmas dificuldades observadas nas tentativas semelhantes com os índios norte-americanos nos esforços para civilizar essas pessoas [ainus]. Os ainus, no entanto, possuem características mais amáveis e atraentes do que os índios, bem como maior capacidade para apreciar as vantagens da civilização superior". O quadro de referência utilizado por Capron para interpretar Hokkaido era o oeste americano. Em Hokkaido, Lyman e outros especialistas estrangeiros ajudaram a identificar e mapear o carvão e outros depósitos minerais, bem como a matar inúmeros ursos, corvos e lobos em programas de recompensas, a transformar os caçadores ainus em agricultores, a explorar os pesqueiros e, por fim, a desnudar as encostas. Assim como ocorreu com as fronteiras coloniais ao redor do globo e com suas relações com os centros políticos e econômicos, Hokkaido foi explorada, muitas vezes impiedosa e violentamente, pelo regime esfomeado por recursos de Tóquio, um precedente que seria aplicado em todo o império moderno do Japão em anos vindouros.

A questão coreana

Depois da experiência em Hokkaido, o Japão testemunhou uma convergência de forças históricas que impulsionou o país a construir seu próprio império na região do Pacífico asiático, de forma semelhante às grandes potências que o país emulou durante o período Meiji. Um importante indicador do movimento em direção ao imperialismo foi a transformação do posicionamento tradicional da China no imaginário político japonês. Os pensadores do início do período moderno imaginavam a China como um lugar exaltado que evocava poderosas associações morais e culturais por ser o Reino Médio ou, de forma ainda mais ilustre, a "florescente central". Para aqueles que advogavam o confucionismo de Zhu Xi nos séculos XVII e XVIII, a China evoluiu para uma abstração política "desistorizada", associada à ordem moral e aos antigos reis sábios e benevolentes que os líderes do Japão tentavam imitar. Como já vimos, os estudiosos nativistas tinham desafiado a centralidade moral da China nas décadas finais do período Tokugawa, argumentando que, baseado na longevidade da instituição imperial, o Japão (e não a China) era a "florescente central". Conforme enfatizado por Motoori Norinaga (1730-1801), a história da China, ao contrário da do Japão, estava repleta de desordens e ilegitimidades políticas. Da mesma forma, Ôkuni Takamasa (1791-1871) apontou que o Japão havia tido um governo direto e ininterrupto da família imperial, não a China, a qual ele não chama de "florescente central", mas sim por seu nome pejorativo "Shina". Satô Nobuhiro (1769-1850), em um texto conhecido, articula uma estratégia secreta para a expansão, envolvendo a superioridade japonesa em um diálogo expansionista ao requisitar a conquista militar da Manchúria pelo Japão. Essencialmente, mesmo antes do colapso do *bakufu* de Edo, a China e a Manchúria já ocupavam a mira da imaginação imperial do Japão.

De início, no entanto, o interesse em relação à expansão continental estava focado na dinastia Joseon da Coreia (1392-1897), que, no final do século XIX, encontrava-se inextricavelmente alojada entre dois mundos incompatíveis: os limites tradicionais da ordem tributária Qing da China, em que os funcionários chineses viam o país peninsular como um estado tributário, e as ambições imperiais modernas do Japão Meiji. A intratabilidade da situação tornou-se evidente quando, após a Restauração Meiji, diplomatas japoneses enviaram à corte da dinastia Joseon um anúncio formal da fundação do governo imperial Meiji. Mas os coreanos se recusaram a reconhecê-lo, pois a linguagem utilizada pelo "decreto imperial" continha termos utilizados somente pelo imperador chinês, colocando o Japão em paridade com a China. Ocorreu também o incidente Un'yô (1875), quando uma guarnição costeira coreana da Ilha de Ganghwa, logo após ter se defendido de intrusos franceses e norte-americanos, disparou contra um navio japonês. Como resultado, assim que o comodoro Perry "abriu" o Japão com seus "navios negros" em 1852, estabelecendo laços diplomáticos e comerciais com o anteriormente fechado Japão por meio dos "Tratados Desiguais", o Japão devolveu o favor imperial na Coreia quando Hanabusa Yoshitada (1842-1917) viajou para Busan para começar a "abertura" da Coreia aos interesses diplomáticos e comerciais japoneses por meio do "Tratado de Amizade Nipo-Coreano" (1876). Apesar do muito que foi realizado pelo "Tratado Harris" (1858) entre os EUA e o Japão, o "Tratado Nipo-Coreano" abriu os portos comerciais da Coreia, aprovou as relações diplomáticas, permitiu ao Japão fazer levantamentos costeiros e declarou a "condição de independente da Coreia", desanexando a Coreia de suas obrigações tributárias anteriores com a China. A aventura imperial do Japão no leste asiático tinha começado e, em grande parte, teve como modelo o encontro do navio armado do país com o Ocidente.

Fukuzawa Yukichi, com o impecável pragmatismo imperial do século XIX, articulou a necessidade da expansão japonesa na Coreia no contexto das experiências com os impérios americanos e europeus. Não é de admirar que o "Tratado Nipo-Coreano" fosse tão semelhante ao

"Tratado Nipo-Americano" de quase duas décadas antes. Em seu famoso texto "Datsu-A-ron" (Dissociação da Ásia), que primeiro surgiu no periódico de extensa circulação, o *Notícias dos Tempos*, em 1885, Fukuzawa deixou claro que: ou o Japão coloniza a Ásia, ou será colonizado pelas grandes potências. Um ferrenho defensor da ocidentalização, ele argumentou que, após a Restauração Meiji, o Japão adotou a "civilização ocidental contemporânea em todas as coisas, oficiais e privadas, em todo o país". Ao contrário de seus vizinhos asiáticos, especificamente a Coreia e a China, o "Japão foi o único a libertar-se dos velhos hábitos, e ele precisa ir além de todos os países asiáticos, ao realizar a 'dissociação da Ásia' como ideia central de uma nova doutrina". Em sua mente, o Japão precisava distanciar-se de seus vizinhos do leste asiático.

Para Fukuzawa, a Restauração Meiji representava uma transcendência cultural das origens históricas e geográficas do Japão. "Embora o Japão se encontre perto da costa asiática", ele escreveu em uma afirmação historicamente reveladora, "o espírito do seu povo transcendeu o conservadorismo asiático e caminha em direção à civilização ocidental." Na Coreia, a diplomacia do Japão foi um exemplo desse direcionamento. Por causa da afeição da Coreia e da China "pelas convenções e costumes antiquados", ele observou, "parece inevitável que elas percam sua independência" por meio da colonização, sendo "divididas entre as nações civilizadas do mundo". Fukuzawa afirmou que, em vez de estender privilégios especiais para a Coreia e a China, "nós devemos lidar com elas como fazem as nações ocidentais". Ainda amargando os "Tratados Desiguais", o Japão compreendeu exatamente como as nações ocidentais lidavam com os asiáticos. Esta mentalidade do colonizar ou ser colonizado, implícita na experiência japonesa do século XIX, provou ser um grande guia para a eventual criação da "Esfera de Coprosperidade da Grande Ásia Oriental".

Com o governo Meiji preparando o caminho de seu futuro imperial, o foco do Japão na Coreia levou, inevitavelmente, a um confronto com a China. Enquanto o Japão elevava seus interesses na Coreia, ele assinou a Convenção de Tientsin com a China da dinastia Qing, em 1885. Assinado por Itô Hirobumi (1841-1909) e Li Hongzhang (1823-1901), a Convenção procurou reduzir a tensão após o Golpe Gaspin na Coreia, em 1884, quando Kim Ok-gyun (1851-1894) e Pak Yonghyo, membros do Partido Iluminista pró-Japão, precipitaram um *golpe de Estado* que durou três dias, projetado para derrubar a corte real da dinastia Joseon. Após o fracasso do golpe de Estado, os criminosos fugiram para o Japão e as tropas chinesas ocuparam grande parte da Coreia. Em resposta, a Convenção de

Tientsin concordou que os dois países iriam retirar suas forças da Coreia, e que nenhum dos lados enviaria soldados para a Coreia sem alertar o outro. Ao contrário do acordo, quando a rebelião camponesa e panteísta Donghak eclodiu em 1894, a corte da dinastia Joseon solicitou ajuda militar da China, que enviou soldados sem alertar os japoneses. Os rebeldes Donghak tornaram a situação ainda mais volátil quando queimaram a missão diplomática do Japão em Seul.

O ministro da Guerra Yamagata Aritomo (1838-1922) pressionou o governo de forma considerável, e Tóquio enviou 1500 soldados para Incheon, perto de Seul, com o objetivo de proteger seus interesses comerciais e diplomáticos. Não demorou muito até que confrontos eclodissem entre as forças japonesas e chinesas. Em alguns dias, o Japão, equipado com seus militares recém-treinados dentro do estilo ocidental, tomaram Pyongyang e, em três meses, já controlavam territórios da China e da Manchúria, incluindo Port Arthur, que era estrategicamente crítico. Em março de 1895, a China requisitou a paz e enviou Li ao Japão para negociar um armistício.

Patrioticamente exultante por sua vitória, o Japão exigiu que a dinastia Qing entregasse territórios e pagasse uma indenização. Mas Alemanha, Rússia e França intervieram e negaram ao Japão os despojos de guerra por meio dessa "Intervenção Tripla". A Rússia tinha seus próprios projetos para a península coreana e, promovendo esses fins, concluiu um tratado com a dinastia Qing em 1898. O Japão rebateu com um acordo com a Inglaterra em 1902. Em 1905, quando os russos decidiram não reconhecer os interesses japoneses na Coreia, os dois países entraram em guerra. Uma vez que o conflito estava em curso, o general Nogi Maresuke (1849-1912) cercou a fortaleza russa em Port Arthur por 156 dias antes de forçar a rendição russa. Quando o almirante Tôgô Heihachirô (1848-1934) afundou de forma espetacular grande parte da frota russa do Báltico na batalha do Estreito de Tsushima, o czar apelou pela paz. A vitória do Japão provocou outra exuberante manifestação patriótica vinda de todos os lados. No Tratado de Portsmouth (1905), o Japão ganhou um punhado de concessões importantes; mas Tôyama Mitsuru (1855-1944), um líder político de direita e o líder da oposição, Kôno Hironaka, afirmaram que o Japão tinha aceitado um acordo humilhante, dado os elevados custos humanos e monetários do conflito. De fato, estima-se que os japoneses perderam cerca de 70 mil homens, incluindo mortes por doenças e ferimentos. No entanto, estimulado pelo sucesso militar contra uma potência europeia e pelo patriotismo doméstico estridente, o Japão surge, no alvorecer do século XX, explosivamente no cenário global.

O Japão no alvorecer imperial

Enquanto o Japão expandia sua influência na Coreia e além, o país sofria mudanças importantes no mercado interno. As políticas econômicas do período Meiji levaram à ascensão de áreas importantes do país no início do século, incluindo a produção de têxteis de algodão e seda. Entre os primeiros interesses em grande escala patrocinados pelo Meiji, muitos eram empresas têxteis que se beneficiaram dos generosos subsídios do governo. Na década de 1880, os fabricantes criaram a Associação Japonesa de Fiadores de Algodão, que facilitou a criação de algumas das técnicas japonesas lendárias de eficiência do trabalho. Já em 1935, a produção de têxteis de algodão representava 26% de todas as exportações japonesas e quase 15% de toda a produção industrial. No final do período Meiji e depois, os têxteis representavam um colosso industrial no Japão. É importante dizer que o Japão estava preparado não só para competir no cenário geopolítico do jogo colonial, mas também no reino da produção e comércio mundial.

Mesmo que o Japão tenha produzido seda no início do período moderno, a indústria têxtil de seda moderna, como era típico da maioria das iniciativas de Meiji, era guiada pelos modelos ocidentais. Em 1870, especialistas europeus visitaram o Japão para ajudar com a construção de uma fábrica de tecelagem de seda industrial. Dois anos mais tarde, o governo Meiji abriu uma "fábrica-modelo" em Tomioka, a qual foi imitada por outros fabricantes de seda das redondezas com sucesso surpreendente. Em 1868, no momento da Restauração Meiji, o Japão exportava 1 milhão de quilos de seda. Em 1893, conforme o Japão aumentava seus esforços imperiais na Coreia, ele também aumentava sua produção para 4,6 milhões de quilos de seda exportada. Dois anos após a conclusão da Guerra Sino-Japonesa (1895), o Japão produzia cerca de 27% da seda mundial. Em 1913, no início da Primeira Guerra Mundial, não menos de 800 mil trabalhadores japoneses e incontáveis bichos da seda trabalhavam na indústria de seda do Japão. Ironicamente, a indústria dominante do Japão Meiji, a peça central de seu moderno complexo industrial, foi construída sobre uma antiga relação simbiótica entre humanos, as "meninas da fábrica" nesse contexto, e seus insetos aliados tradicionais, o *Bombyx mori* [bicho-da-seda].

As meninas da fábrica eram as milhares de jovens mulheres que as empresas ou os recrutadores profissionais seduziam para trabalhar nas fábricas têxteis do Japão. A maioria dessas "meninas da fábrica", como uma pesquisa de 1927 concluiu, suportavam as condições horríveis e úmidas das fábricas têxteis para contribuir para as finanças de sua família. Uma delas lembra que:

> Quando eu fui para casa com o salário de um ano e entreguei o dinheiro à minha mãe, ela apertou as mãos e disse: "Com isso, conseguiremos sobreviver até o final do ano". E meu pai, que estava doente, sentou-se na sua cama e curvou-se várias vezes para mim. "Sué", ele disse, "deve ter sido difícil. Obrigado... Obrigado...". Então pusemos o dinheiro em uma caixa de madeira, colocamos a caixa no altar e rezamos. [...] A partir de então, eu aguentaria quaisquer dificuldades sempre que eu lembrava do rosto de minha mãe.

Para as meninas da fábrica, o trabalho desumano das fábricas têxteis serviu como uma forma de cumprir as duradouras obrigações filiais do confucionismo. Inicialmente, quando a fábrica-modelo abriu em Tomioka, a indústria, por causa de suas conexões com a industrialização de estilo ocidental, carregava um apelo glamoroso, e 40% das 371 mulheres empregadas vinham das antigas famílias de samurais. Por fim, a indústria passou a requerer filhas rurais mais "dóceis e obedientes"; os agricultores costumavam aproveitar a oportunidade para melhorar sua situação financeira e substituir o sabor de madeira dos velhos rabanetes daikon pelo delicado sabor do arroz branco polido.

As condições dentro das fábricas de seda eram cruéis e o ar estava cheio de fiapos. Os casulos precisavam ser embebidos em água escaldante e cozidos no vapor antes que os fios pudessem ser removidos e, em consequência, a condensação acumulada no teto das fábricas caía nas operárias durante todo o dia, como chuva. No inverno, as mulheres costumavam pegar resfriados ou gripe por causa dessas condições completamente úmidas. A indústria também expunha as mulheres a uma série de doenças pulmonares, incluindo a tuberculose. A tuberculose é frequentemente chamada de "epidemia moderna" devido à sua associação a ambientes industriais, onde o processo de fabricação amontoava as pessoas em locais em que o bacilo da tuberculose era facilmente trocado entre corpos que já estavam imunologicamente comprometidos. A tuberculose é debilitante e mortal: o bacilo não é tóxico em si, mas a resposta imunológica robusta do corpo a eles causa a formação de tubérculos nos pulmões. Essas áreas caseosas dos pulmões, identificadas por uma consistência insalubre de queijo, deixam cavidades e, quando essas cavidades se formam perto de vasos sanguíneos pulmonares, elas causam hemorragia, ou a tosse com sangue, chamada de hemoptise, frequentemente associada à doença. Essas fábricas, que se multiplicaram ao longo do período de Meiji, eram, de forma bem literal, incubadoras quentes e úmidas de bacilos, e cerca de 90% da força de trabalho era formada por mulheres, a maioria com menos de 25 anos.

A tuberculose e outras doenças pulmonares surgiram rapidamente como assassinas em massa. Em 1903, o governo Meiji encomendou um estudo das fábricas têxteis intitulado "Condição dos Operários". Dos 689 trabalhadores dispensados do trabalho por problemas de saúde entre 1899 e 1902, metade foi demitida por causa de "doenças respiratórias" e metade por causa da tuberculose, mesmo que os médicos raramente dessem o diagnóstico de tuberculose por causa do estigma social ligado à doença. Perigoso para a reputação das famílias, houve até bem tarde boatos de que a tuberculose era hereditária. Outras pesquisas realizadas por médicos concluíram que 50% das mulheres que morriam na indústria têxtil de seda morriam de tuberculose, a qual foi identificada como o desafio de saúde mais sério da indústria têxtil japonesa e talvez até do Japão industrializado. Em um discurso de 1913 perante a sociedade médica nacional, um médico implicou a indústria têxtil na propagação da tuberculose, porque os proprietários das fábricas, para lidar com o problema, simplesmente dispensavam os trabalhadores, mandando-os para casa assim que ficavam doentes. Isso criou vetores efetivos para espalhar a doença em todo o país e causou uma epidemia nacional. Ao lado do beribéri, uma doença nutricional causada pela falta de tiamina, que costumava matar o mesmo número de soldados e marinheiros que a guerra, a tuberculose estava surgindo como a doença nacional do Japão Meiji.

Um dos fatores que facilitaram a propagação da tuberculose nacionalmente foi que as mulheres que sofriam da doença mantinham isso em segredo, ou referiam-se a ela por meio de uma infinidade de pseudônimos de doenças pulmonares. Em grande parte, porque muitos viam-na como hereditária; era uma doença que poderia trazer desgraça e vergonha para uma família inteira, ou, no mínimo, arruinar as perspectivas matrimoniais. Esse tema delicado foi explorado na obra-prima de Tanizaki Jun'ichirô (1886-1965), *Sasameyuki* (*As irmãs Makioka*, 1948). No romance, uma abastada família japonesa, representada pelas irmãs Makioka, tenta encontrar um marido adequado para uma terceira irmã mais velha, Yukiko. Em certa ocasião, um possível pretendente solicita que Yukiko faça uma radiografia do tórax por causa de seu físico frágil e adoentado. O resultado dá negativo para tuberculose, mas, nesse ínterim, as irmãs encontram falhas na vida familiar do pretendente, especificamente os dez anos de insanidade da mãe do cavalheiro... e o noivado é desfeito. Mais tarde, quando um homem rico de Nagoya corteja Yukiko, ele contrata um detetive particular para realizar uma verificação dos antecedentes da família Makioka. Quando descobre que a mãe das meninas havia morrido de tuberculose aos 36 anos, o homem termina o noivado. Conforme o romance sugere, os rumores socialmente estigmatizantes sobre a hereditariedade da tuberculose ainda persistiam bem depois de o cientista alemão Robert Koch (1843-1910) ter descoberto o bacilo da tuberculose, na década de 1880.

De forma semelhante ao governo prussiano, que financiou a pesquisa de Koch, o governo Meiji mostrou-se intensamente interessado na tuberculose e em sua possível cura, pois a epidemia atormentava os ambientes industriais, urbanos e militares, onde as multidões podiam facilmente espalhar a doença. Assim, em 1890, quando Koch apresentou seu relatório preliminar sobre a cura da tuberculose em Berlim, Kitasato Shibasaburô (1853-1931) (IMAGEM 18), proeminente médico e cientista, encaminhou imediatamente a apresentação a uma importante revista médica japonesa. O governo Meiji enviou Kitasato, um bacteriologista aspirante que trabalhava no Ministério do Interior, a Berlim em 1885, a fim de estudar com Koch, que rapidamente passou a ver o estudante de 32 anos como um de seus alunos favoritos. Kitasato fez contribuições importantes para a descoberta. Em 1889, por exemplo, Kitasato cultivou com sucesso uma amostra pura do bacilo do tétano e, enquanto trabalhava com Emil von Behring (1854-1917), outro cientista alemão, descobriu muitos dos mistérios das substâncias antitóxicas da imunidade. Não surpreende, então, que Kitasato tenha oferecido bastante ajuda no laboratório de Koch. Como os regulamentos burocráticos do Ministério do Interior ameaçavam trazê-lo de volta para casa, o imperador Meiji interveio, e Kitasato foi autorizado a permanecer em Berlim para continuar seu importante trabalho com Koch.

Em março de 1891, os primeiros carregamentos de tuberculina – a cura de Koch – chegaram ao Japão, e o Exército, a Associação de Saúde do Japão e a Universidade de Tóquio começaram a realização dos ensaios clínicos. No final, a tuberculina teve resultados mistos, e a verdadeira cura para a tuberculose ainda estava distante no futuro. A descoberta, no entanto, facilitou uma revolução bacteriológica na medicina e na ciência do Japão. Por exemplo, em 1891, não era possível encontrar nem mesmo um único microscópio nas prateleiras de toda a prefeitura de Tóquio, pois as duas lojas tinham vendido seus 170 instrumentos. Nesse mesmo ano, o governo Meiji abriu o Centro de Microscopia de Tóquio, que conduzia análises bacteriológicas de tuberculose e outros microrganismos. Por fim, indústria e governo reorientaram-se para a prevenção, mas, durante décadas, a tuberculose continuou sendo uma assassina no Japão.

IMAGEM 18. O bacteriologista Kitasato Shibasaburô.

Disciplina pública
As tentativas do Estado Meiji para controlar seus súditos japoneses tornaram-se sufocantes em 1910. Com o surgimento do império japonês, o Estado Meiji esforçou-se ativamente pela "reforma do corpo e da alma",

como dizia um de seus *slogans*, a fim de suportar a ameaça do império ocidental e criar um novo império japonês. A reforma foi realizada por meio do controle sobre o corpo humano e sobre a sexualidade de forma nunca vista antes na história do Japão. Enquanto o Estado do início do período moderno estava preocupado com o controle sobre o sistema de posição social, monitorando os cortes de cabelo e outros costumes sociais que identificavam os limites das posições sociais, o Estado Meiji procurou disciplinar o corpo, apoiado na higiene e no controle sobre a sexualidade, conforme exemplificado pela criação da Agência Central de Saneamento (1872), pelo Sistema de Higiene Escolar (1898) e por várias leis que exigiam verificações ligadas à saúde. De forma bastante similar ao período Meiji, o foco sobre saneamento e higiene requeria uma nova linguagem e um novo nível de intromissão estatal. Durante a Missão Iwakura (1871), Nagayo Sensai (1838-1902) ficou impressionado com a medicina e o saneamento da Alemanha e dos Países Baixos e, então, criou uma nova palavra japonesa para higiene (*eisei*) baseada na palavra alemã. Ele fundou o Departamento de Higiene em 1874, que, em certo ponto, passou a fazer parte do Ministério do Interior. O Departamento monitorava o estado da higiene da nação e do império emergente. Da mesma forma, Gotô Shinpei (1857-1927) foi influenciado pelas teorias europeias sobre higiene e medicina, planejando medidas de higiene e saneamento para o nascente império japonês. Parte de um contingente crescente de pensadores que, influenciados pelo pensamento alemão, viam a nação como um corpo ou organismo, Gotô baseou-se nas ideias de "medicina social" de Rudolf Virchow (1821-1902) e de "política social" de Otto von Bismarck (1815-1898). Em sua analogia do "Estado como um corpo humano", o exército servia como os dentes e as garras das políticas do corpo, e a higiene e a saúde, como seu sistema imunológico. Tais metáforas do "Estado como um corpo humano" tornavam-se cada vez mais comuns conforme o Japão avançava em direção à Guerra do Pacífico e, internamente, desenvolvia suas nascentes políticas fascistas.

Os funcionários Meiji acreditavam que as ameaças à saúde, tais como a tuberculose ou até mesmo a loucura, eram contagiosas e malignas, e poderiam passar do indivíduo para todo o corpo nacional. Refletindo sobre essa visão do Estado, Ôkuma Shigenobu (1838-1922) comentou: "A insanidade ocasionalmente torna-se infecciosa. Essa infecção pode ser terrível, espalhando-se incessantemente entre as pessoas. Uma sociedade, ou mesmo um Estado, pode, por fim, tornar-se mórbido". Armado com essas filosofias higiênicas, os decisores políticos japoneses do início do século XX buscavam "melhorar a raça" e "melhorar a sociedade" mediante rigorosas políticas relacionadas à saúde. Em 1902, o governo Meiji contratou milhares de médicos para trabalhar nas escolas e inspecionar as crianças em busca de males como escrófula (uma forma de tuberculose que afeta os gânglios linfáticos), doenças crônicas e distúrbios do sistema nervoso. Muitas vezes, os médicos japoneses falavam de sintomas como o esgotamento por masturbação, que era visto como uma doença social, resultante da inadequada educação sexual. Alguns decisores políticos defendiam uma "pedagogia sexual" baseada no modelo alemão, para inocular o organismo nacional contra a masturbação generalizada e as doenças venéreas. As escolas para meninas e as fábricas têxteis também se tornaram os focos das condições de higiene, algumas das quais tentavam reformar os hábitos dos dormitórios das "meninas das fábricas" a fim de não ameaçar a constituição moral do corpo nacional do Japão. É importante lembrar que, tendo em vista que os decisores políticos e intelectuais japoneses baseavam-se no pensamento alemão e usavam a analogia do corpo para descrever a nação, qualquer discórdia social ou oposição política passou a ser vista como uma doença ameaçadora, prenunciando o fascismo japonês de décadas mais tarde.

Finalmente, o uso do corpo como uma analogia para descrever a nação também deu forma às ciências naturais do Japão, particularmente ao desenvolvimento do pensamento ecológico. Tomando como base o pensamento ecológico da Alemanha e de um punhado de universidades dos EUA, os pensadores japoneses começaram a participar de discussões sobre o papel das sociedades na evolução, não apenas a do indivíduo conforme sugerida por Charles Darwin (1809-1882). Refletindo o meio confucionista do Japão, os seres humanos podem ser vistos não apenas como criaturas individualistas, conforme sugerido pelo liberalismo ocidental, mas sim como uma espécie altamente social, cujo sucesso evolutivo do grupo supera o dos indivíduos. Imanishi Kinji (1902-1992), um importante biólogo evolucionista japonês, antecipou-se à importância da evolução social em mais de meio século.

Em seu *Seibutsu no sekai* (O mundo dos seres vivos, 1941), ele propôs pela primeira vez a existência de "espécies", ou a sociedade como uma espécie holística evoluindo socialmente. Ele rebaixou o organismo individual em evolução, uma marca registrada do darwinismo, e elevou o todo social. Imanishi escreveu: "Os membros de uma espécie são aqueles que estão ligados por parentesco e relações territoriais, e que partilham a mesma forma de vida". Assim como o súdito não é outra coisa senão um constituinte da nação imperial, Imanishi, embora não fosse fascista, argumenta que o organismo individual não é "outra coisa senão um constituinte das espécies" e que a sociedade é o "lugar da vida compartilhada", onde o "indivíduo reproduz e sustenta-se". Considerando que Darwin identificou na *Origem das Espécies* (1859) "diferenças individuais" herdadas como algo de "extrema importância", porque elas "oferecem a matéria para a seleção natural", Imanishi via a evolução como algo que ocorria no âmbito social, por meio de afinidades que transcendem o indivíduo. Embora não fosse necessariamente o produto de pensadores fascistas, tais teorias ecológicas reforçavam a ideia básica de que grupos sociais, incluindo as nações, constituíam corpos naturais que precisavam ser fortalecidos pela higiene do Estado e por outras políticas.

Conclusão

Embora o Japão tenha aprendido muitas estratégias coloniais a partir de difíceis experiências, adquiridas em seus próprios "Tratados Desiguais" com os Estados Unidos e a Europa, o colonialismo japonês não foi um produto exclusivo de empréstimos culturais do Ocidente. Em Okinawa ou Hokkaido, o Japão, já desde cedo, aprendeu as lições indígenas da conquista e da colonização de outros povos e suas terras, lições que os decisores políticos fizeram atravessar os mares até suas novas fronteiras coloniais do leste asiático. Refletindo o meio ambiente confucionista de sua criação, tais táticas indígenas japonesas eram em grande parte de naturaza cultural, e eram governadas pelo antigo princípio confucionista que afirmava que os "bárbaros" periféricos podiam ser incorporados por meio da adoção da civilidade do centro. Dessa forma, os japoneses forçaram os ainus a falar o idioma japonês e a abandonar a caça para se tornarem agricultores; eles forçaram os ainus a adotar nomes japoneses e venerar de acordo com os sistemas de crenças japonesas; eles forçaram os ainus a ver o imperador japonês como seu novo líder patriarcal. Em graus maiores e menores, os coreanos foram os destinatários de táticas coloniais semelhantes, bem como de táticas mais duras de pura violência. No início do século XX, o Japão já caminhava na trilha da criação do império, uma estrada que, em muitos aspectos, veio a dominar a sua história no século XX.

capítulo 12

Império e Democracia Imperial, 1905-1931

Na primeira metade do século XX, o império esteve no centro da vida japonesa: a concorrência com os poderes europeus e norte-americanos na região do Pacífico asiático, a necessidade de recursos naturais, o funcionamento de pesqueiros distantes para recompor as receitas e alimentar bocas famintas e outras forças dirigidas para a construção do império. No final, no entanto, a "política chinesa" do Japão serviu como a faísca ao barril de pólvora seca que levou à Guerra do Pacífico. Os "interesses especiais" do Japão na China desafiavam o acesso europeu e norte-americanos aos mercados e manufaturas da China, colocando o Japão em rota de colisão com as grandes potências. A política externa do Japão estava projetada para proteger seus investimentos econômicos e militares na China, sendo que a política mais importante girava em torno da Ferrovia do Sul da Manchúria, arrendada ao Japão após a Guerra Russo-Japonesa (1905).

Mas outras forças mais subterrâneas levaram o Japão à "guerra total" na Ásia. Nos EUA, meio século de legislação de imigração racialmente carregada e de política externa antagônica desiludiram muitos diplomatas japoneses e decisores políticos que, cada vez mais, buscavam a autossuficiência econômica do império. Após as duas vitórias nas guerras Sino-Japonesa (1895) e Russo-Japonesa (1905), as grandes potências conspiraram para privar o Japão de seus despojos de guerra, principalmente dos territórios ao norte da Coreia e na China. Claramente, não havia lugar à mesa das grandes potências para a nação asiática em ascensão. Nesse contexto, o Japão passou a perseguir cada vez mais uma forma alternativa de nação moderna, que tecia sua legitimidade por meio de um império na Ásia oriental a partir da roupagem da modernização e do "parnasianismo". Retoricamente, o Japão buscou defender seus irmãos e irmãs asiáticos das agressões e invasões do ocidente imperial. Não é segredo que a raça serviu como um poderoso guia para os acontecimentos que antecederam a Guerra do Pacífico.

Construção do império japonês

A Guerra Russo-Japonesa foi um conflito selvagem em que ambos os lados sofreram grandes perdas na Batalha de Mukden (Manchúria) e em outros grandes confrontos. Reunidos em Portsmouth, New Hampshire, com mediação dos Estados Unidos, diplomatas japoneses e russos concordaram em reconhecer as explorações coloniais de cada um dos países no continente e implantar pequenas forças policiais para proteger seus respectivos interesses. Significativamente, a Rússia cedeu a Ferrovia do Sul da Manchúria ao Japão, uma concessão que mais tarde se mostraria fundamental para a eclosão da Guerra do Pacífico. Originariamente, a Rússia estabeleceu essa linha férrea no final do século XIX como parte da Ferrovia da China Oriental (Ferrovia Transmanchuriana), mas depois perdeu a porção sul da ferrovia em Harbin para a cidade de Port Arthur. O governo japonês fundou a bem capitalizada Companhia Ferroviária do Sul da Manchúria em 1906 e completou-a por meio do desenvolvimento de bens econômicos ao longo da área da ferrovia, a saber, 62 m em ambos os lados dos trilhos em uma distância de aproximadamente 1.100 km. A ferrovia ligava mais de vinte cidades e vilas, nas quais os japoneses armazenavam carvão, equipamentos elétricos e outros suprimentos necessários para manter os trens em movimento (IMAGEM 19). Gotô Shinpei (1857-1929), ex-governador de Taiwan – um indivíduo que encontramos anteriormente –, serviu como o primeiro presidente da empresa, com sede estabelecida pelos funcionários japoneses em Dalian, na península de Liaodong.

A ferrovia acabou sendo o pilar das explorações japonesas no leste asiático e a característica definidora dos investimentos econômicos do Japão nas regiões ricas em recursos do nordeste da China e da Manchúria. Em seus primeiros 25 anos, os ativos da empresa para a ferrovia aumentaram de 163 milhões de ienes para mais de 1 bilhão de ienes, com taxa de crescimento anual de 20% a 30%. Ela tornou-se a maior empresa do Japão e, por muitos anos, a mais rentável também. Além disso, como resultado da concessão, os envolvimentos pessoais e econômicos do Japão na China aumentaram de forma constante ao longo do início do século XX. Em 1900, antes de o Japão ganhar o contrato de concessão, apenas cerca de 3.800 japoneses residiam na China. Em 1910, cinco anos após o Tratado de Portsmouth, esse número aumentou para 26.600. Em 1920, havia 133.930 residentes japoneses. A maioria dos japoneses residia na Manchúria, mas alguns começaram a se estabelecer em cidades ao sul, como Xangai, por exemplo, por causa da expansão das indústrias têxteis. Preocupando as grandes potências, o Japão obteve vários benefícios pela Primeira

IMAGEM 19. Carregamento de carvão da mina Fushun em 1940.

Guerra Mundial. Em 1914, com a eclosão da "guerra para terminar com todas as guerras" na Europa, o comércio exterior do Japão com a China estava em 591 milhões de ienes. Em 1918, esse número aumentou para 2 bilhões de ienes. Em 1895, imediatamente após a Guerra Sino-Japonesa, o comércio exterior do Japão constituía cerca de 3% do mercado chinês; esse valor aumentou para 30% em 1920, demonstrando a capacidade do Japão para tirar proveito da Primeira Guerra Mundial.

As políticas coloniais provocadoras acompanharam o aumento da presença econômica do Japão na China e na Manchúria. Em 1915, enquanto as grandes potências colocavam arames farpados e cavavam trincheiras em todo o continente europeu, o primeiro-ministro Ôkuma Shigenobu (1838-1922) e o ministro das relações exteriores, Katô Kômei (1860-1926, conhecido como Katô Takaaki), tentou forçar as notórias "Vinte e uma Exigências" sobre o governo disfuncional da China, recentemente separada pela ascensão do senhor da guerra Yuan Shikai (1859-1916). Por um breve período, em 1911, a dinastia Qing caiu depois da Revolta de Wuchang, quando os revolucionários elegeram Sun Yatsen (1866-1925) como seu presidente provisório. No entanto, Sun entregou o incipiente governo republicano a Yuan. Em troca, este último deveria organizar a abdicação do imperador infante da dinastia Qing, Puyi (1906-1967), que mais tarde tornou-se um imperador fantoche de Manchukuo, controlado por Japão

(1932). A jovem República chinesa também buscou o apoio dos militares de Pequim, comandados por Yuan. Em 1913, quando a China realizou eleições para a nova Assembleia Nacional, o Guomindang (Partido Nacionalista) obteve uma vitória esmagadora. A luz mais brilhante do Guomindang era Song Jiaoren (1882-1913), que, durante uma viagem com amigos, foi morto em uma plataforma de estação de trem por um assassino, provavelmente um funcionário de Yuan. Imediatamente depois, Yuan censurou o incipiente Guomindang e declarou-se imperador da China. Nesse momento, o novo imperador, reinando sobre uma China frágil e arredia, recebeu as secretas "Vinte e uma Exigências" do Japão e foi forçado a concordar com quase todas elas, apesar de muitas delas terem sido retiradas.

Insolentes em sua natureza, as "Vinte e uma Exigências" buscavam expandir a influência e os interesses econômicos do Japão em toda a China. Como recompensa por estar do lado dos Aliados durante a Primeira Guerra Mundial, o Japão adquiriu explorações coloniais alemãs da Península de Shandong, bem como importantes ferrovias da região. A China reconheceu os "direitos especiais" do Japão na Manchúria e na Mongólia Interior e, assim, uma empresa sino-japonesa recebeu o monopólio de mineração ao longo do Rio Yangtzé. O Japão também tentou restringir a capacidade das potências europeias de arrendar as baías e os portos ao longo da costa da China e adquiriu um amplo mandato para construir estradas de ferro em toda a China. De forma ainda mais controversa, o Japão procurou implantar sua própria polícia em todo o país, bem como obrigar a China a fazer 50% de suas compras militares do Japão e a empregar conselheiros militares japoneses.

Em suma, os japoneses empregaram amplas demandas coloniais na China em um momento em que as potências dos EUA e europeias estavam ocupadas com outros assuntos. Para os EUA, as "Vinte e uma Exigências" contrariavam a "política de portas abertas", a qual afirmava que nenhum país tinha "direitos especiais" na China. Em 1899, o secretário de Estado Americano, John Hay (1838-1905), enviou uma nota diplomática às nações imperiais, incluindo o Japão, estabelecendo a "política de portas abertas". Em essência, Hay afirmou que todas as potências tinham direitos aos portos chineses dentro de suas respectivas esferas coloniais de interesse, bem como acesso proporcional aos mercados chineses. Esse desacordo fundamental entre os "direitos especiais" do Japão e a "política de portas abertas" dos EUA e de seus aliados tornou-se uma importante fonte de atrito, impulsionando as duas potências do Pacífico em direção à guerra.

A disputa sobre a "política de portas abertas" não foi a primeira controvérsia entre os dois países. Nos EUA, uma série de decisões políticas discriminatórias haviam alienado o Japão e os japoneses imigrantes, colocando os dois países em rota de colisão. Em 1906, o Conselho da Escola de São Francisco anunciou que, "para garantir que as crianças brancas não sejam afetadas pela associação com os alunos da raça mongol", os jovens asiáticos foram separados dos alunos brancos nas escolas. Em 1913, a "Lei Californiana sobre Terras de Estrangeiros" proibiu "estrangeiros não elegíveis à cidadania" de possuir terras no Estado da costa do Pacífico. A lei atingia os imigrantes chineses, coreanos e indianos, mas seu objetivo principal eram os japoneses. O governo japonês respondeu, explicando que a lei era "essencialmente injusta e inconsistente com os sentimentos de amizade e boa vizinhança que presidiam as relações entre os dois países". O objetivo da lei era a redução da imigração japonesa, e isso criou um ambiente hostil para os japoneses que já viviam e cultivavam terras na Califórnia. Então, em 1922, a Suprema Corte dos EUA afirmou que os japoneses não poderiam requerer a cidadania. No processo judicial de *Takao Ozawa contra os Estados Unidos*, a Suprema Corte decidiu que Ozawa era membro de uma "raça inassimilável" e, portanto, não poderia ser naturalizado cidadão dos EUA. Em um insulto final, a lei de 1924 proibiu efetivamente os japoneses de imigrar para os EUA porque eles agora eram inelegíveis para obter a cidadania.

O racismo dos EUA também afetou as negociações internacionais. Nas negociações do Tratado de Versalhes de 1919, a delegação japonesa tentou afirmar (e conseguiu manter) o controle japonês sobre as ex-colônias alemãs da Península de Shandong. Eles também procuraram fazer com que a linguagem utilizada nos documentos fundadores da Liga das Nações fosse explícita em relação à garantia de "igualdade racial". Mas o presidente dos Estados Unidos, Woodrow Wilson (1856-1924), e outros conseguiram, com sucesso, destruir tal esforço. Para a delegação japonesa, a retórica sobre "igualdade racial" da nova ordem internacional pós-Primeira Guerra Mundial mostrava-se realmente vazia. Três anos mais tarde, na Conferência Naval de Washington (1922), o Japão aceitou relutantemente a razão de tonelagem "5:5:3" para os navios de guerra, colocando o jovem império asiático em desvantagem em relação aos EUA e à Grã-Bretanha. Cada vez mais, o Japão começava a perceber que a nova ordem internacional estava racialmente dominada; e o incipiente império japonês teria dificuldades para encontrar um lugar à mesa das grandes potências.

Em alguns aspectos, esses eventos internacionais precipitaram a centralidade da China, momento em que o Japão começou a redobrar seu foco no continente, articulando novas conexões com seus vizinhos asiáticos. Desde a Guerra Russo-Japonesa, o Japão tornou-se um modelo de independência nos círculos nacionalistas asiáticos. Um diplomata londrino fez a seguinte observação sobre o crítico engajamento naval na Guerra Russo-Japonesa: "A Batalha de Tsushima é de longe o maior e mais importante evento naval desde [a Batalha de] Trafalgar". Nos EUA, o presidente Theodore Roosevelt (1858-1919) chamou a grande derrota da Rússia de "o maior fenômeno já visto pelo mundo". Porém, mais importantes do que as observações ocidentais foram as dos vizinhos asiáticos do Japão, que por muito tempo sofreram com o domínio colonial. A vitória japonesa fez com que Jawaharlal Nehru (1889-1964), o futuro primeiro primeiro-ministro da Índia, imaginasse a "liberdade indiana e liberdade asiática da servidão à Europa". Na África do Sul, o jovem Mohandas Gandhi (1869-1948) também ficou inspirado: "Quando todos no Japão, ricos ou pobres, passaram a acreditar no amor-próprio, o país tornou-se livre. Ele [o Japão] conseguiu dar um tapa na cara da Rússia [...] Da mesma forma, nós também devemos sentir o espírito do respeito próprio". Até mesmo Mao Tsé-Tung (1893-1976), cujo Partido Comunista chinês, mais tarde, ganhou popularidade ao lutar contra os japoneses, lembrou que "naquele tempo, eu conheci e senti a beleza do Japão e senti algo de seu orgulho". O Japão tinha-se tornado um farol de esperança na Ásia, fato que precipitou e impulsionou a centralidade chinesa para o Japão.

Os revolucionários chineses, tal como Sun Yatsen, portanto, foram atraídos pelo crescente farol asiático da liberdade. Sua "Aliança Revolucionária" foi fundada, em grande parte, enquanto ele estudava no Japão. Conforme os partidos políticos cresciam e se diversificavam no Japão da década de 1920 em algo que é frequentemente chamado de "Democracia Taishô", uma democratização semelhante ocorria na China durante o Movimento Quatro de Maio (1919), no qual os estudantes expressaram sua raiva em relação à capitulação da China no Tratado de Versalhes. Algumas pessoas no Japão, como o jornalista e político Ishibashi Tanzan (1884-1973), defendiam a política do "pequeno Japão", em que o Japão abandonaria suas posses na Manchúria. Em 1918, a proeminente figura literária Tanizaki Jun'ichirô (1886-1965) fez uma excursão no norte da China, Coreia e Manchúria. Em 1922, o "Instituto de Cultura Oriental" foi fundado na Universidade Imperial de Tóquio e, uma década mais tarde, a Sociedade Concórdia passou a promover a harmonia entre os cinco grupos étnicos que coexistiam na Manchúria. Em 1941, a "Sociedade Concórdia" divulgou folhetos na Manchúria incentivando a igualdade racial e negando o racismo da Alemanha nazista. A centralidade da China foi importante para o fortalecimento dos laços japoneses de amizade com seus vizinhos asiáticos, mas todos esses laços seriam destruídos pela conduta japonesa durante a Guerra do Pacífico. A centralidade da China também legitimou, num sentido cultural, a expansão do Japão na China e na esfera mais ampla do Pacífico asiático.

Império pelágico

Em paralelo com os sucessos terrestres iniciais da construção imperial ocorreram sucessos marítimos. A sucessão japonesa de ganhos territoriais foi impressionante para um país do tamanho do Estado americano de Montana: as Ilhas Ryukyu em 1871, as Ilhas Bonin e Curilas em 1875, Taiwan em 1895, o sul da Ilha Sacalina e partes da Península de Liaodong em 1905, a anexação da Coreia em 1910, a Micronésia após a Primeira Guerra Mundial, e a Manchúria após 1931. A Guerra do Pacífico começou com o Incidente da Ponte Marco Polo de 1937, levando a uma invasão da China e do sudeste da Ásia. Mas o fluido império marítimo do Japão, que um historiador nomeou de "Império Pelágico" do Japão, foi análogo e ratificou os dramáticos ganhos terrestres. Assim como o Japão buscava recursos naturais nas terras asiáticas, tais como carvão na Manchúria ou borracha no sudeste da Ásia, o império também buscava recursos marinhos durante o seu império pelágico, explorando a pesca extraterritorial, em grande parte no Oceano Pacífico.

A conquista pelágica foi uma parte crítica da ascensão japonesa do final do século XIX e início do século XX. O Tratado de São Petersburgo, em 1875, permitiu que os japoneses pescassem nas águas do Pacífico Norte da Rússia e, rapidamente, os pescadores estabeleceram operações em todo o litoral de Okhotsk. Em 1875, o número de navios japoneses de pesca na área era de 300, mas em 1904, na véspera da Guerra Russo-Japonesa, a região continha um número dez vezes maior de barcos. Enquanto isso, os pescadores russos da área continuavam na casa dos 200. Em relação à exploração de campos de pesca, o Japão estava na vanguarda da inovação tecnológica, como está até hoje. Em 1908, o Japão encomendou seu primeiro barco do tipo "rede de arrastão", um barco de pesca projetado na Grã-Bretanha, e cinco anos mais tarde cerca de 100 deles estavam nos mares ao redor do arquipélago japonês. O Japão também encomendou atuneiros motorizados em 1906. Isso permitiu que os pescadores japoneses colhessem o atum gaiado perto das Ilhas Bonin, quase 700 milhas de distância de suas ilhas principais. Enquanto os arrastões lotavam as águas ao norte e ao sul das ilhas principais, os soldados japoneses ganhavam atenção internacional por seus ganhos nas guerras contra a China e a Rússia.

A fome por recursos naturais alimentou a conquista terrestre da Manchúria. Já que a população do Japão estava crescendo, os planejadores viram a Manchúria como um terreno fértil para o aumento da produção agrícola para alimentar suas bocas famintas. Em meados da década de 1930, um Ministério supervisionava os assentamentos de agricultura experimental na Manchúria na tentativa de aumentar a produtividade agrícola. Em quatro anos, os planejadores mobilizaram 321.882 agricultores de muitas prefeituras japonesas para participar do programa. Impulsionados pela pesquisa científica social, os planejadores esperavam que realocar aproximadamente um terço da população rural do Japão para lotes de 1,6 hectare (4 acres) localizados na Manchúria colonial. Lá, eles se tornariam agricultores, produzindo alimentos para o império esfomeado. Com o despovoamento do Japão rural, os planejadores esperavam que surgissem agricultores independentes (não arrendatários) nas ilhas principais. No final, as tecnologias retrógradas e a má compreensão sobre a terra prejudicaram muitos agricultores japoneses na Manchúria, mas os vínculos entre o império e a expansão das bases de recursos naturais permaneceram importantes. Os planejadores viam o império pelágico do Japão de forma similar. Um funcionário do Ministério disse:

> Com o aumento constante da população [...] a demanda por produtos da pesca está mostrando um avanço impressionante, uma condição ainda mais acelerada pelo aumento da demanda do exterior. Nessas circunstâncias, os pescadores não estão mais satisfeitos apenas com trabalho costeiro, mas são obrigados, mais do que nunca, a se aventurar no mar aberto e até mesmo nas costas distantes da Coreia e das Ilhas do Mar do Sul.

Em outras palavras, assim como os agricultores japoneses que já não estavam mais contentes em carpir as ilhas principais do Japão, os pescadores precisavam expandir suas esferas, saindo do litoral para o "mar aberto". Muitos japoneses atenderam a esse pedido: frotas de caranguejeiros, por exemplo, aumentaram a colheita de caranguejo para 407.542 caixas de caranguejo enlatado em 1931, ou oito vezes mais do que eles produziam dez anos antes. A vida em um desses barcos industriais de caranguejos tornou-se material para um dos grandes romances proletários do Japão, *Kanikôsen* (Navio-fábrica, 1929), por Kobayashi Takiji (1903-1933), que seria preso, despido no inverno e espancado até a morte pela notoriamente brutal polícia japonesa do pensamento.

Embora os planejadores costumassem dizer que o Japão precisava de produtos marinhos para alimentar uma população em crescimento, grande parte do peixe era, na verdade, enlatada e vendida nos mercados ocidentais a fim de manter a produção dos recursos dos tempos de guerra, tais como petróleo, borracha e minério de ferro. Para fazer isso, todos os aspectos da frota de pesca pelágica do Japão cresceram. Em 1930, o Japão era responsável por apenas 1% das capturas de baleias em todo o mundo, mas em 1938 esse valor aumentou para 12%. Hoje em dia, o Japão é quase sinônimo de caça à baleia. A esse respeito, o império pelágico do Japão evoluiu tanto quanto seu império terrestre. A Manchúria fortaleceu a economia do Japão, servindo como um importante mercado, fazendo com que um empresário de Osaka dissesse, em 1933: "A Manchúria tornou-se recentemente uma área de crescimento incrível como um mercado consumidor para produtos japoneses; as exportações deste ano chegaram a 300 mil ienes, dez vezes mais em relação aos níveis de apenas alguns anos atrás, chegando a superar as exportações para a China". Da mesma forma, conforme notou um impulsionador da indústria de pesca pelágica do Japão em 1940: "A indústria da pesca serve como uma importante fonte de divisas para o Japão. As exportações de produtos marinhos anuais estão entre 150 milhões de ienes e 160 milhões de ienes ficando, assim, em terceiro lugar, atrás da seda crua e das exportações de mercadorias em metro e fios de algodão". Evidenciando a importância do império pelágico para as ambições imperiais mais amplas do Japão estava a exploração patrocinada pelo Estado de possíveis novos pesqueiros. O Japão sondou as águas do Mar da China Meridional, o Mar do Japão e o Mar de Bering, bem como as águas mais distantes perto da costa do Pacífico do México, a Baía da Prata da Argentina e o Mar Arábico. Os arrastões japoneses costumavam deslocar os pescadores locais, como fizeram com os pescadores chineses de pescada [*Larimichthys polyactis*] no Mar da China Oriental. Na década de 1930, o Japão já era capaz de retirar o suficiente de seus impérios terrestres e pelágicos a ponto de se preparar para a guerra total.

A crescente identificação do Japão como um império oceânico era compatível com a expansão da frota de pesca pelágica do Japão. Um autor explicou que, "desde a Era dos Deuses, o Japão sempre foi o reino da pesca". O folclorista Yanagita Kunio (1875-1962), que tentou compreender as origens do povo japonês, argumentou em um ponto que os japoneses vieram do Pacífico Sul, uma obsessão dos tempos de guerra com a tomada da região conhecida como "Nan'yô". Muitos sugeriram que as ambições militares do Japão deveriam ser estendidas para o Sul, em direção à Micronésia, em vez das estepes gramíneas estéreis do nordeste da Ásia, onde o exército de Kwantung do Japão estava atolado. Em 1941, na véspera do ataque naval do Japão em Pearl Harbor, o governo proclamou "O dia do mar" como feriado nacional para "dar graças pelas bênçãos do mar e rezar pela prosperidade do Japão marítimo". Dentro desse contexto cultural, os oceanos foram facilmente integrados à "Esfera de Coprosperidade da Grande Ásia Oriental" do Japão em guerra. Embora o esforço de guerra tenha recrutado e, finalmente, sacrificado a impressionante frota pesqueira do Japão, a noção de um império pelágico continuava a ser uma força motriz para as ambições imperiais japonesas.

Os legados do império pelágico do Japão não são insignificantes para a história do mundo. O país insular foi pioneiro em muitas técnicas e tecnologias de pesca que reduziram, atualmente, as populações de peixes comerciais do mundo até sua quase extinção. As redes derivantes, ou "paredes da morte", como são normalmente chamadas, uma tecnologia aperfeiçoada pelos japoneses na década de 1970, mata inúmeras baleias, golfinhos, tartarugas marinhas, tubarões e outras vidas marinhas. Em 1990, os cientistas estimaram que as redes derivantes sozinhas matam anualmente entre 315 mil e 1 milhão de golfinhos. A essa altura, todas as redes do mundo estendidas em conjunto todas as noites já eram capazes de embrulhar a Terra uma vez e meia, com malha de monofilamento de sobra. Enquanto isso, os palangres de monofilamento – arrastando os cadáveres encalhados de albatrozes e tartarugas-de-couro, sem mencionar as espécies de atum e outros peixes comerciais que deveriam pegar – cruzavam furtivamente os oceanos do mundo como assassinos automatizados. Globalmente, os palangreiros do Japão lançavam 107 milhões de anzóis por ano, matando cerca de 44 mil albatrozes por ano como "captura acidental".

Em 1971, cerca de 1.200 palangreiros japoneses trabalhavam no Oceano Antártico ao redor da Austrália, cada um deles com iscas em milhões de anzóis. Devido a esses esforços, as capturas de atum-rabilho atingiram um pico de mais de 20 mil toneladas de peixes em 1982. Em 1991, no entanto, os cientistas estimaram que o número de atuns-rabilho do Oceano Antártico havia diminuído em 90% desde 1960, e que a espécie estava ameaçada de extinção por causa de sua sobrepesca. Mas as apostas são altas na indústria do atum. Em 2001, um rabilho pescado na costa da prefeitura de Aomori atingiu 173,6 mil dólares em um leilão feito no mercado de peixes de Tsukiji, ou assombrosos 862 dólares por kg para o gigante de 201,4 kg. Hoje, a carne do atum-rabilho, valorizada nos restaurantes de sushi ao redor do mundo, representa o novo metal precioso de nossa moderna bonança oceânica. Percebendo que as populações de atum estão em perigo de extinção comercial iminente sob tal pressão, as empresas japonesas começaram a estabelecer "fazendas de atum" ao redor de Port Lincoln, Austrália. Elas capturam e criam os peixes jovens e, finalmente, os matam e levam-nos para os mercados de sushi do Japão. Nesta indústria, os "*cowboys* do atum" lutam com os atuns vivos, levando-os dos cercados marítimos para o convés dos barcos de pesca, onde eles são executados com hastes de metal no cérebro e nas costas. Em seguida são enviados por avião até Tsukiji. Nas fazendas de atum do Mediterrâneo, por outro lado, onde os peixes crescem muito mais, o rabilho é conduzido para um canto do cercado e morto a tiros de espingarda dos barcos. A maior parte dessa espécie destina-se aos mercados japoneses, ou aos mercados europeus de sushi.

No momento em que escrevo este livro, os supostos navios de "pesquisa" do Japão ainda perseguem e matam baleias no Pacífico Norte e Sul por meio de arpões com pontas explosivas em uma indústria alimentada menos pela economia, subsistência ou oceanografia do que por tradições inventadas e por um nacionalismo antiocidental equivocado. Os pró-baleeiros afirmam que "nós transformamos elas [baleias] em comida há mais de mil anos", mas essa afirmação ignora o fato de que a caça às baleias nunca foi uma parte significativa da subsistência japonesa ou de suas práticas econômicas. Outros pró-baleeiros conjuram debates sobre "estilos de vida alimentar" como causa da controvérsia baleeira. "A cultura alimentar dos japoneses, que usam a carne de baleia como fonte de proteína animal, deve ser respeitada", disse o editorial de um jornal. "Os europeus e os americanos estão nos obrigando a aceitar sua própria cultura alimentar e visões éticas ao dizer que é certo comer carne de vaca e carne de porco, mas inaceitável comer carne de baleia." Durante um protesto recente, um manifestante a favor da caça às baleias, com um penteado permanente clássico da yakuza e óculos escuros, orgulhosamente segurava um cartaz que dizia: "Não se metam com os japoneses!". A maior parte do Japão é contra a caça às baleias, e raramente, ou nunca, come carne de baleia, mas a indústria continua a ser devidamente abastecida por muitos dos eleitores mais obscuros do país. No momento, suas vozes estão mais altas que as dos outros, e o Japão mantém o seu programa de caça "científica" à custa de sua reputação internacional.

A NOVA CLASSE MÉDIA

As experiências políticas do Japão nas décadas de 1920 e 1930 ocorreram entre a decadência da "Democracia Taishô" e o nascimento da "emergência nacional" do início do período Shôwa. A economia do Japão subia e descia durante esse período e, além disso, causava disparidades sociais e turbulência política. Durante a Primeira Guerra Mundial, não só aumentou o envolvimento econômico do Japão com a China, como aumentou sua produção industrial total. EUA e Europa estavam economicamente parados, criando uma oportunidade única para a expansão da economia do Japão. Entre 1914 e 1918, a produção industrial do Japão aumentou quase sete vezes, passando de 1,4 bilhão de ienes para 6,8 bilhões de ienes; a exportação de algodão, sozinha, cresceu 185%. Com a escassez de operários industriais, os salários aumentaram bastante, e o mesmo ocorreu com os preços de bens de consumo. Mas a inflação incapacitante anulou quaisquer benefícios populares advindos do crescimento econômico. Consequentemente, a disparidade econômica profunda foi a característica desse período. Os novos-ricos do Japão começavam a surgir. De acordo com uma fonte, entre 1915 e 1919 houve um aumento de 115% no número de "milionários" no Japão. Nesses anos dourados, houve o florescimento dos recém-enriquecidos, mas, em 1920, o país passou por uma devastadora crise bancária. As indústrias despediram seus funcionários durante a dolorosa retração econômica. No ano seguinte, a economia começou a mostrar sinais de recuperação, mas, nesse momento, o intenso terremoto de Kantô de repente transformou grande parte de Tóquio, o centro político e econômico do Japão, em escombros e cinzas. Mais uma vez, em um prazo de dois anos, já havia sinais de recuperação, porém, em 1927, o Japão sofreu a crise bancária que mergulhou o país de cabeça na Grande Depressão mundial. Os grandes bancos entraram em colapso, incluindo proeminentes instituições coloniais, como o Banco de Taiwan – o Japão afundou profundamente em uma estagnação econômica. As consequências desses anos tumultuados foram além das meras preocupações econômicas: elas também serviram para minar a legitimidade da política democrática, associando os políticos dos partidos aos magnatas industriais e aumentando a participação militar na política interna, principalmente por meio de assassinatos políticos e aventuras ultramarinas sem sentido.

O sucesso econômico do Japão durante a década de 1920 levou à ascensão do consumismo generalizado e ao surgimento de uma classe média japonesa. O lazer associado à nova proeminência econômica do Japão trouxe novos passatempos, como "o passeio por Ginza" [*ginbura*], em que dândis elegantemente vestidos e suas senhoras passeavam pelas lojas de departamentos do distrito, tal como a Mitsukoshi, e visitavam cafés e restaurantes caros. As mulheres de classe média folheavam as páginas da *Fujin no tomo* (A amiga das mulheres), uma revista feminina popular sobre estilos de vida da classe média e tarefas domésticas que alcançou uma tiragem de 3 milhões de cópias na década de 1920. A revista promoveu a imagem da mulher moderna como mãe amorosa e dona de casa dedicada, como um indivíduo que criava seus próprios talentos domésticos. Em 1925, as estações de rádio começaram a transmitir para as grandes cidades do Japão. No ano seguinte, o governo combinou três estações independentes para criar a emissora nacional do Japão, NHK, que monopolizou as ondas de rádio por anos. Com pouco menos de 1,5 milhão de aparelhos de rádio no país, as famílias de classe média japonesas juntavam-se em torno de seus receptores para ouvir a música ocidental, romances cômicos e outras histórias. O cinema também se tornou popular. A mídia chegou ao Japão na virada do século com a importação do Vitascópio, de Edison, e do Cinematógrafo, dos irmãos Lumière, mas realmente floresceu com o surgimento da classe média do Japão. O clássico de 1924 *Nichiyôbi* (Domingo) zombava da classe média e dos empregos de colarinho-branco, de modo semelhante ao como foi feito, meio século mais tarde, por filmes como *Shall we Dance?* [*Dança comigo?*](1996), um *remake* japonês do clássico americano de 1937.

Na década de 1910, além disso, surgiram os primeiros "homens assalariados", termo que designava os homens da classe média urbana que usavam roupas ocidentais e carregavam marmitas (*bentô*) ao ir para seus escritórios. Os "homens assalariados" tornaram-se a caracterização dos trabalhadores da classe média urbana que persiste até hoje. Com a expansão da nova classe média, os papéis e identidades das mulheres mudaram dramaticamente. Como já vimos, o Estado Meiji manifestou grande interesse nas mulheres, passando regulamentos e políticas – por exemplo, os penteados proscritos – que situavam as mulheres como repositórios da tradição japonesa. Mas a "menina moderna" de meados de 1920 desafiou as proibições. Alguns historiadores veem a "menina moderna" como um ícone feminista, outros veem-na como uma criança abandonada ao consumo, mas, independentemente da forma como era vista, ela era um produto de seus tempos e simbolizava a maneira em que a nova cultura de consumo do Japão transformou o tecido da sociedade.

A "menina moderna" passeava no distrito de Ginza envolvida em seu vestido apertado que ia até os joelhos, com meias brilhantes e transparentes e sapatos de salto alto, que tinham o efeito de acentuar suas nádegas voluptuosas. Influenciadas por estrelas do cinema dos Estados Unidos, como Clara Bow (1905-1965) e Gloria Swanson (1899-1983), elas cobriam seus cabelos curtos com um chapéu de abas macias, ocultando de forma provocativa o seu penteado libertador. O cabelo curto era elegante e politicamente volátil, porque contrariava as ordens Meiji de 1872, que proibiam o cabelo curto. A expressão "menina moderna", como um descritor, apareceu pela primeira vez em um artigo de 1924, que explicava que "os jovens ficam encantados com as meninas que falam o que pensam, em vez de serem sempre humildes e nunca expressarem suas opiniões". O cabelo curto alargou os limites do comportamento aceitável. Quando uma mulher voltou da Europa e decidiu cortar o cabelo, a mãe ficou indignada e a acusou de ferir a reputação da família. "Você deve estar louca! Se você sair assim, todo mundo vai dizer que você é uma daquelas mulheres novas", sua mãe disse desvairadamente. Por outro lado, a poetisa e feminista Takamure Itsue (1895-1964) via a "menina moderna" (e todas as coisas "modernas") como um produto do "hedonismo" superficial dos EUA. Ela observou que "o berço do hedonismo moderno, ou do modernismo, é a América, onde toda a riqueza do mundo está concentrada. A concentração de riqueza é a força motivadora por trás das diversões e do entretenimento". Fosse uma feminista ativista ou uma diva superficial da moda, a "menina moderna" foi um símbolo poderoso do Japão até a Grande Depressão; e não demorou muito para ela estar acompanhada do "menino moderno" enquanto passeava pelo distrito de Ginza, em Tóquio.

A ascensão da classe média ocorreu à custa dos outros, no entanto. O ambiente econômico e social tumultuado provocou maior desigualdade social e econômica na sociedade japonesa. Na década de 1920, por exemplo, a filiação aos sindicatos aumentou de 103.412 para 354.312 membros, com muitas greves proeminentes que ameaçavam diminuir o moderno ritmo industrial do Japão. Em 1921, as operárias da Companhia de Musselina de Tóquio abandonaram o trabalho, exigindo melhores salários, uma jornada de oito horas e uma melhor alimentação nos dormitórios corporativos. Naquele mesmo ano, 30 mil operários qualificados dos estaleiros da Kawasaki e da Mitsubishi em Kobe pararam de trabalhar para exigir melhores salários e condições de trabalho. Em 1927, milhares de operários da Companhia Noda de Molho de Soja, fabricante da marca Kikkôman, entraram em greve. A greve tornou-se violenta quando a empresa demitiu os operários em greve e contratou os fura-greves, que em seguida foram atacados por piqueteiros. Foi jogado ácido no rosto de um dos fura-greves e, em resposta, os grevistas foram surrados pela polícia. Por fim, o famoso industrialista Shibusawa Eiichi (1840-1931) mediou as conversações entre os dois lados, efetivamente terminando a greve.

Enquanto os trabalhadores lutavam por uma fatia maior do bolo econômico Taishô, outros grupos marginalizados continuavam buscando acesso a alguma fatia. Adoentados e presos na pobreza após o período Meiji, muitos diziam que os ainus do norte do Japão eram uma "raça em extinção". Para combater tais noções, um punhado de ativistas criou em 1930 a "Sociedade Ainu", a qual ainda luta para que os ainus sejam mais bem tratados. Em muitos aspectos, o esforço representou uma tentativa de assimilar totalmente os ainus à sociedade japonesa. Outros tentaram elevar a qualidade da cultura ainu. A jovem Chiri Yukie (1903-1922), antes de morrer tragicamente aos 19 anos, compilou contos orais da "Canção do Deus Coruja", que celebra as tradições orais das aldeias ainus em vias de extinção. Assim como os ainus, os párias japoneses também buscavam por igualdade de tratamento na década de 1920. Constituindo cerca de 2% da população japonesa, os párias ainda eram associados à "poluição" e se esforçavam para encontrar trabalho e integrarem-se à sociedade japonesa. Em 1922, jovens párias ativistas formaram a "Associação Nacional dos Niveladores" (*Zenkoku Suiheisha*) e passaram a dedicar-se à "total libertação por nossos próprios esforços". Eles iniciaram uma "campanha de denúncia" nacional, tentando fazer com que as pessoas que os haviam discriminado no passado pedissem desculpas por esse comportamento e para prevenir discriminações futuras.

Democracia imperial

Junto com o surgimento de uma nova classe média e novas identidades de consumo, a nova política democrática do Japão também cresceu em paralelo com a economia do país. Antes da promulgação da Constituição Meiji, os assuntos de Estado do Japão eram tratados pelos "estadistas anciãos". Nomeados pelo imperador Meiji, homens como Itô Hirobumi (1841-1909) e Kuroda Kiyotaka (1840-1900) supervisionaram o governo Meiji. Durante as primeiras décadas do período Meiji, um pequeno punhado de homens, em grande parte dos domínios de Chôshû e Satsuma, circulavam entre cargos poderosos do Executivo. Os eleitores masculinos foram às urnas pela primeira vez em julho de 1890 e elegeram 300 homens para a nova Câmara dos Representantes. Os resultados animaram os ativistas democráticos do Japão porque alguns partidos, como o de Ôkuma Shigenobu (1838-1922) [Shinpotô (Partido Progressista)] e o de Itagaki Taisuke (1837-1919) [Jiyûtô (Partido Liberal)], ganharam a maioria dos assentos. No final do século XIX, parecia que a democracia parlamentar tinha chegado ao Japão.

Mas, rapidamente, os políticos dos partidos causaram irritação nos "estadistas anciãos", com suas incessantes pendências, posturas e debates, foram acusados de servirem apenas a suas próprias "agendas estreitas e egoístas". No período Meiji tardio, o medo de políticos egoístas levou ao aparecimento de "gabinetes transcendentais", estadistas que, como Kuroda Kiyotaka afirmou, poderiam "sempre transcender de forma firme e manter-se além dos partidos políticos e, portanto, seguir o caminho dos justos". Temendo a repercussão internacional do afundamento da democratização, Itô abandonou a ideia do "gabinete transcendental" e nomeou Itagaki para seu Ministério do Interior, em 1896. Após essa nomeação, seguiram-se outras nomeações de políticos dos partidos.

O político mais proeminente do início da década de 1920 foi Hara Kei (1856-1921, também conhecido como Hara Takashi) (IMAGEM 20), que, com seu Rikken Seiyûkai (Partido dos Amigos do Governo Constitucional), consolidou o primeiro governo de partido eficaz na história japonesa. Hara foi o primeiro grande político do Japão a ter origem plebeia, mas isso não comprometeu sua fome pela ordem e pelo crescimento econômico. Em 1920, por exemplo, Hara utilizou as forças armadas para reprimir a greve dos operários siderúrgicos e, ao fazê-lo, ganhou a admiração de antigos conselheiros militares. Um deles era Yamagata Aritomo, que, por muito tempo, serviu como estadista ancião no estabelecimento político. Yamagata comentou: "Hara é verdadeiramente notável! Os bondes e as siderúrgicas estão calmos. As políticas de Hara são notáveis".

O legado do Hara é misto: para a ira de seus críticos socialistas e democratas, ele não conseguiu explorar sua maioria para aprovar a legislação do sufrágio universal. Defendendo sua inação, Hara argumentou: "Ainda é muito cedo. A supressão das restrições do imposto sobre a propriedade [voto], com a intenção de destruir as distinções de classe, é uma ideia perigosa". Em 1919, Hara finalmente modificou os requisitos do voto baseado no imposto de propriedade, aumentando o eleitorado do Japão de 3 milhões de homens para cerca de 5% da população. Além disso, ao modificar a legislação Meiji de 1900, o governo concedeu às mulheres direitos limitados de participação em reuniões políticas. Hara também fez com que o Japão fosse um membro fundador da Liga das Nações.

Entre 1918 e 1931, o sistema de partidos políticos do Japão criou uma porta giratória para os primeiros-ministros e seus governos: 11 primeiros-ministros formaram gabinetes, tudo a partir do Rikken Seiyûkai, Kenseitô (Partido Constitucionalista) e do Rikken Minseitô (Partido Democrático Constitucional). Cada vez mais, os partidos políticos japoneses tornavam-

CAPÍTULO 12 – IMPÉRIO E DEMOCRACIA IMPERIAL, 1905-1931 | 263

IMAGEM 20. Retrato de Hara Takashi.

-se associados com a ganância e a corrupção, irritando a direita ultranacionalista e criando o que um observador americano descreveu como "governo por assassinato". Ilustrando a volatilidade política da época, um guarda-barreiras ferroviário de 19 anos esfaqueou Hara até a morte em 1921. As décadas de 1920 e 1930 foram perigosas para políticos e industrialistas do Japão. Os ultranacionalistas que condenavam os industrialistas e seus lacaios dos partidos – dizendo que eles minavam o império com seus pequenos interesses pessoais – resolveram o problema com as próprias mãos. Em 1930, por exemplo, ultranacionalistas atacaram o primeiro-ministro Hamaguchi Osachi (1870-1931), que morreu nove meses depois por causa de seus ferimentos. Em 1932, alguns membros da ultranacionalista Irmandade de Sangue atiraram em Inoue Junnosuke (1869-1932), ex-governador do Banco Central do Japão, e, um mês mais tarde, outros membros atiraram em Dan Takuma (1858-1932), diretor-geral do *zaibatsu* Mitsui, quando ele saía do escritório. A Irmandade de Sangue culpava esses homens pelas dificuldades econômicas do Japão durante a Grande Depressão. Em seguida, os cadetes navais assassinaram o primeiro-ministro Inukai Tsuyoshi (1855-1932) em sua residência, logo após o líder do governo civil do Japão desafiar timidamente o vigilantismo contínuo do exército de Kwantung na Manchúria. Os cadetes também lançaram granadas de mão em vários outros escritórios governamentais e de partidos políticos, bem como na sede do banco Mitsubishi, em Tóquio. A julgar por seus alvos, os ultranacionalistas passaram a ver os grandes industrialistas do Japão e seus patronos dos partidos como as razões dos males sociais, econômicos e da política externa da nação. Homens como Dan Takuma, formado pelo Instituto de Tecnologia de Massachusetts (MIT), provaram ser defensores racionais da democracia e das políticas econômicas liberais. Em 1921, ele viajou com líderes empresariais para os EUA e Europa e procurou estreitar relações com as grandes potências, uma escolha que, aos olhos dos ultranacionalistas, justificava sua morte. Para esses jovens, ele havia traído o legado da Restauração Meiji, ou o que foi muitas vezes chamado de o "orgulho" da era Meiji.

No início da década de 1930, o governo civil tornou-se mais frágil do que nunca, e as críticas da direita mais ruidosas. Por exemplo, o documento fundador de um outro grupo ultranacionalista, formado em 1930, a Sociedade das Cerejeiras, expressa essas preocupações da direita de forma concisa: "Observando as tendências sociais recentes, vemos que os principais líderes se ocupam com condutas imorais, os partidos políticos são corruptos, capitalistas e aristocratas não têm nenhuma compreensão das massas, as vilas agrícolas estão devastadas, o desemprego e a depressão são graves". Em essência, sob o sistema do Partido Democrático, "o espírito empreendedor positivo que marcou o período após a Restauração Meiji desapareceu completamente". As sombras do período Meiji pairavam no ar conforme a estagnação do final dos anos 1920 e início dos anos 1930 lentamente avançava. Os jovens oficiais militares e outros ultranacionalistas alavancavam o nacionalismo imperial dos períodos finais dos Tokugawa e do Meiji, contrastando a pureza do governo imperial com a ganância e o egoísmo dos partidos políticos. Daí a Sociedade das Cerejeiras poder dizer: "As pessoas estão conosco na ânsia de que surja um governo limpo e vigoroso, verdadeiramente baseado nas massas e genuinamente centrado em torno do imperador". Para essa sociedade, fundada por um tenente-coronel, os militares, sob o comando exclusivo do imperador, em conformidade com a Constituição Meiji, poderiam desempenhar um papel decisivo na restauração de um governo "limpo", em que a corrupção dos partidos políticos poderia ser destruída. E a sociedade ainda afirma: "Embora nós, por sermos militares, certamente não devêssemos participar diretamente do governo, nossa devoção em servir o país, às vezes e conforme exigido pela ocasião, poderia ser revelada e funcionar para corrigir os governantes e para expandir o poder nacional".

Embora progressista em um sentido limitado, os governos dos partidos no Japão da década de 1920 também se revelaram capazes de violência política. Em 1920, a supressão, efetuada por Hara, de uma greve na maior siderúrgica japonesa foi brutal e decisiva. Três anos mais tarde, na sequência do grande terremoto de Kantô, as forças governamentais toleraram e até encorajaram a violência contra "bolcheviques" e "coreanos", enquanto os partidos políticos fingiam não ver o que estava acontecendo. Duas semanas após o tremor, a polícia assassinou a feminista e crítica social Itô Noe (1895-1923) e o amante dela, o anarquista Ôsugi Sakae (1885-1923), junto com o sobrinho dele. Eles também mataram um proeminente líder sindical. Em 1925, dominado pelo Kenseitô (Partido Constitucionalista), o governo aprovou a orwelliana "Lei de Preservação da Segurança Pública", que criticava o imperador e o sistema de posse de propriedade privada punível com morte. Foi sob a Lei de Preservação da Segurança Pública que, em 1928, a polícia circundou milhares de membros do Partido Comunista. O governo também reforçou as atividades da polícia secreta do pensamento, que eliminou a dissidência política, principalmente os comunistas. Estima-se que, entre 1925 e 1945, o governo tenha prendido cerca de 70 mil pessoas nos termos da lei. Esse foi um notório símbolo do "vale escuro" do Japão durante as décadas de 1920 e 1930.

A partir desse ambiente político instável, começaram a surgir novas vozes que não se encaixavam perfeitamente nas categorias direita/esquerda. Kita Ikki (1883-1937) foi uma dessas vozes. Ele interessou-se pelo socialismo aos 14 anos e, aos 17, publicou artigos em um jornal local, criticando as teorias políticas do Meiji sobre a "essência nacional" do Japão. Os artigos lhe renderam uma investigação policial, mas nada além. Em 1904,

Kita mudou-se para Tóquio, onde ele entrou para os círculos socialistas, mas desiludiu-se com esses "oportunistas" superficiais. Na verdade, as teorias políticas socialistas de Kita possuíam poucos traços marxistas; assemelhavam-se mais com o nacional-socialismo da Alemanha sem o antissemitismo. Kita passou vários anos na China, envolvido com a derrubada da dinastia Qing, e, depois, retornou ao Japão em 1919, onde se envolveu com a política radical ultranacionalista. Ele publicou seu *Nihon kaizô hôan taikô* (Plano para a reorganização do Japão) naquele ano pela primeira vez, delineando a necessidade de uma Ásia livre dos grilhões do imperialismo ocidental. Um Japão revigorado prometia levar a Ásia para fora da escuridão da opressão ocidental. "Verdadeiramente, nossos 700 milhões de irmãos na China e na Índia não têm como obter independência senão por meio de nossa orientação e proteção", ele escreveu. O Japão precisava tornar-se um estado autoritário e carismático, liderado pelo imperador, cumprindo o que Kita chamou de "restauração Shôwa". Ao suspender a Constituição Meiji, o Japão poderia evitar a "influência maligna" da Dieta e dos partidos políticos que possuíam apenas interesses próprios. A voz ultranacionalista, antidemocrática e antipartidária de Kita tornou-se cada vez mais influente no início da década de 1930. Mais importante, ele ganhou o apoio de um grande número de jovens oficiais das forças armadas, que cada vez mais acreditavam ser necessário resolver os problemas com as próprias mãos.

Um obscuro evento ilustra o campo minado da política imperial japonesa nesse momento. Em 1936, um punhado de mestres de artes marciais de Okinawa reuniu-se em Naha, Okinawa, para discutir como integrar melhor os estilos de luta de Okinawa às artes marciais e clubes atléticos do Japão imperial. Tradicionalmente, os okinawanos chamavam sua forma de arte marcial de *tôdi*, que pode ser lido alternativamente como *karate*. O *kanji* significa "mãos chinesas", e a palavra faz sentido porque as técnicas de luta tinham sido originariamente importadas da China, onde os praticantes as conheciam como *quanfa*. As Ilhas Ryukyu, antes de se tornarem a prefeitura de Okinawa, em 1879, serviram como um importante canal para a entrada de bens, medicamentos e ideias vindas da China. Mas o clima político em 1936 fez com que os mestres de Okinawa mudassem o *kanji* de suas artes marciais tradicionais para que pudessem ser incluídas em atividades como o judô e o kendô. Por fim, eles mudaram o *kanji* para *karate* de "mãos chinesas" para "mãos vazias", denotando o estilo de combate desarmado. O ponto importante é que essa arte marcial essencialmente japonesa, na verdade, veio da China por Okinawa, onde mestres, a fim de preservar o seu patrimônio cultural, precisaram negociar cuidadosamente com a política imperial da década de 1930, momento em que as ideias chinesas estavam desvalorizadas dentro do imaginário japonês. A China havia sido o berço do confucionismo e das "mercadorias exaltadas", mas agora ela estava sendo apagada, literalmente, das tradições de Okinawa, conforme eram assimiladas pelo império japonês.

Conclusão

Em outubro de 1929, a bolsa de Nova York quebrou. Tal como aconteceu em muitas outras nações, a Grande Depressão atingiu o Japão duramente, embora tenha sido estatisticamente menos prejudicial do que o colapso financeiro ocorrido nos EUA. A Grande Depressão atingiu os agricultores arrendatários do Japão e os lojistas da cidade de forma dura, mas as estatísticas de desemprego nunca se igualaram às dos EUA ou às de partes da Europa. Mesmo assim, a Grande Depressão minou o pouco apoio que os partidos políticos ainda possuíam no Japão. A lenha seca do ambiente doméstico do Japão foi facilmente inflamada por eventos internacionais, particularmente os ocorridos no norte da China e na Manchúria. Em meio à crise econômica, a Manchúria parecia ser a grande promessa para ajudar a resgatar o Japão da crise econômica. Jovens oficiais, repletos dos ideais de Kita Ikki e cansados da política partidária egoísta, começaram a resolver os problemas por suas próprias mãos. Assassinatos estratégicos provaram ser um ingrediente para o surgimento do ultranacionalismo e do fascismo no Japão, bem como de ações militares na Manchúria. Em 1931, os jovens oficiais do exército de Kwantung construíram os acontecimentos que precipitaram a Guerra do Pacífico. Em suas mentes, iniciar uma "guerra final" com os EUA seria o mesmo que expurgar a economia liberal e egoísta do Japão com a ascendência do fascismo imperial. O destino do mundo, muitos acreditavam, estava em um equilíbrio precário.

capítulo 13

A GUERRA DO PACÍFICO, 1931-1945

Na década de 1930, a cultura fascista do Japão deu forma a sua política, cultura e relações exteriores. O aventureirismo militar na Manchúria e os assassinatos políticos em casa levaram à queda dos partidos políticos e à ascensão do governo militar, com generais, almirantes e seus tenentes ocupando cargos ministeriais superiores. Depois de 1931, o exército de Kwantung conquistou grande parte da Manchúria e de Tóquio e, por fim, aceitou esses ganhos territoriais como *fato consumado*. O nascimento do Império economicamente autossuficiente do Japão (MAPA 3, p. 270) equiparava-se a essas vitórias militares. Irritado com a diplomacia cansativa, o Japão retirou-se da Liga das Nações e da maioria de seus acordos internacionais. Com uma invasão plena à China depois de 1937, o Japão travou a chamada Guerra da Grande Ásia Oriental, eventualmente atacando Pearl Harbor (1941) e lançando os EUA no conflito. Em ambos os lados, o racismo, os desentendimentos culturais e a pura inclemência caracterizaram a luta. As correntes históricas que levaram ao dramático colapso dos partidos políticos e à ascensão do militarismo tinham suas raízes estabelecidas no nacionalismo imperial e na Constituição Meiji, que tinham isolado o exército do mal-estar inflado da política parlamentar. O exército do Japão sempre ficou fora das batalhas políticas e, no imaginário popular, transcendia facilmente a corrupção da economia e política liberais, que se tornou fortemente associada com os excessos do individualismo e ganância dos EUA.

A Guerra do Pacífico impôs um grande peso a todos os envolvidos. Milhões morreram no teatro do Pacífico, em consequência do expansionismo japonês; internamente, os japoneses, embora de início estivessem encantados com a exuberante cultura da guerra total, começaram a sofrer por causa do alegado "vale escuro", pois a derrota pairava no horizonte. Em 1945, os EUA e seus aliados causaram danos ao maquinário industrial

MAPA 3. O império japonês, 1874-1945.

e militar do Japão, e, com o bombardeio atômico de Hiroshima e Nagasaki, o Japão "rendeu-se incondicionalmente". A ocupação de sete anos dos EUA no Japão após a guerra testemunhou mudanças profundas e generalizadas nas instituições políticas japonesas, em relação à aplicação da lei e na defesa, na educação, na economia e na cultura popular; seus legados moldaram a sociedade japonesa ao longo dos anos do pós-guerra.

Incidente da Manchúria

O oficial do exército de Kwantung, Ishiwara Kanji (1889-1949), arquiteto do incidente da Manchúria (1931), acreditava que o Japão e os EUA estavam destinados a um enorme confronto no Pacífico, ou o que ele chamou de uma "guerra final". Em jogo, ele informou, estava nada mais nada menos que a "salvação do mundo". Como muitos oficiais militares jovens e idealistas, ele desejava que surgisse um incidente que pudesse provocar uma guerra na Manchúria. "Quando os preparativos militares estiverem terminados, não precisaremos fazer muito para achar um motivo ou ocasião; tudo o que precisaremos fazer será escolher a hora e proclamar ao mundo nossa tomada da Manchúria", ele argumentou. "Se necessário, o exército de Kwantung poderá criar a ocasião para isso por meio de uma trama e forçar a nação a aceitar." Isso foi precisamente o que ele e seu colaborador, Itagaki Seishirô (1885-1948), fizeram em setembro de 1931.

O exército de Kwantung já havia tentado criar e explorar perturbações na Manchúria anteriormente. Em 1928, por exemplo, as suas forças explodiram o vagão do trem onde estava o caudilho Zhang Zoulin (1875-1928) da Manchúria. Em uma viagem de retorno de Pequim, o trem de Zhang passou pela Ferrovia do Sul da Manchúria, controlada pelos japoneses, onde um oficial do exército de Kwantung havia plantado explosivos. Os oficiais japoneses afirmariam mais tarde que o exército de Kwantung estava irritado pela incapacidade de Zhang para retardar a expedição ao Norte (1926-1928) de Chiang Kai-Shek (1887-1975), a tentativa de Guomindang (Partido Nacionalista) para unificar a China sob uma única autoridade nacional. Os japoneses prosperavam no ambiente político vulnerável e descentralizado da China, e as tentativas do Guomindang para unificar o país ameaçavam seu empreendimento colonial. Mas também é verdade que o exército de Kwantung, ao matar Zhang, tentou desencadear um conflito mais amplo na Manchúria, que poderia criar a *raison d'être* para estender a guerra no norte da China e acabar com os políticos ineptos dos partidos em Tóquio.

O assassinato de Zhang em 1928 não conseguiu ampliar o conflito, mas, em 18 de setembro de 1931, o incidente da Manchúria teve o efeito desejado. Ao abrigo da escuridão, integrantes do exército de Kwantung tentaram explodir uma seção da Ferrovia do Sul da Manchúria. O exército de Kwantung imediatamente culpou bandidos chineses pela explosão e, em poucos dias, ocupou Mukden e Changchun. Com velocidade-relâmpago, o exército de Kwantung entrou em Jilin (22-23 de setembro), Qiqihar (20 de novembro), sudoeste da Manchúria (31 de dezembro) e Harbin (5 de fevereiro). Cansados da inércia de Tóquio, os oficiais do exército de Kwantung forçaram o governo civil de Tóquio a aceitar o *fato consumado*; o gabinete do primeiro-ministro Wakatsuki Reijirô (1866-1949) aprovou de forma relutante a conquista de Jilin. O primeiro-ministro Wakatsuki renunciou mais tarde, depois da tomada de Qiqihar; Inukai Tsuyoshi (1855-1932), último primeiro-ministro civil do Japão até o período pós-guerra, tomou as rédeas até ser assassinado em 1932 pelos ultranacionalistas. Em 1932, governado por Inukai, o Japão criou o Estado de Manchukuo, que se tornou protetorado do império.

Em dezembro de 1931, a Liga das Nações encomendou o "Relatório Lytton" para determinar o que realmente tinha acontecido na Manchúria. Quando o relatório foi finalmente publicado em outubro de 1932, a questão de quem precipitou o incidente ficou em grande parte sem exame. Mas o relatório criticou a suposta "autodefesa" do exército de Kwantung, que levou às ações ocorridas após o incidente, em especial as invasões das principais cidades da Manchúria. Quando a Liga das Nações criou uma moção para condenar o Japão como "agressor" na Manchúria, o extravagante embaixador do Japão, Matsuoka Yôsuke (1880-1946), retirou-se. O Japão retirou-se formalmente da Liga das Nações no mês seguinte. Após sua saída, o Japão começou a retirar-se de outros acordos internacionais, como a Convenção sobre Peles de Focas de 1911, criando assim um império independente, divorciado das leis internacionais.

As ações militares do Japão na Manchúria continuaram a transformar a política e a cultura doméstica, levando ao surgimento de um Estado fascista. Relatórios sobre a Manchúria inundaram a mídia do Japão. Jornais e rádios traziam a Manchúria para as salas de estar. Mais famílias do que nunca ouviam relatos da guerra, incluindo coberturas ao vivo do fronte. Em 1932, os livros mais populares em Tóquio incluíam títulos como *Entenda as novas armas* e *Leituras sobre o Exército*, testemunhos da cultura militarizada que o Japão dominante consumia. As revistas deram atenção ao "problema da Manchúria"; as edições especiais desapareciam rapidamente das prateleiras das bancas de jornais. Canções de guerra patrióticas começaram a substituir o jazz independente de dez anos antes. A favorita do público era "Ah, nossa Manchúria!". As produções teatrais, tais como *Os primeiros passos em Fengtian – O Sul da Manchúria Brilha sob o Sol Nascente*, faturavam muito em Tóquio. Muitas produções teatrais promoveram o mito do sacrifício, e a peça "Três balas humanas" estava no topo da lista. Em meados da década de 1930, a maioria dos japoneses achava muito estimulante o prospecto de guerra total na Manchúria; assim, a Manchúria tornou-se a preocupação dominante dos noticiários e do entretenimento.

No entanto, nem todos os japoneses compraram essa cultura emocionante da guerra. No mesmo ano do incidente da Manchúria, a polícia secreta japonesa prendeu cerca de 10.422 esquerdistas e, nos dois anos seguintes, 13.938 e 14.622 esquerdistas, respectivamente, foram postos atrás das grades. O governo via a esquerda como algo perigosamente subversivo ao *kokutai*, ou "essência nacional" do Japão. O governo também mirou nos acadêmicos, incluindo o perito constitucional Minobe Tatsukichi (1873-1948). Minobe havia apresentado sua "teoria do imperador-órgão" de governo, dizendo que a instituição imperial era apenas uma dentre um punhado de "órgãos" governamentais – a Dieta e a burocracia eram outros dois. Suas teorias implicitamente limitavam a centralidade do imperador na política Taishô e Shôwa, despertando a ira dos ultranacionalistas. Uma organização patriótica reclamou: "A teoria do imperador-órgão contradiz a essência de nossa incomparável política nacional e blasfema contra a sacralidade do trono". Em 1937, o ministro da Educação articulou a ideia de "Estado nacional inigualável" do Japão no *Kokutai no hongi* (Princípios do organismo nacional), mencionado brevemente no CAPÍTULO 2, que ligava a "beleza natural [do Japão] desconhecida em outros países" a sua "essência nacional" única. Oferecendo exemplos comparativos, o *Kokutai no hongi* explicou: "A Índia é dominada pela natureza e, no Ocidente, percebe-se que o homem subjuga a natureza; mas, em nenhum outro lugar há harmonia mais profunda entre o homem e a natureza como em nosso país. Nosso povo está em constante harmonia com a natureza". O ambiente natural tornou-se vinculado ao seu caráter "nacional incomparável". Nesse contexto, é surpreendente que, na década de 1930, o Japão tenha estabelecido seus primeiros parques nacionais como uma tentativa de preservar os elementos desse ambiente natural inspirador.

Durante o dramático "Incidente de 26 de Fevereiro" (*niniroku jiken*), o pensamento patriótico relacionado ao "incomparável" Estado nacional do Japão, ao imperador e aos militares foi expressado de forma assustadora nas ruas do centro de Tóquio. Em 26 de fevereiro de 1936, 21 jovens oficiais da competente Primeira Divisão retiraram cerca de 1.400 soldados de seus quartéis em Tóquio na tentativa de derrubar o governo. Naquela manhã de neve, em fevereiro, a capital acordou com tiros, indicando outra rodada de assassinatos políticos. Os extremistas militares mataram o ministro das Finanças, Takahashi Korekiyo (1854-1936), o ex-primeiro-ministro Saitô Makoto (1858-1936) e outros. O primeiro-ministro Okada Keisuke (1868-1952) escapou de ser assassinado somente depois que sua esposa o tirou de casa ao disfarçá-lo de mulher. Ao meio-dia, os líderes do golpe já estavam no controle, a Dieta e o quartel-general militar estavam cercados. A filosofia política de direita de Kita Ikki havia inspirado os autores, que buscavam "despertar as pessoas e iniciar a restauração Shôwa". Basicamente, os líderes do golpe queriam "remover as barreiras que separaram o povo do imperador" por meio da nacionalização das grandes indústrias, ajudando arrendatários agrícolas e removendo os partidos políticos corruptos do poder. Por fim, no entanto, a tomada de poder desintegrou-se quando o imperador Hirohito (1901-1989) voltou-se contra os autores – dez batalhões entraram em Tóquio e cercaram as posições dos rebeldes. Em 29 de fevereiro, o episódio terminou; os militares perdoaram a maioria dos sargentos e soldados, mas executaram por meio de um pelotão de fuzilamento público 13 oficiais subalternos, bem como a figura intelectual do golpe, Kita Ikki. O "Incidente de 26 de Fevereiro" foi o último desafio sério à autoridade do governo durante esses anos tempestuosos, em grande parte porque o país confrontava-se com a perspectiva assustadora da guerra total na China.

Guerra da Grande Ásia Oriental

Em julho de 1937, Japão e China mergulharam numa guerra total após o aparentemente trivial "Incidente da Ponte Marco Polo". Pelo protocolo Boxer (1901), o Japão mantinha soldados estacionados perto de Pequim. Enquanto faziam exercícios noturnos, perto da bela ponte Marco Polo, soldados chineses aparentemente responderam às balas de festim dos japoneses com balas reais, e um soldado japonês ficou temporariamente desaparecido. Os oficiais militares em Tóquio e da cena chinesa tentaram imediatamente desagravar a situação. Até mesmo o arquiteto do incidente da Manchúria, Ishiwara Kanji, que havia sido transferido para a sede em Tóquio, tentou pacificar o incidente. Ishiwara, como muitos de seus colegas, acreditava naquele momento que a União Soviética, e não a

China, era a ameaça estratégica mais imediata do Japão na região. Com um forte conhecimento sobre história militar, Ishiwara comparou o possível envolvimento do Japão na China continental ao envolvimento de Napoleão na Espanha, vendo-o como um "lento afundar-se no tipo mais profundo de pântano". Seguindo os passos das lideranças militares, o primeiro-ministro Konoe Fumimaro (1891-1945) reiterou o compromisso de Tóquio pela "não expansão" e "resolução local" do que cada vez mais passou a ser conhecido como o "problema da China". Os comandantes militares chineses e japoneses conseguiram elaborar com sucesso um acordo local, mas Chiang Kai-Shek recusou-se a aceitá-lo. O Guomindang (Partido Nacionalista Chinês) tornava-se cada vez mais poderoso no norte da China após o estabelecimento, em 1928, do regime nacionalista em Nanquim, e Chiang começou a canalizar os sentimentos dos nacionalistas, os quais possuíam uma intensa antipatia em relação ao Japão. Navegando cuidadosamente pelo panorama político, Chiang instruiu que os comandantes militares chineses locais rejeitassem o acordo. Ele, então, realocou suas quatro melhores divisões para a província de Hebe, violando os acordos sino-japoneses anteriores.

Dez dias após os problemas da Ponte Marco Polo, Chiang pronunciou: "Se permitirmos que mais de uma polegada de nosso território seja perdido, seremos culpados de um crime imperdoável contra a nossa raça". Chiang, com sucesso, tirou o Incidente da Ponte Marco Polo das mãos dos comandantes locais e o levou para a arena das manobras geopolíticas. O Japão respondeu à retórica de Chiang com o chocalhar de seu próprio sabre e, assim, despachou três divisões para a China, sob o conselho do general Tôjô Hideki (1884-1948). Uns 20 dias após o incidente da Ponte Marco Polo, o exército japonês de guarnição da China ocupou Pequim com sucesso: o "problema da China" transformou-se, assim, na Guerra da China. Rapidamente, a violência eclodiu em Xangai, testemunhando, em abril de 1927, lutas cruéis entre chineses nacionalistas e comunistas – as forças japonesas nesse momento eram pequenas em comparação aos aproximadamente 100 mil soldados do Guomindang. Mais uma vez, o primeiro-ministro Konoe soltou bombas retóricas ao afirmar que a China havia assumido uma atitude "arrogante e insultante" em relação ao Japão, atitude que pedia uma "ação resoluta". Em seguida, os bombardeiros chineses atingiram as instalações navais dos japoneses em Xangai, e Chiang ordenou a completa mobilização da China para a guerra. Ele explicou: "A China tem o dever de defender a si mesma e a sua existência nacional". Os combates em Xangai foram selvagens, os soldados entraram em combates corpo a corpo nas ruas por meses. Embora os soldados japoneses tivessem, finalmente, tomado Nanquim, a capital de Chiang e Cantão, a guerra, em 1938, estava em um atoleiro, assim como Ishiwara havia profetizado anteriormente.

A retórica do Japão manteve-se grandiosa e resoluta ao enumerar seus objetivos geopolíticos na Ásia oriental. Após a queda de Cantão, o primeiro-ministro Konoe explicou: "O Japão busca o estabelecimento de uma nova ordem que irá assegurar a estabilidade permanente da Ásia oriental. Nisso reside o objetivo final de nossa presente campanha militar". Para esses fins, em agosto de 1940, o ministro das Relações Exteriores, Matsuoka, anunciou a formação da "Esfera de Coprosperidade da Grande Ásia Oriental", uma área de cooperação, englobando o Estado fantoche de Manchukuo e a China, bem como a Indochina francesa e as Índias Orientais Holandesas. O primeiro-ministro Konoe proclamou que as nações da "Esfera de Coprosperidade da Grande Ásia Oriental" uniram-se como um "laço de oito coroas sob um único telhado" (*Hakkô ichiu*), uma referência ao *Nihon shoki* (Crônicas do Japão, 720) do século VIII, descrevendo a extensão do domínio do imperador Jinmu sobre o antigo reino. Em sua encarnação do século XX, o "laço de oito coroas sob um único telhado" sugeria uma família de nações liderada pela benevolência imperial do Japão. Isso serviu como a culminação do parnasianismo, onde cada nação poderia encontrar "seu lugar no mundo" sob o paternalismo japonês. A fim de desviar a resposta dos EUA ao movimento no sudeste da Ásia, o ministro das Relações Exteriores, Matsuoka, assinou o "pacto tripartite", ou "pacto do eixo", com a Alemanha nazista e a Itália fascista no mês seguinte, cimentando o Japão em uma aliança de segurança com os europeus beligerantes. Em dezembro de 1941, ele concluiu a "aliança nipo-tailandesa", em que os dois países prometeram "relações estreitas e inseparáveis", inclusive em caso de ataque. Em abril de 1941, Matsuoka viajou para Moscou, onde concluiu o "Pacto de Neutralidade Nipo-Soviético", protegendo as fronteiras do norte do Japão em Manchukuo. Em julho, após a rápida diplomacia de Matsuoka, os soldados japoneses movimentaram-se para a Indochina francesa.

Os EUA responderam à beligerância japonesa no leste e sudeste da Ásia com sanções, limitando a capacidade do Japão para adquirir recursos de que precisava para seu esforço de guerra. As sanções começaram em outubro de 1937, quando o presidente Franklin Roosevelt (1882-1945) fez um discurso condenando fortemente a "epidemia" global de "terror e anarquia internacional", em uma referência não tão sutil ao Japão e à Alemanha nazista. Conforme o Japão adquiria mais territórios, os Estados Unidos ampliavam suas sanções. Em 1939, Roosevelt estendeu as sanções para incluir o alumínio, o molibdênio, o níquel e o tungstênio. No ano seguinte, as sanções passaram a abranger o combustível de aviação, óleo lubrificante e outras necessidades da máquina de guerra japonesa. Em 1941, os japoneses entraram na Indochina francesa, e Roosevelt congelou os bens japoneses nos EUA e impôs um embargo completo sobre o petróleo. Em 1941, Roosevelt nomeou o general Douglas MacArthur (1880-1964) como comandante do Extremo Oriente, reforçando a postura militar dos EUA na Ásia. Finalmente, nesse mesmo ano, Winston Churchill (1874-1965) e Roosevelt assinaram a "Carta do Atlântico", apelando pelo internacionalismo e pelo desarmamento das nações que demonstravam "agressão fora de suas fronteiras". Esses movimentos não conseguiram dissuadir o Japão. Com a guerra contra os EUA surgindo no horizonte, o Japão começou a planejar as invasões das Filipinas, da Malásia, da Birmânia e, sob os auspícios do almirante Yamamoto Isoroku (1884-1943), o ataque à base naval dos EUA em Pearl Harbor. Com esse último, Yamamoto pretendia oferecer ao Japão um ataque rápido e decisivo contra a frota do Pacífico e estabelecer dominância no teatro do Pacífico.

Em outubro de 1941, enquanto os EUA e o Japão caminhavam em direção à guerra, o imperador Hirohito nomeou o general Tôjô como o novo primeiro-ministro, para, diplomaticamente, começar tudo de novo. A Marinha japonesa estava queimando "400 toneladas de óleo por hora", advertiu o chefe da Marinha, e, além disso, o Japão precisava acabar com o impasse diplomático com os EUA. Trabalhando de perto com conselheiros militares, o primeiro-ministro Tôjô formulou duas propostas, ambas consideradas inaceitáveis pelo secretário de Estado dos EUA, Cordell Hull (1871-1955). Essencialmente, os EUA se recusaram a reconhecer a "Esfera de Coprosperidade da Grande Ásia Oriental", enquanto o Japão rejeitou a presença americana na Ásia, pois achava isso perigoso aos seus interesses econômicos e de segurança. No início de dezembro de 1941, Tôjô disse a confidentes que ele tinha "esgotado todos os meios à sua disposição" e que os Estados Unidos se recusavam a ceder. O presidente do Conselho Privado do Japão resumiu as ansiedades japonesas nesse momento quando ele deu a entender que os EUA estavam tentando destruir as realizações modernas do Japão e minar os legados do período Meiji: "Mas é claro que a existência de nosso país está ameaçada de perder as grandes conquistas do imperador Meiji, e não há nada mais que possamos fazer. Dessa forma, acredito que, caso as negociações com os Estados Unidos fracassem, então o início da guerra será inevitável". No exato momento em que esses pensamentos estavam sendo transmitidos, a frota de Yamamoto navegava em direção a Pearl Harbor e em direção à guerra entre os dois adversários do Pacífico.

Em 7 de dezembro de 1941, após os pilotos japoneses terem lançado suas últimas bombas em Pearl Harbor, 8 navios de guerra dos Estados Unidos e 200 aviões foram danificados ou destruídos, matando quase 4 mil militares dos EUA. Um escrivão da capitânia do almirante Yamamoto lembrou que, após o ataque, "telegramas de celebração e congratulações choveram de toda a nação dirigidas pessoalmente ao almirante Yamamoto Isoroku. [...] Eu cuidei deles, abrindo cada uma das cartas e entregando-as pessoalmente ao almirante". O almirante respondeu com humildade e conhecimento de que a guerra seria longa: "Eu juro liderar outros esforços extenuantes e não descansar após esse pequeno sucesso do início da guerra". Cinco dias depois, o governo japonês proclamou o início da "Grande Guerra do Leste Asiático", que agora incluía os EUA e as outras potências ABCD (uma referência, em inglês, às potências americana, inglesa, chinesa e holandesa, a saber: America, Britain, China, Dutch).

Com velocidade abrasadora, os soldados japoneses entraram em Hong Kong (25 de dezembro), Manila (2 de janeiro de 1942), Singapura (15 de fevereiro), Jacarta (5 de março) e Rangum (8 de março). No entanto, no verão de 1942, a máquina de guerra aparentemente invencível dos japoneses viu-se na defensiva. Na Batalha de Midway, a Marinha dos Estados Unidos enviou quatro dos seis porta-aviões japoneses envolvidos no ataque a Pearl Harbor para o fundo do Oceano Pacífico. Além disso, o desembarque do Corpo de Fuzileiros Navais dos Estados Unidos (Marines) em Guadalcanal forçou a eventual evacuação japonesa após uma luta feroz nas selvas. A Batalha de Midway não foi o primeiro grande confronto entre as marinhas dos EUA e do Japão, mas foi a mais decisiva. Em maio de 1942, na Batalha do Mar de Coral, os porta-aviões americanos e japoneses encontraram-se em sua primeira batalha aeronaval; ambos saíram gravemente feridos, mas os japoneses conseguiram destruir um número maior de navios dos EUA. Em 1943, os EUA e seus aliados haviam infligindo várias derrotas militares aos japoneses, incluindo o abate do avião que transportava o almirante Yamamoto, matando-o. Após uma série de derrotas dolorosas, Tôjô enigmaticamente informou à Dieta: "A verdadeira guerra começa agora". Em outubro de 1944, o almirante de frota Chester Nimitz (1885-1966) e MacArthur convergiram no Golfo de Leyte, nas Filipinas, afundando seis porta-aviões japoneses e, irreversivelmente, esmagando a anteriormente orgulhosa Marinha japonesa. Com a perda das Filipinas, o esforço de guerra do Japão tornou-se mais desesperado, e ele passou a utilizar os camicases, ou "vento divino", pilotos que arremessavam seus aviões contra a Marinha dos EUA em todo início de 1945. Apesar dessas táticas suicidas, os EUA ocuparam Iwo Jima (março de 1945) e, em seguida, Okinawa (abril de 1945) em sua aproximação à nação japonesa.

Aproximando-se de Okinawa, as forças americanas desembarcaram pela primeira vez na ilha menor de Tokashiki, a cerca de 32 km a oeste da ilha principal de Okinawa. Quando as forças dos EUA atracaram no final de março de 1945, sob ordens militares eufemisticamente chamadas "esmagamento das joias", os japoneses de Tokashiki começaram a cometer suicídio em massa, muitas vezes matando os membros da família com suas próprias mãos: espalhou-se o boato de que as forças dos EUA haviam mutilado os corpos dos japoneses capturados. Escondido em uma caverna de Tokashiki, um homem lembrou-se: "Nós sabíamos que, se fôssemos capturados, iríamos ser cortados em pedaços. Eles cortariam nossos narizes, nossos ouvidos, nossos dedos e depois nos atropelariam com seus tanques". Assustado e desesperado, ele e seu irmão, obedientemente, mataram sua mãe, espancando a cabeça da pobre mulher com pedras. Eles também mataram seu irmão e sua irmã mais novos. Uma vez que a batalha chegou a Okinawa, a luta mostrou-se feroz (IMAGEM 21, p. 280). Uma guarnição japonesa de 110 mil homens morreu defendendo a ilha; cerca de 50 mil militares dos EUA morreram no evento. A propaganda racista saturava ambos os lados do Pacífico, e, assim, os militares japoneses e norte-americanos travaram uma guerra selvagem e implacável. Conforme notou o repórter estadunidense Ernie Pyle (1900-1945), "na Europa, sentíamos que os nossos inimigos, mesmo sendo terríveis e mortais, ainda eram pessoas [...] [Mas no Pacífico] logo percebi que os japoneses eram encarados como algo subumano e repugnante; as pessoas sentiam o mesmo desgosto que têm em relação a ratos e baratas". Não foi por acaso que os militares dos EUA viam os japoneses como "subumanos"; anos de propaganda do governo, muitas vezes retratando o japonês como macacos ou piolhos, entrou profundamente na mentalidade dos soldados dos EUA, transformando jovens fazendeiros em assassinos de campo de batalha.

Em contraste, em vez de desumanizar os militares dos EUA, a propaganda japonesa elevou a pureza racial dos japoneses, transformando a "Grande Guerra do Leste Asiático" em uma luta moral contra o imperialismo dos poderes ABCD. Com efeito, conforme anunciado pelo governo japonês durante o conflito:

> Nós, a raça de Yamato, estamos derramando nosso sangue no momento para realizar nossa missão histórica de criar uma Esfera de Co-prosperidade da Grande Ásia Oriental. A fim de libertar os bilhões de

IMAGEM 21. O *Yamato*, orgulho da Marinha japonesa. O encouraçado mais pesado de sua época, ele foi encomendado em dezembro de 1941 e afundou perto de Okinawa em abril de 1945.

pessoas da Ásia e, também, para manter nossa posição de liderança sobre a Esfera de Coprosperidade da Grande Ásia Oriental para sempre, nós devemos plantar o sangue da raça de Yamato em seu solo.

Apesar da retórica sublime, os japoneses travaram uma guerra implacável, simbolizada pelo "Massacre de Nanquim" (dezembro de 1937) e outras atrocidades bem documentadas, como a guerra biológica e os experimentos humanos cruéis realizados pela Unidade 731. Infelizmente, as observações de Lewis Smythe (1901-1978), um missionário cristão, tornaram-se comuns em Nanquim, enquanto os comandantes japoneses perdiam o controle de seus soldados. "Ontem à noite, no dia 15 de dezembro, os soldados japoneses entraram em uma casa chinesa [...] estupraram uma jovem esposa e raptaram três mulheres. Assim que os dois maridos correram, os soldados mataram os dois." Mais tarde, em 1946, o Tribunal Distrital de Nanquim estimou que as forças japonesas mataram quase 300 mil pessoas, entre homens, mulheres e crianças, no massacre.

IMPACTOS AMBIENTAIS DA GUERRA

É sabido que a guerra total impôs terríveis danos às ilhas japonesas e ao teatro do Pacífico. Após a guerra, o Japão ficou em ruínas. Tóquio perdeu cerca de 50% de suas casas em bombardeios; nacionalmente, a guerra deixou cerca de 8 milhões de pessoas sem casa. Mais de 80% do transporte do Japão e mais de 30% de sua capacidade industrial foram destruídos.

Cerca de 2,1 milhões de japoneses pereceram no conflito. Mais amplamente, as Nações Unidas estimaram que 18 ou 19 milhões de pessoas morreram na esfera das atividades militares japonesas. A Guerra do Pacífico foi catastrófica para a região do Pacífico asiático.

Menos conhecido, no entanto, é o custo que a guerra causou ao ambiente natural do Japão. Muitas vezes, os danos ambientais e as baixas humanas entrelaçavam-se. Em março de 1945, o "bombardeio de Tóquio" (*Tôkyôdaikûshû*) queimou quase 44 km² da capital da nação e matou 80 mil pessoas. Durante os bombardeios de 1944 e 1945, quase um quarto de todas as habitações do Japão foram destruídas, queimadas ou demolidas, deixando cerca de 30% da população do Japão desabrigada. No total, o bombardeio efetuado pelos EUA matou centenas de milhares de japoneses. Em muitos aspectos, mesmo que Tóquio houvesse sido em grande parte reconstruída em 1923 após o grande terremoto de Kantô, a cidade era um barril de pólvora. Construídas quase totalmente em madeira, muitas cidades japonesas eram alvos fáceis para as bombas incendiárias. Conforme observado profeticamente por um jornalista francês sobre Tóquio pouco antes dos bombardeios incendiários:

> A capital revolvia-se em sua sujeira. Uma casa japonesa apodrece em vinte anos. A cidade também. Tóquio, reconstruída em 1923, após o grande terremoto, estava podre... Não havia forma de salvar esta capital que se desfazia em sua podridão e ruína, exceto por alguma catástrofe que novamente garantisse sua reconstrução – um fogo purificador, por exemplo, que destruísse tudo.

Em março de 1945, durante a "Operação Meetinghouse", os bombardeiros americanos B-29 *Superfortress* de grande altitude soltaram milhares de bombas incendiárias sobre a cidade.

No entanto, o mundo natural mostrou-se surpreendentemente resiliente após os bombardeios, mesmo depois de os EUA lançarem as bombas atômicas em Hiroshima e Nagasaki. Após os bombardeios atômicos de agosto de 1945, a radiação residual nos hipocentros dissipou-se rapidamente, trazendo a vida animal e vegetal de volta para as cidades incendiadas. Os ratos e insetos de Hiroshima, por exemplo, saíram relativamente incólumes dos bombardeios, assim como grande parte das plantas. Quando os cientistas japoneses coletaram insetos dos arredores do epicentro da explosão de Hiroshima, eles não detectaram anormalidades genéticas. Dentro das cidades arruinadas, as plantas começaram a colonizar os espaços anteriormente habitados; a maioria das malformações florais desapareceram em dois ou três anos. Um ano após a explosão, mais de 25 tipos de ervas daninhas já haviam colonizado o epicentro de Hiroshima, muitas delas plantas que anteriormente eram raras. As plantas cresceram em tal abundância que um observador ocidental escreveu: "Parecia realmente como se uma carga de sementes de fedegoso [*Senna obtusifolia*] tivesse sido lançada junto com as bombas". Em outras palavras, o incêndio das grandes cidades japonesas por bombas incendiárias ou atômicas limpou a área para a colonização de plantas e animais, mesmo que os habitantes humanos tenham recolonizado rapidamente esses ambientes após o final da guerra.

Antes e durante a guerra, a atividade econômica japonesa havia transformado o ambiente natural. Como mencionado, o governo japonês buscou acumular reservas de moeda estrangeira antes da eclosão da guerra total; a expansão dos pesqueiros disponíveis ofereceram uma maneira de atingir essa meta fiscal. Na década de 1930, quando os pescadores japoneses começaram a explorar além das costas do Japão, eles o fizeram para fornecer peixes enlatados para o mercado dos Estados Unidos. O Japão também aumentou sua caça pelágica às baleias, tornando-se a terceira maior nação baleeira do globo em 1938. Na década de 1930, o Japão aproveitou-se do meio ambiente de seu império para abastecer o seu esforço de guerra. A Coreia começou a plantar arroz para os consumidores japoneses, enquanto na Manchúria a soja tornou-se a colheita escolhida. Enquanto isso, os agricultores japoneses obtinham mais trigo para exportar para a Manchúria em troca da soja. Com o fracasso das colheitas da Coreia, que estava mal preparada para a monocultura do arroz, a escassez de alimentos atingiu o Japão, dificultando a autossuficiência durante os anos da guerra, minando a filosofia imperial de autossuficiência econômica da nação.

Em geral, a agricultura japonesa sofreu enormes convulsões durante os anos de guerra. Antes da guerra, o Japão destacou-se pelo uso intensivo de fertilizantes químicos, mas, quando a produção da empresa foi desviada para instalações de fixação de nitrogênio, tais como a fábrica da Corporação Chisso em Minamata, para gerar produtos químicos para o esforço de guerra, a produção de fertilizantes definhou. Além disso, o governo havia suspendido todas as importações de fosfato e potássio, elementos utilizados historicamente como fertilizante pelos agricultores. Como um substituto, os agricultores começaram a buscar nas florestas humo e outros detritos orgânicos que pudessem ser utilizados. Assim, as florestas foram danificadas e o crescimento das árvores sofreu com esse processo, e houve intensificação da erosão e sedimentação das vias navegáveis em um ritmo alarmante. Muitos agricultores voltaram à prática anterior do uso de esterco humano, mas muitas vezes retirado diretamente do esgoto não tratado e sem compostagem. Como resultado, o esgoto não tratado costumava poluir o abastecimento de água: parasitas e infecções bacteriológicas floresceram durante os anos de guerra. Os animais praticamente desapareceram das fazendas japonesas porque os militares recrutaram a maioria dos cavalos para o serviço na Manchúria e em outros lugares. A maior parte dos grandes animais de estimação, como cães, já havia sido sacrificada para alimentar o crescente número de bocas humanas famintas do Japão. Os pássaros canoros ficaram escassos, pois caçá-los tornou-se um "dever patriótico" a fim de fornecer alimentação. Os caçadores mataram cerca de 7,5 milhões de tordos, fringilídeos [tentilhões, pintarroxos, pintassilgos, verdilhões, lugres, cruza-bicos, enjolos, papa-figos] e pássaros da família *emberizadae* por ano para consumo humano.

A matança dos grandes animais do Zoológico Imperial de Tóquio foi de longe o exemplo mais dramático do abate de animais durante a guerra. No final do século XIX e início do século XX, o zoológico tornou-se um palco popular de Tóquio para exibição do império, que foi parte da euforia do tempo de guerra descrita anteriormente. Em 1897, o Ministério da Casa Imperial aprovou uma exposição de animais como "troféus de guerra", e o zoológico tornou-se um centro da cultura imperial. Um javali, que foi capturado durante um "safári" dos soldados japoneses na Coreia, foi enjaulado ao lado do cervo continental; três camelos bactrianos, capturados por soldados chineses em Port Arthur, em 1894, também se tornaram "novos convidados" do zoológico, bem como um leopardo que havia sido mantido como mascote por uma unidade da Manchúria. As crianças podiam alimentar os cavalos de guerra ou os animais que tinham servido no fronte. O imperador Meiji pagou pela exposição imperial com seus próprios cofres imperiais. Uma vez que a "Guerra da Grande Ásia Oriental" estava em andamento, funcionários mobilizaram o zoológico para abastecer as exigências culturais da guerra total. As exposições de "animais militares" tornaram-se um lugar-comum, exibindo elefantes, camelos, iaques, mulas, burros, pombos, cães e cavalos utilizados na campanha. Por causa da selvagem popularidade do zoológico entre os japoneses e seu uso como propaganda imperial e de guerra, a decisão de matar os animais do zoológico no verão de 1943 foi extremamente dramática. O abate, por causa da escassez de alimentos, aconteceu sob a proteção da escuridão; as carcaças dos habitantes mais célebres do zoológico foram retiradas pela entrada de serviço em carrinhos de mão cobertos. Os funcionários e treinadores do zoológico mataram cerca de 27 animais, utilizando meios como ausência de alimentação, veneno, marteladas e lanças afiadas de bambu. Os tiros de armas de fogo teriam atraído muita atenção. Dois leões abissínios dados de presente ao imperador Hirohito pelo imperador da Etiópia estavam entre as vítimas, bem como três elefantes de circo e o leopardo da Manchúria. Em muitos aspectos, a matança dos animais do zoológico tem paralelo com outras ações dramáticas que ocorreram no Japão assim que o país entrou numa "fase crítica" do esforço de guerra. Os zoológicos de Londres e Berlim também mataram animais, mas a cerimônia budista em torno dos assassinatos, o "serviço memorial aos mártires animais", realizada no início de setembro, mostrou que, mesmo na morte, os animais do zoológico serviram como uma valiosa propaganda do esforço de guerra do Japão.

O Japão não só perdeu muitos de seus animais mas também muitas das suas árvores. Cada vez mais, abatia suas florestas de forma a acabar com as importações de madeira; no final da década de 1930, ele até mesmo vendeu sua madeira nos mercados internacionais para construir suas reservas de moeda estrangeira. Durante a guerra, os madeireiros derrubaram muitas das árvores mais imponentes do Japão. Os números são impressionantes: entre 1941 e 1945, os madeireiros cortaram cerca de 15% das florestas do Japão para o esforço de guerra, sendo que a grande maioria foi cortada pela raiz. Em 1951, um engenheiro florestal dos EUA no Japão observou que "as florestas acessíveis foram reduzidas a uma condição de esvaziamento por meio de um péssimo manejo florestal, pela prolongada utilização excessiva, reflorestamento insuficiente, erosão do solo e depredação por insetos".

O "projeto do óleo essencial de pinho" do Japão também contribuiu para o desmatamento desenfreado. Após o embargo americano ao petróleo, as reservas de petróleo secaram e, em 1944, os pesquisadores japoneses passaram a buscar fontes alternativas de energia para a máquina de guerra japonesa. Para muitos, o óleo de pinho tornou-se a resposta à escassez de combustíveis do Japão, mas extrair o novo combustível mostrou-se trabalhoso e altamente destrutivo para o ambiente natural. Apesar dos assustadores sacrifícios humanos, energéticos e ambientais necessários para fazer o combustível, os súditos japoneses, perplexos por anos de guerra total, construíram 34 mil alambiques para extrair 70 mil barris de óleo de pinho bruto das florestas remanescentes. Conforme escrito por um observador: "Pilhas monumentais de raízes e cepos de árvores forravam muitas estradas. As encostas das montanhas foram despojadas de cada uma de suas árvores e mudas". Ironicamente, muito pouco do óleo de pinho foi queimado nos motores dos aviões de combate do Japão ou dos navios de guerra, porque os cientistas não conseguiram aperfeiçoar os métodos de refino. O último prego no caixão das florestas do Japão foi a infestação por besouros da casca de pinho, causada pelas práticas florestais vorazes da guerra. Os silvicultores estimaram que, em 1946, cerca de 600 mil hectares (1,5 milhão de acres) de florestas de coníferas ficaram infestados por besouros esfomeados.

No campo industrial, os preparativos para a guerra levaram a problemas ambientais. Na virada do século, a mina de Kamioka da Mitsui, na província de Toyama, havia deixado a mineração de prata e cobre de lado e agora extraía chumbo e zinco, metais críticos para a guerra. Ao fazê-lo, a mina lançou centenas de toneladas de cádmio altamente pulverizados no Rio Jinzû. O cádmio envenenou milhares de agricultores, principalmente as mulheres, com a "doença isso dói, isso dói". O Japão precisava de chumbo para baterias e balas; as fábricas de munições utilizavam zinco nas cápsulas de bronze, e os estaleiros utilizavam-no para a galvanização dos navios de guerra. Uma intrincada teia de circunstâncias históricas levou ao surgimento da intoxicação de cádmio da década de 1950, mas o uso do método de pulverização de Potter, uma tecnologia mineradora de separação, contribuiu para que os resíduos de cádmio se tornassem altamente biodisponíveis para os arrozais das proximidades. O minério pulverizado de Kamioka, que, por volta de 1920, poderia ser reduzido a partículas de 0,18 mm, a fim de poder flutuar em cubas de separação, oxidava e ionizava conforme era levado rio (e córrego) abaixo, chegando facilmente aos talos das plantas de arroz em arrozais baixos. As práticas laborais imperiais também contribuíram para a poluição e para as doenças. Em 1941, antes de haver um número significativo de prisioneiros coreanos e de pilotos norte-americanos abatidos trabalhando em Kamioka, a recuperação de zinco estava em quase 90%; os trabalhadores lançaram cerca de 20 toneladas de cádmio no ambiente. Depois de 1943, com o trabalho de coreanos sem treino, basicamente trazidos como escravos (constituindo quase 50% dos mineiros), passou-se a extrair menos zinco, triplicando a quantidade de cádmio descartado. O impacto ambiental duradouro da Guerra do Pacífico em Toyama foi a poluição e o envenenamento por cádmio, onde, bem depois do final da guerra, as mulheres continuaram a sofrer com a contaminação ambiental debilitante causada pelo esforço de guerra do Japão. Os corpos dessas mulheres não foram postos nos santuários de Yasukuni como mártires; mas elas também devem ser incluídas entre as vítimas da "Guerra da Grande Ásia Oriental".

Hiroshima e Nagasaki

Em 1945, o zumbido dos B-29s passou a aterrorizar tanto civis quanto soldados japoneses. Os "Superfortress" da Boeing levavam caos e destruição gratuita para todos os seus alvos. Praticamente nada restou da cidade de Toyama; muito de Tóquio, como mencionado, foi reduzido a cinzas. Em 6 de agosto de 1945, o B-29 *Enola Gay* lançou o *Little Boy* [Menininho], sua carga atômica, sobre Hiroshima, a qual foi detonada a pouco menos de 610 m acima da cidade. O bombardeio de Nagasaki ocorreu três dias depois. Em Hiroshima, o ar aquecido por raios X, que explodiu do epicentro, moveu-se concentricamente para fora à velocidade do som, reduzindo a cinzas quase tudo que era inflamável em seu caminho. A bola de fogo originada do *Little Boy* teve 370 m de diâmetro e produziu temperaturas superficiais que chegaram a 6 mil graus centígrados. Alguns minutos após a explosão, o *Little Boy* deu início a um incêndio com cerca de 3,2 km de diâmetro. Yamaoka Michiko, que na época tinha 15 anos de idade, lembrou do momento da explosão: "Ninguém mais parecia um ser humano. Até aquele momento eu acreditava que eram bombas incendiárias. Todo mundo ficou estupefato. As pessoas perderam a capacidade de falar. As pessoas não conseguiam gritar 'Isso dói!' Nem mesmo quando elas estavam pegando fogo. As pessoas não disseram "Está quente!", elas simplesmente pegaram fogo" (IMAGEM 22). Cerca de 66 mil cidadãos de Hiroshima morreram diretamente por causa do *Little Boy*, enquanto o *Fat Man* [Gordo] arrancou 73.883 vidas de Nagasaki. Milhares mais morreram pela radiação nos meses e anos seguintes. O presidente Harry Truman (1884-1972) articulou a vingança dos EUA ao explicar o uso da nova arma: "Ao descobrir a bomba, nós a usamos", afirmou. "Nós a utilizamos contra aqueles que nos atacaram sem aviso prévio em Pearl Harbor, contra aqueles que deixaram os prisioneiros de guerra dos EUA passarem fome, que os espancou e depois os executou, contra aqueles que abandonaram qualquer pretensão de obedecer às leis internacionais da guerra."

Em 15 de agosto de 1945, o Japão rendeu-se. Ao meio-dia os japoneses reuniram-se em torno de seus rádios para ouvir, pela primeira vez, a voz trêmula do imperador Hirohito explicar a decisão. Ofuscando seu papel considerável em dar início, travar e prolongar a guerra, Hirohito alegou que se entregou para salvar a "civilização" da "extinção total", criando uma "grande paz para todas as gerações vindouras". Enquanto as cidades do Japão queimavam, Hirohito explicou: "Toda a nação continuará a ser uma família nas gerações futuras, sempre firme em sua fé sobre a incorruptibilidade de sua terra divina, sempre consciente do pesado fardo de suas responsabilidades e da longa estrada que toda a nação deverá percorrer". Foi nessa terra divina e devastada pela guerra que o general MacArthur aterrissou na base aérea de Atsugi em 28 de agosto de 1945.

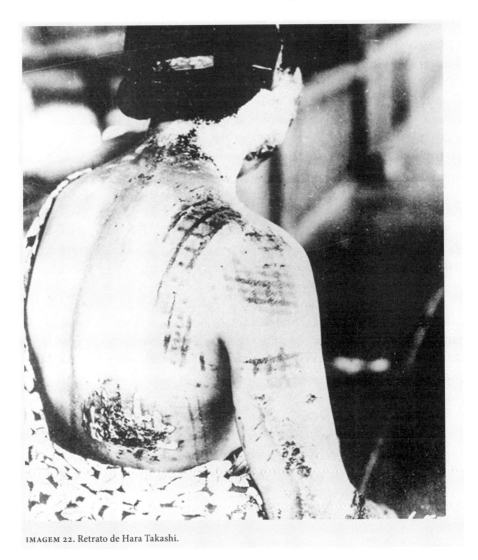

IMAGEM 22. Retrato de Hara Takashi.

Conclusão
Até hoje, o Japão vive desconfortavelmente com os legados históricos de sua agressão imperial do século XX. Muitos jovens já começaram a explorar narrativas mais apologéticas, tal como Kobayashi Yoshinori (1953-) em seu controverso mangá *Sensôron* (A guerra, 1998). Falando diretamente

para uma geração de jovens nascidos depois da guerra, a crítica de Kobayashi da ideia de que o Japão travou uma guerra de agressão, em vez de prosseguir objetivos legítimos de política externa antes e durante a Guerra do Pacífico, ganhou, para a consternação dos vizinhos do Japão, bastante apoio quando ele apareceu pela primeira vez. A Guerra do Pacífico continua sendo a experiência definidora do Japão do século XX. Ilustrando outros legados da Guerra do Pacífico, muitos, tais como o primeiro-ministro do pós-guerra Nakasone Yasuhiro (1918-), afirmam que a Constituição pós-guerra do Japão "cheira a manteiga" e têm procurado reescrevê-la para refletir os valores japoneses, incluindo a renovação da linguagem relacionada ao imperador e o "Artigo 9º". Nakasone, certa vez, observou que, "contanto que a atual Constituição exista, o estado de rendição incondicional será mantido".

Saber se o Japão ainda vive em uma condição de "rendição incondicional" é uma questão de perspectiva política, mas a necessidade japonesa de reconstrução após a guerra foi imperativa. Em 1952, com o fim da ocupação estadunidense, o Japão começou a reconstruir sua infraestrutura econômica, social e política. O Japão executou esse trabalho de forma extraordinariamente bem-sucedida, mas não o fez sem custos nacionais. Assim que o Japão começou a emergir como um líder econômico mundial pela segunda vez, durante sua recuperação "milagrosa" do pós-guerra, as implicações ambientais de uma desenfreada priorização do crescimento econômico começaram a adoecer algumas comunidades mais vulneráveis do Japão.

capítulo 14

A HISTÓRIA DO JAPÃO PÓS-GUERRA, 1945-PRESENTE

O Japão emergiu da Guerra do Pacífico em frangalhos, mas o pequeno país insular, mostrando a determinação da era Meiji e com o apoio dos EUA, começou rapidamente a sua reconstrução. Na década de 1950, o Japão entrou na era de "crescimento de alta velocidade". As máquinas de lavar, as geladeiras e os televisores, as "três joias sagradas" do consumismo do pós-guerra, começaram a habitar a maioria dos lares japoneses, ou pelo menos a maior parte da imaginação dos consumidores, iluminando vidas anteriormente tristes. As agências governamentais, trabalhando em conjunto com as corporações e abrigadas pelo guarda-chuva de segurança dos EUA, orquestraram a recuperação econômica que deu origem a grandes potências globais, como a Toyota Motor Corporation e a Sony. Politicamente, o conservador Partido Liberal Democrático dominou a Dieta por décadas. Ele revisou as reformas americanas de ocupação e depois esforçou-se por modificações constitucionais, bem como uma maior privatização da economia. Mas conforme o Japão entrava na década de 1970, a poluição ambiental contaminava seu célebre sucesso econômico. Além dos "quatro grandes" casos de poluição de Niigata e Minamata, causados pelo envenenamento por metilmercúrio, a asma de Yokkaichi e a intoxicação por cádmio em Toyama passaram a frequentar a maioria das manchetes nacionais e internacionais, e problemas de poluição menores, mas igualmente devastadores, ocorriam nos locais onde o desenvolvimento industrial não foi controlado. Em nome da recuperação econômica do pós-guerra, que preocupou essa política japonesa durante décadas, a nação parecia disposta a envenenar seus ambientes e as pessoas mais vulneráveis.

As exportações de produtos japoneses, que vão desde o Toyota Corona até o Walkman da Sony, caracterizaram as décadas que se seguiram à Guerra do Pacífico; já as recentes décadas têm sido caracterizadas pelas exportações da cultura pop. Tanto nas destruições urbanas de Godzilla quanto nos desenhos animados de Miyazaki Hayao (1941-), a produção cultural do Japão refletia muitas ansiedades dos japoneses sobre a guerra nuclear e a poluição industrial. Mas o Japão emergiu como um grande exportador de cultura. Hoje, a nação é igualmente comemorada por seus mangás e pela "guerra sagrada", travada contra os EUA e sua economia pós-guerra incrivelmente bem-sucedida.

A OCUPAÇÃO E O PERCURSO REVERSO

Os representantes dos japoneses e dos Aliados assinaram o instrumento da rendição em 2 de setembro de 1945, a bordo do USS *Missouri*. Houve pouco alarde durante a ocasião sombria, mas as duas bandeiras dos Estados Unidos a bordo do *Missouri* foram cuidadosamente selecionadas. A primeira bandeira havia sido hasteada na Casa Branca, na manhã do "dia da infâmia", em Pearl Harbor; a outra, uma *Old Glory* de 31 estrelas, havia pertencido ao navio do comodoro Matthew C. Perry, quando ele "abriu" o Japão quase um século antes. Ao assinar, o Japão rendeu-se incondicionalmente. Segundo um comunicado dos EUA ao general MacArthur: "Nossas relações com o Japão não se baseiam em um contrato, mas em uma rendição incondicional. Uma vez que sua autoridade é suprema, você não admitirá quaisquer questões por parte dos japoneses quanto ao seu escopo". O "escopo" de MacArthur no Japão era percebido por ele como abrangente. Em suas palavras, seu objetivo era "fazer com que o Japão ficasse a par com as ações e os pensamentos progressivos da modernidade". Os japoneses, por sua vez, abraçaram a derrota, seguindo estrategicamente a liderança de MacArthur e, imediatamente após a ocupação estadunidense (1945-1952), reformaram as políticas e prioridades conforme fosse necessário. Conforme atestado por suas memórias, as políticas de ocupação de MacArthur eram profundamente ambiciosas: "Primeiro, destruir o poder militar. Punir os criminosos de guerra. Construir a estrutura para um governo representativo. Modernizar a Constituição. Fazer eleições livres. Emancipar as mulheres. Libertar os presos políticos. Liberar os agricultores. Estabelecer a imprensa livre e responsável. Liberalizar a educação. Descentralizar o poder político. Separar Igreja e Estado...". Em certo nível, ele tentou revisitar a experiência Meiji do Japão e voltar a pôr o país em uma trajetória democrática, modelada intimamente pelos EUA.

Embora muitos japoneses tenham esperado pela ocupação com apreensão, a ansiedade logo tornou-se euforia quando ficou evidente que os militares dos EUA não pretendiam transformar o Japão, de acordo com os boatos, em um colossal parque de diversões, com um punhado de mulheres japonesas escravizadas e trabalhando nos quiosques de comidas. Muitos japoneses aceitaram os ocupantes dos EUA porque eles os haviam libertado do Estado militarizado que dominou o Japão por décadas. Segundo observou um repórter após a guerra:

> Parece que a razão pela qual os jovens consideravam Tóquio um lugar maravilhoso é porque eles haviam sido libertados das forças opressivas pelos Estados Unidos. A polícia já não podia mais comportar-se de forma pomposa e arrogante, nem os professores e diretores. Os jovens poderiam comportar-se livremente da forma que desejassem desde que não infringissem a lei. Os prazeres da juventude e da liberdade – Tóquio agora parecia pronta para conceder-lhes isso livremente.

A partir desse ponto de vista popular, a ocupação dos EUA libertou os japoneses de sua própria militarização.

Nesse sentido, uma atmosfera de libertação existia não somente em toda a antiga "Esfera de Coprosperidade da Grande Ásia Oriental", mas também no próprio Japão, onde a derrota do governo militar fascista libertou o japonês médio de uma sucessão de primeiros-ministros e gabinetes executivos de tempos de guerra. Mas, conforme apontado por muitos, esse sentimento de libertação nacional também serviu para obviar um sentimento de responsabilidade popular em relação às atrocidades de guerra cometidas pelo Japão, colocando a culpa nas costas de um punhado de líderes militares, como o general Tôjô Hideki. Como já vimos, no entanto, nos primeiros anos, o ardor nacional pela guerra total havia sido estendido para muito além do pequeno quadro de generais. Muitos japoneses consumiram avidamente filmes de guerra, programação de rádio de guerra, romances de guerra e visitaram os "animais militares", desde cavalos heroicos a pombos patrióticos, expostos no Zoológico Imperial de Tóquio. Nisso baseiam-se algumas das críticas de coreanos e chineses contemporâneos sobre a falta de vontade do Japão em aceitar as responsabilidades dos tempos de guerra. Considerando que, na Alemanha, a culpa foi amplamente distribuída à população por meio de iniciativas educacionais, no Japão nunca houve um acerto de contas nacional completo sobre as responsabilidades pelas atrocidades da guerra, como, por exemplo, no Massacre de Nanquim (1937). Os fantasmas cansados do general Tôjô e de 13 de seus principais parceiros no crime continuaram carregando esse fardo nacional no santuário de Yasukuni, Tóquio, onde as almas dos mortos na guerra do Japão estão enterradas.

Em parte, essa incapacidade de aceitar a responsabilidade nacional abriu as portas para fortes debates no Japão sobre a culpa da guerra e de suas atrocidades. O debate começou quando o historiador Ienaga Saburô (1913-2002) publicou o *Shin Nihonshi* (Nova história japonesa, 1947), o qual foi, posteriormente, revisado por uma grande editora de Tóquio para torná-lo um livro-texto escolar. Devido à estrutura altamente centralizada do sistema de ensino japonês, o livro didático seria provavelmente usado em todo o país. Ao longo da década de 1950, no entanto, Ienaga precisou lutar com os procedimentos de autorização de livros didáticos do Ministério da Educação, que encontrou falhas frequentes nas interpretações de Ienaga sobre os principais eventos do período de guerra. A partir de 1965, Ienaga iniciou três longos processos judiciais contra o governo sobre a natureza inconstitucional dos procedimentos de autorização de livros didáticos. Ele alegou que esses protocolos violavam seus direitos de liberdade de expressão, conforme codificados na Constituição pós-guerra (promulgada em março de 1946). Ele obteve vitórias parciais ao longo dos anos. Mais importante, no entanto, ele levou suas controvérsias sobre as interpretações da Guerra do Pacífico para o centro das atenções internacionais. Desde então, os historiadores conservadores, por exemplo, Hata Ikuhiko (1932-), vêm desafiando as principais interpretações sobre as atrocidades da guerra, como o Massacre de Nanquim. Em vários livros acadêmicos, Hata reviu o número de civis chineses mortos em Nanquim (suas estimativas diminuem o número de aproximadamente 300 mil para 40 mil, em grande parte, excluindo os soldados chineses). Vários livros de Hata foram traduzidos para o chinês, e as consequentes controvérsias históricas ainda causam raiva nos vizinhos do Japão. A estratégia do escritor de mangás, Kobayashi Yoshinori (1953-), foi um pouco diferente. Em vez de debater com os "homens chatos", vestidos com roupas de tweed, que geralmente interpretam o passado, Kobayashi, em seu popular mangá *Sensôron* (A guerra, 1998), procurou escrever "algo que os intelectuais não conseguem escrever – algo que os jovens tivessem prazer de ler e pelo que fossem completamente absorvidos, e que, mesmo assim, não fosse leve, mas profundo". Em sua história em quadrinhos, Kobayashi afirma que o Japão não lutou em uma guerra de agressão, mas em uma guerra justificada com o objetivo de libertar a Ásia do imperialismo ocidental "branco". Além disso, ele afirma que a difamação dos heróis de guerra do Japão é um enredo construído pelos EUA para fazer "lavagem cerebral" nos jovens japoneses e afastá-los de seu amor saudável ao próprio país. Com seu trabalho, por meio de uma releitura sobre a saga da "Guerra da Grande Ásia Oriental", Kobayashi busca despertar o "nacionalismo inconsciente" que vive em todos os japoneses.

O objetivo da reinterpretação de Kobayashi é tratar os soldados do Japão, incluindo muitos criminosos de guerra, como heróis de guerra. Assim, ele revisa historicamente uma das ações mais importantes da ocupação: o Tribunal Militar Internacional para o Extremo Oriente, que procurou levar à justiça os japoneses que tinham cometido "crimes contra a paz". Dos 28 homens acusados como criminosos de guerra "classe A", o mais notório, o general Tôjô, que, após MacArthur ter aterrissado em Atsugi, tentou cometer suicídio, mas foi heroicamente reanimado pelos médicos dos EUA apenas para ser enforcado três anos mais tarde pelo tribunal. Outros tribunais condenaram milhares de homens por suas infrações de "classe B e C", e muitos deles serviram mais tarde no governo pós-guerra. MacArthur nomeou 12 juristas para supervisionar o tribunal. Outros vieram das nações que tinham assinado o instrumento de rendição no final da guerra. O jurista indiano Radhabinod Pal (1886-1967) ofereceu a única opinião divergente: "Eu sinceramente lamento minha incapacidade de concordar com o julgamento e decisão de meus irmãos eruditos", explicou. O juiz Pal acusou os EUA e os Aliados de utilizarem a justiça do vencedor ao escrever: "Os beligerantes que, durante a guerra, com êxito obtiveram vitórias capturaram prisioneiros de guerra costumam receber a responsabilidade pelas crueldades com as características alegadas na presente acusação e, quando são finalmente derrotados, a própria derrota estabelece seu caráter mais diabólico e satânico". Independentemente da opinião do juiz Pal, dos 28 criminosos que cometeram ofensas "classe A", um foi considerado impróprio para ser julgado e dois morreram durante o processo; dentre os 25 que sobreviveram à provação, sete foram enforcados e 16 foram sentenciados à prisão perpétua.

A decisão de não julgar o imperador Hirohito foi a mais controversa. Quando Washington pareceu mover-se na direção de levar o imperador a julgamento (em grande parte por causa da pressão de russos e britânicos), MacArthur escreveu: "Eu havia avisado que seriam necessários pelo menos 1 milhão de soldados, caso tal decisão fosse tomada. Eu acreditava que, se o imperador fosse indiciado e talvez enforcado como um criminoso de guerra, seriamos obrigados a instituir um governo militar em todo o Japão". Assim, a ocupação começou a reescrever a história japonesa para exonerar o imperador de quaisquer responsabilidades em relação à guerra. No final de 1945, o chefe da Seção de Educação e Informações Civis do Comandante

Supremo das Forças Aliadas (SCAP, na sigla em inglês) escreveu uma série de artigos que foram traduzidos para o japonês pela agência oficial de notícias do Japão. Simbolicamente, a primeira edição surgiu em 8 de dezembro de 1945 e incluía a seguinte frase: "Recentemente, o próprio imperador disse que não desejava atacar Pearl Harbor sem aviso, mas a polícia militar fez todos os esforços para impedir que [essa declaração] chegasse ao povo". Em outras palavras, o imperador Hirohito seria um homem pacífico; a campanha para reesculpir o imperador como um paladino da democracia não beligerante havia começado. No final, os Aliados pouparam o imperador, mas eles supervisionaram a renúncia à sua condição divina. Em um anúncio feito no rádio à nação em 1º de janeiro de 1946, o imperador Hirohito explicou que "os laços entre nós e o nosso povo sempre tiveram a confiança mútua e o afeto como base. Eles não dependem de meros mitos e lendas. Eles não se assentam na falsa concepção de que o imperador é divino e que os japoneses são superiores às outras raças e, por isso, destinados a governar o mundo". Assim como o imperador Meiji, quando necessário, substituía seu traje tradicional pelas roupas de um marechal de campo prussiano, o imperador Hirohito desmontou de cavalo branco de guerra, trocou seu uniforme militar e tornou-se o símbolo benigno de uma nação democrática até sua morte, em 1989.

As reformas da ocupação dos EUA foram verdadeiramente generalizadas e transformadoras. A ocupação supervisionou o advento de um novo sistema de educação, a generalizada "dissolução dos *zaibatsu*", a descentralização de uma nova força policial e a elaboração de uma constituição progressista. Inicialmente, os funcionários do SCAP pediram ao estudioso jurídico Matsumoto Jôji (1877-1954) que escrevesse a nova Constituição; mas MacArthur mostrou-se insatisfeito com os resultados. No rascunho de Matsumoto, a soberania ainda pertencia ao imperador, não ao povo. Por fim, os funcionários do SCAP simplesmente redigiram uma Constituição própria. Nela, o imperador tornou-se um "símbolo" do Estado e da unidade do povo, não mais o centro da soberania do Estado. Ao contrário da Constituição Meiji (1889), o documento não era um "presente" oferecido pelo governante divino, nem fazia com que a soberania emanasse dele; em vez disso, a Constituição emanava de um pequeno grupo de funcionários do *New Deal*, servindo no Japão durante a ocupação. Em seu "Artigo 9º", a Constituição renunciava ao "direito de beligerância" do Japão para a resolução de litígios internacionais. O polêmico artigo dizia: "Aspirando sinceramente a uma paz internacional, baseada na justiça e na ordem, o povo japonês renuncia para sempre à guerra como direito soberano da nação, bem como à ameaça ou uso da força como meio de resolver litígios internacionais". A ocupação dos Estados Unidos, em grande parte liderada por negociantes do *New Deal*, estava transformando o Japão em uma sociedade progressista, pacifista e democrática de baixo para cima.

Apesar do tom liberal do *New Deal* dos primeiros dois anos da ocupação, sinais de mudança, no entanto, estavam evidentes em 1948. Em grande parte, as atitudes e políticas do SCAP em relação aos sindicatos altamente ativistas do Japão constituem um termômetro significativo das mudanças de atitudes e prioridades, conforme os EUA entravam no início da Guerra Fria com a União Soviética. Antes da guerra, a força de trabalho japonesa deixou rapidamente de ser predominantemente composta de operárias têxteis e passou a concentrar-se nos homens de indústrias mais pesadas. Como consequência, os sindicatos dos trabalhadores tornaram-se mais assertivos no ambiente pós-guerra imediato por causa de sua importância para a recuperação econômica do Japão. Os políticos socialistas e comunistas também começaram a auxiliar os sindicatos de trabalhadores com seus talentos organizacionais. Embora o próprio MacArthur fosse politicamente conservador, o SCAP havia concedido aos sindicatos de trabalhadores uma rédea relativamente curta; eles eram úteis, pois, por meio deles, os EUA podiam coagir o governo japonês que já estava profundamente preocupado com a propagação do comunismo após a guerra. Em 1945, o SCAP estimulou a Dieta a aprovar o "direito sindical", baseado na progressista Lei Wagner de 1935, nos Estados Unidos. Logo em seguida surgiram outras leis: as cada vez mais progressistas "Lei de Ajuste das Relações Trabalhistas" (1946) e a "Lei sobre Padrões Laborais" (1947). Em suma, essa legislação inicial assegurava o direito de organizar, participar em negociações coletivas e fazer greve, bem como horas de trabalho padronizadas, férias, segurança e saneamento do trabalho e restrições ao trabalho de mulheres e crianças. Em 1948, no entanto, os sindicatos começaram a contrariar o SCAP. Principalmente, o SCAP via as táticas dos sindicatos como uma ameaça à recuperação econômica desejada pelos EUA. Os funcionários da ocupação também ficaram perplexos com o estridente ativismo político dos sindicatos japoneses, que se comportavam de forma diferente das organizações trabalhistas dos EUA, que eram relativamente dóceis.

Em fevereiro de 1947, o SCAP começou a reprimir os sindicatos do Japão ao cancelar uma greve geral dos trabalhadores ferroviários. A partir daí, os dirigentes sindicais passaram a confrontar a polícia japonesa, apoiada por soldados de combate dos EUA, às vezes com tanques claramente colocados em posições de retaguarda. Em 1949, a Dieta, sob a influência do SCAP, abandonou a filosofia progressista da Lei Wagner (1935) e passou a utilizar a Lei Taft Hartley (1947), pois era mais conservadora. Atordoado pela reversão do SCAP, o movimento trabalhista do Japão tornou-se cada vez mais desconfiado dos EUA e de seus projetos no Japão. Foi também nesse momento (fevereiro de 1949) que o banqueiro Joseph Dodge (1890-1964) chegou ao Japão para servir como conselheiro econômico do SCAP. Seguindo a "linha Dodge", o SCAP coagiu a Dieta a promover a austeridade fiscal, equilibrar o orçamento, estabelecer uma taxa de câmbio única e privatizar ainda mais a economia japonesa, ações que revertiam a "economia política" estatizante dos anos Meiji. Em suma, o Japão, cada vez mais, tornava-se menos uma experiência de democratização do *New Deal* e mais um baluarte capitalista da Ásia para a futura Guerra Fria.

Política do pós-guerra

Nesse momento crítico, entra em cena o político proeminente do Japão pós-guerra, personificado pelo conservador Yoshida Shigeru (1878-1967). Yoshida era totalmente novo no governo do Japão: ele serviu como embaixador na Itália e no Reino Unido durante a tumultuada década de 1930. Por causa de sua posição de destaque no império do Japão, ele foi brevemente aprisionado em 1945 pelas autoridades; no entanto, ao ser libertado, tornou-se rapidamente uma figura central na política do pós-guerra. Os funcionários do SCAP aprovavam Yoshida por causa de seu desejo explícito de alinhar o Japão econômica e militarmente aos EUA. No que ficou conhecido como "Doutrina Yoshida", o primeiro-ministro deu prioridade à recuperação econômica ao longo de linhas ocidentais liberais e, ao mesmo tempo, contou com a proteção militar dos EUA, que se tornou o ingrediente-chave para o sucesso econômico do Japão pós-guerra. Em essência, o Japão podia reconstruir-se sem gastos exorbitantes com a defesa. Para atingir esses objetivos e banir o espectro da rendição incondicional, Yoshida assinou o Tratado de Paz de São Francisco e o Tratado de Segurança EUA-Japão, que, formalmente, marcaram o fim da guerra, em abril de 1952, e criaram os acordos de segurança entre o Japão e os Estados Unidos. Com o fim da ocupação, teve início o período pós-guerra do Japão.

Ao longo da década de 1950, Yoshida e outros políticos conservadores tentaram embotar ou modificar muitas das reformas mais progressistas do SCAP. Na área da educação, por exemplo, o SCAP havia ordenado que o governo liberalizasse a educação e eliminasse os elementos militaristas e nacionalistas dos currículos escolares. Sob Shidehara Kijûrô (1872-1951), o primeiro-ministro na época da rendição, o governo japonês não aceitou tais reformas, citando a necessidade de combater a "raiz de nossa recente decadência moral". O primeiro-ministro Shidehara apoiava a ênfase no Decreto Imperial sobre Educação do período Meiji (1890), o documento recitado nas escolas japonesas que ensinavam a tradicional adoração confucionista ao patriarcado e ao imperador. Escusado é dizer que MacArthur rejeitou essas preocupações, insistindo que os currículos escolares deveriam ser revistos a fim de harmonizá-los com o "governo representativo, a paz internacional, a dignidade do indivíduo e os direitos fundamentais, como a liberdade de reunião, expressão e religião". De forma mais controversa, o SCAP deu o controle curricular das escolas a comissões provinciais eleitas, e deu-lhes também autoridade para aprovar os livros didáticos. O SCAP estripou a autoridade central do Ministério da Educação, particularmente na arena da aprovação de livros didáticos, a favor de modelos educativos descentralizados dos EUA.

Essas reformas alarmaram o espírito conservador de Yoshida, no entanto, que estava preocupado com o "declínio da moral pública, a necessidade de limitar os excessos decorrentes de um mal-entendido sentido de liberdade, o abandono em que o respeito à nação e a suas tradições tinha decaído devido à ideia equivocada de progresso". Imediatamente após a guerra, a integridade moral das pessoas tornou-se uma preocupação dos políticos conservadores japoneses; usaram-na até mesmo para explicar a derrota da exausta nação. Em 28 de agosto de 1945, por exemplo, o primeiro-ministro Higashikuni Naruhiko (1887-1990) identificou a decadência da moralidade pública como uma das razões por que o Japão havia perdido a guerra. "Chegamos a este final porque as políticas do governo continham falhas", explicou em sua primeira conferência de imprensa. "Mas outra causa [da derrota] foi o declínio do comportamento moral das pessoas." A fim de reverter as reformas do SCAP e, assim, combater a decadência moral do país, em 1954 a Dieta introduziu alterações que enfraqueceram o sindicato dos professores do Japão e, eventualmente, começou a recentralizar o controle da educação.

As reformas da polícia do Japão feitas pelo SCAP também são instrutivas. Assim como fez com suas reformas na educação, o SCAP descentralizou a polícia do Japão ao longo das linhas dos Estados Unidos. Durante a guerra, o Ministério do Interior administrava o policiamento, incluindo as atividades nefastas da polícia secreta; sob o modelo norte-americano, municípios e prefeituras agora cuidavam da execução da lei. Mas, de forma semelhante à reforma do ensino, de 1951 até a Lei de Reforma da Polícia de 1954, a Dieta aboliu a polícia municipal a favor de uma força de polícia provincial sob o controle da Comissão Nacional de Segurança Pública. Além disso, no contexto da Guerra Fria e da eclosão da Guerra da Coreia (1950-1953), a Ásia tornou-se cada vez mais volátil, particularmente após a Fundação da República Popular da China (1949). Em resposta, o primeiro-ministro Yoshida deu início ao processo de reforço da capacidade defensiva do Japão, mesmo no âmbito do não beligerante "Artigo 9º". Em 1950, o Japão criou a Reserva Nacional de Polícia, concebida para substituir os 75 mil soldados dos EUA que tinham saído do Japão para combater no teatro coreano. Após o "Tratado de Cooperação Mútua e Segurança entre os EUA e o Japão" (1952), a Reserva Nacional de Polícia transformou-se nas Forças de Autodefesa do Japão em 1954, que continuam a servir os interesses de segurança defensiva do Japão até hoje. Originariamente, as Forças de Autodefesa do Japão foram confinadas às ilhas japonesas, mas, nas últimas décadas, o Japão começou a implantar as Forças de Autodefesa em operações de paz. Estrategicamente, no século XXI, o foco inicial das Forças de Autodefesa foi a China, a partir do surgimento da disputa das Ilhas Diaoyu/Senkaku e outros pontos de acesso vizinhos. Testemunhando sua importância, o Japão, em 2013, possuía o quinto maior orçamento de defesa do mundo, apesar de sua força militar ser exclusivamente para a autodefesa.

No momento em que escrevo este texto, as Ilhas Senkaku tornaram-se um ponto de inflamação perigoso das relações sino-japonesas. Composta por oito ilhotas com uma área combinada de 6,3 km², as Ilhas Senkaku reavivaram as discussões japonesas sobre o papel das Forças de Autodefesa e a necessidade de modificar o "Artigo 9º" da Constituição. A história das ilhas é a seguinte: em 1895, após a Guerra Sino-Japonesa, o Japão reivindicou as ilhas, e pouco tempo depois os empresários japoneses construíram fábricas de processamento de peixes ali. As empresas fracassaram em 1940, e, embora fossem de propriedade privada de cidadãos japoneses, as ilhas permaneceram desertas desde então. Em 1945, o governo dos Estados Unidos assumiu o controle das ilhas; os EUA então abandonaram seu controle em 1971, com o "Acordo de Devolução de Okinawa". No ano seguinte, a República Popular da China e a República da China (Taiwan) reclamaram a posse das ilhas, após a Comissão Econômica das Nações Unidas para a Ásia e o Extremo Oriente ter identificado reservas de petróleo e de gás nas proximidades. Desde então, a rivalidade entre os dois gigantes asiáticos intensificou-se. Em outubro de 2012, a China passou a externar mais suas reivindicações em relação às Ilhas Senkaku, e o primeiro-ministro Noda Yoshihiko (1957-) anunciou que o Japão havia "resolvido, de forma inabalável, defender seus territórios marítimos e terrestres". Em uma exibição incomum de força, a Guarda Costeira Japonesa brincou de gato e rato com os navios chineses de vigilância, os quais também tentavam evitar que os ultranacionalistas japoneses nadassem até as ilhas e lá colocassem bandeiras japonesas. Em face da postura agressiva da China em relação às Ilhas Diaoyu/Senkaku, da Coreia em relação às Ilhas Takeshima/Dokdo e da ameaça das armas nucleares e dos programas de mísseis da Coreia do Norte, o Japão foi obrigado a reavaliar o lugar das Forças de Autodefesa em sua própria posição geopolítica.

Durante a maior parte dos anos do pós-guerra, o Japão foi governado pelo Partido Liberal Democrático (1955), contando com a triangulação de poder entre os políticos conservadores da Dieta, os burocratas do governo e os executivos das empresas. O PLD governou o Japão entre 1955 e 1993; 15 homens diferentes serviram como primeiro-ministro durante esse tempo. A política japonesa do pós-guerra costuma lembrar a brincadeira da dança das cadeiras. A exceção foi o carismático Nakasone Yasuhiro (1918-), um contemporâneo e aliado de seu homólogo americano conservador, o presidente Ronald Reagan (1911-2004). Nakasone serviu como primeiro-ministro entre 1982 e 1987. Notavelmente, como um ferrenho conservador e nacionalista, o primeiro-ministro Nakasone foi o primeiro chefe de Estado japonês a visitar o santuário Yasukuni após o reenterro ali de 14 criminosos de guerra "Classe A" em 1978. Vergonhosamente, Nakasone causou um rebuliço diplomático entre os EUA e o Japão em 2001, quando ele identificou a homogeneidade racial como a raiz das excelentes pontuações dos testes educacionais do Japão. Quanto aos EUA, Nakasone explicou que "há muitos negros, porto-riquenhos e mexicanos nos Estados Unidos. Em consequência, a pontuação média deles é extremamente baixa". Ele, então, tentou esclarecer suas observações: é verdade que os EUA foram capazes de atingir "grandes feitos", mas "existem coisas que os americanos não foram capazes de fazer por causa das várias nacionalidades ali presentes". Mostrando que algumas atitudes são difíceis de desaparecer, Nakasone, em seguida, explicou: "Ao contrário, as coisas são mais fáceis no Japão porque somos uma sociedade monorracial". As observações de Nakasone foram vistas como pessoais, mas é claro que, entre os conservadores do PLD, tais ideias dos tempos de guerra relativas à pureza racial do Japão continuam a ecoar no país. Ele também privatizou os principais componentes da economia japonesa, incluindo a indústria de tabaco, em 1985, que havia sido monopolizada pelo governo desde 1898, e as ferrovias nacionais japonesas, substituídas em 1987 por sete empresas privadas conhecidas como "JR Group". O mantra da privatização tornou-se a marca registrada do governo do conservador PLD no Japão do pós-guerra.

O Segundo Milagre Econômico e seus descontentes
Após dez anos de ocupação dos EUA, a economia japonesa começou a se recuperar. Imediatamente após a guerra, o principal objetivo do planejamento econômico era evitar que as pessoas morressem de fome; mas, em 1955, o Japão estava entrando no período de "crescimento de alta velocidade", quando a expansão econômica se tornou a principal prioridade da nação. Na década de 1960, o crescimento econômico do Japão fascinou o mundo; em média, seu produto nacional bruto (PNB) crescia a uma taxa de 10% ao ano, superando a Alemanha Ocidental e quaisquer outros países capitalistas do mundo, exceto os Estados Unidos. Em grande parte, a economia do Japão acelerou a partir de contratos lucrativos dos EUA para a Guerra da Coreia. Em 1955, depois que os EUA gastaram US$ 2 bilhões em produtos japoneses, as condições econômicas no Japão melhoraram de tal maneira que muitas pessoas já possuíam recursos para adquirir bens duráveis domésticos. No início da década de 1970, a economia do Japão desacelerou um pouco quando a Organização dos Países Exportadores de Petróleo elevou os preços do petróleo; mas, após essa breve contração, o Japão retomou o impressionante crescimento do PNB por décadas, muitas vezes de 3,5% a 5,5% ao ano. Em 1987, a economia japonesa ultrapassou os EUA em PNB *per capita*. Em certa medida, agências governamentais, como o Ministério do Comércio Internacional e da Indústria (1949) e a Agência de Planejamento Econômico (1955), orquestraram grande parte do planejamento industrial que levou ao sucesso japonês. Ao contrário do período Meiji, quando as reformas beneficiavam as cidades, o "crescimento de alta velocidade" do Japão também distribuiu benefícios materiais para o campo. Na década de 1970, os rendimentos das famílias da zona rural ficaram cerca de cinco vezes maiores que o valor registrado na década de 1950; e essas famílias puderam adquirir as mesmas "três joias sagradas" (televisores, geladeiras e máquinas de lavar) de suas contrapartes urbanas. A recuperação pós-guerra abraçou, assim, a maioria dos níveis da sociedade japonesa.

Muitas indústrias do pré-guerra prosperaram no ambiente do pós--guerra. Em 1937, por exemplo, a Tecelagem Toyoda começou a ser transformada na Toyota Motor Company. O filho do fundador, Toyoda Kiichirô (1894-1952), construiu uma unidade de produção perto de Nagoya e começou a cercar-se de especialistas, incluindo professores de física e engenheiros. O complexo de produção abrangia cerca de 17 instalações, que operavam com a fundição de metais, prensa de painéis, soldagem e pintura. Entre 1937 e 1940, utilizando sua nova instalação de Nagoya, a produção de veículos da Toyota expandiu de 4.013 para 14.787 unidades anuais. Como resultado da Segunda Guerra Mundial, a Toyota e outras grandes empresas foram forçadas a tornar-se menos dependentes das tecnologias estrangeiras e mais dependentes de seus próprios desenvolvimentos. Quando a Toyota desenvolveu seu próprio Instituto de Pesquisa Química e Física, a empresa explicou:

> Agora que estamos perante uma segunda grande guerra na Europa, tornou-se extremamente difícil importar o conhecimento ocidental, e como os Aliados fecharam suas seções de pesquisa para os estrangeiros, está muito difícil obter informações sobre suas pesquisas bem-sucedidas. Neste clima, é cada vez mais urgente que conduzamos nossa pesquisa de forma independente e autodirigida; além disso, devemos estabelecer instituições de pesquisa para construirmos nosso próprio caminho para o progresso.

As bombas dos EUA destruíram a maior parte das instalações da Toyota; a empresa se recuperou, no entanto, particularmente depois de receber bons contratos para fabricar peças para os veículos militares dos EUA que estavam na Coreia. Na década de 1950, a Toyota, assim como sua concorrente, a Nissan, começou a automatizar suas linhas de montagem com robôs e a melhorar os processos de produção, fatos que levaram à introdução de modelos populares, como o Toyota Corona (1957). Como resultado dessas inovações, a indústria automobilística do Japão experimentou uma dramática expansão: em 1953, o Japão fabricava 49.778 automóveis e não exportava nenhum; em 1983, o Japão fabricava mais 11 milhões de automóveis e exportava mais da metade deles.

O sucesso de empresas como a Matsushita (National e Panasonic) e a Sony também demonstram a diversidade do crescimento econômico do Japão pós-guerra. Tomemos a última empresa, a Sony Corporation, fundada em 1946 por Ibuka Masaru (1908-1997) e Morita Akio (1921-1999). Em 1950, a partir das habilidades em engenharia de Ibuka, o Japão construiu seus primeiros gravadores. Em 1953, a Sony aperfeiçoou o rádio, revolucionando a indústria consumidora de aparelhos eletrônicos. Se Ibuka era o gênio da engenharia por trás da operação, Morita oferecia a força da comercialização internacional, e em 1970 a Sony tornou-se a primeira empresa japonesa a ter seu nome listado na Bolsa de Valores de Nova York.

Com a Sony, o rótulo "Feito no Japão" (*Made in Japan*) começou a ser um sinal de alta tecnologia, em comparação com produtos asiáticos malfeitos. Assim como a Toyota, a Sony tentava melhorar continuamente seus produtos, mesmo aqueles que tinham sido de início desenvolvidos no exterior. Os televisores da Sony servem como um exemplo interessante: convencionalmente, na década de 1960, as televisões funcionavam por meio de válvulas, mas a Sony introduziu aparelhos que funcionavam com transístores, o que tornou possível a fabricação de uma televisão menor e mais adequada para os lares japoneses. Ao fazê-lo, a Sony liderou o compromisso de miniaturização eletrônica, que eventualmente se tornou o padrão de ouro da indústria eletrônica pessoal e doméstica.

Entretanto, a busca míope do Japão pela expansão industrial e o crescimento econômico vieram com um alto custo ambiental e humano. Durante a recuperação do pós-guerra, quatro casos de grave poluição desestabilizaram o compromisso total com o crescimento econômico no Japão e obrigaram a Dieta, na forma de uma legislação concreta, a tomar medidas para despoluir o solo, a água e o ar do Japão. Agora famosos, os casos das "quatro grandes" poluições foram o envenenamento por metilmercúrio em Minamata (prefeitura de Kumamoto), o envenenamento por metilmercúrio de Niigata (prefeitura de Niigata), a asma de Yokkaichi (província de Mie) e a intoxicação por cádmio (prefeitura de Toyama). No início da década de 1970, o fotógrafo Eugene W. Smith (1918-1978) trouxe à atenção internacional a "doença de Minamata" com suas fotografias das comunidades de pescadores doentes do mar de Shiranui. Ele documentou o valente esforço desses pescadores em busca de justiça do governo nacional e da Corporação Chisso, que despejou o mercúrio nas águas próximas. A Chisso tinha raízes no início do século XX: Noguchi Shitagau (1873-1944) fundou a empresa em 1908, durante um tempo em que os cientistas estavam fazendo avanços em eletroquímica, especificamente em tecnologias de fixação de nitrogênio para a produção de fertilizantes.

Rapidamente, a Chisso tornou-se um leviatã da indústria japonesa do século XX, produzindo carboneto de cálcio e produtos nitrogenados. Os fertilizantes tornaram-se críticos para o desenvolvimento industrial porque cada vez mais agricultores deixaram seus campos para trabalhar nas fábricas – a terra precisava ser mais produtiva. Mas o esforço de guerra do Japão ofereceu outro mercado para os produtos químicos da Chisso, em especial a indústria de armas. Como muitas das gigantes industriais do Japão, a Chisso esteve intimamente envolvida com a guerra total do Japão. Em 1929, por exemplo, ela construiu uma grande fábrica de adubos em

Hungnam, no norte da Coreia, transformando uma pequena vila de pescadores em uma cidade industrial de 180 mil pessoas. Em outros lugares do império recém-adquirido do Japão, a Chisso construiu instalações hidrelétricas nos rios Yalu, Changjin, Honchon e Pujon. A empresa também expandiu suas fábricas de munições em Taiwan. Em 1932, um engenheiro da Chisso desenvolveu o "método de reação de circulação líquida", que lançava gás acetileno sobre sulfato de mercúrio para produzir acetaldeído. Em seguida, em 1951, os engenheiros da Chisso substituíram o manganês pelo ácido nítrico como oxidante na produção do acetaldeído; eles, então, utilizaram a água salobra do estuário das proximidades, produzindo um tipo altamente solúvel de metilmercúrio. Tal produto era facilmente absorvido pelos ecossistemas e organismos, fossem eles mariscos, gatos ou os pescadores locais. Na Chisso, esses avanços tecnológicos levaram ao aumento da produção e dos lucros; mas eles também poluíram o ambiente marinho das proximidades de formas complexas. No final, a Chisso matou milhares de seres.

Entre 1930 e a década de 1960, a Chisso jogou 600 toneladas de mercúrio na Baía de Minamata. Conforme o metilmercúrio, de forma nefasta, subia pela cadeia alimentar marinha do mar de Shiranui, ele acabou chegando ao topo das escadas tróficas locais: o feto humano. Por causa da solubilidade lipídica do metilmercúrio, ele penetrou facilmente na placenta; testes posteriores demonstraram que os níveis de mercúrio nos cordões umbilicais das mulheres eram mais elevados do que no sangue dessas mesmas mulheres. Basicamente, o corpo da mãe estava levando, de maneira inconsciente, mercúrio para o feto, interrompendo as fases neurológicas críticas da organogênese fetal. Alguns dos primeiros sinais de que o metilmercúrio tinha penetrado o ecossistema foram os "gatos dançantes" de Minamata, basicamente gatos de andar bêbado e quase mortos do cais – seus cérebros estavam marinando em mercúrio. Esses gatos haviam, no passado, mantido baixas as populações costeiras de ratos. Depois disso vieram vítimas humanas: a "doença de Minamata" caracterizava-se por mãos dolorosamente cerradas, rolar dos olhos, bocas espumadas, fala arrastada e tremor no corpo de crianças que tinham contraído a doença de forma congênita. Quando os pescadores buscaram justiça, suas "demandas egoístas" foram recusadas, pois ameaçavam atrasar a recuperação do Japão pós-guerra e destruir os empregos, que eram extremamente necessários. Em março de 1973, em uma decisão marcante, o juiz Saitô Jirô culpou a Chisso por "negligência corporativa" – vítimas e autores lutam nas salas de audiência desde então. Dezenas de milhares de pessoas buscaram certificação médica de que estavam doentes, mas a partir de 2001 só tinham sido reconhecidas cerca de 2.265 vítimas (muitas outras receberam alguma forma de compensação) – a maioria delas morreu. Para os pescadores de Minamata e suas famílias, os custos humanos da recuperação do Japão pós-guerra foram terrivelmente altos.

O envenenamento por dióxido de enxofre em Yokkaichi é outro exemplo do alto preço ambiental pago pela recuperação do Japão pós-guerra, um fardo que sempre pareceu desproporcional para as comunidades mais carentes. Em 1955, durante o período do "crescimento de alta velocidade", o governo selecionou Yokkaichi para construir um extenso complexo petroquímico. Antes da guerra, o local serviu como porto de águas profundas, então ele era ideal para os grandes petroleiros que transportavam petróleo para o Japão. Já que o petróleo era fundamental para a recuperação do pós-guerra japonês, a construção começou em Yokkaichi, em 1956, reivindicando os pântanos e os escombros das refinarias de petróleo bombardeadas anteriormente. Os planejadores industriais referiam-se à sua visão geral de Yokkaichi com o nome *konbinato*, uma versão japonesa da palavra russa *kombinat*, isto é, um grande campo industrial composto por aglomerados de indústrias associadas. Em 1958, os petroleiros costumavam aportar nas docas das refinarias de petróleo da empresa Showa, em Yokkaichi, onde os engenheiros refinavam o petróleo, transformando-o em gasolina, querosene e nafta. Mas na vizinha Isozu, uma pequena vila de pescadores, a qualidade do ar foi se tornando intolerável conforme a poluição tomava conta da área; o mercado de peixes de Tsukiji, além disso, rejeitou os peixes da região por serem insalubres, lançando seus frágeis meios de subsistência em uma espiral mortal. Em abril de 1964, morria a primeira vítima daquilo que ficou conhecido como "asma de Yokkaichi". Muitas outras morreram. A fim de fornecer gasolina para os carros, querosene para aquecer as casas e nafta para fazer plástico, o Japão industrial provou mais uma vez estar disposto a matar sua população mais vulnerável.

Em resposta, a Dieta aprovou a "Lei Básica para o Controle da Poluição" em 1967. Em seu nível mais básico, a lei procurou "combater a poluição ambiental", garantir a "proteção da saúde do povo" e conservar o meio ambiente. A lei também definiu termos técnicos, tal como *kôgai*, a palavra japonesa para poluição ambiental, como "quaisquer situações em que a saúde humana e o ambiente sofrem danos decorrentes da poluição do ar, poluição da água, poluição do solo, ruídos, vibrações, subsidência do solo e odores ofensivos que possam surgir sobre uma área considerável como resultado de atividades industriais ou outras atividades humanas". A legislação englobava tudo, desde o nocivo ar poluído de

Yokkaichi até o barulho ensurdecedor do Aeroporto Itami, em Osaka, que, na década de 1960, recebia incontáveis reclamações sobre sua poluição sonora. Consequentemente, em dezembro de 1969, com a Lei Básica para o Controle da Poluição, os cidadãos das proximidades do aeroporto de Osaka entraram com uma ação no tribunal distrital solicitando indenização pela alarmante poluição sonora. O processo foi deliberado por uma década, e vários tribunais foram a favor dos autores; em novembro de 1975, os tribunais finalmente emitiram uma ordem proibindo o funcionamento do aeroporto entre 21 horas e 7 horas. O caso, por fim, chegou ao Supremo Tribunal do Japão, um dos tribunais mais conservadores do mundo, que, após seis anos de deliberações, determinou a ilegalidade da ordem, mas que as vítimas mantinham o direito de indenização. Independentemente dos debates constitucionais, o aeroporto de Itami, em Osaka, permanece firmemente regulamentado.

Em 1970, logo após a passagem da Lei Básica para o Controle da Poluição, a "Dieta da Poluição", assim chamada por muitas pessoas, aprovou cerca de 14 leis ambientais. Além disso, as "quatro grandes" poluições foram resolvidas em alguns anos após a aprovação da lei: o metilmercúrio de Niigata, em 1971; a asma de Yokkaichi, em 1972; a intoxicação por cádmio de Toyama, em 1972; e o metilmercúrio Minamata, em 1973. Em 1971, o governo estabeleceu a Agência do Meio Ambiente, que foi transformada no Ministério do Meio Ambiente em setembro de 2001. Naquele momento, os legisladores refinaram a linguagem das indústrias a partir da lei de 1967, principalmente o palavreado que procurava "harmonizar" o controle da poluição com o crescimento econômico. Ainda existem muitos desafios ambientais no Japão, mas o final da década de 1960 e o início da década de 1970 testemunharam uma forte reação contra a industrialização desenfreada das décadas posteriores à Guerra do Pacífico.

Novas exportações culturais

Hoje, o Japão é conhecido tanto pelas exportações de sua cultura pop quanto por seus produtos industriais, particularmente após o estouro da "bolha econômica" japonesa em 1991, que iniciou o que muitos têm chamado de "décadas perdidas". O primeiro ícone da cultura popular exportado foi o incansável Godzilla, que estreou nas telas dos cinemas do Japão no filme de 1954, *Gojira*. Honda Ishirô (1911-1993) dirigiu o filme, e a empresa Tôhô, uma das maiores empresas de cinema do Japão, investiu cerca de 60 milhões de ienes no filme, que, na época, utilizou efeitos especiais de ponta (IMAGEM 23). A estrela de cinema Shimura Takashi (1905-1982), que nesse mesmo ano tornou-se famoso por seu papel principal no filme *Os Sete Samurais* (1954), de Akira Kurosawa (1910-1998), desempenhou o papel do protagonista humano. Godzilla apareceu no mesmo ano do "incidente de *Daigo Fukuryû Maru*" (Dragão Afortunado nº 5), quando, em março de 1954, os testes nucleares dos EUA no Atol de Bikini acidentalmente expuseram os pescadores que estavam em um barco japonês de pesca de atum às precipitações de uma explosão nuclear. Menos de sete meses mais tarde, o operador de rádio do barco morreu de uma síndrome aguda decorrente das radiações. Godzilla emergiu dessas mesmas águas de testes nucleares como forma de protesto da cultura pop contra os testes nucleares e a guerra. O diretor Honda explicou certa vez: "Nós não tínhamos planos para uma continuação e, ingenuamente, esperávamos que o fim de Godzilla coincidiria com o fim dos testes nucleares. Godzilla não desapareceu em 1954, mas, na verdade, o adorável comedor de trens tornou-se uma das séries mais duradouras da história do cinema

IMAGEM 23. Godzilla suprime as Forças de Autodefesa do Japão em Tóquio.

japonês. Somente em julho de 1995, com o épico *Gojira tai Desutoroia* (Godzilla contra Destroyer), Tôhô desligou os aparelhos que mantinham os filmes vivos. "Porque os filmes de Godzilla são produzidos em série, precisamos impor algumas restrições ao caráter de Godzilla e às histórias de fundo", admitiu um dos administradores de Tôhô. "Por isso decidimos acabar com a série."

Desde a estreia de Godzilla nas telas dos EUA, em 1956, *Godzilla, o Rei dos Monstros*, ocorreram muitas outras exportações da cultura pop japonesa ao redor do mundo. Ao contrário da gravidade das águas radioativas do pós-guerra em que Godzilla nadava, o Japão da década de 1980 foi caracterizado por uma inexplicável busca pela "fofura". Em Tóquio e outras cidades, algumas mulheres adultas podiam ser vistas em roupas de meninas de escola primária, com bichinhos felpudos balançando em suéteres cor-de-rosa ou nos zíperes de suas bolsas. As mulheres, em particular, procuraram ter a aparência de "18 anos com cabeça de 12", conforme escreveu um observador. Os produtos desse ambiente de fofura, tal como a cantora Seiko Matsuda (1962-) causava aglomerações, sobretudo de jovens japoneses, quando se vestia de *Little Bo Peep** em seus shows ou para aparecer na televisão. Centenas de milhares de *burikko*, ou mulheres que encantavam os homens ao reencenar sua adolescência, desfilavam em todas as cidades do Japão. Mas um produto mais duradouro da fase de fofura do Japão foi a criação da Hello Kitty, em 1974, pela empresa Sanrio. Embora fosse apenas um logo bonitinho de uma bolsa, a Sanrio deu à Hello Kitty uma biografia cosmopolita: "Hello Kitty nasceu em Londres, na Inglaterra, onde vive com seus pais e sua irmã gêmea, Mimi. A Hello Kitty e a Mimi estão no terceiro ano [...] Seus hobbies incluem música, leitura, comer os biscoitos feitos pela irmã e, melhor de tudo, conhecer novos amigos". A Hello Kitty tinha até mesmo seu próprio jornal, o *Ichigo shinbun* (Notícias de morango). A Sanrio descreve seus produtos como "bens presenteáveis de comunicação social" e, a julgar pelos lucros, eles parecem funcionar. Em 2010, quando personalidades dos EUA, como Lady Gaga, apareceram com as bolsas da Hello Kitty, nem tanto pela fofura, presumivelmente, mas pela ironia obscena, os lucros da Sanrio aumentaram para quase 10 bilhões de ienes.

Até mesmo a mídia japonesa conseguiu obter popularidade em todo o mundo, incluindo mangás (romances gráficos) e animês (filmes de animação). Apesar de os japoneses já lerem mangás antes da guerra e de o

---

* Pastora de ovelhas de uma canção infantil popular da língua inglesa. (N.T.)

gênero ter provavelmente raízes culturais derivadas das impressões de xilogravura do início do período moderno, a forma moderna de mangá floresceu após a ocupação dos EUA. Hoje, o gênero engloba tudo, desde graves críticas conservadoras sobre as atitudes japonesas na Guerra do Pacífico e pornografia sadomasoquista até tratados econômicos e histórias de ficção científica. O artista e contador de histórias que impulsionou o mangá a uma posição dominante na cultura popular japonesa do pós-guerra foi Tezuka Osamu (1928-1989), conhecido como "deus do mangá". Tezuka era formado em medicina, mas nunca praticou; ele também era um entomologista amador com grande interesse pelo mundo dos insetos: seu *nom de plume* era Osamushi, uma referência a um tipo de besouro. Em seus mangás, Tezuka abordou uma série de temas pesados, incluindo histórias de heróis manchados, falíveis, enfrentando problemas intratáveis. Devido à natureza pesada de seus tópicos, Tezuka tornou aceitável a leitura de mangás por adultos – quem já andou de trem no Japão sabe que eles fazem isso em massa. Tezuka cresceu em Takarazuka – domicílio da Companhia de Teatro Takarazuka Revue, formada apenas por mulheres –, onde ficou hipnotizado pelo cinema, especialmente pelos desenhos animados de Walt Disney (1901-1966). Certa vez, ele disse que assistiu *Branca de Neve* e *Bambi* umas 80 vezes, até ter praticamente memorizado cada quadro. Para a geração do pós-guerra, o mangá mais célebre de Tezuka é *Tetsuwan Atom* (Astro Boy), que foi publicado entre 1951 e 1969. Hoje o mangá está entre as mais importantes exportações culturais do Japão; o gênero tornou-se amplamente popular fora do país.

O mangá está estreitamente relacionado aos animês, ou filmes de animação, que também ganharam popularidade internacional. Ao contrário de Tezuka, que adorava os filmes de Disney em sua juventude, o criador principal do animê japonês, Miyazaki Hayao (1941-), nunca se importou muito com os filmes clássicos da Disney, normalmente achando-os banais. Miyazaki e seu colaborador, Takahata Isao (1935-), formaram juntos o Estúdio Ghibli, que se tornou a força sobrepujante da indústria do cinema de animação. Miyazaki ganhou a aclamação internacional pelo filme *Kaze no tani no Nausicaä* (Nausicaä do vale do vento), um dos muitos filmes que exploram as interseções do comportamento humano, particularmente a ganância comercial e o frágil e mutável mundo natural. Nesse fantástico ecodrama, Nausicaä, uma jovem sensível, luta para sobreviver em um mundo pós-apocalíptico, tóxico, habitado por tribos rivais de insetos mutantes. O personagem principal assemelha-se à princesa do período Heian: *Mushi mezuru himegimi* (A princesa que amava os insetos, século XII);

ela também foi baseada na personagem Maryara, do livro do ilustrador americano Richard Corben (1940-) *Rowlf* (1971). Outras ecofábulas produzidas pelo Estúdio Ghibli incluem o filme de 1994 *Heisei tanuki gassen pompoko* (PomPoko: A Grande Batalha dos Guaxinins, título brasileiro), que conta a história de uma tribo de guaxinins que mudam de forma que utilizam seus poderes metamórficos para combater o desenvolvimento de Tama New Town. A cena da "Operação fantasma", em que os guaxinins metamórficos conjuram uma mistura variada de fantasmas japoneses e ícones culturais para assustar os novos habitantes de Tama New Town, é visualmente deslumbrante. Após *Heisei tanuki gassen ponpoko*, Miyazaki lançou *Mononokehime* (Princesa Mononoke, 1997), a história de uma jovem garota criada por uma matilha de lobos divinos, reminiscente dos lobos reais do Japão, uma vez cultuados, mas caçados até serem extintos no período Meiji. O personagem principal é um jovem príncipe emishi chamado Ashitaka, que se encontra envolvido em uma luta entre a industrializada Cidade de Ferro, os animais da floresta próxima e o Grande Espírito da Floresta. Em alguns aspectos, o filme explora a morte da natureza; conforme a industrialização humana e a exploração do mundo natural se intensificam, os animais perdem sua existência subjetiva, ou divina, e tornam-se objetos sem inteligência, úteis para a exploração humana. Ao longo do filme, conforme o mundo natural é explorado pela Cidade de Ferro, os animais perdem cada vez mais a capacidade de falar, simbolizando sua objetivação no imaginário humano.

Claramente, se o crescimento industrial e o colapso ambiental caracterizam os anos do pós-guerra, então essas tendências históricas foram tomadas pela exploração cultural desses mesmos temas. Desde o Godzilla radioativo até a princesa loba, a cultura popular japonesa continua a explorar o tema do lugar dos humanos modernos no mundo natural.

Conclusão

Em 1991, a "bolha econômica" do Japão estourou com um barulho abafado. O estouro não foi um evento imediato, mas uma lenta deterioração da prosperidade econômica provocada pela inflação dos preços do mercado imobiliário e das ações. Em 1985, por exemplo, os preços dos imóveis da área residencial de Tóquio aumentaram 45%, chegando a 297 mil de ienes por metro quadrado; em 1990, no auge da bolha, o mesmo metro quadrado dos imóveis residenciais valia surpreendentes 890 mil de ienes. Basicamente, com esses preços elevados dos imóveis, a economia ficou superaquecida, o que causou o descontrole das reservas financeiras e expansões de crédito. Depois que o banco do Japão tentou esfriar a economia com uma sucessão de pacotes de "aperto monetário", os preços de ações e ativos despencaram em 1991, submergindo o Japão em suas "décadas perdidas". Para uma nova geração de japoneses, a próspera década de 1980, com os preços inflados de seus imóveis e ações, é uma memória distante; muitos japoneses não passaram por ela. Combinado com o desastre triplo, o Japão entrou no século XXI de sua maneira vulnerável tradicional, com o desafio de uma série de novos "navios negros" que confrontam a inventiva nação insular.

capítulo 15

CATÁSTROFES NATURAIS
E A ORLA DA HISTÓRIA

No século XIX, quando os reformadores Meiji estabeleceram o movimento de rápida industrialização do Japão, eles reconheceram apenas seus benefícios econômicos e militares óbvios, aqueles que haviam sido impiedosamente demonstrados pelo imperialismo ocidental. Desde então, o Japão tornou-se parte de uma comunidade de nações ricas que, por meio da queima de combustíveis fósseis, lentamente minou o clima relativamente estável que protegia as civilizações humanas. Desde a transição Meiji para as energias não renováveis, o Japão tornou-se um dos principais contribuintes das mudanças climáticas, tendo lançado 1.390 megatoneladas de dióxido de carbono equivalente, ou gases do efeito de estufa, em 2005, mais que a Alemanha ou o Reino Unido. Uma das consequências das mudanças climáticas da Terra é a elevação do nível do mar, que apresenta sérios desafios para muitas nações insulares do Pacífico, incluindo o Japão. A ligação entre a industrialização japonesa do século XIX e a realidade da elevação dos níveis dos oceanos é inequívoca, colocando o Japão em um precipício histórico precário. Apesar de todos os benefícios da "civilização e iluminação" do século XIX, e do crescimento econômico oferecido por eles, os mesmos, em um punhado de gerações, passaram a ameaçar o Japão de forma bastante significativa. A biodiversidade, a topografia e o clima do Japão são escravos das mudanças dramáticas, e, portanto, a nação mantida por esse ambiente físico também o é. Conforme observou um historiador: "A disciplina 'história' fundamenta-se no pressuposto de que o nosso passado, presente e futuro estão ligados por uma certa continuidade da experiência humana", mas as mudanças climáticas ameaçam essa continuidade. No caso do Japão, as mudanças climáticas têm sido responsáveis por meio século de turbulências, no qual as forças naturais, desde eventos sísmicos até supertempestades no Pacífico, combinam com forças não naturais, tais como os padrões de assentamento costeiro e a recuperação de terras, para definir o tom das perspectivas para o século XXI do Japão.

Naturezas mutáveis

No Japão, séculos de ruminação filosófica procuraram discernir como a natureza insular do país conduzia sua cultura. No início do século XX, a voz mais influente dessa discussão era a do filósofo Watsuji Tetsurô (1889-1960). Respondendo a gigantes europeus, como Martin Heidegger (1889-1976), Watsuji, em sua obra-prima *Fûdo* (Clima e cultura, 1935), procurou vincular o espaço geográfico com o tempo histórico como um codeterminante crítico do desenvolvimento das culturas nacionais. Watsuji procurou reconstruir a cultura japonesa a partir de suas fundações naturais, enfatizando a interação entre o clima e as comunidades humanas. Watsuji pressupôs que as pessoas nunca transcendem seus ambientes e que a topografia, o clima, o solo, a água, as plantas e os animais sincronizam-se para moldar a evolução cultural de uma nação. Não era apenas sobre o tempo, como Heidegger tinha sugerido em seu influente *Sein und Zeit* (*O ser e o tempo*, 1927), mas sobre a natureza material básica do lugar. Logo no início, Watsuji concluiu que "todos os inquéritos sobre a cultura do Japão em sua redução definitiva devem voltar-se para o estudo de sua natureza".

Mas a constante climatológica da filosofia de Watsuji foi derrubada pelas "mudanças climáticas" e pela elevação do nível do mar. Globalmente, os níveis do mar começaram a elevar-se por causa da expansão térmica (a água se expande quando é aquecida) e pelo derretimento dos reservatórios de água terrestre (por exemplo, de geleiras, calotas polares e mantos de gelo), alterando o volume atual das águas do oceano. Processos locais, tais como a circulação oceânica e a pressão atmosférica, bem como os movimentos tectônicos, a subsidência e a sedimentação, causam um maior aumento do volume dos oceanos, alterando, por fim, os níveis do mar. Em parte, tais transformações climatológicas sustentam o nascimento do Antropoceno, época em que as forças artificiais superam as forças naturais na criação de características na superfície dinâmica da Terra.

Usando medidores de maré e altimetria por satélite, os cientistas acompanharam as mudanças recentes do nível do mar ocorridas desde a industrialização do Japão e de outras nações. Parece que, até 1900, os níveis dos oceanos permaneceram relativamente estáveis, tornando possível que filósofos, como Watsuji, vinculassem o desenvolvimento cultural a uma topografia e clima relativamente imutáveis. Antes desse tempo, durante o Pleistoceno (cerca de 2.588.000 até 11.700 anos a.P.), os níveis do mar flutuaram descontroladamente, subindo cerca de 120 m. No Holoceno médio (11.700 anos a.P.), no entanto, os níveis do mar estabilizaram, em grande parte devido a uma maior estabilidade climatológica, que tornou possível a agricultura e o desenvolvimento das civilizações humanas. Mas a industrialização desestabilizou a bolha climática do Holoceno. Depois de 1900, por causa da expansão térmica e do derretimento glacial, os níveis do mar aumentaram perceptivelmente, aumentando conforme a industrialização espalhava-se ao redor do globo. Entre 1900 e 1993, os níveis do mar subiram em média 1,7 mm/ano. Após 1993, esse número aumentou para 3 mm/ano. Os cientistas do Painel Intergovernamental sobre Mudanças Climáticas (IPCC) especulam que, em 2090, esse número aumentará para 4 mm/ano.

Mais devastadoras do que "médias", as alterações do nível do mar são "extremas", pois elas aumentam a capacidade destrutiva das catástrofes naturais, eventos aos quais o Japão está propenso. Os eventos extremos de elevação do nível do mar são gerados por tsunamis, que não estão diretamente relacionados com a mudança climática, mas sim com movimentos tectônicos e marés de tempestade geradas por tufões e outros tipos de tempestade. A frequência e intensidade desses eventos extremos do nível do mar têm paralelo com o aumento médio do nível do mar. Em outras palavras, como o média do nível do mar aumentou durante o século XX, então o mesmo aconteceu com a frequência e intensidade das tempestades extremas e com a devastação causada por tsunamis, que ficam mais perigosos com a elevação do nível do mar. Conforme observado pelos cientistas do IPCC, "as mudanças climáticas podem ser mais bem percebidas por meio dos impactos dos extremos", incluindo a ferocidade das tempestades do Pacífico. Desde a década de 1950, as tempestades do oeste do Pacífico Norte, aquelas que afetam diretamente o Japão, quase duplicaram seu Índice de Potência Dissipada (PDI na sigla em inglês), com um aumento de cerca de 30% no número de tempestades de categoria 4 e 5 desde 1990. A elevação das temperaturas do oceano, causadas pelo aquecimento global, influencia o El Niño-Oscilação Sul (ENOS), aumentando a intensidade das tempestades. Na segunda metade do século XX, o Japão testemunhou um aumento dos ciclones extratropicais, bem como perigosas tempestades tropicais e furacões. Durante esse tempo, a precipitação média anual do Japão (de 1.000 mm a 2.000 mm) não sofreu mudanças dramáticas, mas o padrão de precipitações foi alterado. Desde os tempos dos cortesãos de Heian, a previsível "chuva de ameixa" do Japão tem oferecido precipitações oportunas que deram forma aos ritmos da estética japonesa, da maneira afirmada por Watsuji. Mas agora as precipitações do Japão estão muito mais variáveis e mais difíceis de ser previstas, isto é, o "clima" da filosofia de Watsuji não é mais uma constante. Pelo contrário, está em transformação e, em paralelo, mudando as paisagens natural e histórica.

A elevação do nível do mar tem o potencial de causar danos econômicos e perda de vidas em algumas das áreas mais populosas do Japão, incluindo os 23 bairros da Tóquio metropolitana, construídos pelos engenheiros em terras baixas. Os setores industriais do Japão, desde os de produção de energia e manufatura até os de pesca e recreação, concentram-se ao longo de áreas costeiras baixas, fazendo com que a ameaça da elevação do nível do mar seja potencialmente catastrófica para a economia do país. Sozinha, Tóquio possui cerca de 28% da produção industrial do Japão, 39% dos negócios por atacado, quase metade dos universitários do Japão, 85% de suas empresas estrangeiras e mais da metade dos trabalhadores da indústria da informação do Japão. Se, nessas estatísticas, incluirmos Nagoya e Osaka – grandes cidades também construídas nas áreas costeiras baixas que, no passado, também foram abaladas por terremotos e varridas por tsunamis –, as percentagens econômicas tornam-se esmagadoras. A maior parte do setor industrial do Japão está estabelecida nas zonas costeiras, vulneráveis aos aumentos do nível do mar.

Em comparação ao tamanho total do Japão, 34.390 km, sua costa é longa, deixando-o particularmente vulnerável à elevação do nível do mar, aos eventos extremos do clima e tsunamis. De todo o seu território, cerca de 72% do país é constituído por uma espinha montanhosa, o que significa que a população do Japão tende a concentrar-se nas planícies próximas da costa. Atualmente, cerca de 11 milhões de pessoas, ou cerca de 10% da população total, vivem em áreas propensas a inundações. A maior parte da costa do Japão é um ambiente construído, algumas delas caracterizadas por muralhas marítimas, quebra-mares e outras formas de proteção, mas grande parte delas está completamente exposta pelo mar circundante. Em áreas industriais, os números são impressionantes: 95% da Baía de Osaka, por exemplo, é artificial, com apenas pequenos bolsões da outrora famosa praia de areia branca e pinhos, tal como a de Suma. A costa japonesa é formada predominantemente por ambientes construídos.

A NATUREZA ARTIFICIAL DOS EVENTOS EXTREMOS

Um historiador observou que os chamados "desastres naturais", embora possuam componentes eminentemente artificiais, são vistos pelos políticos e planejadores "como puramente naturais em um esforço para justificar um conjunto de respostas que se revelam ambientalmente insalubres e socialmente, ou moralmente, pobres". Esta é uma acusação severa, mas certamente esse raciocínio ecoa a resposta do governo japonês ao desastre triplo – terremoto, tsunami e fusão nuclear de 11 de março de 2011 – na qual os aspectos naturais e imprevisíveis da calamidade, aqueles que o transformaram em um "desastre de mil anos", são utilizados para justificar não só a inépcia do governo, particularmente em relação à fiscalização da indústria de energia nuclear, mas também para legitimar ainda mais a expansão da energia nuclear no Japão. No entanto, as catástrofes naturais não ocorrem "por acaso" e não são catástrofes desinteressadas e "moralmente inertes". Na verdade, elas são historicamente construídas em vários níveis, e, com as mudanças climáticas e elevação do nível do mar, a própria natureza das supertempestades carrega as impressões digitais humanas das escolhas e decisões políticas anteriores.

Conforme demonstrado pelos cientistas do IPCC, os eventos costeiros extremos, incluindo supertempestades e tsunamis, correspondem ao aumento médio do nível do mar. À medida que o nível médio do mar aumenta, também aumentam o poder das tempestades, as marés de tempestade e as ondas que inundam, matam e põem em perigo a propriedade e outros bens econômicos. Além disso, esses cientistas demonstraram que, desde a década de 1950, o Índice de Potência Dissipada das tempestades no oeste do Pacífico Norte aumentou, uma tendência que corresponde às mudanças climáticas. Essas tempestades intensificaram-se com as mudanças do nível do mar, e elas tendem a ficar ainda mais violentas no futuro, pois os oceanos continuam a aquecer e o nível do mar, a elevar-se. Os cientistas estimam que, no Japão, neste momento, cerca de 861 km^2 do território está abaixo da linha do preamar médio, isto é, aproximadamente 2 milhões de habitantes e 54 trilhões de ienes em bens estão nas áreas expostas ao nível do mar. Prevê-se que o nível do mar subirá um metro até o final do século; quando isso acontecer, o território abaixo da linha do preamar médio passará para 2.340 km^2, ou seja, quase o triplo de sua área atual. A população dessa área aumentará para aproximadamente 4 milhões, com um patrimônio estimado em 109 trilhões de ienes. Além disso, as áreas do Japão propensas a inundação aumentarão de 6.270 km^2 para 8.900 km^2, expondo mais de 15 milhões de pessoas ao perigo. Em relação aos tsunamis, as ondas poderão chegar a mais de 20 m de altura, dependendo das condições locais, e a violência do aumento do mar será ampliada ainda mais no caso de terremotos ocorridos na área de mar.

As tempestades sérias têm nomes próprios e, portanto, como atores históricos, exigem alguma exploração biográfica. Nas condições da Terra durante o Antropoceno, a elevação do nível do mar, o aquecimento do oceano e o desenvolvimento costeiro combinam-se para aumentar a intensidade das tempestades, agravando também os danos causados por marés de tempestade, chuvas torrenciais e ventos fortes. A década após a Guerra do Pacífico foi testemunha de vários tufões grandes, mas duas tempestades em particular, o tufão Ida (mais conhecido como tufão Kanagawa no Japão) e o tufão Vera, continham pressão barométrica, leituras de velocidade de vento, mortes e danos materiais que refletem as supertempestades do Antropoceno.

Nas noites de 26 de setembro e 27 de outubro de 1958, o tufão Ida chegou ao Japão, (IMAGEM 24) perto da cidade de Kanagawa, com ventos de 190 km/h, com rajadas chegando a 258 km/h. A forte precipitação que o acompanhava causou deslizamentos de terra destrutivos em todo o Japão central. A tempestade formou-se no oeste do Pacífico perto de Guam e, então, ganhou força enquanto movimentava-se pelas águas quentes até atingir o Japão. Em 24 de setembro, quando um avião caçador de furacões utilizou uma "dropsonda" (dispositivo descartável de medição meteorológica projetado pelo Centro Nacional de Pesquisas Atmosféricas) para colher dados, as leituras foram as seguintes: pressão atmosférica de 877 mb (milibares), ou 57,81 mmHg (milímetros de mercúrio), bem como velocidade máxima dos ventos estimada em 325 km/h. Essas leituras fizeram com que o tufão Ida fosse a tempestade mais forte já registrada. O tufão Ida atingiu o Japão com um golpe duro. Assim que os rios Kano, Meguro e Arakawa espalharam suas águas para além de suas margens, cerca de 2.118 edifícios foram destruídos ou arrastados. As ondas de um metro inundaram mais de 48.562 hectares (120 mil acres) de arrozais na área, causando destruição generalizada. O tufão Ida lançou quase 430 mm de chuvas em Tóquio, o maior nível diário já registrado desde 1876. No final, a tempestade matou 1.269 pessoas, deixou outras dezenas de milhares desabrigadas e causou 50 milhões de dólares em danos. Foi a primeira das supertempestades gêmeas, que introduziram o Japão no clima de extremos do Antropoceno.

Exatamente um ano depois, o tufão Vera atacou a Baía de Ise, no centro do Japão, perto da cidade altamente industrializada de Nagoya. Assim que o Vera aterrissou, seus ventos passavam de 193 km/h, e os 305 mm de chuva por dia causaram deslizamentos de terra generalizados, que esmagaram ou arrastaram mais de 36 mil edifícios. Uma onda de 6 m inundou a Baía de Ise, arrastando sete navios para a terra, incluindo um cargueiro britânico de 7.412 toneladas. Ondas de 10 m afundaram 25 barcos de pesca que tentavam navegar pela tempestade, matando cerca de 50 pessoas. No final, o tufão Vera matou 5.159 pessoas e deixou 1 milhão de desabrigados.

CAPÍTULO 15 – CATÁSTROFES NATURAIS E A ORLA DA HISTÓRIA | 317

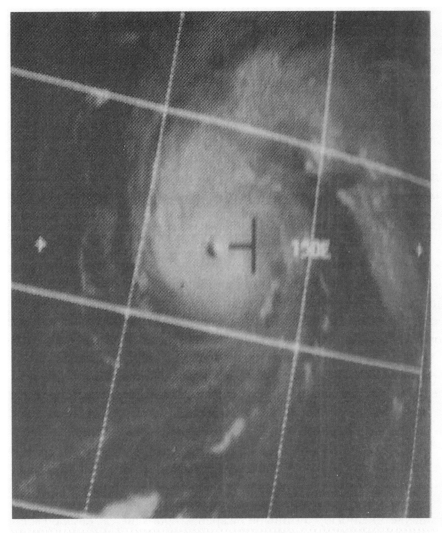

IMAGEM 24. O olho do tufão Ida.

Os danos foram estimados em 2 bilhões de dólares, tornando o Vera a tempestade mais destrutiva da história moderna do Japão. As marés de tempestades contribuíram muito para o poder destrutivo dessas duas supertempestades, o mesmo vale para o aquecimento dos oceanos que fez com que as tempestades se intensificassem enquanto movimentavam-se em direção ao Japão.

Não apenas as tempestades mas também os tsunamis são influenciados pelas alterações do nível do mar. Como já vimos, o Japão é um território sismicamente ativo; os séculos XIX e XX tiveram sua cota de terremotos destrutivos, muitos deles acompanhados por tsunamis. Dentre os terremotos mais bem documentados estão o de Ansei (1854-1855), o de Nôbi, no centro do Japão (1891), o de Meiji-Sanriku (1896), o grande terremoto de Kantô (1923), em Yokohama e Tóquio, e o grande terremoto de Hanshin-Awaji (1995). O terremoto de Ansei ocorreu durante o período Tokugawa (1603-1868); assim, os registros desse desastre assumiram a forma de centenas de xilogravuras que retratavam um bagre com comerciantes e funcionários do governo equilibrados em suas costas escorregadias. Quando o bagre contorcia e balançava sua cauda, a terra tremia, muitas vezes aliviando os ricos de suas riquezas; este último tema era retratado por moedas de ouro que caíam do céu. Nos tempos tumultuosos de meados do século XIX, quando, como já vimos, a "pressão do exterior e a desordem interna" enfraqueceram o *bakufu* de Edo, deixando-o à beira de um colapso, os terremotos e sua interpretação social, vistos como uma redistribuição da riqueza por muitos, ameaçavam a legitimidade dos Tokugawa. Os três terremotos sucessivos causaram tsunamis gigantescos, incêndios e destruição, resultando em cerca de 17 mil mortes; mas o verdadeiro legado do terremoto de Ansei talvez tenha sido sua ressonância política, pois o regime dos Tokugawa caiu cerca de uma década mais tarde.

O terremoto de Nôbi, ocorrido durante o período Meiji, atingiu a magnitude de 8,0, tornando-se o maior terremoto interno da história japonesa. Ele ceifou cerca de 7 mil vidas e demoliu muitos dos prédios modernos de tijolo tão cuidadosamente construídos pelos reformadores Meiji. Em Osaka e em outros lugares, a maioria das casas tradicionais de madeira resistiu ao tremor de 28 de outubro de 1891, mas o moinho de algodão de Naniwa, um "edifício de três andares, feito de tijolos vermelhos no estilo tradicional das fábricas inglesas", segundo descrito por um jornal, desmoronou por completo: este foi o único edifício em Osaka a cair integralmente. O edifício, "terminado há apenas alguns meses", desabou sobre 21 pessoas. Conforme relatado, não foi apenas o moinho de algodão Naniwa que desmoronou, mas também "todas as outras fábricas construídas pelos estrangeiros ficaram mais ou menos danificadas", bem como muitas casas de tijolo das concessões estrangeiras. Da mesma forma, conforme relatado por outro jornal, em Nagoya, os "magníficos edifícios de tijolo", como os correios de Nagoya, desmoronaram, mas os edifícios japoneses tradicionais de madeira sobreviveram. Neste desastre sísmico, o colapso dos edifícios de tijolo dos estrangeiros expôs os elementos artificiais do evento natural.

Em 1º de setembro de 1923, quando o grande terremoto de Kantô transformou grande parte de Tóquio e Yokohama em entulho queimado, os movimentos das linhas da falha sísmica mostraram as dissonantes divisões sociais existentes dentro da nova ordem imperial do Japão, resultando em violência racial em toda a área de Tóquio. O engenhoso Gotô Shinpei (1857-1929), um homem que aprendeu a ser administrador colonial em Taiwan e que, como prefeito de Tóquio, supervisionou a recuperação pós-desastre com a ajuda do exército imperial (mesmo que o exército tenha sido considerado desnecessário), passou a trabalhar rápida e eficientemente. Originariamente, Gotô, com a ajuda do historiador americano e urbanista Charles A. Beard (1874-1948), procurou transformar as áreas incendiadas de Tóquio em um ambiente-modelo de construções modernas, mas seus opositores políticos frustraram suas ambições. Independentemente disso, o terremoto expôs o baixo-ventre do Japão imperial. Um dia após o terremoto, um jornal de Tóquio informou que "os coreanos e os socialistas estão planejando uma trama rebelde e traiçoeira. Apelamos aos cidadãos que cooperem com as forças armadas e com a polícia contra os coreanos". Simultaneamente, a Marinha imperial levou seus navios de guerra para a península coreana. Com o nacionalismo étnico e as ansiedades raciais do Japão atiçando o fogo, o desastre sísmico do Japão de 1923 transformou-se rapidamente em um tremor social. Nos dias seguintes, após a propagação de rumores sobre coreanos que estavam causando incêndios e envenenando a água da cidade, os vigilantes começar a andar pelas ruas de Tóquio, matando "coreanos" e "bolcheviques". Apesar de momentos de cooperação e de boa vontade internacional, o legado do grande terremoto de Kantô marca a ascensão do militarismo japonês, tanto como a retórica de renovação social e recuperação. O desastre natural pressagiava, para muitos, a necessidade de mudanças do mundo não natural da civilização humana. Segundo o pronunciamento do imperador Taishô (1879-1926) feito no rescaldo do grande terremoto de Kantô: "Nos últimos anos ocorreram muitos progressos na ciência e no conhecimento humano. Ao mesmo tempo, os hábitos fúteis e extravagantes estabeleceram-se... Se [eles] não forem corrigidos agora, o futuro do país, tememos, será negro, a catástrofe cairá sobre o povo japonês será grave".

Historicamente, a maioria dos terremotos do Japão ocorreu no mar e, portanto, gerou tsunamis. O terremoto de Tônankai, ocorrido em 7 de dezembro de 1944, causou grandes danos ao longo da costa de Wakayama e na região de Tôkai. Cerca de 1.223 pessoas perderam a vida no tremor e no tsunami de 8 m que o acompanhou, o qual também devastou, destruiu ou causou danos severos a 73 mil edificações. Então, em 20 de dezembro de 1946, o terremoto de magnitude de 8,1 em Nankaidô abalou a região em torno das ilhas de Shikoku e Honshu. Seu tsunami atingiu 6 m, matando milhares de pessoas e destruindo 36 mil edificações. Muitos dos tremores mais destruidores originados no mar têm ocorrido no leste da costa de Sanriku, no nordeste do Japão, ao longo da área de subducção da fossa oceânica do Japão. A fossa oceânica do Japão é criada quando a placa tectônica do Pacífico se dirige para baixo da placa de Okhotsk, na costa de Sanriku; um movimento gerador da maioria dos piores terremotos e tsunamis do nordeste do Japão. No período Meiji, o terremoto de Sanriku, ocorrido em 15 de junho de 1896, indicava o grau de devastação dos futuros tremores no Nordeste, particularmente com o tsunami que os acompanharia. O terremoto teve magnitude de 8,5 e gerou tsunamis com alturas que chegaram a 25 m de altura, sendo que alguns deles atingiram a costa da Califórnia. Cerca de 22 mil pessoas morreram como consequência do terremoto e dos tsunamis; 10 mil edificações foram destruídas, deixando multidões desabrigadas. Em seguida, no dia 2 de março de 1933, outro terremoto da costa de Sanriku balançou a costa nordeste. Esse terremoto alcançou a magnitude de 8,4, e seu tsunami arrastou milhares de edificações. O tsunami mais alto chegou a 28,7 m e chegou a causar danos no Havaí.

Os dois tremores de Sanriku, mesmo sendo devastadores, foram pequenos em comparação ao megaterremoto de 11 de março de 2011, com sua magnitude de 9,0. O desastre foi causado pelo encavalamento de falhas geológicas próximas da área de subducção da fossa oceânica do Japão; este foi o pior terremoto já registrado em um país frequentemente visitado por catástrofes sísmicas. Devemos notar que as supertempestades, os eventos sísmicos e os tsunamis têm sido uma parte importante da experiência moderna do Japão. Conforme o Japão passa a encarar um futuro caracterizado pelas mudanças climáticas e pela elevação do nível do mar, a violência dessas catástrofes naturais promete ser mais grave.

Desastre triplo

No dia 9 de março de 2011, dois dias antes do Grande Terremoto do Leste do Japão, vários tremores preocupantes sacudiram as cidades do Norte, como em Sendai, que teve um tremor de magnitude 7,2. Em 11 de março, vários pré-tremores mais poderosos sacudiram o nordeste do Japão até a chegada do abalo principal, às 14h45. Centenas de pós-tremores violentos ocorreram após o terremoto, continuando durante anos após o desastre. Geologicamente, como resultado do megaencavalamento, a ilha principal do Japão, Honshu, movimentou-se 2,4 m para o leste, e o tremor causou um movimento de 25 cm no eixo da Terra. Foi o terremoto mais forte já registrado no Japão e o quinto mais poderoso do mundo desde o início dos registros modernos, em 1900. O epicentro do megaencavalamento ocorreu próximo da fossa do Japão, onde a placa do Pacífico subduz-se abaixo de Honshu, 72 km ao leste da Península de Miyagi; o hipocentro, basicamente o "ponto zero" do terremoto, ocorreu em uma profundidade relativamente pequena, a 32 km. Como consequência dos tremores, ondas de um tsunami com mais de 40 m chegaram ao território japonês em Iwate e, em alguns pontos, adentrou 10 km no país, causando terríveis destruições nas comunidades das planícies.

Todos esses fatores geológicos e sísmicos contribuíram para aumentar a capacidade natural do Grande Terremoto do Leste do Japão (MAPA 4, p. 322). Apesar dos efeitos causados pela elevação do nível do mar, o terremoto e o tsunami foram criados de forma espontânea. O terremoto ocorreu naturalmente. Mas, assim que as ondas causadas pelos tremores e a parede colossal de água atingiram a costa leste do Japão, a catástrofe natural imediatamente tornou-se uma catástrofe de origem humana, destruindo ou arrastando os esquemas de desenvolvimento econômico, as divisões de classe, os paredões marítimos, as lojas de varejo, as escolas públicas, os portos de pesca subsidiada, as estufas e outros artefatos das políticas e tomadas de decisões do Japão. Os canais de irrigação, os portos, os estacionamentos e as ruas; todos canalizaram a água que chegou ao território. Os ancestrais locais de algumas comunidades do Nordeste, tais como aqueles da vila de Yoshihama, na província de Iwate, realocaram sua vila das áreas baixas para um terreno mais alto após as catástrofes dos tsunamis ocorridos anteriormente no Nordeste, em 1896 e 1933. Em vez de estações de trem, escolas e casas transferidas pelos aldeões de Yoshihama para regiões mais altas, o tsunami feroz encontrou arrozais, que replicavam os pântanos naturais, mitigando os danos do tsunami. Por conseguinte, apenas uma pessoa na vila morreu no dia 11 de março de 2013. Mas essas lições foram duramente aprendidas. Em 1896, Yoshihama perdeu cerca de 204 habitantes, a maioria deles arrastados durante uma cerimônia de casamento nas áreas costeiras baixas. Após 1896, o chefe da aldeia de Yoshihama incentivou a construção de casas nas colinas circundantes. altitude mais elevada fez com que, em 1933, apenas 17 pessoas morressem como resultado daquele desastre. Em outras vilas próximas, muitas pessoas, com memórias muito curtas, começaram a invadir as terras baixas, construindo casas perto dos campos de arroz,

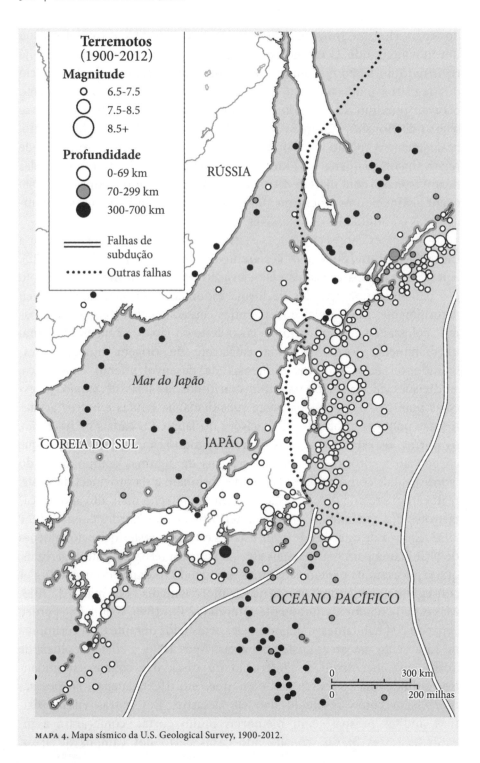

MAPA 4. Mapa sísmico da U.S. Geological Survey, 1900-2012.

pois as tragédias de 1896 e 1933 já haviam se posto em um horizonte longínquo. Infelizmente essas aldeias pagaram um alto preço em 11 de março de 2011 (IMAGEM 25).

Uma dessas vilas era Minami Sanriku, que estava no caminho do tsunami de 2011. Ondas de 12 m assaltaram a cidade, destruindo-a quase por completo e arrastando aproximadamente 10% de seus habitantes. O que antes era uma vila de pescadores foi devastada pelo tsunami. Uma das imagens mais duradouras do tsunami é a do prefeito de Minami Sanriku agarrando-se ao topo do edifício do governo, uma das dez pessoas (de 130 que estavam no edifício) que sobreviveram às ondas e à inundação. O tsunami devastou um trecho de 500 km da costa japonesa, destruindo muitas comunidades e matando quase 20 mil pessoas. Quando a onda chegou à terra, ela atacou uma parte do Japão já afetada pela negligência e pelo despovoamento. Alguns especialistas estimam que o Nordeste perderá cerca de 20% de sua população em 2025. De forma sinistra, o tsunami acelerou esse processo de despovoamento ao arrastar quase 20 mil pessoas para o mar.

Como se viu, o terremoto e o tsunami foram apenas o começo do pesadelo de 11 de março no Japão. Três reatores nucleares derreteram no complexo nuclear Daiichi de Fukushima, gerido pela Companhia de Energia

IMAGEM 25. Menina retorna ao local de sua casa após o tsunami de 11 de março de 2011.

Elétrica de Tóquio (TEPCO), e impregnaram as comunidades próximas com níveis perigosos de radiação, sendo que muitas delas permanecerão inabitáveis por várias gerações. Para colocar isso dentro da perspectiva das experiências nucleares do Japão, o governo japonês estima que a fusão produziu 170 vezes mais césio 137 e duas vezes mais estrôncio do que a bomba lançada pelo exército americano sobre Hiroshima nos últimos dias da Guerra do Pacífico. Alguns dias após o terremoto e o tsunami, os japoneses familiarizaram-se com unidades de medição especiais, tais como o microsievert e o Becquerel, bem como com materiais perigosos, como o césio e o estrôncio. A maioria das 110 mil pessoas que foram evacuadas da área pelo governo possuía casas em locais que as deixariam doentes caso resolvessem retornar a elas. O material radioativo alojou-se em todos os lugares: nos locais de abastecimento de água, nos centros de cuidados diurnos, no leite de amamentação, no leite em pó, nos peixes dos lagos (*osmeridae*), na vaca e no chá verde. A radiação de Fukushima passou a permear a cadeia alimentar nacional do Japão, e não demorou muito para que os funcionários do governo detectassem radiação em todas as prefeituras do Japão, incluindo a distante Okinawa. Cerca de metade das crianças de Fukushima foram contaminadas pela radiação, candidatando-se a sérios problemas futuros de saúde, incluindo cânceres perigosos. Dois anos após o triplo desastre, os médicos já tinham detectado taxas de câncer de tireoide superiores às normais nas crianças de Fukushima. Quase metade delas tinham evidências de cistos na tireoide (embora algumas dessas evidências ainda estejam sob discussão).

Em alguns aspectos, o governo respondeu rapidamente. Foi estabelecido de imediato um Centro de Gestão de Crises e uma Sede de Contramedidas para Desastres, e os governadores provinciais solicitaram rapidamente o auxílio das Forças de Autodefesa do Japão (FAJ). O primeiro-ministro Kan Naoto (1946-) também assumiu o controle da TEPCO por períodos limitados, quando a gigante elétrica não reportou a explosão de hidrogênio do complexo de Fukushima. Ele mobilizou as Forças de Autodefesa no "nível máximo" e em três dias cerca de 100 mil soldados japoneses, metade dos militares da ativa do Japão, estavam envolvidos em operações de busca e resgate em todo o Nordeste. As Forças de Autodefesa distribuíram quase 5 milhões de refeições e 30 mil toneladas de água, bem como recolheram os corpos de mais de 8 mil cidadãos.

Mas também ocorreram falhas enormes e um coro de vozes criticou o primeiro-ministro Kan como "irresponsável" e "incompetente" após ele não ter conseguido reunir o Conselho de Segurança Nacional ou incluir oficiais militares em seus centros de gestão de emergências. Os funcionários japoneses estimaram o custo do desastre em 16,9 trilhões de ienes, enquanto a Standard & Poor's chegou a um valor próximo de 50 trilhões de ienes. A economia japonesa sentiu o desastre de várias maneiras. Por exemplo, a montadora Toyota suspendeu sua produção nos EUA e na Europa, e suas vendas de 2011 caíram mais de 30%. Mais amplamente, como resultado do triplo desastre, a economia japonesa encolheu quase 4% no primeiro trimestre de 2011 e, em seguida, mais 1,3% no segundo trimestre. Temendo os produtos saturados de radiação da comida japonesa, muitos países estrangeiros restringiram as importações japonesas; como consequência, as exportações de alimentos japoneses declinaram mais de 8%. Mas isso não impediu as nações estrangeiras, muitas delas vizinhas, de enviar equipes de ajuda e resgate. A China, que já havia aceitado a ajuda japonesa, incluindo a ajuda das Forças de Autodefesa após um devastador terremoto de 2008 em Sichuan, retribuiu a gentileza em 2011 enviando uma equipe de resgate composta por 15 pessoas e 4,5 milhões de dólares em ajuda humanitária. O povo da Coreia do Sul também respondeu rapidamente: a cruz vermelha coreana angariou cerca de 19 milhões de dólares para vítimas do Nordeste. Os taiwaneses levantaram 175 milhões de dólares em ajuda humanitária. No rescaldo do desastre triplo, algumas das rivalidades regionais mais sensíveis do Japão foram deixadas de lado para auxiliar a cambaleante nação insular.

Os EUA enviaram cerca de 630 milhões de dólares em ajuda às vítimas do desastre do nordeste do Japão, enquanto os militares norte-americanos, imediatamente após o desastre, desempenharam um importante papel de apoio. Quando o terremoto e o tsunami atingiram o país, o porta-aviões classe Nimitz USS *Ronald Reagan* estava executando exercícios conjuntos com a Coreia do Sul, mas ele foi rapidamente realocado para ajudar no nordeste do Japão. Ele chegou na costa japonesa em 13 de março, onde serviu de base avançada para os esforços de ajuda, incluindo transporte e reabastecimento das unidades das Forças de Autodefesa. Na denominada Operação Tomodachi (Amizade), os militares dos EUA forneceram robôs imunes à radiação para avaliar os danos da usina nuclear de Fukushima Daiichi. Mas a resposta dos EUA também sofreu críticas. O cartunista de direita Kobayashi Yoshinori (1953-) foi um desses críticos. Ele ressaltou que a "Operação Tomodachi" custava apenas uma pequena fração do "Apoio da Nação Anfitriã" que o governo japonês pagaria aos EUA com bases militares. Ele também caracterizou os EUA como um "amigo sem coração" quando soube que o *Ronald Reagan* se movimentou para um lugar seguro após a explosão de hidrogênio do reator de Fukushima Daiichi.

Para muitos, o desastre triplo indica a necessidade de os japoneses despertarem após as "décadas perdidas" de recessão e insatisfação. No CAPÍTULO 3 falamos de Kamo no Chôme, o eremita medieval, que descreveu um terremoto e tsunami tão selvagens que "o mar subiu repentinamente e inundou a terra". Colocando o desastre natural no contexto não natural de sua época, ele concluiu que, após o tremor, as pessoas ficaram "convencidas da impermanência de todas as coisas terrenas" e começaram a falar "do mal em apegar-se a elas e da impureza de seus corações". Seus pensamentos representavam uma compreensão budista do terremoto e do tsunami, em que, como ele concluiu, "todas as dificuldades da vida surgem desta fugaz e evanescente natureza do homem e de sua habitação". Da mesma forma, o governador conservador de Tóquio, Ishihara Shintarô (1932-) explicou que o desastre triplo servia como uma oportunidade para "acabar com a ganância" da sociedade japonesa contemporânea, enquanto os cientistas esquerdistas viam o desastre como o início de um novo capítulo na história do Japão. Imediatamente, a retórica de desastre e recuperação tornou-se palpável no Japão. O socialdemocrata Abe Tomoko (1948-) explicou: "Todo o Japão – não só Tohoku – precisa se recuperar". As catástrofes naturais, além de costumarem possuir atributos artificiais, também sinalizam as crises do mundo humano.

Ao menos um oficial do governo disse que as instituições políticas e econômicas japonesas sofriam de uma "doença geriátrica" e observou que a recuperação dos desastres oferecia a oportunidade para "gerar uma nova nação". Um professor em Tóquio viu o desastre triplo como uma oportunidade de "mudar nosso pensamento, nossa civilização". O filósofo Umehara Takeshi (1925-), um proeminente essencialista japonês, utilizou o desastre triplo para levantar questões morais a respeito da necessidade de o Japão retornar a um modo mais simples de vida, semelhante às culturas de caça do período Jomon discutidas no primeiro capítulo. Ele referiu-se ao desastre triplo como "um desastre da civilização", que expunha os limites do Iluminismo europeu e a proporcional e "arrogante" guerra contra a natureza. Prestando atenção a um passado mitologizado, o Japão precisava "voltar à coexistência com a natureza", ele explicou, que estivesse enraizada no altruísmo budista. Os líderes locais evocaram o desastre triplo quando suplicaram às comunidades para que estabelecessem "vínculos" por meio do "contato humano" que pudessem gerar "solidariedade". Em alguns aspectos, não foi surpreendente quando o sacerdote-chefe do templo de Kiyomizu, em Quioto, escolheu "vínculo" como o *kanji* do ano em 2011. Heróis também desempenharam um papel importante para o restabelecimento de um sentimento perdido de comunidade no Japão. Os "Cinquenta de Fukushima" foram trabalhadores que, arriscando a própria saúde, voltaram para o reator de Fukushima Daiichi para tentar diminuir os potenciais danos. Um jornal afirmou que, "carregando o fardo da incerteza, eles continuam a lutar contra um inimigo invisível".

Imediatamente após o triplo desastre, o termo que veio a caracterizar as discussões do evento foi a palavra "inimaginável". Assim como o uso de "natural" para descrever as catástrofes, "inimaginável" serviu para retirar o terremoto e o tsunami e, mais importante, a crise em Fukushima Daiichi das tomadas de decisões do Japão em matéria de opções energéticas. Conforme explicado por um gerente da TEPCO: "O acidente em Fukushima Daiichi foi causado por um tsunami que ultrapassa a base do projeto". Ele caracterizou o evento como "acidente imprevisível". Um professor da Universidade de Tóquio, que se especializou em áreas que ele rotulou de "perigologia" e "fracassologia", criticou os peritos por evocar constantemente o termo "inimaginável" para descrever o desastre triplo. "Imaginar catástrofes é responsabilidade dos peritos", ele insistiu. Yosano Kaoru, um antigo funcionário da indústria nuclear e empregado público, explicou o desastre triplo dizendo que "não há como explicar a obra de Deus" e insistiu na segurança da energia nuclear. Ele afirmou que era "injusto" fazer com que a TEPCO pagasse por um desastre natural e "fora do comum". "Porque o incidente estava muito além de qualquer escala cientificamente previsível", ele imaginou, "então não há mérito em refletir sobre isso."

Mas alguns começaram a refletir sobre o desastre triplo, particularmente aqueles pertencentes ao ativo movimento antinuclear do Japão. Nos anos pós-guerra, o Japão caminhou em uma estrada rumo a um futuro nuclear, até mesmo quando as lembranças de Hiroshima e Nagasaki ainda estavam muito frescas. Em 1954, o Partido Liberal Democrático aprovou o primeiro orçamento relacionado à energia atômica, no valor de 250 milhões de ienes. Embora esse orçamento inicial tenha sido modesto, ao longo dos anos após a guerra o Japão continuou a gastar mais em energia nuclear. Entre 1970 e 2007, o governo japonês gastou 10 trilhões de ienes em energia nuclear, aproximadamente um terço de todas as despesas do setor público em energia e 95% do orçamento nacional dirigido a pesquisa e desenvolvimento em energia. O Ministério do Comércio Internacional e da Indústria estabeleceu "empresas de política pública" para ajudar as empresas privadas a desenvolver energia nuclear, socializando, na verdade, o alto custo da abertura de usinas nucleares. A Toshiba trabalhou com a General Electric, por exemplo, enquanto a Mitsubishi trabalhou com a

Westinghouse. Em meados de 1980, todos os serviços de utilidade pública do Japão, com exceção da Companhia de Eletricidade de Okinawa, operavam usinas de energia nuclear. Antes do desastre triplo, as usinas nucleares geravam cerca de 30% da eletricidade do Japão, um pouco menos do que o gás natural liquefeito. Mas, depois de 2011, os críticos renovaram seus ataques à indústria cambaleante. Dentre os muitos problemas, eles identificaram o descarte e armazenamento de resíduos radioativos. Já na década de 1970, os reatores nucleares japoneses produziam mais resíduos do que conseguiam reprocessar.

Um dos subprodutos do reprocessamento do urânio, o plutônio, mostrou-se particularmente perigoso e difícil de ser armazenado e, além disso, pode ser transformado em material para armas nucleares. Recentemente, o Japão enfrentou a pressão internacional relativa a suas oito toneladas de plutônio, separadas e armazenadas na Usina de Reprocessamento de Rokkasho, na prefeitura de Aomori, suficiente para produzir perto de mil ogivas nucleares (315 quilogramas de plutônio foram devolvidos aos EUA em 2014). Rokkasho mostrou-se um gigantesco coletor de dinheiro – 2,2 trilhões de ienes até o momento – mas para muitos especialistas em energia, o risco financeiro é aceitável, dado que o urânio e o plutônio reprocessados possuem a promessa de abastecer as usinas nucleares do Japão até meados do século XXI. A empresa Japan Nuclear Fuel Limited (JNFL) opera a usina de Rokkasho, e o maior acionista da JNFL é a TEPCO, a operadora da poluente usina de Fukushima Daiichi. A finalidade principal da usina de Rokkasho é produzir o combustível MOX (combustível nuclear de mescla de óxidos), muitas vezes consistindo da mistura de plutônio e urânio que os especialistas esperam poder ser utilizado em uma nova geração de reatores de água pesada. No entanto, a tecnologia adequada ainda não existe, e o apetite público por energia nuclear também parece desaparecer, deixando o Japão com suprimentos perigosos de plutônio que ameaçam proliferar-se. No momento em que escrevo este livro, todos os reatores nucleares do Japão, exceto dois, permanecem fechados, então o futuro de todo o projeto de Rokkasho também foi posto em dúvida.

A indústria de energia nuclear do Japão também esteve crivada por erros e percalços. Em 2007, os serviços de utilidade pública do Japão informaram a ocorrência de 97 acidentes, incluindo acidentes críticos na usina de Fukushima Daiichi em 1978 e 1989. Em 1995, ocorreu um vazamento de sódio em um reator operado pela Companhia de Desenvolvimento de Combustíveis Nucleares e Reatores de Energia. Quatro anos mais tarde, ocorreu um acidente crítico que durou quase todo o dia em um reator de Tôkai, durante o qual dois trabalhadores morreram por exposição a radiação. Os manifestantes ficaram insolentes em suas demandas, que não eram desarrazoadas. Reenergizados pelas preocupações de segurança após o desastre triplo, os pais em Fukushima, enquanto protestavam contra a decisão do Ministério da Educação – que havia resolvido aumentar em 2.000% a exposição máxima de radiação permitida para as crianças em idade escolar –, jogaram sacos de areia dos parquinhos infantis sobre as mesas dos funcionários. Eles perguntaram se deixariam seus filhos brincar naquela areia. Em setembro de 2011, o nobelista laureado Ôe Kenzaburô (1935-) liderou um grande protesto no santuário Meiji, em Tóquio, onde os manifestantes desfilaram com placas que diziam: "Sayonara Energia Nuclear". Mais tarde, em julho de 2012, um protesto antinuclear no Parque Yoyogi, Tóquio, atraiu cerca de 170 mil pessoas. O triplo desastre energizou claramente o sentimento antinuclear em um país que experimentou o poder destrutivo das armas nucleares.

Epílogo

Atualmente, o Japão enfrenta muitos desafios. Alguns deles, tal como a política externa que desafia diretamente a China e a Coreia, estão enraizados nas decisões históricas sobre a conduta durante as guerras e as formulações da paz. O Japão e os países vizinhos ainda lutam com os legados da Guerra do Pacífico, apesar de a geração que nela lutou já ter, em grande parte, desaparecido. Em 2014, após a visita do primeiro-ministro Abe Shinzô (1954-) a Yasukuni, o santuário de Tóquio onde os mortos japoneses da guerra estão enterrados, incluindo 14 criminosos de guerra "Classe A", o ministro chinês das Relações Exteriores respondeu, explicando que Abe não era bem-vindo na China. Ele continuou: "A hipocrisia de Abe em suas afirmações de que vai priorizar as relações com a China e que espera dialogar com os líderes chineses foi plenamente revelada". Dentre os criminosos de guerra enterrados no santuário de Yasukuni, explicou o ministro, "suas mãos estão cobertas com o sangue dos povos vitimados. Eles são fascistas. Eles são os nazistas da Ásia". Conforme ilustrado por esses comentários, as tensões em relação à "Grande Guerra do Leste Asiático" travada pelo Japão continuam a torturar as relações entre Japão e seus vizinhos asiáticos, definindo, assim, a política e as relações internacionais nessa parte volátil do mundo.

Assim como toda a vida na Terra, o Japão também enfrenta desafios em matéria de mudanças climáticas e elevação do nível do mar. No momento em que escrevo este livro, o aquecimento global – resultado dos gases de efeito estufa presos na atmosfera – é uma ameaça comum que une o futuro de todo o globo, incluindo seus habitantes humanos e não humanos. Por este motivo, é importante que os livros sobre a história das nações industrializadas contenham capítulos que tratem de energia. De acordo com as projeções sobre mudanças climáticas da Agência de Proteção Ambiental (EPA, na sigla em inglês) dos EUA, dependendo dos níveis futuros de gases de efeito estufa, a temperatura global da Terra poderá aumentar 11 graus até 2100.

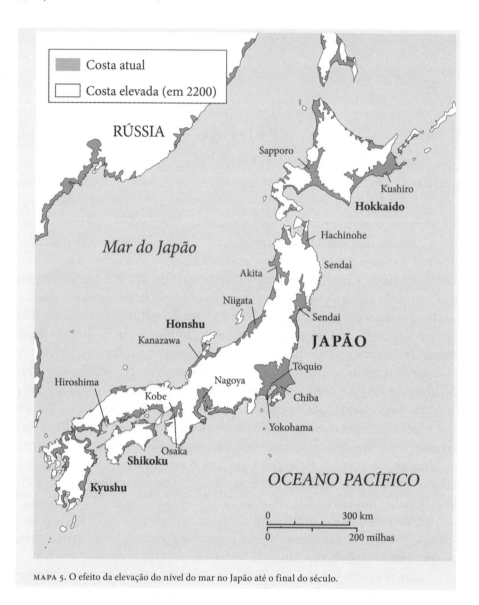

MAPA 5. O efeito da elevação do nível do mar no Japão até o final do século.

Isso significa que, do ponto de vista de 2014, dentro do mesmo período de tempo decorrido entre a Restauração Meiji e o bombardeio atômico de Hiroshima e Nagasaki, é provável que os seres humanos causem danos catastróficos para o planeta por causa da utilização de combustíveis fósseis não renováveis. Para o Japão, ou qualquer nação industrializada, todas as políticas históricas ou decisões que facilitaram o aumento dos gases de efeito estufa exigem maior análise, porque o derretimento das geleiras e das calotas polares ameaçam seriamente os litorais densamente povoados do Japão. Quase 100 milhões de pessoas, ou cerca de 80% da população atual do Japão, são consideradas costeiras, tornando importante qualquer discussão sobre a elevação do nível do mar (MAPA 5).

A forma como o Japão vai enfrentar esses múltiplos desafios ainda é desconhecida. Mas as ações do país insular serão importantes, pois servirão como um termômetro para todos nós que navegamos pelas águas agitadas do século XXI.

Leituras adicionais

Introdução: Escrevendo a história do Japão

ANDERSON, Benedict. *Imagined Communities*: Reflections on the Origin and Spread of Nationalism. Nova York: Verso, 1991.

BARBIER, Edward B. *Scarcity and Frontiers*: How Economies Have Developed through Natural Resource Exploitation. Cambridge University Press, 2011.

CHRISTIAN, David. *Maps of Time*: An Introduction to Big History. Berkeley e Los Angeles: University of California Press, 2004.

DUARA, Prasenjit. *Rescuing History from the Nation*: Questioning Narratives of Modern China. University of Chicago Press, 1995.

MERCHANT, Carolyn. *The Death of Nature*: Women, Ecology, and the Scientific Revolution. São Francisco: Harper & Row, 1980.

MORRIS-SUZUKI, Tessa. *Re-Inventing Japan*: Time, Space, Nation. Armonk, NY e Londres: M. E. Sharpe, 1998.

RICHARDS, John F. *The Unending Frontier*: An Environmental History of the Early Modern World. Berkeley e Los Angeles: University of California Press, 2003.

STEFFEN, Will; CRUTZEN, Paul J. e McNEILL, John R. The Anthropocene: Are Humans Now Overwhelming the Great Forces of Nature?. *Ambio* 36. 8 dezembro 2007.

WALTHALL, Anne. *Japan*: A Cultural, Social, and Political History. Boston e Nova York: Houghton Mifflin Company, 2006.

WEBER, Max. *The Religion of China*: Confucianism and Taoism. Tradução Hans H. Gerth e introdução por C. K. Yang. Nova York: Macmillan Company, 1964.

Capítulo 1. O nascimento do Estado do período Yamato, 14500 a.C.-710 d.C.

BROWN, Delmer M. *The Cambridge History of Japan*. v. 1: Ancient Japan. Cambridge University Press, 1993.

FARRIS, William Wayne. *Japan to 1600*: A Social and Economic History. Honolulu: University of Hawai'i Press, 2009.

HOLCOMBE, Charles. *The Genesis of East Asia, 221 BC-AD 907*. Asian Interactions and Comparisons. Honolulu: University of Hawai'i Press, 2001.

HUDSON, Mark J. *Ruins of Identity*: Ethnogenesis in the Japanese Islands. Honolulu: University of Hawai'i Press, 1999.

IMAMURA, Keiji. *Prehistoric Japan*: New Perspectives on Insular East Asia. Honolulu: University of Hawai'i Press, 1996.

KIDDER JR., J. Edward. *Himiko and Japan's Elusive Chiefdom of Yamatai: Archaeology, History, and Mythology*. Honolulu: University of Hawai'i Press, 2007.

OOMS, Herman. *Imperial Politics and Symbolics in Ancient Japan*: The Tenmu Dynasty, 650-800. Honolulu: University of Hawai'i Press, 2009.

PIGGOTT, Joan R. *The Emergence of Japanese Kingship*. Stanford University Press, 1997.

WALKER, Brett L. *The Lost Wolves of Japan*. Prefácio de William Cronon. Seattle: University of Washington Press, 2005.

Capítulo 2. O período das cortes, 710-1185

[ANÔNIMO]. *Nihongi: Chronicles of Japan from the Earliest Times to AD 697*. Trad. W. G. Aston, introdução Terence Barrow. Rutland, VT: Charles E. Tuttle Company, 1972.

[ANÔNIMO]. *The Gossamer Years: A Diary by a Noblewoman of Heian Japan*. Tóquio e Rutland, VT: Charles E. Tuttle Co., 1973.

[ANÔNIMO]. *The Pillow Book of Sei Shônagon*. Trad. Ivan Morris. Nova York: Penguin Books, 1967.

BORGEN, Robert. *Sugawara no Michizane and the Early Heian Court*. Honolulu: University of Hawai'i Press, 1986.

FARRIS, William Wayne. *Japan to 1600*: A Social and Economic History. Honolulu: University of Hawai'i Press, 2009.

FARRIS, William Wayne. *Population, Disease, and Land in Early Japan, 645-900*. Cambridge, MA: Conselho de Estudos sobre o Leste Asiático, Universidade de Harvard, e Instituto Harvard-Yenching, distribuído por Harvard University Press, 1985.

HOLCOMBE, Charles. *The Genesis of East Asia, 221 BC-AD 907*. Honolulu: University of Hawai'i Press, 2001.

MORRIS, Ivan. *The World of the Shining Prince*: Court Life in Ancient Japan. Introdução Barbara Ruch. Nova York e Tóquio: Kodansha International, 1964.

SHIKIBU, Murasaki. *The Diary of Lady Murasaki*. Trad. Richard Bowring. Nova York: Penguin Books, 1996.

SHIRANE, Haruo. *Japan and the Culture of the Four Seasons*: Nature, Literature, and the Arts. Nova York: Columbia University Press, 2012.

SHIRANE, Haruo (ed.). *Traditional Japanese Literature*: An Anthology, Beginnings to 1600. Nova York: Columbia University Press, 2007.

WALKER, Brett L. *The Conquest of Ainu Lands*: Ecology and Culture in Japanese Expansion, 1590-1800. Berkeley e Los Angeles: University of California Press, 2001.

YIENGPRUKSAWAN, Mimi Hall. *Hiraizumi*: Buddhist Art and Regional Politics in Twentieth-Century Japan. Cambridge, MA: Centro Asiático da Universidade de Harvard e distribuído por Harvard University Press, 1998.

Capítulo 3. A ascensão do governo samurai, 1185-1336

[ANÔNIMO]. *In Little Need of Divine Intervention*: Takezaki Suenaga's Scrolls of the Mongol Invasions of Japan. Trad. e ensaio por Thomas D. Conlan. Ithaca: Programa Leste Asiático, Cornell University, 2001.

[ANÔNIMO]. *The Ten Foot Square Hut and Tales of the Heike*. Trad. A. L. Sadler. Rutland, VT & Tóquio, Japão: Charles E. Tuttle Company, 1972.

FARRIS, William Wayne. *Heavenly Warriors*: The Evolution of Japan's Military, 500-1300. Cambridge, MA: Conselho de Estudos sobre o Leste Asiático, Harvard University, 1995.

FARRIS, William Wayne. *Japan to 1600*: A Social and Economic History. Honolulu: University of Hawai'i Press, 2009.

FARRIS, William Wayne. *Population, Disease, and Land in Early Japan, 645-900*. Cambridge, MA: Conselho de Estudos sobre o Leste Asiático e Instituto Harvard-Yenching, Monograph Series 24, Harvard University, 1985.

FRIDAY, Karl F. *Hired Swords*: The Rise of Private Warrior Power in Early Japan. Stanford University Press, 1992.

GOBLE, Andrew. *Kenmu*: Go-Daigo's Revolution. Cambridge, MA: Conselho de Estudos sobre o Leste Asiático, Harvard University, 1996.

IKEGAMI, Eiko. The Taming of the Samurai: Honorific Individualism and the Making of Modern Japan. Cambridge, MA: Harvard University Press, 1995.

SOUYRI, Pierre François. *The World Turned Upside Down*: Medieval Japanese Society. Trad. Käthe Roth. Nova York: Columbia University Press, 2001.

VARLEY, Paul. *Warriors of Japan, As Portrayed in the War Tales*. Honolulu: University of Hawai'i Press, 1994).

Capítulo 4. Japão medieval e o período dos Estados Combatentes, 1336-1573

BERRY, Mary Elizabeth. *The Culture of Civil War in Quioto*. Berkeley e Los Angeles: University of California Press, 1994.

CONLAN, Thomas Donald. *State of War*: The Violent Order of Fourteenth-Century Japan. Ann Arbor: Centro de Estudos Japoneses, University of Michigan, 2003.

GOBLE, Andrew Edmund. *Confluences of Medicine in Medieval Japan*: Buddhist Healing, Chinese Knowledge, Islamic Formulas, and Wounds of War. Honolulu: University of Hawai'i Press, 2011.

HALL, John Whitney; KEIJI Nagahara; YAMAMURA, Kozo (eds.). *Japan Before Tokugawa*: Political Consolidation and Economic Growth, 1500-1650. Princeton University Press, 1981.

MARGULIS, Lynn; SAGAN, Dorion. *Microcosmos*: Four Billion Years of Microbial Evolution. Londres: Allen & Unwin, 1987.

RICHARDS, John F. *The Unending Frontier*: An Environmental History of the Early Modern World. Berkeley e Los Angeles: University of California Press, 2003.

SOUYRI, Pierre François. *The World Turned Upside Down*: Medieval Japanese Society, trad. Käthe Roth. Nova York: Columbia University Press, 2001.

TOTMAN, Conrad. *The Green Archipelago*: Forestry in Pre-Industrial Japan, prefácio por James L. A. Webb, Jr. Berkeley e Los Angeles: University of California Press, 1989; reimpresso, Athens: Ohio University Press, 1998.

VARLEY, H. Paul. *The Ônin War: History of Its Origins and Background* – With a Selective Translation of the Chronicle of Ônin. Nova York e Londres: Columbia University Press, 1967.

Capítulo 5. O encontro do Japão com a Europa, 1543-1640

COOPER, S. J., Michael (Comp.). *They Came to Japan*. Berkeley e Los Angeles: University of California Press, 1965.

JANNETTA, Ann Bowman. *Epidemics and Mortality in Early Modern Japan*. Princeton University Press, 1987.

MARKS, Robert B. *The Origins of the Modern World*: A Global and Ecological Narrative from the Fifteenth to the Twenty-first Century. Nova York e Oxford: Rowman & Littlefield, 2007.

POMERANZ, Kenneth; TOPIK, Steven. *The World that Trade Created: Society, Culture, and the World Economy, 1400 to the Present*. 2. ed. Armonk, NY e Londres: M. E. Sharpe, 2006.

RICHARDS, John F. *The Unending Frontier*: An Environmental History of the Early Modern World. Berkeley e Los Angeles: University of California Press, 2003.

SCREECH, Timon. *The Lens Within the Heart*: The Western Scientific Gaze and Popular Imagery in Later Edo Japan. Honolulu: University of Hawai'i Press, 2002.

SMITS, Gregory. *Visions of Ryukyu*: Identity and Ideology in Early--Modern Thought and Politics. Honolulu: University of Hawai'i Press, 1999.

SUGIMOTO, Masayoshi; SWAIN, David L. *Science and Culture on Traditional Japan, AD 600-1854*. Cambridge, MA: MIT Press, 1978.

TOBY, Ronald P. *State and Diplomacy in Early Modern Japan*: Asia and the Development of the Tokugawa *bakufu*. Stanford University Press, 1991.

Capítulo 6. Unificação do reino, 1560-1603

BERRY, Mary Elizabeth. *Hideyoshi*. Cambridge, MA: Harvard University Press, 1982.

HALL, John Whitney; KEIJI, Nagahara; YAMAMURA, Kozo (eds.). *Japan Before Tokugawa*: Political Consolidation and Economic Growth, 1500-1650. Princeton University Press, 1981.

LAMERS, Jeroen. *Japonius Tyrannus*: The Japanese Warlord Oda Nobunaga Reconsidered. Leiden: Hôtei Publishing, 2000.

TOTMAN, Conrad. *Early Modern Japan*. Berkeley e Los Angeles: University of California Press, 1993.

TOTMAN, Conrad. *The Green Archipelago*: Forestry in Pre-Industrial Japan, prefácio por James L. A. Webb, Jr.. Berkeley e Los Angeles: University of California Press, 1989; reimpresso, Athens: Ohio University Press, 1998.

Capítulo 7. Japão no início do período moderno, 1600-1800

BERRY, Mary Elizabeth. *Japan in Print*: Information and Nation in the Early Modern Period. Berkeley e Los Angeles: University of California Press, 2006.

BASHÔ, Matsuo. *The Narrow Road to the Deep North and Other Travel Sketches*. Trad. Nobuyuki Yuasa. Nova York: Penguin Books, 1966.

HANLEY, Susan. *Everyday Things in Premodern Japan*: The Hidden Legacy of Material Culture. Berkeley e Los Angeles: University of California Press, 1997.

HOWELL, David L. *Capitalism from Within*: Economy, Society, and the State in a Japanese Fishery. Berkeley e Los Angeles: University of California Press, 1995.

HOWELL, David L. *Geographies of Identity in Nineteenth-Century Japan*. Berkeley e Los Angeles: University of California Press, 2005.

IKEGAMI, Eiko. *Bonds of Civility*: Aesthetic Networks and the Political Origins of Japanese Culture. Cambridge University Press, 2005.

NAJITA, Tetsuo (ed.). *Tokugawa Political Writings*. Cambridge University Press, 1998.

NAJITA, Tetsuo. *Visions of Virtue in Tokugawa Japan*: The Kaitokudô Merchant Academy of Osaka. University of Chicago Press, 1987.

OOMS, Herman. *Tokugawa Ideology*: Early Constructs, 1570-1680. Princeton University Press, 1985.

ROBERTS, Luke S. *Mercantilism in a Japanese Domain*: The Merchant Origins of Economic Nationalism in 18th-Century Tosa. Cambridge University Press, 1998.

SMITH, Thomas C. *Native Sources of Japanese Industrialization, 1750-1920*. Berkeley e Los Angeles: University of California Press, 1988.

SMITH, Thomas C. *The Agrarian Origins of Modern Japan*. Stanford University Press, 1959.

TOTMAN, Conrad. *Early Modern Japan*. Berkeley e Los Angeles: University of California Press, 1993.

WALKER, Brett L. Mamiya Rinzô and the Japanese Exploration of Sakhalin Island: Cartography, Ethnography, and Empire. *Journal of Historical Geography* 33. 2 abril 2007.

WALKER, Brett L. *The Conquest of Ainu Lands*: Ecology and Culture in Japanese Expansion, 1590-1800. Berkeley e Los Angeles: University of California Press, 2001.

YONEMOTO, Marcia. *Mapping Early Modern Japan*: Space, Place, and Culture in the Tokugawa Period – 1603-1868. Berkeley e Los Angeles: University of California Press, 2003.

Capítulo 8. A ascensão do nacionalismo imperial, 1770-1854

BURNS, Susan L. *Before the Nation: Kokugaku and the Imagining of Community in Early Modern Japan*. Durham, NC e Londres: Duke University Press, 2003.

HAROOTUNIAN, H. D. *Things Seen and Unseen*. Discourse and Ideology in Tokugawa Nativism. Chicago e Londres: University of Chicago Press, 1988.

HAROOTUNIAN, H. D. *Toward Restoration*: The Growth of Political Consciousness in Tokugawa Japan. Berkeley e Los Angeles: University of California Press, 1970.

KEENE, Donald. *The Japanese Discovery of Europe, 1720-1830*. Stanford University Press, 1952.

KOSCHMANN, J. Victor. *The Mito Ideology*: Discourse, Reform, and Insurrection in Late Tokugawa Japan, 1790-1864. Berkeley e Los Angeles: University of California Press, 1987.

NAJITA, Tetsuo. *Japan*: The Intellectual Foundations of Modern Japanese Politics. Chicago e Londres: University of Chicago Press, 1974.

TONOMURA, Hitomi; WALTHALL, Anne; HARUKO, Wakita (eds.). *Women and Class in Japanese History*. Ann Arbor: Centro de Estudos Japoneses, University of Michigan, 1999.

TOTMAN, Conrad. *The Collapse of the Tokugawa bakufu, 1862-1868*. Honolulu: University of Hawai'i Press, 1980.

VLASTOS, Stephen. *Peasant Protests and Uprisings in Tokugawa Japan*. Berkeley e Los Angeles: University of California Press, 1986.

WAKABAYASHI, Bob Tadashi. *Anti-Foreignism and Western Learning in Early Modern Japan*: The 'New Theses' of 1825. Cambridge, MA: Conselho de Estudos sobre o Leste Asiático, Harvard University, 1991.

WALTHALL, Anne (ed. e trad.). *Peasant Uprisings in Japan*. Chicago e Londres: University of Chicago Press, 1991.

WALTHALL, Anne. *The Weak Body of a Useless Woman*: Matsuo Taseko and the Meiji Restoration. Chicago e Londres: University of Chicago Press, 1998.

WILSON, George M. *Patriots and Redeemers in Japan*: Motives in the Meiji Restoration. Chicago e Londres: University of Chicago Press, 1992).

Capítulo 9. O Iluminismo Meiji, 1868-1912

BEASLEY, W. G. *The Meiji Restoration*. Stanford University Press, 1972.

BOTSMAN, Daniel V. *Punishment and Power in the Making of Modern Japan*. Princeton University Press, 2005.

CRAIG, Albert M. *Chôshû in the Meiji Restoration*. Cambridge, MA: Harvard University Press, 1961.

CRAIG, Albert M. *Civilization and Enlightenment*: The Early Thought of Fukuzawa Yukichi. Cambridge, MA: Harvard University Press, 2009.

FUJITANI, T. *Splendid Monarchy*: Power and Pageantry in Modern Japan. Berkeley e Los Angeles: University of California, Press, 1996.

FUKUZAWA, Yukichi, *The Autobiography of Yukichi Fukuzawa*. Trad. Eiichi Kiyooka. Nova York: Columbia University Press, 1960.

GLUCK, Carol. *Japan's Modern Myths*: Ideology in the Late Meiji Period. Princeton University Press, 1985.

HANES, Jeffrey E. *The City as Subject*: Seki Hajime and the Reinvention of Modern Osaka. Berkeley e Los Angeles: University of California Press, 2002.

HOWELL, David L. *Geographies of Identity in Nineteenth-Century Japan*. Berkeley e Los Angeles: University of California Press, 2005.

HOWLAND, Douglas R. *Translating the West*: Language and Political Reason in Nineteenth-Century Japan. Honolulu: University of Hawai'i Press, 2002.

JANSEN, Marius B. *Sakamoto Ryôma and the Meiji Restoration*. Nova York: Columbia University Press, 1961.

JANSEN, Marius B; ROZMAN, Gilbert (eds.). *Japan in Transition*: From Tokugawa to Meiji. Princeton University Press, 1986.

MIYOSHI, Masao. *As We Saw Them*: The First Japanese Embassy to the United States. Nova York and Tokyo: Kodansha International, 1979.

SATOW, Sir Ernest. *A Diplomat in Japan*: An Inner History of the Japanese Reformation. Rutland, VT e Tóquio: Charles E. Tuttle Co., 1983.

SIEVERS, Sharon L. *Flowers in Salt*: The Beginnings of Feminist Consciousness in Modern Japan. Stanford University Press, 1983.

Capítulo 10. Os descontentes do período Meiji, 1868-1920

BOWEN, Roger W. *Rebellion and Democracy in Meiji Japan*: A Study of Commoners in the Popular Rights Movement. Berkeley e Los Angeles: University of California Press, 1980.

DAIKICHI, Irokawa. *The Culture of the Meiji Period*. Trad. Marius B. Jansen. Princeton University Press, 1985.

HANE, Mikiso. *Peasants, Rebels, and Outcastes*: The Underside of Modern Japan. Nova York: Pantheon Books, 1982.

HOWELL, David L. *Geographies of Identity in Nineteenth-Century Japan*. Berkeley e Los Angeles: University of California Press, 2005.

KETELAAR, James Edward. *Of Heretics and Martyrs in Meiji Japan*. Princeton University Press, 1990.

STRONG, Kenneth. *Ox Against the Storm*: A Biography of Tanaka Shôzô, Japan's Conservationist Pioneer. Nova York: Routledge, 2005.

THAL, Sarah. *Rearranging the Landscapes of the Gods*: The Politics of a Pilgrimage Site in Japan, 1573-1912. Chicago e Londres: University of Chicago Press, 2005.

WALKER, Brett L. *The Lost Wolves of Japan*. Prefácio de William Cronon. Seattle: University of Washington Press, 2005.

WALKER, Brett L. *Toxic Archipelago*: A History of Industrial Disease in Japan. Prefácio de William Cronon. Seattle: University of Washington Press, 2010.

Capítulo 11. O nascimento do Estado imperial japonês, 1800-1910

BARTHOLOMEW, James R. *The Formation of Science in Japan*. New Haven e Londres: Yale University Press, 1989.

BERNSTEIN, Gail Lee (ed.). *Recreating Japanese Women, 1600-1945*. Berkeley e Los Angeles: University of California Press, 1991.

FRÜHSTÜCK, Sabine. *Colonizing Sex*: Sexology and Social Control in Modern Japan. Berkeley e Los Angeles: University of California Press, 2003.

FUJITA, Fumiko. *American Pioneers and the Japanese Frontier*: American Experts in Nineteenth-Century Japan. Westport, CT: Greenwood Press, 1994.

GARON, Sheldon. *Molding Japanese Minds*: The State in Everyday Life. Princeton University Press, 1997.

KINJI, Imanishi. *A Japanese View of Nature: The World of Living Things by Imanishi Kinji*. Trad. Pamela J. Asquith, Heita Kawakatsu, Shusuke Yagi e Hiroyuki Takasaki. Londres: RoutledgeCurzon, 2002.

JOHNSON, William. *The Modern Epidemic*: A History of Tuberculosis in Japan. Cambridge, MA: Conselho de Estudos sobre o Leste Asiático, Harvard University Press, 1995.

SHIGERU, Kayano. *Our Land Was a Forest*: An Ainu Memoir, trad. Kyoko Selden and Lili Seldon. Boulder: Westview Press, 1980.

SIDDLE Richard. *Race, Resistance and the Ainu of Japan*. Londres e Nova York: Routledge, 1996.

TSURUMI, E. Patricia. *Factory Girls*: Women in the Thread Mills of Meiji Japan. Princeton University Press, 1990.

WALKER, Brett L. The Early Modern Japanese State and Ainu Vaccinations: Redefining the Japanese Body Politic, 1799-1868. *Past and Present* 163. maio de 1999.

Capítulo 12. Império e democracia imperial, 1905-1931

BEASLEY, W. G. *Japanese Imperialism, 1894-1945*. Oxford: Clarendon Press, 1987.

ELLIS, Richard. *The Empty Ocean*. Washington, D. C.: Island Press/Shearwater Books, 2003.

ELLIS, Richard. *Tuna*: A Love Story. Nova York: Alfred A. Knopf, 2008.

GARON, Sheldon. *The State and Labor in Modern Japan*. Berkeley e Los Angeles: University of California Press, 1987.

GORDON, Andrew. *A Modern History of Japan*: From Tokugawa Times to the Present. Nova York e Oxford: Oxford University Press, 2009.

GORDON, Andrew. *Labor and Imperial Democracy in Prewar Japan*. Berkeley e Los Angeles: University of California Press, 1991.

LEWIS, Michael. *Rioters and Citizens*: Mass Protest in Imperial Japan. Berkeley e Los Angeles: University of California Press, 1990.

MATSUSAKA, Yoshihisa Tak. *The Making of Japanese Manchuria, 1904-1932*. Cambridge, MA: Centro Asiático da Universidade de Harvard, Harvard University Press, 2001.

McCLAIN, James L. *Japan*: A Modern History. Nova York: W. W. Norton, 2002.

MUSCOLINO, Micah S. *Fishing Wars and Environmental Change in Late Imperial and Modern China*. Cambridge, MA: Centro Asiático da Universidade de Harvard, Harvard University Press, 2009.

NAJITA, Tetsuo. *Hara Kei in the Politics of Compromise, 1905-1915*. Cambridge, MA: Harvard University Press, 1967.

PFLUGFELDER, Gregory M.; WALKER, Brett L. *JAPANimals*: History and Culture in Japan's Animal Life. Ann Arbor: Centro de Estudos Japoneses, University of Michigan, 2005.

SAFINA, Carl. *Song for the Blue Ocean*. Nova York: John Macrae Books/Henry Holt and Company, 1997.

TSUTSUI, William. The Pelagic Empire: Reconsidering Japanese Expansion. In MILLER, Ian Jared; THOMAS, Julia Adeney; WALKER, Brett L. (eds.). *Japan at Nature's Edge*: The Environmental Context of a Global Power. Honolulu: University of Hawai'i Press, 2013.

UCHINADA, Koryu. *Ancient Okinawan Martial Arts*. Trad. Patrick McCarthy. Rutland, VT e Tóquio: Tuttle Publishing, 1999.

YOUNG, Louise. *Japan's Total Empire*: Manchuria and the Culture of Wartime Imperialism. Berkeley e Los Angeles: University of California Press, 1998.

Capítulo 13. A Guerra do Pacífico, 1931-1945

BAY, Alexander. *Beriberi in Modern Japan*: The Making of a National Disease. Rochester, NY: University of Rochester Press, 2012.

BIX, Herbert. *Hirohito and the Making of Modern Japan*. Tóquio: HarperCollins, 2000.

BROOKS, Timothy (ed.). *Documents on the Rape of Nanking*. Ann Arbor: University of Michigan Press, 1999.

COOK, Haruko Taya; COOK, Theodore F. *Japan at War*: An Oral History. Nova York: The New Press, 1992.

DOWER, John W. *War Without Mercy*: Race & Power in the Pacific War. Nova York: Pantheon Books, 1986.

HASEGAWA, Tsuyoshi. *Racing the Enemy*: Stalin, Truman, and the Surrender of Japan. Cambridge, MA: Belknap Press, Harvard University Press, 2005.

McCLAIN, James L. *Japan*: A Modern History. Nova York e Londres: W. W. Norton, 2002.

MYERS, Ramon H.; PEATTIE, Mark R. (eds.). *The Japanese Colonial Empire, 1895-1945*. Princeton University Press, 1984.

MILLER, Ian Jared. *The Nature of the Beasts*: Empire and Exhibition at the Tokyo Imperial Zoo. Berkeley e Los Angeles: University of California Press, 2013.

PEATTIE, Mark R. *Ishiwara Kanji and Japan's Confrontation with the West*. Princeton University Press, 1975.

SABURÔ, Ienaga. *The Pacific War, 1931-1945*. Nova York: Pantheon Books, 1968.

THOMAS, Julia Adeney. *Reconfiguring Modernity*: Concepts of Nature in Japanese Political Ideology. Berkeley e Los Angeles: University of California Press, 2001.

WALKER, Brett L. *Toxic Archipelago*: A History of Industrial Disease in Japan. Seattle e Londres: University of Washington Press, 2010.

YOUNG, Louise. *Japan's Total Empire*: Manchuria and the Culture of Wartime Imperialism. Berkeley e Los Angeles: University of California Press, 1998).

Capítulo 14. A história do Japão pós-guerra, 1945-presente

DOWER, John W. *Cultures of War*: Pearl Harbor, Hiroshima, 9-11, Iraq. Nova York: W. W. Norton, 2010.

DOWER, John W. *Embracing Defeat*: Japan in the Wake of World War II. Nova York: W. W. Norton, 1999.

DOWER, John W. *Empire and Aftermath*: Yoshida Shigeru and the Japanese Expe-rience, 1878-1954. Cambridge, MA: Conselho de Estudos sobre o Leste Asiático, Harvard University Press, 1979.

GEORGE, Timothy S. *Minamata*: Pollution and the Struggle for Democracy in Postwar Japan. Cambridge, MA: Centro Asiático da Universidade de Harvard, Harvard University Press, 2001.

GORDON, Andrew. *A Modern History of Japan*: From Tokugawa Times to the Present. Nova York e Oxford: Oxford University Press, 2009.

GORDON, Andrew. *Postwar Japan as History*. Berkeley e Los Angeles: University of California Press, 1993.

McCLAIN, James L. *Japan*: A Modern History. Nova York: W. W. Norton, 2002.

McCORMACK, Gavan. *The Emptiness of Japanese Affluence*. Edição revisada, prefácio de Norma Field. Nova York e Londres: M. E. Sharpe, 2001.

MICHIKO, Ishimure. *Paradise in the Sea of Sorrow*: Our Minamata Disease, trad. Livia Monnet. Ann Arbor: Centro de Estudos Japoneses, University of Michigan, 2003.

MORRIS-SUZUKI, Tessa. *The Technological Transformation of Japan*: From the Seventeenth to the Twenty-first Century. Cambridge University Press, 1994.

SCHILLING, Mark. *The Encyclopedia of Japanese Pop Culture*. Nova York: Weatherhill Inc., 1997.

Capítulo 15. Catástrofes naturais e a orla da história

CLANCEY, Gregory. *Earthquake Nation*: The Cultural Politics of Japanese Seismicity, 1868-1930. Berkeley e Los Angeles: University of California Press, 2006.

DUUS, Peter. Dealing with Disaster. In KINGSTON, Jeff (ed.). *Natural Disaster and Nuclear Crisis in Japan*: Response and Recovery after Japan's 3-11. Londres: Nissan Monograph Series, Routledge, 2012.

EMANUEL, Kerry. Increasing Destructiveness of Tropical Cyclones over the Past 30 Years. In *Nature* 436, 4 de agosto de 2005.

FURUKAWA, Tetsushi. Watsuji Tetsurô, the Man and His Work. In TETSURÔ, Watsuji. *Climate and Culture*: A Philosophical Study. Trad. Geoffrey Bownas. Tóquio: The Hokuseido Press, Ministry of Education, 1961.

LONGSHORE, David. *Encyclopedia of Hurricanes, Typhoons, and Cyclones*. 9. ed. Nova York: Facts On File Inc., 2008.

McCORMACK, Gavan. *The Emptiness of Japanese Affluence*. Edição revisada, prefácio de Norma Field Armonk. Nova York e Londres: M. E. Sharpe, 2001.

MIMURA, Nobuo; ISOBE, Masahiro; HOSOKAWA, Yasushi. Impacts of Sea Level Rise on Japanese Coastal Zones and Response Strategies. In *Intergovernmental Panel on Climate Change*: Climate change 1995: The Science of Climate Change. Cambridge University Press, 1996.

SOLOMON, S.; QIN, D.; MANNING, M.; CHEN, Z.; MARQUIS, M.; AVERYT, K. B.; TIGNOR, M.; MILLER, H. L. (eds.). *Contribution of Working Group I to the Fourth Assessment Report of the Intergovernmental Panel on Climate Change*: The Physical Science Basis. Cambridge University Press, 2007.

STEINBERG, Ted. *Acts of God*: The Unnatural History of Natural Disasters in America. Oxford University Press, 2000.

THOMAS, Julia Adeney. *Reconfiguring Modernity*: Concepts of Nature in Japanese Political Ideology. Berkeley: University of California Press, 2001.

VALLIANATOS, Evaggelos. The Nuclear Meltdown at Fukushima: Danger, Deception and Betrayal. In *The Huffington Post*. 11 de novembro de 2013.

WEBSTER, P. J.; HOLLAND, G. J.; CURRY, J. A.; CHANG, H. R. Changes in Tropical Cyclone Number, Duration and Intensity in a Warming Environment. In *Science* 309. 16 de setembro de 2005.

ÍNDICE REMISSIVO

A Liberdade, 214.
   ver também Mill, John Stuart.
A Riqueza das Nações, 201.
   ver também Smith, Adam.
Abe no Munetô, 84.
Abe no Sadatô, 84.
Abe no Yoritoki, 84.
Abe Shinzô, 331.
Abe Tomoko, 326.
Acordo Bunpô, 94.
Adams, William, 129.
   ver também Santa Buenaventura.
adivinhação com concha de tartaruga, 52.
agricultura,
   e a Guerra do Pacífico, 282.
   e engenharia do mundo natural, 38-9.
   e intensificação medieval, 107 e 109.
   e o período *yayoi*, 48-9.
   e Restauração Meiji, 209 e 215.
Ainu, 62, 118, 120, 126-7, 144, 166-7, 192, 220, 231-2, 234, 246 e 261.
   e colonização Meiji de Hokkaido, 232 e 235.
   e conquista de Ezo, 166 e 169.
Aizawa Seishisai, 177.
Akamatsu Mitsusuke, 101.
Akechi Mitsuhide, 137 e 140-1.
Akira Kurosawa, 306.
Alemanha, 156, 161, 179, 202, 234, 238, 242, 244-5, 250-1, 253, 266, 276, 291, 300 e 311.
Amakusa Shirô, 126.
   ver também Shimabara, Rebelião de.
Amaterasu Ômikami, 54, 60, 64, 210 e 218.
   ver também xintoísmo.
Amidismo, 67 e 89.
   ver também budismo.
Amur, estuário do Rio, 60 e 172.

Analectos. *Ver Lunyu.*
Anatomische Tabellen, 179.
   ver também Kulmus, Johannes Adam.
anatsurushi, 126.
   ver também cristianismo; Inoue Masashige.
animê, 308.
Ankokuji Ekei, 150.
Ansei, terremoto de, 318.
   ver também terremotos.
Antropoceno, 17-9, 38, 221-2, 312 e 315-6.
   e elevação do nível do mar, 312-3.
   e tempestades, 313.
arcabuz, 129, 136 e 150.
Ariq Böke, 92.
   ver também mongóis, invasões.
artigo 9º, 294 e 298.
Asai Nagamasa, 137.
Asakura Yoshikage, 137.
Asano Naganori, 158.
   ver também Vingança de Akô.
Ashikaga Takauji, 96 e 100.
Ashikaga Yoshiaki, 138-9.
Ashikaga Yoshiakira, 100.
Ashikaga Yoshihisa, 102.
Ashikaga Yoshimasa, 101.
Ashikaga Yoshimi, 102.
Ashikaga Yoshimitsu, 100-1.
Ashikaga Yoshinori, 101.
Ashio, mina e poluição, 224 e 228.
Associação de Economia Nacional, 202.
Associação Nacional dos Niveladores, 261.
   ver também burakumin; eta.
Asuka, 57 e 66.
Aterui, 62.
   ver também emishi.
Azuchi, Castelo de, 139 e 151.

Baekje, 63-4.
  ver também Coreia.
Bairro de Tijolos em Ginza, 195.
bakufu de Edo, 99, 109, 125-6, 150, 155-6, 163, 172-3, 175, 187, 189, 201, 204, 224, 232, 236 e 318.
  e conquista de Ezo, 166 e 169.
  e neoconfucionismo, 157 e 160.
bakufu de Kamakura, 87, 91, 93-4, 96, 102, 106 e 108.
bakufu dos Ashikaga, 89, 99-100, 107 e 109.
Batalha,
  de Dannoura, 87.
    ver também Genpei, Guerra.
  de Midway, 278.
  de Okehazama, 135.
  de Sekigahara, 150, 166, 184, 187 e 189.
  de Shizugatake, 141.
  do Mar de Coral, 278.
Beard, Charles A., 319.
Behring, Emil von, 242.
beisebol, 206.
Bentham, Jeremy, 205.
Bismarck, Otto von, 244.
bomba atômica, 286-7.
  e resiliência da natureza, 281.
  ver também Hiroshima; Nagasaki.
Bow, Clara, 259.
Brasil e colonização portuguesa, 118-9.
Braudel, Fernand, 19.
bronze, 50.
budismo, 37, 39, 49, 57, 59-60, 63, 65-6, 72, 78-9, 86, 89, 91, 96, 99, 103, 106, 113, 121, 125, 127-8, 134, 137, 142, 156, 167, 184, 200, 216, 218-9, 221, 224, 226, 284 e 326.
  e atitudes em relação aos animais, 216.
  e o lobo japonês, 216 e 218.
  e Suiko, 56.
  "Escola do Tempo", 89.
  Ritsu, 106.
  Terra Pura, 89, 103 e 137.
  Verdadeira Escola da Terra Pura, 89, 103 e 137.
burakumin, 179.
  ver também eta.

Cabral, Francisco, 121.
Caça às Espadas, 142, 149 e 156.
  ver também Toyotomi Hideyoshi.
cães, 49.
camicase, 72 e 278.
Cao Wei, 51.

Capron, Horace, 234.
carestia,
  e autoridade de Kamakura, 90.
  e autoridade dos Ashikaga, 101-2.
  e carestia do Javali, 164 e 166.
  e início do período moderno, 162 e 165.
    ver também Kan'ei, carestia de; Kyôhô, carestia de; Tenmei, carestia de; Tenpô, carestia de.
Carta de Juramento, 189 e 195.
Carta do Atlântico, 277.
carvão e Restauração Meiji, 225.
cavalo e ascensão dos samurais, 82.
cerâmica, 45-6, 48 e 147.
Chiang Kai-Shek, 271 e 275.
Chicote Simples, reforma fiscal do, 124.
China, 33, 44-5, 48-9, 51, 53, 60, 63, 65, 68-9, 91, 93, 97, 106-7, 110, 112, 115, 121, 123-4, 126-7, 129, 132, 136, 145, 147, 158, 176, 178, 185, 194, 196, 200, 225, 232, 235, 238, 247, 250, 252, 255, 258, 266, 269, 271, 274, 298-9, 325 e 331.
  e a Guerra do Pacífico, 275 e 280.
chinju shôgun, 61.
Chiri Yukie, 261.
Chisso, Corporação, 282 e 302-3.
  ver também envenenamento por metilmercúrio, em Minamata.
Chôshû, domínio, 186, 190, 205 e 261.
Chôsokabe Motochika, 142.
Churchill, Winston, 277.
Chûshingura, 158.
  ver também Vingança de Akô.
ciência,
  e Antropoceno, 312-3.
  e astronomia, 127-8.
  e autópsia de Kozukapara, 179 e 184.
  e elevação do nível do mar, 17, 33, 35 e 315.
  e medicina medieval, 105 e 107.
  e navegação do início do período moderno, 128-9.
  e período Heian, 69 e 74.
  e planeta esférico, 128-9.
  e tempestades, 313-4.
Clark, William Smith, 234.
classe média, ascensão da, 257 e 260.
Coelho, Gaspar, 125.
Colombo, Cristóvão, 115.
colonialismo,
  e a Ferrovia do Sul da Manchúria, 248-9.
  e Coreia, 236 e 239.
  e Hokkaido, 232 e 235.

e império pelágico, 253 e 257.
e o incidente da Manchúria, 271 e 274.
colonização de, 232 e 235.
Comandante Supremo das Forças Aliadas, 293 e 298.
combustível fóssil, 209 e 221-2.
   e modernidade japonesa, 311-2.
   e Restauração Meiji, 221 e 225.
comércio de especiarias, 115 e 117.
comércio de trocas por meio de certificado, 110-1.
Companhia de Energia Elétrica de Okinawa, 328.
Companhia de Energia Elétrica de Tóquio (TEPCO), 323.
Companhia de Jesus, 121.
   ver também cristianismo.
Concílio de Trento, 121.
Conferência Naval de Washington, 251.
Confúcio, 194.
   ver também Lunyu.
confucionismo, 34, 37, 49, 52, 57, 87, 94, 97, 128, 152, 157, 159, 162, 173, 176, 179, 181, 184, 194-5, 197, 200, 214, 220, 228, 231, 233, 240 e 245-7.
Constituição de 17 Artigos, 57 e 128.
   ver também Príncipe, Shôtoku.
Copérnico, Nicolau, 128.
   ver também De revolutionibus orbium coelestium.
Coreia, 44, 49, 52, 56, 63, 65, 91, 93, 107, 109, 127, 136, 142, 145, 147, 149, 152, 216, 235, 239, 247, 251-2, 254, 282, 285, 291, 298, 301, 303, 319, 325 e 331.
   e colonialismo japonês, 236 e 239.
   e envolvimento Yamato, 64.
   e invasão de Toyotomi Hideyoshi, 145 e 149.
cristianismo e missionários ibéricos, 120 e 123.
Curilas, Ilhas, 232 e 253.

Da xue, 157.
   ver também neoconfucionismo.
Daidairi e Quioto, 67.
Daifang, 51.
   ver também China.
daimyô, 99, 103, 108, 110, 122, 133, 143, 153, 177, 190, 211 e 221.
Daitokuji, templo, 96.
Dan Takuma, 264.
Dao De Jing, 128.

Darwin, Charles, 245.
   ver também Origem das Espécies.
Date Masamune, 129.
Date Tanemune, 102.
Dazaifu, 65, 67, 91-2 e 106.
De Humani Corporis Fabrica, 181-2.
   ver também Vesálio, André.
De revolutionibus orbium coelestium, 128.
   ver também Copérnico, Nicolau.
Decreto Imperial sobre Educação, 195-6 e 297.
Departamento de Higiene, 244.
desastre triplo, 17, 74, 163, 226, 310 e 315.
   ver também grande terremoto, do Leste do Japão.
Dodge, Joseph, 296.
doença, 105.
   e ascensão dos samurais, 79 e 82.
   e gonorreia, 160.
   e gripe, 80-1, 234 e 240.
   e halitose, 81.
   e o hermafroditismo, 81.
   e padrões medievais endêmicos, 108.
   e periodontite, 81.
   e sarampo, 80 e 234.
   e tuberculose, 234 e 241-2.
   e varíola, 65.
Dôkyô, incidente de, 66.
Donghak, Rebelião Camponesa e Panteísta, 238.
Dun, Edwin, 219.

economia de bolha, 309.
Edo, 127, 129, 151, 156 e 159-60.
   Castelo de, 158 e 160.
Eison, 106.
Elementos de Economia Política, 201.
   ver também Wayland, Francis.
emishi, 59, 62, 66, 74, 84, 167 e 309.
   como Epi-Jomon, 60-1.
   e conquista de Yamato, 60 e 62.
energia nuclear, indústria da, 327 e 329.
En'in, 91.
   ver também Jôtenji, templo de.
Enni Ben'en, 106.
Enryakuji, 85, 96 e 152.
   e Oda Nobunaga, 136 e 138.
envenenamento por metilmercúrio,
   em Minamata, 302 e 304.
   em Niigata, 302 e 304.
   ver também poluição.

Escola Feminina de Tóquio, 197.
Esfera de Coprosperidade da Grande Ásia Oriental, 231, 237, 256, 276-7, 279 e 291.
Espanha e conquista do Novo Mundo, 117-8.
espelhos, 49 e 54.
Estados Unidos da América, 33, 35, 37, 123, 130, 173, 175, 185, 188, 190, 193, 203-4, 206, 215, 218, 231, 236-7, 245, 247-8, 250, 252, 258-9, 264-5, 267, 269, 271, 276, 279, 281, 284, 286-7, 289-90, 293, 301, 307, 309, 316, 319, 324-5, 328 e 331.
   e a ocupação do Japão, 290 e 296.
eta, 179 e 191.
   e a Rebelião do Imposto de Sangue de Mimasaka, 210-1.
   e Restauração Meiji, 210.
   ver também burakumin.
Ezo, 118, 126, 166, 169, 219 e 233.
   e conquista no início da modernidade, 166 e 169.
   ver também Hokkaido.

Fabian, Fucan, 128.
fascismo, 37, 176, 245, 267 e 269.
Fenelossa, Ernest, 201.
Filipinas, 17, 129 e 277-8.
Fillmore, Millard, 175.
florestas,
   e Guerra do Pacífico, 166.
   e início do período moderno, 165.
   e período medieval, 110-1.
   e unificação, 151 e 153.
Forças de Autodefesa, 298 e 324.
França, 191 e 238.
Fróis, Luís, 133 e 145.
fudai, 150.
   ver também daimyô.
Fujimoto Rissen, 183.
Fujin no tomo, 258.
Fujiwara, família, 57, 66, 69, 78, 86, 88 e 145.
   no Hidesato, 83.
   no Kodaka, 83.
   no Michinaga, 67, 69 e 139.
   no Sumitomo e Rebelião Marítima de Sumitomo, 83-4.
   no Tadamichi, 86.
   no Yorinaga, 86.
Fukane Sukehito, 106.
   ver também Honzô wamyô.
Fukuda Hideko, 199.
Fukui, caverna, 45.
Fukushima Daiichi, fábrica, 17, 323, 325 e 328.

Fukuzawa Yukichi, 33, 35, 37, 193, 195, 198, 201, 212, 215, 226 e 236.
   e dissociação da Ásia, 237.
fumie, 126.
Furukawa Ichibei, 225 e 228.
Fushimi, 187 e 189.

Galeno, Élio, 181.
Galilei, Galileu, 128.
Gama, Vasco da, 116.
Gandhi, Mohandas, 252.
Ganghwa, Ilha, 236.
Gaozong. *Ver* China; Tang, dinastia.
gás do efeito estufa, 18-9 e 311.
gekokujô, 99.
Gemma, Regnier, 181.
Gengis Khan, 82 e 92.
   ver também mongóis, invasões.
Genna kôkaisho, 129.
   ver também Ikeda Koun.
Genpei, Guerra, 87 e 110.
Ginkakuji, 112.
Go-Daigo, 110.
   ver também Kenmu, Revolução.
Godzilla, 290 e 305-6.
Goguryeo, 64.
   ver também Coreia.
Gojoseon, 49.
   ver também Coreia.
Gokurakuji, templo, 106.
Goryeo, dinastia, 91-2.
   ver também Coreia.
Gotô Shinpei, 244, 248 e 319.
Gotô Shôjirô, 195, 198 e 214.
   ver também Movimentos Populares por Direitos Civis.
Grande Depressão, 258, 260, 264 e 267.
Grande Navio, 122 e 124.
grande terremoto,
   de Hanshin-Awaji, 318.
   de Kantô, 258, 265, 281 e 318-9.
   do Leste do Japão, 320-9.
      ver também desastre triplo.
grão-mestre Natome, 51.
   ver também Reino de Wa.
Grímsvötn, Monte, 163.
   ver também Tenmei, carestia de.
Guadalcanal, 278.
Guerra Boshin, 173 e 192.

Guerra da Grande Ásia Oriental, 269, 278-9, 283 e 293.
　ver também Pacífico, Guerra do.
Guerra dos Primeiros Nove Anos, 84-5.
Guerra Ônin, 101 e 124.
Guo Wuzong, 64.
　ver também China; Tang, dinastia.
Guomindang, 250, 271 e 275.

Haiguo tuzhi, 204.
　ver também Wei Yuan.
Haiku, poesia, 72.
Hakata, 83, 91 e 93.
Hakodate, magistratura de, 232.
Hamaguchi Osachi, 264.
Han, dinastia, 49.
　ver também China.
Hanabusa Yoshitada, 236.
Hara Kei, 262-3 e 265.
Harris, Townsend, 185.
Harris, Tratado, 193, 203 e 236.
　ver também Tratado de Amizade e Comércio.
Hasekura Tsunenaga, 129.
Hata Ikuhiko, 292.
Hay, John, 250.
Hayashi Razan, 128, 157 e 159.
Hayato, 61.
Hegel, Georg Wilhelm Friedrich, 194.
Heian, período, 40, 58, 62, 65, 68-9, 71, 74, 78, 81, 83, 86, 88, 308 e 313.
　e ciência chinesa, 67 e 69.
　e natureza, 69 e 75.
Heike Monogatari, 86.
Heisei tanuki gassen pompoko, 309.
　ver também Miyazaki Hayao.
Hello Kitty, 307.
Higashikuni Naruhiko, 297.
Himeji, Castelo de, 141, 150 e 156.
Himiko, 51 e 56.
　ver também ôkimi; Reino de Wa.
Himikoko, 51.
　ver também Reino de Wa.
Hiraizumi Fujiwara, 62.
　ver também emishi.
Hirasaki, sambaqui de, e o primeiro Jomon. Ver Jomon.
Hirata Atsutane, 176 e 184.
Hirosaki, domínio de, 144 e 163-4.
Hiroshima, 271 e 281.

Hitori kangae, 161.
　ver também Tadano Makuzu.
Hôgen-Heiji, rebelião, 85.
Hôjô, explosão de mina, 223-4.
　ver também carvão; combustível fóssil.
Hôjô Masako, 88.
Hôjô Tokimune, 93.
Hôjô Ujimasa, 142.
Hôjôki, 90-1.
Hôjôki, Buda, 56.
Hokkaido, 60, 66, 105, 118, 120, 166, 169, 172, 219, 222, 231, 234-5 e 246.
Hokkaido, Lei sobre os Antigos Aborígines de, 234.
　ver também Ainu.
Hokkaido, lobo de, 217.
　e extinção, 218 e 220.
Hokke, sectários, 103-4.
Hôkôji, mosteiro, 143.
Hôkôji, templo de, 152.
Holoceno, 17 e 313.
homens de propósito elevado, 184 e 186.
Honda, 33.
Honda Ishirô, 305.
　ver também Godzilla.
Honnôji, templo de, 140-1.
Honshu, 44, 79, 110, 141, 166 e 320-1.
Honzô wamyô, 106.
　ver também Fukane Sukehito.
Hosokawa Yoriyuki, 100.
Hotta Masayoshi, 185.
Hull, Cordell, 277.
Humboldt, Alexander von, 18.
Hyôgo, prefeitura de, 54.

Ibuka Masaru, 301.
　ver também Sony.
ideologia do sistema imperial, 36.
Ienaga Saburô, 292.
　ver também *Shin Nihonshi*.
Ii Naosuke, 185-6.
Ikeda Koun, 129.
　ver também *Genna kôkaisho*.
Ikeda Terumasa, 150.
Ikkô, sectários e Revolta do Reino sob o Céu, 103.
Ikkôshû, sectários e Oda Nobunaga, 137.
Ilhas Bonin, 253-4.
Imagawa Yoshimoto, 135.

Imanishi Kinji, 245.
  ver também Seibutsu no sekai.
Imjin, Guerra, 147.
imperador,
  Antoku, 86.
  Gaozong, 61.
  Go-Daigo, 94 e 97.
  Go-Shirakawa, 86-7.
  Go-Toba, 88.
  Go-Yôzei, 142 e 150.
  Hirohito, 274, 277, 284, 286 e 293-4.
  Kammu, 61 e 66-7.
  Kômyô, 97.
  Shômu e Tôdaiji, 63.
  Sutoku, 86.
  Tenmu, 56-7, 66 e 81.
  Yoshihito, 319.
imperatriz,
  Genmei, 67.
  Jitô, 56-7, 66 e 81.
  Suiko, 56-7 e 63-4.
    ver também budismo.
império e ecologias europeias, 116-7.
Inariyama, espada, 56.
Incidente de 26 de Fevereiro, 273.
início da modernidade, 155-6.
Ino Tadataka, 171.
Inoue Junnosuke, 264.
Inoue Masashige, 126.
Inscrições Murais do Castelo de Osaka, 145.
  ver também Toyotomi Hideyoshi.
Inukai Tsuyoshi, 264 e 272.
Irmandade de Sangue, 264.
Ise, grande santuário de, 174.
Ise Monogatari, 72.
Ishibashi Tanzan, 252.
Ishida Baigan, 159.
Ishida Mitsunari, 125 e 150.
Ishihara Shintarô, 326.
Ishimoto Shidzue, 36-7, 222 e 226.
Ishinpô, 106.
  ver também Tanba Yasuyori.
Ishiwara Kanji, 271, 274 e 276.
  ver também Manchúria, incidente da.
Itagaki Seishirô, 271.
  ver também Manchúria, incidente da.
Itagaki Taisuke, 195, 198, 214 e 261.
  ver também Movimentos Populares por Direitos Civis.

Itália, 276 e 296.
Itô Hirobumi, 187, 196, 203, 225, 237, 261 e 265.
  ver também Meiji, Constituição.
Iwakura, Missão, 190, 197, 200 e 244.
Iwakura Tomomi, 186 e 205.
  ver também Iwakura, Missão.
Iwanosuke, 168.
Iwo Jima, 279.
Izumi Shikibu, 71.

japonês, lobo, 217.
  e evolução do Pleistoceno, 44.
  e o budismo e o xintoísmo, 217-8.
Jinnô shôtôki, 112.
  ver também Kitabatake Chikafusa.
Jiyûtô, 195, 213 e 261.
Jôdo Shinshû, sectários, 142.
Jôkyû, Guerra, 88.
Jomon, 39, 43, 45, 48, 59-60, 64, 167 e 326.
Joseon, dinastia, 147 e 236-7.
  ver também Coreia.
Jôtenji, templo de, 91.
JR Group, 300.
Jurakudai, palácio, 142, 150 e 152.

Kaempfer, Engelbert, 160.
Kagerô nikki,
  e mendigos urbanos, 68.
  e parto, 68.
  e varíola, 65.
Kaiho Seiryô, 210.
kaikoku, 175.
Kaitakushi, 219 e 234.
Kaitokudô, 159.
Kajibashi, prisão de, 205.
Kamchatka, Península de, 232.
Kamioka, mina de, e Guerra do Pacífico, 285.
Kamo Mabuchi, 176.
Kamo no Arikata, 127.
  ver também Rekirin mondôshû.
Kamo no Chômei, 90-1 e 326.
Kamutsuke no Mineo, 72.
Kan Naoto, 324.
kana, 70-1.
kandaka, sistema, 108.
Kan'ei, carestia de, 163.
Kanikôsen, 254.
  ver também Kobayashi Takiji.

kanji, 49, 70, 266 e 326.
Katô Kômei, 249.
Kawaji Toshiyoshi, 191.
Kayano Shigeru, 234.
Kaze no tani no Nausicaä, 308.
   ver também Miyazaki Hayao.
Keiô, Universidade, 201.
Keizai yôryaku, 38 e 201.
   ver também Satô Nobuhiro.
Kenmu, Revolução, 94 e 96.
Kenseitô, 262 e 265.
Ki no Tsurayuki, 72.
Kido Kôin, 190-1.
kihô, 107.
Kim Ok-gyun, 237.
Kinkakuji, 112.
Kinsô ryôjishô, 107.
Kintsune, Saionji, 92.
Kira Yoshinaka, 158.
   ver também Vingança de Akô.
Kishida Toshiko, 199.
Kissa yôjôki, 106.
   ver também Myôan Eisai.
Kita Ikki, 265, 267 e 274.
   ver também *Nihon kaizô hôan taikô*.
Kitabatake Chikafusa, 95, 112 e 168.
   ver também *Jinnô shôtôki*.
Kitasato Shibasaburô, 242.
Kitsuhiko, 56.
Kitsuhime, 56.
Kiyomihara, 57 e 66.
Kiyomihara, Códigos, 57.
Kiyomizu, templo de, 85 e 326.
Kiyosu, Castelo de, 135.
Kiyosu, Conferência de, 141.
Kiyowara no Iehira, 84.
Kiyowara no Sanehira, 84.
Kobayashi Takiji, 254.
   ver também *Kanikôsen*.
Kobayashi Yoshinori, 287 e 292.
   ver também *Sensôron*.
Koch, Robert, 242.
Kôfukuji, templo, 85-6, 91, 103 e 106.
Kofun, 53 e 55.
   ver também Yamato, Confederação de.
Kojiki, 60.
Kokinshû, 70 e 72.
kokudaka, sistema, 108.

kokutai, 176 e 273.
Kokutai no hongi, 75 e 273.
   e poesia, 75.
Konishi Yukinaga, 146 e 150.
Konjikidô, pavilhão de, 62.
Kôno Hironaka, 238.
Konoe Fumimaro, 275.
Kosugi Genteki, 182.
Kotohira, santuário de, 218.
Kozukapara, 180.
Krishitan monogatari, 120.
Kublai Khan, 92.
   ver também mongóis, invasões.
Kudô Heisuke, 161.
Kulmus, Johannes Adam, 179.
   ver também *Anatomische Tabellen*.
Kumazawa Banzan, 159, 219 e 228.
Kume Kunitake, 190.
kuniezu. Ver províncias, mapas das.
Kuroda Kiyotaka, 197, 235 e 261.
Kusunoki Masashige, 96.
Kusunoki Masasue, 96.
Kusunose Kita, 199.
Kuwata Ryûsai, 233.
Kuzu, 61.
Kwantung, exército de, 256, 264, 267, 269 e 271-2.
Kyôhô, carestia de, 163.

Laki, 163.
   ver também Tenmei, carestia de.
Lei Californiana sobre Terras de Estrangeiros, 251.
Lei de Preservação da Segurança Pública, 265.
Lei de Registro das Famílias, 191.
Leis das Casas Militares, 150.
   ver também *bakufu* de Edo.
lentes de vidro, 130.
Li Hongzhang, 176 e 237.
Liaodong, Península de, 248 e 253.
Liberal Democrático, Partido, 289, 299 e 327.
Liga das Nações, 251, 269 e 272.
língua chinesa, 44.
línguas austro-asiáticas, 44.
línguas uralo-altaicas, 44.
List, Friedrich, 202.
lobo. Ver Hokkaido, lobo de; japonês, lobo.
Loyola, Inácio, 127.

Lunyu, 157.
  ver também confucionismo; Confúcio; neoconfucionismo.
Lyman, Benjamin, 234.
Lytton, Relatório, 272.
  ver também Manchúria, incidente da.

MacArthur, Douglas, 277-8, 287, 290, 293-4 e 297.
mãe de Michitsuna. *Ver Kagerô nikki*.
Maeno Ryôtaku, 179-80.
Maitreya, Buda, 96.
  ver também budismo.
Makimuku Ishizuka, tumba de, 55.
Mamiya Rinzô, 172.
Manabe Akikatsu, 185.
Manchukuo, 272 e 276.
Manchúria, 236, 252, 254, 269 e 282.
  e o início da Guerra do Pacífico, 271 e 274.
  incidente da, 271 e 274.
mangá, 307.
Man'yôshû, 57 e 217.
Mao Tsé-Tung, 252.
Mar de Bering, 255.
Mar do Japão, 43 e 255.
Marco Polo, incidente da Ponte de, 253 e 274.
María Luz, incidente de, 197.
Matsudaira Shungaku, 186.
Matsudaira Yorinori, 186.
Matsudaira Yoritaka, 117.
Matsukata Masayoshi, 202, 213 e 223.
Matsukura Katsuie, 126.
  ver também Shimabara, Rebelião de.
Matsumae, domínio, 126 e 232-3.
  e conquista de Ezo, 166 e 169.
Matsumoto Jôji, 294.
Matsuo Bashô, 170-1.
  ver também *Oku no hosomichi*.
Matsuo Taseko, 184.
Matsuoka Yôsuke, 272 e 276.
Meiji, Constituição, 200, 206, 261, 264, 269 e 294.
  ver também Itô Hirobumi.
Meiji, imperador, 36, 190-1, 218, 242, 244, 261, 283 e 293.
  e a Constituição Meiji, 196.
  ver também Meiji, período; Meiji, Restauração.
Meiji, período, 192, 235, 261 e 264.
  e colonialismo na Coreia, 236.
  e colonização de Hokkaido, 232 e 235.
  e indústria têxtil, 239 e 241.
Meiji, Restauração, 35, 97, 155, 172, 187, 189, 192, 200, 206, 208, 217-8, 221, 225, 229, 233-4, 237, 239, 264 e 332.
  e agricultura, 209 e 215.
  e alistamento militar, 212-3.
  e disciplina pública, 243 e 245.
  e energia de combustível fóssil, 221 e 224.
  e separação do budismo e do xintoísmo, 218.
  ver também Meiji, imperador; Meiji, período.
Meiji-Sanriku, terremoto de, 318.
Meiji Seis, Sociedade, 193 e 196.
Mêncio, 95.
  ver também Mengzi.
Mengzi, 157.
  ver também Mêncio; neoconfucionismo.
meninas da fábrica, 239.
  ver também têxtil, indústria.
meninas modernas, 209 e 259.
Miike, mina, 223.
  ver também carvão; combustível fóssil.
Mill, John Stuart, 193, 198, 201 e 214.
  ver também *A Liberdade*; *Princípios de Economia Política*.
Mimana, 64.
  e a Rebelião do Imposto de Sangue de Mimasaka, 210-1.
  ver também Coreia.
Minamata, doença de. *Ver* envenenamento por metilmercúrio em Minamata.
Minami Sanriku, 323.
Minamoto no Shitagau, 106.
  ver também *Wamyôrui shûshô*.
Minamoto no Yorimasa, 86.
Minamoto no Yoritomo, 86, 88 e 139.
Minamoto no Yoriyoshi, 84.
Minamoto no Yoshiie, 84.
Minamoto no Yoshitsune, 86-7 e 170.
Ming, dinastia, 110-1, 118, 124, 132, 147 e 177.
  ver também China.
Ministério da Educação, 197 e 273.
  e Ienaga Saburô, 291.
Ministério do Comércio Internacional e da Indústria, 300 e 327.
Ministério do Interior, 191, 198, 228, 242, 244 e 297.
Minobe Tatsukichi, 273.
Mito, Escola de, 177.
Mitsubishi, Banco, 264.
Mitsumine, santuário de, 217.

ÍNDICE REMISSIVO | 357

Miyazaki Hayao, 290 e 308.
ver também animê; *Heisei tanuki gassen pompoko; Kaze no tani no Nausicaä; Mononokehime.*
mongóis, invasões, 77, 92-3 e 168.
Mononobe, família, 63.
Mononokehime, 309.
ver também Miyazaki Hayao.
Monte Hiei. *Ver* Enryakuji.
Mori Arinori, 198 e 201.
Morita Akio, 301.
ver também Sony.
Morrill, Lei, 206.
Motoori Norinaga, 176, 218 e 235.
Movimentos Populares por Direitos Civis, 195, 198-9 e 213.
ver também Gotô Shôjirô; Itagaki Taisuke.
mudança climática, 17-9, 33, 35, 41, 53, 221-2, 229, 311, 313, 320 e 331.
Mukden, 248 e 272.
mulheres,
e Estado Meiji, 197 e 200.
e meninas modernas, 259.
Murakami Haruki e relacionamento japonês com a natureza, 74-5.
Murasaki Shikibu, 59 e 69-70.
Muromachi, cultura, 112 e 114.
Murray, David, 197.
Mushi mezuru himegimi, 308.
Myôan Eisai, 106.
ver também Kissa yôjôki.

nação,
e comunidade imaginada, 40.
e manipulação da história, 39-40.
natureza material da, 40-1.
Nagasaki, 50, 122-4, 126, 133, 180, 216, 271, 281, 286, 327 e 332.
Nagashino, Castelo de, 135.
Nagayo Sensai, 244.
Nagoya, 314.
Nakagawa Seibei, 234.
Nakamura Masanao, 198.
Nakano Makiko, 203.
Nakasone Yasuhiro, 288 e 299.
Nakatomi, família, 63.
Nanbanjin, 118.
Nankaidô, terremoto de, 319.
Nanquim, Massacre de, 280 e 291-2.
Nanzenji, templo de, 96.

Nara, período, 56, 58-9, 61-2, 65, 67, 74, 85-6, 103, 110, 117 e 152.
Natsushima, sambaquis de restos de cães, 46.
natureza,
e a Guerra do Pacífico, 281 e 285.
e baleeiro japonês, 257.
e civilização japonesa, 43.
e florestas medievais, 109-10.
e império europeu, 116-7.
e oceanos e império pelágico do Japão, 253 e 257.
e pensamento da Ásia oriental, 37 e 39.
e período Heian, 69 e 74.
e poluição do pós-guerra no Japão, 302 e 305.
e unificação e florestas, 151 e 153.
navios negros, 173, 175, 205, 231 e 236.
ver também Perry, Matthew C.
Nehru, Jawaharlal, 252.
Nejiko, 50.
neoconfucionismo, 127, 157, 176, 178, 181, 184, 192, 194 e 210.
e *bakufu* de Edo, 158 e 161.
e estatuto civil do início do período moderno, 157.
ver também confucionismo; Zhu Xi.
neolítico, 45 e 48.
Nihon kaizô hôan taikô, 266.
ver também Kita Ikki.
Nihon shoki, 60, 63 e 276.
Nii, senhora, 87.
Nijô, palácio de, 152.
Nikkô, mausoléu de, 152, 157 e 224.
Nipo-Coreano, Tratado, 236-7.
ver também tratados desiguais.
Nishimura Shigeki, 193.
Nô, drama, 112.
Nôbi, terremoto de, 318.
Noda Yoshihiko, 298.
Nogi Maresuke, 36 e 238.
Noguchi Shitagau, 302.
ver também Chisso, Corporação.
Numazu, sambaquis de concha, 46.

O Contrato Social, 214.
ver também Rousseau, Jean-Jacques.
Oda Nobuhide, 133.
Oda Nobumitsu, 135.
Oda Nobunaga, 133 e 140.
Oda Nobutada, 140-1.
Oda Nobutaka, 141.
Oda Nobutomo, 135.
Oda Nobuyuki, 135.

Oda Sanbôshi, 141.
Ôe Kenzaburô, 329.
ofudafuri, 174.
Ogasawara Nagamichi, 186.
Ogyû Sorai, 158-9.
Ohara Shigechika, 205.
Ôi Kentarô, 214.
Oishi Yoshio, 158.
    ver também Vingança de Akô.
Oito Pontos, Plano dos, 187 e 214.
    ver também Sakamoto Ryôma.
Okada Keisuke, 274.
Okada Yôsen, 183.
ôkami. Ver Hokkaido, lobo de; japonês, lobo.
Okhotsk, cultura, 60 e 320.
ôkimi, 52.
    ver também Yamato, Confederação de.
Okinawa, 266.
    Acordo de Devolução de, 298.
    e artes marciais, 266.
    e Guerra do Pacífico, 279.
Oku no hosomichi, 170.
    ver também Matsuo Bashô.
Ôkubo Toshimichi, 190.
Ôkuma Shigenobu, 189, 244, 249 e 261.
Ôkuni Takamasa, 235.
Ômura Sumitada, 122 e 124.
    ver também cristianismo.
Onna daigaku, 161.
Ono no Komachi, 71.
Ontleedkundige tafelen, 179.
    ver também Anatomische Tabellen.
Operação Meetinghouse, 281.
Ópio, Guerra do, 175 e 196.
Origem das Espécies, 246.
    ver também Darwin, Charles.
Osaka, 199, 255 e 314.
Osaka, Castelo de, 142 e 152.
Ôshio Heihachirô, 177.
    ver também Senshindô satsuki.
Ôsugi Sakae, 265.
Ôuchi Yoshihiro, 100.
Owari, domínio, 133-4 e 143.

Pacífico, Guerra do, 33, 37, 44, 178, 209, 244, 247-8, 253, 267, 269, 285, 288-9, 292, 305, 308, 316, 324, 331 e 346.
    e agricultura, 282.
    e China continental, 275 e 281.
    e florestas do Japão, 166.
    e Manchúria, 271 e 273.
    e meio ambiente, 281 e 285.
    e ocupação dos EUA, 295-6.
    e população, 281-2.
    e Zoológico Imperial de Tóquio, 283-4.
Pacto de Neutralidade Nipo-Soviético, 276.
Pacto Tripartite, 276.
Países Baixos, 118, 124, 126, 129, 179-80, 184, 186, 201, 225, 244, 276 e 278.
Pak Yonghyo, 237.
Pal, Radhabinod, 293.
Palaeoloxodon, elefantes, 44.
Paleolítico, 44 e 46.
pau-brasil, 119.
Pearl Harbor, 256, 269, 277-8, 286, 290 e 294.
Pequim, 147, 250, 271 e 274-5.
período das cortes do Norte e do Sul, 100.
período dos Estados Combatentes, 97, 99, 102, 105, 107, 109, 113, 117-8, 121, 123-4, 128, 133, 135, 137, 140, 142, 147, 150-1, 155 e 338.
Perovskaia, Sophia, 244.
Perry, Matthew C., 173, 175, 205, 236 e 290.
piratas, 77, 83, 92-3, 111, 121 e 124.
Pleistoceno, 18, 43-4 e 312.
    e extinção, 44.
Pobres, Partido dos, 213.
política de portas abertas, 250-1.
poluição,
    e casos das "quatro grandes", 289.
    e desenvolvimento econômico pós-guerra, 301 e 305.
    e Guerra do Pacífico, 285.
    e Lei Básica para o Controle da Poluição, 304.
    e mina Ashio, 224 e 229.
    e o Aeroporto de Itami, em Osaka, 305.
população, 48-9, 79, 81, 89, 108, 116-7, 162, 165, 210, 254-5, 261-2, 314-5 e 333.
    e Guerra do Pacífico, 281-2.
Port Arthur, 238, 248 e 283.
Portugal, 116, 118, 124, 128-30, 133 e 136.
    e colonização do Brasil, 118-9.
Potosí, 118.
prata, 116.
    e comércio do início do período moderno, 123-4.
    e política fiscal Ming, 124.
príncipe,
    Kaneyoshi, 110.
    Mochihito, 86.
    Shôtoku, 56 e 128.
        e a "Constituição de Dezessete Artigos", 57.

Princípios de Economia Política, 201.
   ver também Mill, John Stuart.
províncias, mapas das, 153 e 171.
   ver também Shôhô Nihonzu.
Puyi, 249.
Pyongyang, 238.

Qing, dinastia, 33, 126, 175, 196, 236-7, 249 e 266.
   ver também China.
Quioto, 61, 65-6, 73, 80, 85, 87, 92, 95, 99, 102, 104, 106, 112, 127, 135, 137, 139, 141-2, 149-50, 152, 183-4, 186, 203, 217 e 326.

Rangaku kotohajime, 179.
   ver também Sugita Genpaku.
Reagan, Ronald, 299.
Reino de Wa, 49, 53, 56 e 58.
Rekirin mondôshû, 127.
   ver também Kamo no Arikata.
rendição incondicional, 271.
Revolta de Chichibu, 213-5.
Richardson, Charles, 186.
Rikken Minseitô, 262.
Rikken Seiyûkai, 262.
ritsuryô, 59-60, 63, 65, 74, 78, 81, 84, 99 e 204.
Rokkasho, usina de reprocessamento, 328.
   ver também energia nuclear, indústria da.
Rokumeikan, pavilhão, 195.
rônin, 158.
Roosevelt, Franklin, 252 e 276.
Rousseau, Jean-Jacques, 214.
   ver também O Contrato Social.
Rússia, 161, 173, 185, 232, 238, 242, 248, 252 e 254.
Russo-Japonesa, Guerra, 36, 238, 247-8, 252 e 254.
   e o Estreito de Tsushima, 252.
Ryukyu, Ilhas, 117, 120, 126-7, 168, 231, 253 e 266.
   ver também Okinawa.

Sacalina, Ilha, 60, 62, 172, 232 e 253.
Sai On, 127.
Saigô Takamori, 213.
Saigyô, 170.
Saitô Jirô, 303.
Saitô Makoto, 274.
Saitô Musashibô Benkei, 87.

Sakai, 111.
Sakamoto Ryôma, 187, 195 e 214.
   ver também Oito Pontos, Plano dos.
Sakanoue no Tamuramaro. *Ver* emishi; Yamato.
sakoku, 126.
Sakuma Shôzan, 178.
Sakuma Shôzen, 176.
Sakura Sôgorô, 174.
Sakuradamon, incidente, 185.
   ver também Ii Naosuke.
samurai, 33, 36, 40, 61-2, 79, 88, 93, 97, 99, 102, 104, 111, 113, 118, 122, 136, 142, 147, 150, 156, 158-9, 162, 168, 173, 175, 184-5, 187, 191-2, 195, 212-3, 218 e 240.
   ascensão do, 77 e 97.
San Felipe, incidente de, 125.
Sanger, Margaret, 36.
Sanjô Sanetomi, 186 e 191.
sankin kôtai. *Ver* serviço alternativo.
Sano Yasusada, 179 e 181.
Sanriku, terremoto de, 320.
Santa Buenaventura, 129.
   ver também Adams, William.
Santa Fé, Paulo de, 120.
   ver também Yajirô.
São Francisco, Conselho da Escola de, 251.
São Francisco, Tratado de Paz de, 296.
Sapporo, cerveja, 234.
saquê, 53, 89, 95, 100 e 169.
Sasameyuki, 241.
   ver também Tanizaki Jun'ichirô.
Sassa Narimasa, 141-2.
Satchô, aliança, 187 e 189.
   ver também Chôshû, domínio; Satsuma, domínio.
Satô Genrokurô, 232.
Satô Motoharu, 170.
Satô Nobuhiro, 38, 201 e 236.
   ver também Keizai yôryaku.
Satow, Ernest, 193.
Satsuma, domínio, 121, 126-7, 186-7, 190-1, 213, 231 e 261.
Satsumon, cultura, 60.
Segunda Guerra dos Três Anos, 84.
Sei Shônagon, 68, 71 e 73.
Seibutsu no sekai, 245.
   ver também Imanishi Kinji.
seii taishôgun e Minamoto no Yoritomo, 88.
Seiko Matsuda, 307.
Seki Hajime, 202.

Senkaku (Diaoyu), Ilhas, 17 e 298-9.
Senshindô satsuki, 177.
    ver também Ôshio Heihachirô.
Sensôron, 287 e 292.
    ver também Kobayashi Yoshinori.
serviço alternativo, 153, 159, 171-2 e 186.
    ver também *bakufu* de Edo.
Seul, 146 e 238.
Shakushain, Guerra de, 144 e 168-9.
Shakyamuni, 56 e 63.
    ver também budismo.
Shandong, Península de, 250-1.
Shang, dinastia, 52.
    ver também China.
Shibata Katsuie, 141.
Shibusawa Eiichi, 203 e 260.
Shidehara Kijûrô, 296.
shiki, 78.
Shimabara, Rebelião de, 126 e 156.
    ver também Amakusa Shirô.
Shimazu Yoshihisa, 142.
Shin Nihonshi, 292.
    ver também Ienaga Saburô.
Shingon, 67, 120, 142 e 217.
    ver também budismo.
shinpan, 151.
    ver também *daimyô*.
Shinpotô, 261.
shishi. Ver homens de propósito elevado.
Shôdayû, 168.
    ver também Shakushain, Guerra de.
shôen, 78-9.
Shôhô Nihonzu, 171.
    ver também províncias, mapas das.
Silla, 64.
    ver também Coreia.
sindicatos e a ocupação dos EUA, 295-6.
Sino-Japonesa, Guerra, 195, 238-9, 249 e 298.
sinos e estilo de vida *yayoi*, 50 e 53.
sistema de estatuto social, 40, 142-3, 156, 158, 162-3, 168, 175, 191, 193, 195, 210 e 244.
sistema equitativo de terras, 58 e 78.
    ver também Taika, reformas.
Skaftá, fogos do, 163.
    ver também Tenmei, carestia de.
Smith, Adam, 38 e 201.
    ver também *A Riqueza das Nações*.
Smith, W. Eugene, 302.
Smythe, Lewis, 280.

Sociedade Concórdia, 252.
Sociedade das Cerejeiras, 264.
Sôfukuji, templo de, 91.
Soga, família, 64.
Soga no Umako e budismo, 64.
Song, dinastia, 92 e 106.
    ver também China.
Song do Sul, dinastia, 91-2.
    ver também China.
sonnô jôi, 175.
Sony, 289, 301.
Sousa, Tomé de, 119.
    e a Ferrovia do Sul da Manchúria, 247 e 249.
Sudeste da Ásia, 48, 129-30, 200, 253 e 276.
Sugawara no Michizane, 67.
Sugita Genpaku, 179-80, 183 e 204.
    ver também *Rangaku kotohajime*.
Sun Yatsen, 249 e 252.
Supertufão Haiyan, 17.
    ver também tempestades.
Suzaku Ôji e Quioto, 67.
Swanson, Gloria, 259.
Sylvius, Franciscus, 182.

Tadano Makuzu, 161.
    ver também *Hitori kangae*.
Taga, 61 e 170.
Taguchi Ukichi, 193.
Taiheiki, 107.
Taihô-Yôrô, Códigos, 57 e 69.
Taika, reformas, 57 e 78.
Taino e conquista espanhola, 117-8.
Taiping, Rebelião de, 126.
Taira no Kiyomori, 86-7.
Taira no Masakado e a Rebelião de Masakado, 79 e 83.
Taira no Sadamori, 83.
Taira no Tadatsune e a Rebelião de Tadatsune, 80.
Taishô, democracia, 252 e 257.
Taiwan, 248, 253, 258, 298, 303 e 319.
Takahashi Korekiyo, 274.
Takahata Isao, 308.
    ver também animê.
Takamatsu, Castelo de, 140.
Takamure Itsue, 260.
Takeda Katsuyori, 135.
Takeshima/Dokdo, Ilhas, 299.

Takezaki Suenaga, 77 e 93.
Tanaka Shôzô, 226 e 228.
   ver também Ashio, mina; poluição.
Tanba Yasuyori, 106.
   ver também Ishinpô.
Tanegashima, 118-9, 124, 128-9 e 131.
Tang, dinastia, 60, 63-5, 80-1, 117, 176, 204 e 206.
   ver também China.
Tanizaki Jun'ichirô, 241 e 252.
   ver também Sasameyuki.
taoismo, 157.
Tashiro Eisuke, 215.
   ver também Revolta de Chichibu.
tempestades,
   e Antropoceno, 313.
   e Japão do pós-guerra, 315 e 317.
Tendai, 67, 91, 137 e 217.
   ver também budismo; Enryakuji.
Tenmei, carestia de, 163-4.
Tenpô, carestia de, 163.
terremotos, 17, 91, 281, 314-5, 317, 320, 323 e 347.
   ver também Ansei, terremoto de; grande terremoto, de Hanshin-Awaji; grande terremoto, de Kantô; grande terremoto, do Leste do Japão; Meiji-Sanriku, terremoto de; Nankaidô, terremoto de; Nôbi, terremoto de; Sanriku, terremoto de; Tônankai, terremoto de.
Tetsuwan Atom, 308.
   ver também Tezuka Osamu.
têxtil, indústria, 239 e 241.
   e tuberculose, 241-2.
Tezuka Osamu, 308.
   ver também mangá; Tetsuwan Atom.
tianxia, 110.
Tientsin, Convenção de, 238.
Toba, 187 e 189.
Tôdaiji, 63-4, 86, 110 e 152.
Tôgô Heihachirô, 238.
Tôjô Hideki, 275, 279, 291 e 293.
Tokugawa Hitotsubashi, 185.
Tokugawa Iemitsu, 125 e 152.
Tokugawa Iemochi, 185-6.
Tokugawa Ieyasu, 127, 135, 139, 141 e 149-50.
Tokugawa Tsunayoshi, 160.
Tokugawa Yoshimune, 117 e 204.
Tônankai, terremoto de, 319.
Tóquio, 190, 291 e 314.
Tóquio, Universidade de, 201 e 242.

Tosa, domínio, 195.
Tosa nikki, 71.
Tôshôgû, santuário de, 127, 152 e 157.
Tôyama Mitsuru, 238.
Toyoda Kiichirô, 300.
Toyota, 33, 37, 289, 300, 302 e 325.
Toyotomi Hidenaga, 145.
Toyotomi Hidetsugu, 147 e 149.
Toyotomi Hideyori, 149-50.
Toyotomi Hideyoshi, 123-4 e 156.
   e ascensão à proeminência, 140 e 145.
   e cristianismo, 124.
   e invasão coreana, 145 e 149.
tozama, 151.
   ver também daimyô.
Tratado de Amizade e Comércio, 185.
Tratado de Cooperação Mútua e Segurança entre os EUA e o Japão, 298.
Tratado de Nerchinsk, 232.
Tratado de Portsmouth, 238 e 248.
   ver também Russo-Japonesa, Guerra.
Tratado de São Petersburgo, 253.
Tratado de Versalhes, 251-2.
tratados desiguais, 185, 187, 189, 202-3, 205, 231, 236-7 e 246.
   ver também Harris, Tratado; Tratado de Amizade e Comércio.
Tribunal Militar Internacional para o Extremo Oriente, 293.
Trinta e oito anos, Guerra dos, 61.
   ver também emishi; Yamato.
Tsuchigumo, 61.
Tsuda Umeko, 197.
Tsukiji, mercado de peixes de, 256 e 304.
tsunami, 17 e 19.
Tsushima, domínio de, e javali, 216.
Tsushima, Estreito de, 147 e 149.
   e batalha naval, 252.
tufão,
   Ida, 316-7.
   Vera, 316.
   ver também tempestades.
tupis, 118-9.

Ueki Emori, 214.
Umehara Takeshi, 326.
União Soviética, 274 e 295.
Unidade, 39, 63 e 280.
Un'yô, incidente de, 236.

Vairocana, Buda, 63 e 120.
    ver também budismo; Tôdaiji.
Valignano, Alessandro, 122.
varíola, 234.
    e as vacinações ainu, 233.
    e colonização do Novo Mundo, 116-7.
    e contato coreano, 65.
    e períodos Nara e Heian, 65.
Vesálio, André, 181.
    ver também De Humani Corporis Fabrica.
Vingança de Akô, 158-9.
Vinte e uma Exigências, 249.
26 Santos, 125.
Virchow, Rudolf, 244.
vulcanismo, 18 e 223.
    e carestia de Tenmei, 163-4.
    e doenças infecciosas, 80.
    e Reino de Wa, 49, 53, 56 e 58.

waka, poesia, 70, 72 e 74.
Wakatsuki Reijirô, 272.
Wamyôrui shûshô, 106.
    ver também Minamoto no Shitagau.
Wang Yangming, 177.
    ver também neoconfucionismo.
Wang Zhi, 124.
Watsuji Tetsurô, 312.
Watt, James, 222.
Wayland, Francis, 201.
    ver também Elementos de Economia Política.
Weber, Max, 37 e 335.
Wei Yuan, 204.
    ver também Haiguo tuzhi.
Wei zhi, 51 e 53.
    e carestia do Javali, 164-5.
Wilson, Woodrow, 251.

Xangai, 248 e 275.
Xavier, Francisco, 120 e 127.
xintoísmo, 35, 37, 39, 50, 53, 65-6, 69, 125, 146, 156, 167, 176, 184, 201, 215 e 218.
    e o lobo japonês, 217-8.

Yajirô, 120.
    ver também Santa Fé, Paulo de.
Yamagata Aritomo, 191, 238 e 262.
Yamai no sôshi, 80.
Yamamoto Isoroku, 277-8.

Yamatai, 51 e 56.
    ver também Yamato, Confederação.
Yamato, Confederação de, 37, 43, 50, 53, 55, 57, 59, 61-3, 81, 206, 280 e 336.
    e Coreia, 64.
Yamato, navio de guerra, 37.
Yamawaki Tôyô, 179 e 183.
    ver também Zôshi.
Yanagita Kunio, 255.
Yasukuni, santuário de, 285, 291, 299 e 331.
yayoi, 39, 43, 45, 48, 50, 53, 55, 60-2, 64 e 69.
    e agricultura, 48-9.
Yi Sun-shin, 147.
yin-yang, 56 e 161.
Yodogimi, 149.
Yokkaichi, asma de, 289, 302 e 304-5.
    ver também poluição.
Yokohama, 190 e 197.
Yosano Kaoru, 327.
Yoshida Shigeru, 186, 296 e 298.
Yoshida Shôin, 187 e 205.
Yoshihama, vila, 321.
Yoshino, 97 e 100.
Yoshinogari, 50 e 55.
Yoshiwara, bairro, 160.
Yuan, dinastia, 92.
    ver também China, mongóis, invasões.
Yuan Shikai, 249.
Yûryaku, 56.
    ver também Yamato, Confederação de.

Zeimoto, Francisco, 119.
zen-budismo, 89, 91, 106, 112, 128 e 157.
Zhang Zoulin, 271.
Zhong yong, 157.
    ver também neoconfucionismo.
Zhouli, 58.
Zhu Xi, 157, 184 e 235.
    ver também neoconfucionismo.
Zoológico Imperial de Tóquio, 291.
    e Guerra do Pacífico, 281-2.
Zôshi, 183.
    ver também Yamawaki Tôyô.

Glossário

Amaterasu Ômikami – 天照大御神
A deusa do sol que servia como divindade tutelar da casa imperial.

Antropoceno
Período geológico após o Holoceno, caracterizado pela presença esmagadora de assinaturas litoestratigráficas e bioestratigráficas de seres humanos, em vez de apenas forças naturais. O advento do Antropoceno coincide com a Revolução Industrial.

bakufu – 幕府
Literalmente, "governos por trás das cortinas". Esse termo refere-se aos governos dos samurais em Kamakura, Quioto e Edo.

chonmage – 丁髷
Um penteado comum dos samurais do período Edo.

daimyô – 大名
Um senhor samurai do período Edo que supervisionava um domínio.

dogû – 土偶
Figuras de pequenos humanoides feitas de barro no período arqueológico Jomon.

emishi – 蝦夷
Leia também "Ezo". Esse termo se refere aos grupos do período Epi-Jomon do nordeste do Japão que existiam fora da esfera do estabelecimento do governo imperial do Japão ocidental e central.

fumie – 踏み絵
"Pisar na imagem" era uma técnica usada pelos oficiais de Edo para descobrir os cristãos das aldeias, fazendo com que os cristãos suspeitos pisassem em uma imagem sagrada.

gekokujô – 下克上
Os "de baixo contra os de cima" é uma referência à turbulência política e social do período dos Estados Combatentes.

gun'eki – 軍役
O início teórico do sistema moderno de conscrição militar no qual os senhores de um domínio comprometem homens e armas em relação ao rendimento projetado, aferido mediante levantamentos cadastrais, de sua terra cultivada.

haiku – 俳句
Ou haicai. Uma forma de poesia de 17 sílabas, geralmente na ordem 5-7-5, popularizada por Matsuo Bashô no início do período moderno.

hakama – 袴
Calças japonesas tradicionais.

Santuário de Inari – 稲荷神社
Santuários de Inari e os Inari *kami* que os acompanham, muitas vezes personificado por uma raposa-vermelha, representam uma variedade de xintoísmo que gira em torno da agricultura e da indústria. Os santuários de Inari são muitas vezes montados perto de campos agrícolas.

Jimintô – 自民党
O conservador Partido Liberal Democrático, estabelecido em 1955, governou o Japão durante todo o período pós-guerra, com exceção de 11 meses em 1993-1994 e 2009-2012.

jitô – 地頭
Mordomos medievais que governavam propriedades *shôen* em nome do Kamakura e do *bakufu* dos Ashikaga.

Jiyûtô – 自由党
O Partido Liberal, formalmente estabelecido em 1881 por Itagaki Taisuke e Gotô Shôjirô. Ele surgiu a partir do Movimentos Populares por Direitos Civis e pedia o estabelecimento de uma assembleia nacional.

Cultura Jomon – 縄文
Uma fase arqueológica que ocorreu no arquipélago japonês entre 14500 e 300 a.C. Foi uma cultura caçadora-coletora, e seu nome significa padrões de corda (os quais eram vistos em sua cerâmica).

kaikoku – 開国
A posição de "abrir o país" perseguida pelo *bakufu* de Edo após a chegada de Matthew C. Perry em 1853. A posição de "abrir o país" chocava-se com o "reverenciar o imperador e expulsar os bárbaros", ou *sonnô jôi*, slogan exposto pelos seguidores do império.

kana – かな
Escrita silábica japonesa desenvolvida predominantemente por mulheres no período Heian e usada na poesia clássica, como no estilo *waka*. Hoje, a escrita *kana* possui duas formas, a saber, *katakana* e *hiragana*.

kanji – 漢字
Escrita silábica chinesa composta de pictogramas e ideogramas, usada atualmente com os sistemas *katakana* e *hiragana* na escrita japonesa.

kanpaku – 関白
O conselheiro imperial executivo; o imperador concedeu o título de "regente" a alguns dos homens mais poderosos do reino, incluindo Fujiwara no Michinaga e Toyotomi Hideyoshi.

karate – 空手
Literalmente, "mãos vazias". O termo denota uma forma tradicional de artes marciais de Okinawa, importado da China. Em Okinawa, os caracteres que designavam essa forma de luta eram tô-di 唐手, mas o Japão imperial achou a associação com a China intragável, então o *kanji* foi alterado para refletir a técnica de combate desarmada.

Kenseitô – 憲政党
O Partido Constitucionalista, criado em 1898, após a fusão dos partidos políticos Shinpotô e Jiyûtô.

kôbugattai – 公武合体
A política de "União entre a corte imperial e do *bakufu* de Edo" após o incidente de Sakuradamon e o assassinato do Ii Naosuke.

Kofun – 古墳
Um período arqueológico que ocorreu no arquipélago japonês entre 250 e 700, após o período *yayoi*. Seu nome indica o surgimento de grandes tumbas funerárias.

kôgai – 公害
Literalmente, "danos públicos". Esse é o termo comum para todas as formas de poluição ambiental. Definidos em 1967 como "quaisquer situações em que a saúde humana e o ambiente sofrem danos decorrentes da poluição do ar, poluição da água, poluição do solo, ruídos, vibrações, subsidência do solo e odores ofensivos que possam surgir sobre uma área considerável como resultado de atividades industriais ou outras atividades humanas".

kokutai – 国体
Terminologia nacionalista que se refere à "essência nacional do Japão". Estudiosos nativistas do início do período moderno forçaram esse conceito, como fizeram mais tarde os nacionalistas modernos que descreveram as qualidades únicas do Estado imperial japonês. Os caracteres *kanji* significam, literalmente, "organismo nacional".

kurobune – 黒船
"Navios negros" refere-se aos navios a vapor da Flotilha Índia Oriental de Matthew C. Perry durante sua expedição para o Japão em 1853.

Nanbanjin – 南蛮人
Uma referência aos portugueses do século XVI e outros europeus que chegaram ao sul do Japão. O termo significa "Bárbaros do Sul".

Nihon – 日本
O nome japonês para o Japão (o nome formal é Nippon). O termo significa "Originado no Sol" e faz referência ao papel de Amaterasu Ômikami, deusa do sol e fundadora mítica do país.

ofudafuri – 御札降り
Quando os talismãs do santuário de Ise caíram do céu no século XIX, anunciando a queda do *bakufu* de Edo e a restauração imperial.

ôkimi – 大王
Reis regionais, às vezes chamados de *daiô*, que governavam as províncias durante a Confederação de Yamato.

Rikken Minseitô – 立憲民政党
O Partido Democrático Constitucional, fundado em 1927 por uma fusão dos partidos políticos Kenseitô e Seiyu Hontô.

Rikken Seiyûkai – 立憲政友会
Partido dos Amigos do Governo Constitucional, fundado por Itô Hirobumi em 1900.

ritsuryô – 律令
Governo imperial burocrático com códigos penais e administrativos importados da dinastia Tang da China durante os períodos Yamato e Nara.

sakoku – 鎖国
Referência do Japão como um "país fechado", seguindo as proibições marítimas do início do século XVII, que proibia o contato com os países europeus, com exceção dos Países Baixos. Durante as proibições marítimas, o Japão continuou a ter laços diplomáticos e comerciais com outros países asiáticos.

sankin kôtai – 参勤交代
Em 1635, a política de "serviço alternativo", ou, por vezes, o "sistema refém", requeria que os *daimyô* do início do período moderno mantivessem residência em Edo em anos alternados. Quando não estava em Edo, a política requeria que as esposas e os filhos mais velhos fossem mantidos na capital como reféns, para que não formassem alianças contra o *bakufu* de Edo.

seii taishôgun – 征夷大将軍
Literalmente, General Subjugador de Bárbaros. O imperador dava esse título ao chefe dos governos samurais dos *bakufu*.

shiki – 職
Autorização do Tribunal que ditava os direitos de uma família aristocrática ou monastério budista para criar territórios *shôen*.

Shinpotô – 進歩党
O Partido Progressista, originariamente estabelecido por Ôkuma Shigenobu em 1896.

shishi – 志士
"Homens de propósito elevado". Eram samurais que abraçaram o *slogan* "Reverenciar o imperador, expulsar os bárbaros", ou *sonnô jôi*, e que tentaram derrubar o *bakufu* de Edo em meados do século XIX.

shôen – 荘園
Propriedades que o Tribunal autorizava serem utilizadas pelas famílias aristocráticas ou mosteiros budistas para obter receitas. Originalmente, no âmbito do sistema "equitativo de terras", essas terras eram propriedades exclusivamente imperiais, mas ao longo do período Heian, elas já se assemelhavam às propriedades privadas.

shugo – 守護
Governadores provinciais medievais, nomeados pelo *bakufu* dos Ashikaga para supervisionar as províncias.

sonnô jôi – 尊皇攘夷
O *slogan* "Reverenciar o imperador, expulsar os bárbaros", que reuniu legalistas imperiais nos anos finais do *bakufu* de Edo e facilitou a restauração imperial de 1868. Esse grito de guerra contrastava com a política inicial de "abrir o país", ou *kaikoku* do *bakufu* de Edo.

waka – 和歌
Poesia clássica de 31 sílabas que utilizava a escrita *kana* e foi popular no período Heian.

Cultura *yayoi* – 弥生
Uma fase arqueológica que ocorreu no arquipélago japonês entre 300 a.C. e 300 d.C. Recebe esse nome pelo surgimento da agricultura de arroz *paddy* em zonas úmidas e da especialização social.

yûgen – 幽玄
Uma noção estética popular do período medieval que denota uma graça profunda, ligada a ideias budistas do insondável e distante.

zaibatsu – 財閥
Conglomerados industriais e financeiros, tais como as corporações Mitsubishi ou Sumitomo, que controlavam grande parte da economia japonesa entre o final do período Meiji e 1945.

Este livro foi impresso pela Paulus Gráfica
em fonte Minion Pro sobre papel Pólen Bold 70 g/m²
para a Edipro no inverno de 2021.